全国检察应用理论研究优秀成果选萃

2014

最高人民检察院法律政策研究室／编

万春／主编

QUANGUO JIANCHA YINGYONG
LILUN YANJIU YOUXIU CHENGGUO
XUANCUI

中国检察出版社

图书在版编目（CIP）数据

全国检察应用理论研究优秀成果选萃.2014/最高人民检察院法律政策研究室编. —北京：中国检察出版社，2016.6

ISBN 978 - 7 - 5102 - 1667 - 1

Ⅰ.①全…　Ⅱ.①最…　Ⅲ.①检察学 - 中国 - 文集　Ⅳ.①D926.3 - 53

中国版本图书馆 CIP 数据核字（2016）第 111506 号

全国检察应用理论研究优秀成果选萃（2014）

最高人民检察院法律政策研究室 编　　万　春 主编

出版发行：中国检察出版社

社　　址：北京市石景山区香山南路 111 号（100144）

网　　址：中国检察出版社（www.zgjccbs.com）

编辑电话：(010) 68650028

发行电话：(010) 88954291　88953175　68686531
　　　　　(010) 68650015　68650016

经　　销：新华书店

印　　刷：保定市中画美凯印刷有限公司

开　　本：710 mm × 960 mm　16 开

印　　张：29.75

字　　数：543 千字

版　　次：2016 年 6 月第一版　　2016 年 6 月第一次印刷

书　　号：ISBN 978 - 7 - 5102 - 1667 - 1

定　　价：60.00 元

编 者 按

  检察应用理论研究工作是检察工作的重要内容。广泛深入地开展检察应用理论研究，是提高检察决策水平、提升检察队伍素质、保障法律正确适用的重要措施。检察工作要紧跟伟大时代的步伐，服务好党和国家的工作大局，就必须重视和加强检察应用理论研究工作，使检察应用理论来源于检察实践，服务于检察实践。

  党的十八届四中全会通过了《中共中央关于全面推进依法治国若干重大问题的决定》（以下简称《决定》），这是我国法制建设史上新的里程碑。《决定》提出了许多举世瞩目的改革措施：跨行政区划设置人民法院和人民检察院，推进以审判为中心的诉讼制度改革，建立检察机关提起公益诉讼制度，建立领导干部干预司法活动、插手具体案件处理的记录、通报和责任追究制度等。这些改革措施，意义重大，影响深远。全国各级检察机关认真学习和领会《决定》精神，在检察应用理论研究工作中，求真务实，紧紧围绕检察改革工作，探索解决问题的思路，谋划检察工作的科学发展；聚焦司法实践中出现的难点、重点和热点问题，研究解决问题的途径，呼应司法实践的需要。在全国检察人员的共同努力下，检察应用理论研究工作取得了可喜的成绩。

  为方便广大检察人员相互学习和交流检察应用理论研究成果，促进检察应用理论研究成果的转化，以更好地服务于检察改革和检察业务工作，我们编选了《全国检察应用理论研究优秀成果选萃（2014）》，同时，为方便读者了解2014年度检察应用理论研究的总体情况，书中编入了2014年检察应用理论研究综述。不足之处，欢迎广大读者提出改进意见，以利更好地开展检察应用理论研究工作。

最高人民检察院法律政策研究室

2015 年 12 月

目　录

检察改革

刑法实务

刑事诉讼实务

目 录

其 他

2014 年检察应用理论研究综述

欧阳春　高翼飞*

　　2014 年检察应用理论研究内容广泛，既有针对具体工作问题的专题调研，也有源自实践的理论思考；既有对具体案件适用法律问题的分析，也有对相关法律制度的理性思考。现将有关法律理解和修改的、检察工作制度的观点和建议综述如下：

一、检察改革问题研究

（一）人民检察院组织法修改相关问题

　　人民检察院组织法是人民检察制度的根本大法，是检察权运行的法律基础。随着司法体制改革的深入推进，修改后刑事诉讼法、民事诉讼法、行政诉讼法等相关法律赋予了检察机关新的职能，现行人民检察院组织法在许多方面已不能适应我国法治建设和检察工作发展的需要。而检察机关的组织体系、职能范围和权力配置是否科学合理，直接关系到检察机关能否履行好宪法和法律赋予的法律监督职责，对固化检察改革成果、推进法治中国建设意义重大。人民检察院组织法的修改是一个牵涉法律监督体制、检察权配置、检察管理体制等各方面的复杂的系统工作，要坚持以系统论的方法研究修改的重点内容。有文章认为，人民检察院组织法修改应立足宪法定位，突出检察机关法律监督的"控权性"、"职业化"、"独立性"的特征，对核心要素进行明确，着眼立法技术，设定修法边界，不能拘泥部门利益，不能越俎代庖，不能条文僵化，要注意与社会主义法律体系的整体协调，与其他法律的衔接，为检察改革预留空间，发挥对其他检察立法的引领作用。有文章认为，对人民检察院组织法修改方向的探讨应置于立法边界与立法结构两大维度之中进行。对立法边界的廓清应从法律属性、调整范围等四个方面展开，坚持入法的实质标准和形式标准。

---

　　* 作者单位：最高人民检察院。

从规范承继和域外比较当中可以发现，粗疏与失衡实为现行人民检察院组织法的主要特征。对此，应在边界控制上做到检察权配置的合理性、条文规定的衔接性和规范设计的前瞻性，在结构调整上实现条文的块状化和集中化、章节架构的层次化和递进化以及特殊章节的法定化和协调化。① 有文章认为，人民检察院组织法的规范设置和章节架构在总体上应呈三级设置的状态。其中，规范条文的块状化与集中化是对节、款设置所提出的要求；章节架构的层次化和递进式则是对章与节形成层层细化、章与章形成层层递进式的逻辑关系所提出的要求。至于特殊章节的法定化和协调性，则是作为兼顾检察体制中的特殊设置而在立法规律之外所做的技术性补充安排。

（二）检察机关内设机构改革

检察机关内设机构如何设置，是检察改革的重要内容。有文章认为：检察机关内设机构改革是对现行检察权不当配置的合理调整。就诉讼职能和监督职能分离或合并两种模式来看，两者模式都可能导致一些问题，但前种模式导致的问题是难以克服的，而后种模式导致的问题则可以克服。职务犯罪侦查权归口职务犯罪侦查部门统一行使模式和诉讼监督部门行使部分职务犯罪侦查权的模式同样各具优劣，但在当前检察机关诉讼监督权威不够的情况下，采用诉讼监督部门行使部分职务犯罪侦查权模式更符合检察工作的实际需要。内设机构和承担办案责任的检察官的名称应能够涵盖其全部的职能，且符合传统习惯。基于以上考虑，承担批捕、起诉职能的部门可命名为刑事检察局；承担职务犯罪侦查的部门可命名为反贪污贿赂渎职侵权局；承担办案责任的检察官可命名为主任检察官②。

（三）检察官办案责任制

完善检察官办案责任制，是实现新一轮检察改革目标的关键问题之一。2014 年十八届四中全会审议通过的《中共中央关于全面推进依法治国若干重大问题的决定》提出完善主审法官、合议庭、主任检察官、主办侦查员办案责任制。有文章认为：深化检察官办案责任制需正确处理检察一体制与检察官执行职务独立性的关系，需改革对检察官执法办案管理的行政属性，增加其司法属性，使检察权固有的行政属性与司法属性回复到平衡状态，实现检察官

---

① 罗军、刘毅：《边界与结构：检察院组织法修改方向之探讨》，载《人民检察》2014 年第 21 期。

② 广东省人民检察院 张和林、严然：《检察机关内设机构改革若干问题探究》。

权、责、利统一。从实践的比较中，主任检察官制度不失为一个既接近改革目标又兼顾现实的稳妥选择。①

（四）铁路检察改革

近几年推进的以铁路检察管理体制的属地化移交为标志的铁路检察体制改革，虽然基本化解了企业负担检法、司法人员身份企业化的弊端，但仍然存在管理机制不顺畅、法律适用不统一和专门检察属性体现不足等问题。有文章认为：从我国国情及铁路在整个交通运输体系中的基础地位来看，应当设立以铁路检察为基础、跨区域的专门交通运输检察体制，形成铁路、民航、航运以及海事、海关等多位一体的专门交通运输检察体系②。

二、修改后刑事诉讼法实施相关问题研究

为强化对犯罪嫌疑人、被告人合法权益的保障，修改后的刑事诉讼法第93 条对逮捕后检察机关对羁押必要性进行审查作出了规定，进一步限制了审前逮捕羁押这一刑事强制措施的使用，体现了国家对公民人身权利的切实保护，也强化了人民检察院对逮捕活动执行的监督。但是，如何开展羁押必要性审查工作，以及相关配套的程序和机制则有待于进一步明确、细化。有文章认为，应当考虑建立以公诉部门为主、侦查监督部门、监所检察部门为辅的羁押必要性审查工作模式，把对犯罪嫌疑人的羁押必要性审查工作纳入公诉审查的范围。应当建立对犯罪嫌疑人取保候审、监视居住的风险评估机制；建立捕后变更逮捕措施征求被害人意见以及告知被害人结果制度；积极推进刑事和解机制，将犯罪嫌疑人是否愿意赔偿、被害人是否同意达成谅解作为判断犯罪嫌疑人是否具有危害刑事诉讼顺利进行的风险的重要因素。③

附条件不起诉制度是修改后的刑事诉讼法新创设的一项制度。有文章深入剖析了附条件不起诉制度适用率低的原因，主要有：一是社会支持体系不健全阻碍附条件不起诉的适用；二是附条件不起诉程序烦琐；三是同案均衡处理的顾虑；四是轻罪前科封存可能降低附条件不起诉的适用价值；五是和解不起诉会侵占附条件不起诉的适用空间。④ 有文章认为，对附条件不起诉对象的监督

---

① 李雁：《检察官办案责任制改革的路径选择》，载《人民检察》2014 年第 23 期。
② 丁高保：《铁路运输检察体制发展》，载《国家检察官学院学报》2014 第 5 期。
③ 麻俐：《捕后羁押必要性审查工作机制初探》，载《政法论坛》2014 年第 7 期。
④ 程晓璐：《附条件不起诉制度的适用》，载《国家检察官学院学报》2013 年第 6期，人大报刊复印资料《诉讼法学、司法制度》2014 年第 3 期转载。

考察帮教是附条件不起诉决定作出后工作的重点和难点，关系到附条件不起诉工作的成效。未成年人犯罪是法律问题更是社会问题，应当形成多方位的社会帮教体系，建立检察机关为主导，家庭与未成年嫌疑人监护人尽主责，学校、社区等考察辅助单位为平台，联合政府部门、社区工作人员和志愿者等社会资源，依靠辅助单位、嫌疑人监护人等共同完成、各方协调配合的考察体系。①

修改后的刑事诉讼法确立了庭前会议制度。在司法实践中存在主持者界定模糊、适用范围不统一、证据开示内容不明确、非法证据是否排除实践不一以及庭前会议的效力待定等诸多问题。有文章认为②：庭前会议实质是庭前准备程序，应立足于庭前会议的功能定位，从健全庭前会议制度的基本框架、完善庭前会议的检察监督等方面探索庭前会议制度的完善途径：（1）明确庭前会议的主持者。从庭前会议功能定位的价值来看，庭前会议主持者应当是审判人员。（2）合理确定庭前会议的案件范围。庭前会议的适用范围应包括：案情重大复杂的案件、证人证言或书证等证据材料较多的案件、申请排除非法证据的案件、社会影响重大的案件、被告人或被害人较多的涉众型犯罪案件等。（3）从理论上讲，二审程序与一审程序所遵循的庭审原则是一致的，在二审程序中，出庭的检察人员多为上一级检察院人员，对于案件的认识与一审的公诉人员并不完全相同，且二审也会涉及非法证据排除、提交新证据等事项，从提高诉讼效率的角度来看，二审程序也需要明确争议焦点，掌握庭审范围、庭审重点，所以，二审案件适用庭前会议有助于构建和谐控辩关系。（4）明确证据开示的内容。在庭前会议上，证据开示是控辩双方都应当履行的义务。辩护人除了通过阅卷权来获知证据外，还可以通过庭前会议申请调取司法机关已经收集但未随案移送的证明被告人无罪或罪轻的证据。遵循双向开示的原则，辩护人对于特殊证据也应当在庭前会议上予以开示。这些特殊证据对于案件的实体处理具有决定性的意义，如果辩护人在庭审时突然出示特殊证据，将会导致庭审不断被拖延、中断，无法有效集中审理，更影响案件事实的揭示，对于被告人权利的保障也有消极影响。（5）非法证据的有限排除，除非公诉人也认同非法证据排除，否则非法证据只能在庭审过程中通过质证和辩论来决定是否排除。（6）确认庭前会议的法律效力。庭前会议的效力应当包括两个方面的内容：一是请求的及时性；二是结论的拘束力。请求的及时性是指凡符合《最高人民法院关于适用〈中华人民共和国刑事诉讼法〉的解释》第184条第

---

① 黄胜：《论附条件不起诉对象的帮教体系》，载《人民检察》2014年第20期。

② 张峰、尹立栋、张利祥：《庭前会议制度实践运行情况调查》，载《人民检察》2014年第9期。

1 款所列事项，控辩双方均应在启动庭前会议时提出，未在庭前会议上提出请求，除非有正当理由，在庭审时不应被允许再提出。结论的拘束力是指控辩双方一旦对庭前会议的内容确认无误，一般不得在庭审时再提出异议。

修改后的刑事诉讼法在"特别程序编"中新增规定了"犯罪嫌疑人、被告人逃匿、死亡案件违法所得的没收程序"，有利于减少犯罪损失，维护社会正义。然而，作为一项新增制度，违法所得没收程序在违法所得认定、证据规则设置等方面仍存在不少亟待完善的地方，有文章全面分析了违法所得没收程序的现状与既存问题，进而对我国违法所得没收程序的制度设计与程序运作提出完善建议：1. 健全违法所得没收程序的启动程序。一是完善违法财产没收程序启动前的公告规定，二是增设违法财产没收前的财产保全程序；2. 明确违法所得没收程序的实施细则。（1）明确违法所得没收程序的受案范围规定。一是应明确实践中最常适用违法财产没收程序的"贪污贿赂罪"的范围，二是应明确违法所得没收程序中"恐怖活动犯罪"的范围，三是明确对法律规定中"等"的理解，四是明确对"重大犯罪案件"的理解。（2）细化违法所得没收程序的管辖运作规定。3. 明确违法所得没收程序的证明标准。一是涉罪事实适用"排除合理怀疑"标准；二是财产所有权主张适用"优势证据"标准。4. 完善违法所得没收程序的配套制度。一是建立公检协作工作机制；二是构建跨国追赃协作机制；三是健全异议申诉听证制度。①

修改后的刑事诉讼法专门增设了"依法不负刑事责任的精神病人的强制医疗程序"作为特别程序，同时明确了检察机关对依法不负刑事责任的精神病人在强制医疗的决定和执行实施法律监督的职权。但是，该程序在执行过程中存在一定的问题。有文章认为，办理强制医疗案件的现实困境主要表现四个方面：一是关于临时的保护性约束措施规定不够明确，做法难以统一；二是强制医疗经费来源无法定保障，带来执行困难；三是强制医疗执行机构不明确，监管难以实现；四是强制医疗适用条件模糊，解除标准单一。建议从四个方面完善强制医疗案件的办理机制：一是建立与民政部门所属精神卫生机构的联系，统一临时的保护性约束措施的方式；二是设置专项经费，保障强制医疗的经费来源；三是指定医疗机构，明确强制医疗的执行主体；四是量化强制医疗决定和解除标准，以方便有效评估。② 有文章建议，尽快完善立法建设，促进刑事强制医疗制度的体系化、规范化，提高刑事强制医疗法律制度的科学化。建议在地级市范围内建立专门的刑事强制医疗专项财政资金，公、检、法和诊

---

① 上海市闵行区人民检察院课题组：《违法所得没收程序研究》。
② 李铭：《办理强制医疗案件的现实困难与对策》，载《人民检察》2014 年第 14 期。

疗单位按照工作职责分别享受财政支持。①

修改后刑事诉讼法专门规定了未成年人特别程序。如何切实保障未成年人的刑事诉讼权利，真正体现法律对未成年人特殊保护的宗旨，是司法实践中面临的重大课题。有文章认为：对实践中存在的合适成年人到场签字形式化问题，认为应当设立"合适成年人双次谈话制度"予以解决，未成年人刑事诉讼中形成的各种非证据材料不宜入案件主卷。②

虽然我国相关司法解释将未成年人刑事案件社会调查报告定性为参考性资料，但是我国学术界对未成年人刑事案件社会调查报告之法律属性，仍存在不同的认识。有文章认为：从实体法的角度看，未成年人刑事案件社会调查报告是未成年人刑事犯罪实体法立法的重要依据；从程序法的角度看，未成年人刑事案件社会调查报告是公安机关、检察机关、审判机关、执行机关作出裁决与实施矫正的依据；从证据法的角度看，未成年人刑事案件社会调查报告是人民法院给未成年被告人量刑的重要依据，属于量刑证据；从刑事一体化的角度看，未成年人刑事案件社会调查报告体现了诉讼程序的完整性，具备证据的属性③。

退回补充侦查是刑事诉讼中补充完善证据、促进公正执法、强化法律监督的重要手段，是防范冤假错案的一道安全阀。作为司法实践中检察机关运用较多、行使较为充分的权力，如何进一步发挥这一制度的作用，有文章认为：更加注重证据的综合审查与应用，树立自行侦查的意识，注重与侦查机关的沟通协调，规范补充侦查提纲的内容，强化对侦查机关补充证据的监督，确保办案质量终身负责制的落实，防止因退查致使嫌疑人羁押期限过长，从而规范退回补充侦查的内容、方式，保证刑事诉讼更加有效、规范运行④。

公诉案件撤回起诉是检察机关行使公诉权的一种普遍做法，然而，这种做法并没有得到法律上的认同，我国刑事诉讼法对公诉案件撤回起诉的诉讼程序没有明确规定，2012 年刑事诉讼法修改也采取了回避态度，仅仅有司法解释上的依据，而且目前的撤回起诉制度本身还存在诸多缺陷。例如，法院作出撤回起诉的裁定、检察机关作出不起诉决定的法律效力如何？撤回起诉的适用条

---

① 张鑫：《论我国刑事强制医疗的发展与完善》，载《河北法学》2014 年第 8 期。

② 杨寅海、鲍俊红：《未成年人刑事特别程序探微》，载《人民检察》2014 年第 7 期。

③ 田宏杰、庄乾龙：《未成年人刑事案件社会调查报告之法律属性新探》，载《法商研究》2014 年第 3 期。

④ 最高人民检察院国际合作局 李新、广东省人民检察院 余响铃：《退回补充侦查与冤假错案防范》。

件、撤诉后再起诉的条件是否完备且符合实际？诉讼当事人权利如何才能得到有效保障？有的文章对此进行了全面的研究，提出了相关建议①。

三、侦查实务研究

检察引导侦查机制，从建立之初就受到了广泛质疑。有人认为，检察引导侦查机制是司法实践的现实需要，可以从检察机关与侦查机关之间监督与配合的两个维度去寻求其理论基础。在监督方面，其理论基础可以从检察机关的宪法定位、检察官的客观义务、侦查权的本质属性等视角去考察；在配合方面，其理论基础可以从打击犯罪的共同目标以及检警关系模式的合理选择等角度去探索。当前，检察机关与公安机关应当坚持在检警分立的模式下，不断加强检察引导侦查的监督与配合，通过建立健全引导主体、启动方式、引导范围、引导内容、引导效力等方面，进一步强化检察引导侦查工作的效率与效果②。

贿赂犯罪由于其手法的隐蔽性、多样性，作案方式的单线性，故多见证据"一对一"的案件。"一对一"证据的言词证据常因贿赂双方之间存在利害关系而呈现稳定性差、易变化、难固定的特点。故对此类案件的侦查困难很大。有文章对此提出了对策和建议。例如，侦查过程须全面系统、把握好立案时机、搜查及时跟进、巧妙运用审讯技巧和攻心策略、充分利用"衍生证据"、及时固定证据等③。职务犯罪案件审查逮捕上提一级，对保证检察机关自侦案件的质量发挥了积极的作用，但在具体工作中也遇到了一些问题，有文章对此进行了探讨并提出了对策。④

修改后的刑事诉讼法实施后，职务犯罪技术侦查措施在实践中也遇到一些值得重视的问题。有文章认为：为克服这种困境，应当采取树立正确理念、清晰界定技术侦查、完善审批程序、科学执行立案标准、健全执行机制、严密法律规制等对策⑤。也有文章从初查阶段对技术侦查措施的适用及证据效力问题、立案后使用技术侦查措施证据迟滞性问题、技术侦查措施审批程序过于烦

---

① 杨力、王春林、李彦杰：《公诉案件撤回起诉若干问题研究》，载《比较法研究》2014 年第 4 期。

② 于昆、任文松：《检察引导侦查机制的反思与重构》，载《河南社会科学》2014 年第 11 期。

③ 久南鹏：《对侦破"一对一"贿赂案件的几点思考》，载《比较法研究》2014 年第 4 期。

④ 吴外信、巴特尔：《职务犯罪案件审查逮捕上提一级后遇到的问题及与对策》，载《人民检察》2014 年第 18 期。

⑤ 龚培华：《职务犯罪技术侦查的困境与对策》，载《法学》2014 年第 9 期。

琐问题等几个方面就规范和完善技术侦查措施的适用问题进行了探讨。①

有文章认为，根据我国实际，区分技术侦查可能对公民基本权利造成侵害的程度，对通讯监控、监听、窃听，应当采取列举类型犯罪＋规定刑期来界定可采取技术侦查措施的"重大"、"严重"犯罪，即危害国家安全犯罪、恐怖活动犯罪、黑社会性质的组织犯罪、毒品犯罪、贪污、贿赂犯罪、利用职权实施的侵犯公民人身权利犯罪或者其他危害社会的犯罪且可能判处有期徒刑十年以上的案件；而外线侦查类的监控，如记录监控、行踪监控等措施适用的案件范围可不受限制。②

科技的发展将我们迅速带入大数据时代。大数据强大的数据集成和分析能力不仅极大地拓展了职务犯罪查办的应用领域和想象空间，也给职务犯罪侦查带来了前所未有的挑战。调整、完善职务犯罪侦查信息化工作机制，积极应对大数据所带来的情势变化，已成为摆在职务犯罪侦查部门面前的重要课题，有文章对此作了详细分析。③

侦查实践中，讯问谋略在侦讯犯罪嫌疑人的过程中被广泛运用，但讯问谋略与"威胁、引诱、欺骗以及其他非法方法"之间的界限到底在哪里，对此学界和实务部门存在较大分歧。有文章认为：讯问谋略的运用对于侦查阶段审讯活动质量乃至整个侦查活动效能的提升均具有十分重要的推动作用，有必要尽力梳理出切实可行的讯问谋略类型及内容，为侦查讯问实践提供可以复制的经验做法；同时基于对于程序正义、人权保障理念的尊重和践行，切实有效地保障诉讼当事人的诉讼权利和人身权利，确保所获取证据的合法性和真实有效性，有必要尝试设定相关讯问谋略正当合理运用的规制条件，防止讯问谋略在实践中被异化为非法取证手段和方法④。还有人探讨了囚徒困境理论运用到侦查讯问的问题⑤。

我国的反贪初查制度演变形成过程经历了萌芽、探索、确立、成熟和深化等五个主要阶段，其表现为：历史实践化、认识渐变化和规定精细化等三个主要特征；2012 年《人民检察院刑事诉讼规则（试行）》主要从重塑初查行使主体、确立初查管辖规定、细化初查工作流程和增加初查回避规定等方面来对反

---

① 高峰、张展鹏：《技术侦查措施在职务犯罪侦查中的适用探讨》，载《比较法研究》2014 年第 4 期。

② 王东：《技术侦查的法律规制》，载《中国法学》2014 年第 5 期。

③ 上海市人民检察院检委会职务犯罪专业研究小组：《大数据时代职务犯罪侦查信息化机制研究》。

④ 上海市普陀区检察院 许进：《关于职务犯罪侦查讯问谋略的探索与思考》。

⑤ 上海市宝山区人民检察院 李伟：《囚徒困境理论在反贪侦查讯问中的运用》。

贪初查制度予以修改和充实；有文章认为：反贪初查应作为一个相对独立的刑事诉讼阶段，纳入到刑事诉讼程序之中，符合我国法治反腐政策的理性选择、符合我国刑事法律立法的发展进路、符合我国职务犯罪侦查的规律要求，进一步构建我国反贪初查制度应从明确反贪初查期间、细化反贪初查措施、增设权利救济程序和强化反贪初查监督等四方面进行完善。①

刑事诉讼法规定的给付毒品等违禁品控制下交付的制度，在立法上赋予了侦查机关的诱惑侦查权，这是我国侦查制度的一个突破。但是，司法实践中存在着滥用的情况。有文章认为，为防止诱惑侦查的滥用，必须厘清"犯意诱发型"诱惑侦查与不得引诱他人犯罪原则的关系，应将"提供机会型"诱惑侦查毒品犯罪予以打击，并在诱惑侦查中发挥刑法中预备犯、未遂犯的作用，确保罚当其罪。②

隐匿身份侦查是采用隐匿身份手段实施的主动型侦查方法，具有主动性、隐秘性、效率性、策略性和风险性的显著特点。与常规侦查相比，隐匿身份侦查存在制造或放纵犯罪、侵犯公民权利、危及人身安全、滥用权力、泄密、破坏社会互信风险等诸多风险。修改后的刑事诉讼法虽然开启了隐匿身份侦查的法治化进程，但与成熟法治要求距离尚远，粗略的规定为侦查机关留下过多自由裁量空间，隐匿身份侦查的适用风险并未得到合理裁减，仍需在适用的实体条件、程序条件、正当性条件和证据条件等方面完善规制措施。有文章认为，对隐匿身份侦查进行实体性规制，应当坚持比例原则，具体包括必要性原则、最后手段原则和侵犯最小原则；对隐匿身份侦查进行程序性规制，应当建立事前分类审批制度、事中严格管控制度和事后严格监督制度；对隐匿身份侦查进行证据性规制，应建立非法证据排除规则、侦查人员身份保密、辩护权保护规则。③

诱惑侦查常陷入国家到底是追诉犯罪还是制造犯罪的争论中。虽然饱受诟病，但无论是英美法系国家还是大陆法系国家的侦查部门，却大都对诱惑侦查青睐有加，并在相应的法律、法规或规章等加以规定。如英国执法机关实务中参照的《使用假买与诱饵警探标准手册》、德国《刑事诉讼法》第 110 条 a 至 110 条 e 规定了派遣卧底侦查员的条件和程序等。面对这种情况，有文章认为：面对犯罪的复杂化，功利主义立场是促使各国选择诱惑侦查的重要因素之

---

① 张云霄、蒋小平：《论我国反贪初查制度的演变形成及发展完善》，载《河北法学》2014 年第 8 期。

② 新疆伊宁县人民检察院 张喜鸽、关鹏：《浅论毒品犯罪诱惑侦查滥用之规制》。

③ 朱勇：《隐匿身份侦查的法律规制》，载《人民检察》2014 年第 14 期。

一，但诱惑侦查本身在一定范围内、一定情形下适用的正当性是其广泛存在的内在因素。这种正当性体现在能够基本不限制或极小程度限制当事人的自由选择，却能让当事人和社会收获很大的利益。①

四、当事人权利保障研究

《刑事诉讼法》第 46 条和第 40 条为律师保密特权设置了两方面重要的例外规定。有作者认为，律师保密特权还应当有以下四个方面的例外规定：委托人可能判处死刑时诉讼上有利于委托人的信息，委托人无罪的信息，委托人一方行贿法官、检察官的信息，委托人为实施犯罪而与律师交流的信息②。

审查起诉阶段诉讼代理人查阅、摘抄、复制案卷材料须经检察机关许可，合理规制许可条件和许可程序，对于保障诉讼代理人阅卷权、提高审查起诉效率、增强被害人诉讼地位具有重要意义。有作者认为，在设置许可条件时应当兼顾控辩双方的权利关系、保证刑事诉讼正常进行、规范被害人合理行使权利，建立分级分权的许可审批决定程序以及必要的申诉、控告救济制度③。

修改后《刑事诉讼法》第 37 条第 4 款规定辩护人可以向犯罪嫌疑人、被告人核实证据，但对核实的范围、方式并未作出详细解释。该条款在实践中如何适用，引起了学界和实务界的争论，究其根源，在于对阅卷权是辩护人独享，还是应当由被追诉人享有，二者之间关系如何等问题没有统一认识。有作者认为：阅卷权是被追诉人最为重要的一项辩护权利，《公民权利和政治权利国际公约》规定，被告应当"有相当的时间和便利准备他的辩护并与他自己选择的律师联络"。联合国人权事务委员会进一步指出，"便利"必须包括辩方能够获得文件和其他必要的证据，以准备其案件的辩护。当前多数国家和地区的刑事诉讼法律既赋予了辩护律师阅卷权，也赋予了被追诉人阅卷权④。

保护被害人的合法权益，也是刑事诉讼的目的之一。刑事被害人国家救济立法主要有救助模式、补偿模式、保护模式。我国刑事被害人救济的立法方式是救助模式。有作者认为：依据刑事被害人国家救济制度的发展现状，应将救助模式上升为补偿模式，并制定刑事被害人国家补偿法；保护模式在条件允许

---

① 田宏杰：《诱惑侦查的正当性及其适用限制》，载《政法论坛》2014 年第 3 期。

② 甄贞、姚磊论：《辩护律师保密特权的范围》，载《辽宁大学学报》2014 年第 3 期。

③ 项谷、姜伟：《刑事案件诉讼代理人阅卷权制度的规范与保障》，载《上海政法学院学报（法治论丛）》2014 年第 6 期。

④ 闫俊瑛：《被追诉人阅卷权法理探析》，载《人民检察》2014 年第 14 期。

的地区先行先试，及时对特殊类型的刑事被害人实施多元保护措施①。

五、刑事证据研究

如何正确区分非法证据与瑕疵证据，有文章进行了具体分析②，瑕疵证据包括轻微违反法律规定的证据收集程序和方式取得的证据以及证据形式具有轻微违法性的证据。取证手段违反法律的性质及其程度、取证手段侵犯权益的状况、证据的真实性是否受到影响是区分瑕疵证据与非法证据的关键。瑕疵证据补正规则的适用原则有限制适用原则、严格适用原则、合法补正原则。瑕疵证据的补正程序分为补正和合理解释、说明两个方面。

修改后的刑事诉讼法对逮捕必要性条件进行了修改，更加侧重于对行为人危险性的审查和分析，社会调查制度、犯罪记录封存制度等规定，体现了对未成年人教育为主、刑罚为辅的方针。"两高"关于刑事诉讼法的司法解释更详细体现了这一精神。随着新刑事诉讼法的实施，涉罪未成年人的品格证据已经广泛适用，但在成年犯罪嫌疑人诉讼中除累犯等前科材料外，很少适用。有文章认为：品格证据与危险性之间具有关联性，成年人犯罪刑事案件的品格证据在逮捕必要性审查有适用的空间和价值，而不应仅仅适用于量刑。③

六、刑事实体法应用问题研究

2014 年关于刑事实体法的研究主要涉及安全生产犯罪、侵犯人身权利犯罪、侵犯财产罪、毒品犯罪、贿赂犯罪等。

数额犯的既遂、未遂问题在司法实践中存在较大的争议。有文章认为，数额犯应当分为"指向性数额犯"与"损失性数额犯"。前者存在犯罪未遂形态，后者则不存在。将"法定数额"的出现作为所有数额犯既遂的唯一标准不尽合理。④

为规范适用刑法分则中大量存在的"空白罪状"，有研究者认为，空白罪状的适用是以法律、法规的前置性规范判断为基础。前置性规范中"国家规定"的法律位阶应进行限制性解释，不包括操作纪律、习惯等非规范性形式；

---

① 赵斌良、黄华生：《被害人国家救济立法的路径探讨》，载《人民检察》2014 年第 1 期。

② 曹有东：《正确区分非法证据与瑕疵证据》，载《检察日报》2014 年 3 月 19 日。

③ 李若宽、马乐明：《论品格证据在逮捕必要性审查中的适用》，载《人民检察》2014 年第 11 期。

④ 陆诗忠：《再论"数额犯的既、未遂问题"——兼为相关司法解释辩护》，载《内蒙古社会科学》2014 年第 3 期。

立足于空白罪状双重违法性的结构，依据缓和的违法性理论，前置性规范必须有违法性要件的明确提示，而不必然有刑事责任条款，对前置性规范适用采取以直接补充为主、二次间接补充为辅的限制原则，对于体系有冲突的应以刑法规范和刑法概念为准，坚持刑法解释的独立性品格；按照刑法的实质解释的原理运用以法益为指导目的的解释方法，法益制约着具体空白刑法条文所参照的前置性规范范围，按照法益同一性规则还可以适用扩张与限缩解释。前置性规范的变动适用中，应承认前置性规范的刑法间接渊源地位，以实质的罪刑法定原则为判断基准，前置性规范的溯及力应按照从旧兼从轻的适用规则。①

根据我国刑法和司法解释的规定，安全生产犯罪是类型化了的结果犯，发生危害结果是我国安全生产犯罪客观方面的构成要素。有文章认为：随着社会经济的发展，安全生产犯罪中的相关内容也需要相应地进行调整，以利于更好地发挥刑法惩治和预防安全生产犯罪的作用，建议增设"非法生产罪"，充分发挥刑罚的一般预防犯罪功能。②

关于侵犯人身权利犯罪，有文章认为，非法拘禁"使用暴力"过失导致被害人伤残、死亡结果出现的，应当依结果加重犯的规定定罪处罚；"使用暴力"故意致人伤残、过失致人死亡的（故意伤害致死）应当以故意伤害罪定罪处罚；"使用暴力"直接致被害人死亡的，应以故意杀人罪在无期徒刑、死刑的范围内量刑处罚③。有文章认为，许多故意杀人案件中，往往存在被害人有过错的情形。这不是法定情节，只是酌定情节。有文章认为：应在将来立法中明确被害人过错的量刑情节的地位。把被害人过错这样实务中经常出现理论上也研究的比较成熟的酌定量刑情节予以法定化是我国量刑规范化的一条重要途径。④

关于侵犯财产犯罪，有文章认为，根据我国刑法相关规定，对"财产"进行扩张解释，可以肯定包含"财产性利益"，并且有必要将财产性利益作为某些财产罪的对象。但我国与日本等国在立法中明确区分财物罪与利益罪的立法体例并不相同，因而全盘肯定盗窃财产性利益的观点，确有违反罪刑法定原则的嫌疑，不是解释论的理想选择，在司法适用中应采取克制态度。立足于我

---

① 陈兵：《空白罪状适用的规范性解释——以前置性规范为中心》，载《西南政法大学学报》2014 年第 2 期。

② 王铁军、刘超捷：《安全生产犯罪的刑法调整与罪名设置》，载《人民检察》2014 年第 23 期。

③ 侯毅：《非法拘禁罪法律适用问题浅析》，载《中国刑事法杂志》2014 年第 2 期。

④ 李军、毛贺：《故意杀人犯罪中被害人过错研究》，载《检察研究》2014 年第 4 卷。

国刑法语境，首先应明确财产性利益存在范围，从规范论的角度对相关立法和司法解释进行必要梳理，可以得出否定论的观点具有合理性。在我国现有罪名体系下，具体分析司法实践中发生的无钱食宿、盗窃欠条等案件，同样可以准确定性、科学量刑。[①]

司法实践中，诈骗、抢夺或者盗窃等手段交织的侵财犯罪案件定性常有争议。有文章认为：正确认定该类案件，要注意三点：一是要看行为人采取盗窃、诈骗或抢夺手段是否要取得对财物的"排他性"占有，即是否具有"非法占有"目的；二是要以最终能实现"非法占有"目的的有效手段的性质来认定案件性质。而抢夺本质特征是"公然夺取"，与盗窃的"秘密窃取"相区别；三是盗窃、诈骗及抢夺罪的对象为处于被害人"合法控制范围"内的财物；判断其是否既遂则以将财物带离被害人的"合法控制范围"为标准。其他手段则可能为有效手段的预备行为、先前行为或者竞合行为。[②]

毒品犯罪严重危害社会稳定和公民的身体健康。办理毒品案件的难点是"主观明知"的认定问题。有文章认为：主观明知是构成毒品犯罪的必需要件。运用司法解释规定来认定主观明知应当是间接证明而非推定，同样需要排除合理怀疑。一般来说，在判断主观明知问题时，可以从行为方式、时间地点、对价等几方面来增加对主观明知的确信，另外又要从行为人的年龄、阅历和交易习惯等方面来充分考虑行为人确受蒙骗的可能。对主观明知的认定需要综合全案证据，综合判断[③]。

针对行贿犯罪的猖獗与司法打击不力的问题，有文章认为，主要原因在于立法上的粗疏和司法上的困境，但两者并非等量齐观，立法供给的不足直接导致了司法上打击的不力。对此，应当从立法和司法两个维度着手，有效遏制行贿犯罪的滋生蔓延。在立法上不仅需要完善行贿罪的主体、主观方面、客观方面等犯罪构成要件，也需要科学设置行贿罪的法定刑；在司法上应当进一步完备行贿犯罪侦查措施、完善行贿犯罪法律责任衔接机制、健全行贿犯罪预防制度以及强化打击行贿犯罪的国际合作。[④]

---

① 姚万勤、陈鹤：《盗窃财产性利益之否定——兼与黎宏教授商榷》，载《法学》2015 年第 1 期。

② 王喜娟：《诈骗、盗窃与抢夺手段相交织类案件的定性》，载《经济刑法》，上海社会科学院出版社 2014 年版。

③ 杜颖：《毒品犯罪案件中"主观明知"认定的实证解析》，载《西南政法大学学报》2014 年第 3 期。

④ 吴喆、任文松：《行贿罪惩治中问题解析及完善建议》，载《人民检察》2014 年第 24 期。

随着市场经济的发展，公司领域犯罪与日俱增，犯罪手段层出不穷。针对实践中公司股东与董事长勾结，在股东大会上不顾小股东反对，利用股权优势形成以明显低价出售公司商铺的股东会决议，将商铺出售给股东控制的其他公司及其配偶的行为。有文章认为，低价出售公司财产给自己控制的公司和配偶属于职务侵占方式，但是"利用股权优势"不等同于"利用职务上的便利"。董事长符合职务侵占罪的主体，也具有职务上的便利，可以成为职务侵占罪的正犯，公司股东虽主体不适格，但可构成职务侵占罪的教唆犯。①

七、民事行政检察研究

新修改的民事诉讼法实施一年多来，"倒三角"的办案结构问题依然是研究的热点。有文章对此问题进行了探讨②，建议：（1）建立三级院联动办案机制，利用好统一业务应用系统，化解民事办案结构倒三角问题；（2）增强再审检察建议的法律效力，从而提高再审检察建议的使用数量。再审检察建议是由检察机关的检察委员会作出的，法院如果采纳或者不采纳该检察建议，也应当由法院对等的机构作出。检察机关提出再审检察建议，人民法院如采纳建议决定再审的，法院内部可采取院长发现错误的程序进行处理启动再审程序。

新修改的民事诉讼法首次对检察机关的调查核实权予以明确规定，给检察机关对民事诉讼活动的法律监督带来了新的发展契机，具有重大意义。最高人民检察院下发了《人民检察院民事诉讼监督规则（试行）》（以下简称《规则》）。其中第五章第三节从第 65 条至第 73 条赋予了民事检察监督部门对于部分民事案件的调查核实权。根据《规则》第 66 条之规定，调查核实权具体包括查询调取复制相关证据材料权、询问权、咨询权、委托鉴定评估审计权、勘验物证现场权以及为依法查明案件事实所派生出的其他调查核实权。有文章具体研究了检察机关如何规范适用这项诉讼权力③。

当前我国经济社会的快速发展伴随着大量侵害国家利益、社会公共利益的现象，公益诉讼势在必行，也是司法改革的重要内容之一。有文章认为，从我国司法实践的具体情况来看，检察机关提起公益诉讼的范围应包括：（1）国有

---

① 刘元见、莫佳宁：《股东利用股权优势明显低价出售公司财产是否构成犯罪》，载《检察研究》2014 年 12 月。

② 张雪岩、拱雪：《民事检察监督实践中的两个问题及解决建议》，载《人民检察》2014 年第 22 期。

③ 宋剑峰：《民事诉讼监督调查核实权的适用应予规范》，载《人民检察》2014 年第 12 期。

资产流失案件。如在资产并购、资产重组中国有企业放弃或怠于行使债权，无偿或低价转让国有资产等。（2）公害案件。即故意损害社会公共利益及严重侵害其合法权益的案件，主要包括环境污染案件、严重侵犯劳动者合法权益案件、严重侵犯公民受教育权利案件等。（3）严重影响市场经济秩序和管理秩序的案件。主要是行业垄断案件、知识产权案件、文物流失案件、倾销案件等。（4）某些公民权利能力缺失案件。即公民因某些主客观原因不能行使其相应的权利能力的案件，这主要包括对精神失常的流浪人员通过公益诉讼确认其无行为能力或限制行为能力并指定相应的监护人，被侵害人受到利害关系人威胁、欺压无法行使诉权的案件，某类弱势群体不知、不能、不敢行使诉权的案件等。（5）人民检察院认为应当提起诉讼的其他民事行政案件。主要是指检察机关提起诉讼更有利于保护国家、社会公共利益及受害人重大利益的民事行政案件。① 对规章以下的抽象行为可否提起公益诉讼，有文章认为，为推进依法行政，加强对公共利益的保护，避免法院重复受理相同案件以节约诉讼成本，应当允许检察机关对规章以下的规范性文件提起行政公益诉讼。②

八、刑事执行检察研究

有文章认为：看守所在押人员权利的保障，更应当注重权利的事前告知、行使的保障措施、被侵犯时的救济途径。犯罪嫌疑人、被告人在被羁押期间，所有权利的行使，检察机关均负有监督和保障的职责③。还有文章对刑事执行检察工作的前景作了展望。④

监管场所内刑罚执行监督制度具体包括刑罚交付执行的法律监督、刑罚变更执行的法律监督、刑罚执行监管活动的法律监督。有文章建议，完善人民法院交付执行和执行机关接受执行两个环节来进一步完善刑罚交付执行法律监督制度。构建同步监督工作机制，赋予检察机关审查提请权、丰富检察机关参与权、完善检察机关纠正权，以完善刑罚变更执行法律监督制度。要建立健全巡视检察、出监回访等制度，丰富人民监督员制度，以完善刑罚执行监管活动法

---

① 上海市检察院民行处 黄洵：《检察机关提起公益诉讼之制度研究》。
② 上海市黄浦区人民检察院 谈剑秋、王懿：《浅析抽象行政行为纳入行政公益诉讼——以最高法公报的一行政机关不履行法定职责案为视角》。
③ 王海东、李鹏飞：《看守所羁押人员的人权保障与检察监督》，载《中国司法》2014 年第 4 期。
④ 上海市检察院监所处 祝黎明：《依法治国视野下对刑事执行检察工作的展望》。

律监督，确保法律监督效果。①

九、涉检察信访工作机制研究

我国正处在体制深刻转换、结构深刻调整和社会深刻变革的历史时期，各种社会矛盾凸显，涉检信访案件日益增加。面对涉检信访案件办理工作中的难题，有文章认为，不仅应当探索从体制设计上根本解决问题，也应当进一步完善工作机制，促进涉检信访案件在法治的框架内高质量和高效率地得到解决。根据涉检信访案件办理的流程，涉检信访工作机制主要包括审查受理、依法办理以及终结退出三方面机制，作者将这三项机制细化为更为具体的十六项工作机制和制度。②

十、"两法衔接"工作机制研究

有文章认为，目前，"两法衔接"工作中存在的突出问题主要表现在：在行政执法方面，对两法衔接工作不重视，积极性不高，有案不移、有案难移、以罚代刑、越权滥权、懈怠职责随意执法的现象仍然存在。从检察机关工作方面，不敢监督、不愿监督，被动、消极等待行政执法机关移送案件，监督滞后，功能发挥有限；个别检察院存在超越职权，干扰行政执法活动的情况。针对上述问题，文章建议：一是以完善工作机制为核心，创新工作方式，促进两法衔接工作的规范化、常态化建设。完善的信息移送和报备机制、沟通协作机制、风险评估机制、同步介入调查机制、考核评价机制。二是以现代化的信息平台建设为着眼点，完善信息录入和传导，加大两法衔接工作的科技含量。三是以立法完善为根本目标，增强检察监督权威性，推进两法衔接法制化进程。③

---

① 天津市北辰区人民检察院课题组：《论监管场所内刑罚执行监督制度的完善》，载《法学杂志》2014 年第 5 期。

② 于昆、任文松：《涉检信访工作机制之探析》，载《河南社会科学》2014 年第 1 期。

③ 唐张、周小纯：《"两法衔接"中检察机关职能作用发挥的路径思考》，载《人民检察》2014 年第 21 期。

检察改革

边界与结构：人民检察院
组织法修改方向之探讨[*]

罗　军　刘　毅^{**}

一、立法的边界控制：基于学科交叉之视野

人民检察院组织法的修改在学科体系上横跨检察学和立法学两大范畴，而司法体制改革的深入无疑将使检察制度处于持续性的变革之中，因此，做到对检察制度的变动性与立法活动的稳定性的兼顾，就需要从恪守《人民检察院组织法》的边界中寻求最佳着力点。

（一）方向一：检察权配置的合理性和谦抑性

一是突出检察监督权的核心位置，构建检察监督职权体系。其一是基础性职权的入法，即在规定职务犯罪侦查、逮捕、起诉权的基础上明确检察机关对三大诉讼活动的监督权；其二是配套性职权的完善。主要包括：（1）赋予检察机关在三大诉讼法律监督中的调查权和阅卷权；（2）明确检察机关所享有的行政公诉权；（3）明确监督手段，将检察建议制度写入《人民检察院组织法》，同时确立检察建议回复制，化柔性监督为适度的刚性监督。

二是注意对非诉讼监督权的适度拓展。如可以考虑将行政执法检察监督入法，明确必要的监督程序、监督措施和法律后果。立法者既应尽力避免使检察机关走向"泛监督化"的误区，也要防止检察监督仅陷入诉讼监督的桎梏。

三是将预防职务犯罪职能入法，以充实检察机关的其他职能。明确检察机关行使预防职务犯罪职能的方式，有助于与建立健全惩治和预防腐败体系的要求相呼应。

必须同时被强调的还有检察权配置的谦抑性。"检察改革，核心问题是科

* 原文发表在《人民检察》2014 年第 21 期，选自原文第三部分。

** 作者单位：罗军，江西省人民检察院法律政策研究室；刘毅，江西省吉安市人民检察院。

学合理地配置检察权……增加对检察权的必要限制，使法律监督职能的行使处在一个合理的限度内……。"① 由于诉讼职能和诉讼监督职能具有较为明确的权力来源，故这一"合理的限度"主要由非诉讼监督权和其他检察职能所决定。立法者在考虑遵循检察职能设置的谦抑性原则的同时，对检察职能的设置也要具有一定的前瞻性，把握好谦抑性和前瞻性的度是对检察权边界进行设定的一项重要原则。

（二）方向二：条文规定的衔接性和非重性

涉及检察制度的不同法律规范应有各自的调整范围，而不能因为将目光聚焦在某一区域——造成针对该区域的重复立法，或形成对其他领域的共同忽略——出现相应的立法空白。

首先，与诉讼法律规范的衔接。将三大诉讼法所确认的检察职权及时入法，对某些尚未为立法所明确但确有入法必要性和可行性的内容（行政执法检察监督权、公益诉讼起诉权），也可提前入法，追求立法发展中的衔接。与此同时，将"行使职权的程序"的相应内容剔除出人民检察院组织法。

其次，与其他检察组织规范的衔接问题。现行有效的单行检察组织规范包括针对检察业务领导机构的《人民检察院检察委员会组织条例》，针对检察官、司法警察的检察官法、《人民检察院司法警察暂行条例》和涉及检察人员管理问题的《检察官等级暂行规定》、《检察官培训条例》，上述文本主要涉及检察内部领导体制与检察人员管理体制两方面的内容。这就为人民检察院组织法的修改提供了如下方向：（1）在某些检察内设机构方面，可参照检委会的规范方式，将具体运作机制交由单行检察规范予以调整；（2）在检察人员管理体制上，组织法只需对人员分类和管理体制作出纲领性的规定，同时针对各类检察人员制定相应的管理条例；（3）修法工作应关注现行当前立法所未涉及的问题，如直属检察事业机构、检察派出机构管理等内容，充分发挥单行检察规范的载体作用，及时制定《人民检察院派出机构条例》、《人民检察院直属事业机构条例》等规范。

（三）方向三：规范设计的确认性和前瞻性

首先，规范设计的确认性要求充分吸收已为检察实践所反复检验的制度设计：（1）将人民监督员制度入法。人民监督员制度在强化检察机关外部监督、提升检察公信力起到了重要作用。相应选任制度和监督程序的完善，使这一制

---

① 孙谦：《论检察》，中国检察出版社2013年版，第148页。

度入法条件基本成熟；（2）将防止和纠正超期羁押等人权保障机制入法，将与其相关的投诉、纠正以及责任追究机制纳入总则的"相关工作机制"部分。

其次，对具有适度前瞻性的制度设计也可以适当吸收，从而以法律化的手段助推检察改革不断深化。（1）将省以下检察机关实行条块结合以条线领导为主的检察领导体制入法。将建立省以下人民检察院人财物由省一级统一管理下的经费、资产保障机制入法，从而为改革的方向和力度上提供法律保障。（2）对检察人员分类问题予以原则性的明确。可以明确将检察人员划分为检察官、检察辅助人员（含检察书记员、检察技术人员、司法警察）和检察行政人员并对其职责予以规定。（3）在检察官管理方面，明确规定检察官实行有别于普通公务员的管理制度，检察官实行员额制，于各省级检察机关设立统一的检察官遴选委员，实行检察官逐级遴选制度，检察官统一由省提名、管理并按法定程序任免。（4）结合检察机关内设机构改革和检察人员分类管理的主要趋势，将具体的检察官办案责任制写入人民检察院组织法，同时规定与检察人员司法责任相适应的职业保障制度。（5）对派出机构进行规范，取消县级检察院的派出主体资格。

必须强调的是，对于一些尚处于论证过程、入法条件尚不成熟的规范（如与行政区划适当分离的司法管辖问题），在入法问题上必须慎之又慎。法律不能朝令夕改，立法的过度超前往往会扼杀法律本身的生命力。

二、立法的结构取舍：基于立法规律之分析

作为一个完整的组织系统，人民检察院组织法的"各个组织要素要能够构成纵向的层次结构和联系、构成横向的分工结构和联系，这种横向和纵向的组织体系构成要科学、合理方能有效发挥检察机关作为国家政权组织的功能、达到其组织的目的"[1]。这就需在立法规律的指引下对立法结构进行适当的取舍。

（一）方向一：规范条文的块状化和集中化

1. 优化总则部分的结构设置。其一，修正某些总则性条款的表述。在组织任务条款上，增加对非公有制经济的保护作用、保障人权等规定，以"人民民主专政"和"危害国家安全"取代"无产阶级专政"、"反革命"等表述；明确将职务犯罪预防作为检察机关的一项重要任务。在工作原则条款上，

---

[1] 卞建林、田心则：《论我国检察院组织法结构体系的立法完善》，载《人民检察》2007 年第 2 期。

采用"尊重事实与法律"等法律表述；增加检察机关工作原则，如"以证据为根据，以法律为准绳原则"以及"全面监督原则"等。其二，增设某些总则必备条款。（1）增加立法目的、立法依据条款，如可作如下规定："为规范检察机关活动，正确履行法律监督职责，惩治犯罪，保障人权，根据宪法，结合我国检察工作实践经验和具体情况，制定本法。"（2）增加基本法定制度条款。例如可以规定，"各级人民检察院实行人民监督员制度，保障职务犯罪侦查权的正确行使"；"实行检察官逐级遴选制，由省级检察机关根据检察官遴选委员会考核结果对检察官进行统一提名、任免"。

2. 其他部分结构上的整合设置：（1）将总则第 3 条第 1 款和第三章整合为"检察人员管理体制"一节，对相关内容予以丰富；（2）将总则第 3 条第 2 款、第 10 条整合于"检察领导体制"一节，并对相关内容予以填充；（3）在总则第 5 条的基础上，完善检察职权的规定，形成"检察职权体系"专章。

（二）方向二：章节架构的层次化和递进化

1. 章节之间纵向的层次化设置，即根据内涵外延的包容关系形成层次鲜明的结构。首先，总则由条款直接组成；其次，检察组织体系由检察层级设置、检察内设机构、检察派出机构、检察直属事业机构组成；再次，将检察人员管理与检察领导管理体制并列，统一设置于"检察管理体制"之下；又次，根据检察职能的划分将检察职权体系一章区分为三节；最后，特殊检察机关一章分设数节，分别就"交通运输检察机关"和"军事检察机关"进行规定。

2. 章章之间纵向的递进式设置，实现各章之间结构上的逻辑性。具体可遵循如下顺序：总则列于篇首；考虑到检察组织体系是介绍检察管理体制尤其是检察领导管理体制的基础，故将其作为第二章，而将检察管理体制则作为第三章；然后是对检察职权体系的介绍，最后则是特殊检察机关一章。

（三）方向三：特殊章节的法定性和协调化

1. 宜使用"特殊检察机关"的称谓。1983 年人民检察院组织法修改使用了"军事检察院等专门人民检察院"的表述，使得"铁路运输检察院属于专门检察院还是派出检察院的性质和地位就失去了法律依据"[①]。但这并不能否认铁路运输检察机关确有区别于一般检察机关的属性。在此问题尚存在争议的情况下，适用"特殊检察机关"较为妥当。

---

① 童建明、万春：《中国检察体制改革论纲》，中国检察出版社 2008 年版，第 403 页。

2. 本章系专为特殊检察机关"量身定制"的组织规范，故在内容的择取上应注意对特殊组织规范的摄入。具体包括：（1）在特殊辖区内所形成的检察组织体系；（2）领导体制上的双重性；（3）特殊的组织工作原则；（4）特殊的检察人员管理体制。

关于检察委员会工作情况的调研报告[*]

湖南省人民检察院研究室

为全面、准确把握湖南省各级检察机关检察委员会工作情况，进一步提高检察委员会民主、科学、依法决策的能力，同时也为最高人民检察院在新一轮司法体制和工作机制改革决策时提供参考，根据最高人民检察院研究室的通知要求，湖南省院组织开展了检委会工作情况的专题调研，到娄底、益阳等市州院和基层院进行了实地走访。掌握了我省检察委员会工作的基本情况、创新做法及成效，分析了当前检察委员会工作中存在的问题、原因，提出了对策和建议。

一、湖南省检察委员会工作的基本情况

湖南省检察机关除省院外，共有 14 个市（州）级检察院和 126 个基层检察院，各级检察院都设立了检察委员会，依据法律和规定审议相关议题。从调研了解的情况看，检察委员会的各项制度基本上得到了落实，较好地发挥了检委会对重大疑难案件的决策作用。部分检察院还根据实际需要进一步探索了检察委员会的具体工作方式方法，取得了较好的效果。

（一）关于人员、机构情况

全省检察机关基本上没有设立专门检委会办事机构，但均安排了专人负责，检委会日常工作大部分归口在研究室，没有设立研究室的基层院则将检委会工作归口办公室或案管部门。省院检委办工作归口研究室，有 1 名专职人员负责检委会日常工作并协助专职委员审查案件。

三级检委会共有检委会委员 1845 名，组成人员涵盖院领导和主要业务部门负责人。检察机关的主要业务部门，包括反贪、反渎、侦监、公诉等部门的主要负责人一般都进入了检委会。如省院的反贪、反渎、公诉、民行、研究室

---

* 收入时，标题有所改动。

等业务部门负责人均担任了检委会委员。省院的 20 名委员中，均能积极履职，其中博士 7 名，检察业务专家 3 名，专职委员 4 名，有较高的专业权威性。

三级检察院基本上都配备了 1 ~ 2 名专职委员，共有检委会专职委员 254 名，省院及多数基层院均能够按照中央相关文件及《人民检察院检察委员会专职委员选任及职责暂行规定》的要求，选拔使用专职检委会委员，明确了专职委员承担议题的会前审查和分管检委会办事机构日常工作。专职委员的职责是根据检察长的指示在会前审查案件或事项，并向检委会提交审查报告或在其他委员之前率先发言。由于专职委员一般多年从事检察业务工作，经验丰富，他们的加入大大提升了检委会讨论案件和事项的规范性和专业性，提高了检委会的议事水平和议事质量。省院配备了 4 名专职委员，其中 1 名委员主要负责检委会工作，省院检委会研究的案件，都由其进行实体审查，在检委会研究时，提出议案的部门负责人发言后，由专职委员发言，然后其他委员发言。但部分基层院也存在专职委员分管或协管其他工作而没有负责检委会的情况。

（二）关于工作规范情况

2012 年 1 月至 2014 年 10 月，省院共召开检委会 41 次，其中讨论案件 58 件，事项 30 件，审议的议题中案件约占 66%，事项约占 44%，审议的议题均符合《人民检察院检察委员会议题标准》的规定。

三级检察委员会能严格执行民主集中制原则，坚持检察委员会会议必须是全体组成人员过半数出席才召开，全体组成人员过半数同意才能做出决定。在检委会中充分贯彻执行了民主集中制，委员发言按照《人民检察院检察委员会议事和工作规则》规定的先后顺序进行，切实保障委员们充分发表意见，未发现检察长改变多数委员意见并做出决定的情形。也未发现不足法定半数开会并形成决定的情况。由于基层院通过检委会研究决定的案件相对较多，且受办案期限的制约，因此，除省院外，市、县级检察委员会一般未能实行例会制，而是有案件或事项须研究、审议时即召开。在检委会的决议执行方面，我省检察机关近三年来尚未发现故意拖延、擅自变更或者拒不执行检察委员会决定的情况。

（三）关于制度建设情况

为加强检委会工作，湖南省院制定了《湖南省检察机关检察委员会议事和工作规则》，起草了《湖南省人民检察院专业研究小组工作办法》、《湖南省人民检察院专家咨询委员会工作办法》、《检察委员会讨论案件的范围》等文件，今年，检委会办事机构又起草了《关于改进检委会工作的建议》提交省院党组会研究。各地市也根据自身的实际情况，制定了有关规范性文件。如永州市院通过制定《关于进一步规范市院检察委员会议事程序的通知》，确立了实施检委会例会制、议题预研审查制、顺序发言制的"三制"，对检委会运行加以规整，要求各县区院参照执行。制定《关于检委会业务学习有关事项的通知》，明晰了检委会的学习时间、参会人员、主讲人员、学习内容等。

二、湖南省检委会工作中创新做法及效果

（一）注重汇报和讨论方式的创新，提高检委会议事的效率与能力

鉴于提请检委会讨论的大多是重大疑难复杂的案件，事实证据较多，法律适用复杂，省院要求承办人汇报案件时一般应当制作 PPT 模式的汇报提纲，汇报提纲具体载明请求检委会解决问题，突出重点和争议焦点，同时附承办人审查案件报告、集体讨论意见、法律依据，必要时辅之以图表展示，多媒体示证等多种方式，将以往案件承办人在检委会上"读报告"转变为脱稿的"讲案件"。这样，既能够促使承办人在会前更加充分地熟悉案情及提炼分析，也能使案件汇报的重点问题更突出、案情分析更直观、透彻，委员能在短时间内形象直观地了解案件全貌，厘清思路，迅速做出判断，更加清晰明确地发表自己对议案的处理意见，提高了检委会审议案件的效率和能力。

（二）注重检委会工作与辅助性机构的机制建设，发挥参考和专题研究作用

一方面，省院建立了外部专家咨询小组，主要由本省法学专家和其他专家组成。专家咨询小组为省院执法办案、制定出台政策性文件、工作举措以及监督执法方面都发挥了作用。提请检委会审议的有关案件和事项，需要征求专家咨询小组意见的，可以由承办部门提出要求，分管副检察长决定征求咨询小组的意见。另一方面，通过在内部设立专业小组的模式。尝试选择政治坚定、作风过硬、业务精通、执法公正的骨干人员组成咨询委员会，必要时由专职检委会委员组织对提交检察委员会研究的重大疑难、复杂案件及重大事项进行专案分析研讨和专题调查研究，形成意见后向检察委员会提出，为检察委员会的正确决策提供参考。

（三）注重检委会工作与青年干部培养的对接机制，充分发挥检委会的指导功能

省院成立青年工作委员会，青年检察官以一定形式参与检委会工作，建立与检察工作相关的若干专门研究小组或兴趣小组，检委会办事机构将检委会需要研究的事项交其研究和征询意见。经检察长同意，研究小组青年可列席相关的检委会会议。这一机制有利于激发青年干部工作学习的积极性，强化队伍素能建设。

（四）注重检委会工作与考评机制的对接，充分发挥检委会委员和检委会办事机构的职能

省院规定负责检委会议题审查的专职委员在对提请检察委员会审议的案件进行审查时，检察委员会办事机构应当根据专职委员的工作需要，及时组织听取承办部门、当事人、诉讼代理人或辩护人的意见，或组织专业咨询小组进行研究，从而保障充分了解案情。在条件允许的情况下，检委会委员应当事先准备本人对所审议案件的书面意见，但在实际讨论中可以改变意见，并予以说明，从而为检委会决策的客观公正提供保障。在调研中，我们发现有的基层院安排了检委会办事机构及专人对提交检委会审议的案件进行实体审查，增加了检委会讨论案件的辩论环节，凡是提出与承办部门不同的意见并得到检委会采纳的，在考评时予以激励加分，从而增强了检委会审议案件的对抗性及民主决策氛围，促进了决策的公正客观。该院也正是通过良好的检委会议事的民主氛围，实现了对疑难复杂案件的决策把关，实现了建院 37 年无无罪判决的良好效果。

（五）试行人民监督员列席检委会，探索检委会审议案件的监督机制

通过调研发现，湖南省个别地市为深化检务公开，有效落实人民监督员制度，试行邀请人民监督员列席检委会，除严格按照最高人民检察院规定确定列席检察委员会的人员外，对具有一定代表性、疑难性的"三类案件"，邀请人民监督员列席检委会，加强对检委会委员审议案件的监督和了解。在会议前对列席的人民监督员及该次检委会会议内容实行审查、审批制度，充分考虑检委会的秘密评议原则，对涉及国家秘密、个人隐私、商业秘密的案件不邀请人民监督员列席，列席的人民监督员只参加案件讨论，不参加检委会的表决环节。但在决策形成后将意见及时反馈给人民监督员，听取他们的意见和建议，并向持不同意见的人民监督员说明决策的理由。近 4 年来该院共计邀请人民监督员参与检委会 30 余次，收到了较好的效果。

三、当前检察委员会工作中存在的问题、原因及建议

（一）重个案研究轻重大事项研究

重个案研究轻重大事项研究，混淆检委会、党组会、检察长办公会和院务会的议事范围。调研中发现，近三年来部分市院、基层院甚至没有任何事项提交给检委会讨论研究，全省所议事项只占全部议案的1%左右。根据《中华人民共和国人民检察院组织法》、《人民检察院检察委员会议事和工作规则》的规定，检委会是检察机关在检察长的主持下讨论重大案件和其他重大问题的机构。按照最高人民检察院的规定，其他重大问题应当是检察工作中的重大事项。然而调研中我们发现不少检察院对检委会是否有权研究检察院业务事项缺乏认识。审议贯彻执行上级院的工作部署、决定，以及拟提交本级人大及其常委会的工作报告、专项报告和议案，本应是检委会的审议范围，但绝大多数基层院都没有提交给检委会，而是在党组会、检察长办公会上完成了决策过程。

【建议】检委会、党组会、检察长办公会和院务会都是具有决策权或决策内容的机构，在检察院实际运行当中，各机构相互间的地位、作用、职能定位没有清楚的界定，存在交叉混淆的情况，影响了决策作用的发挥，必须对检察委员会议事范围予以明确的界定，严格区分检察委员会与院党组、检察长办公会、院务会的议事范围。党组会的议事范围主要应是政治性工作，如贯彻党的各项工作部署、组织人事、纪检监察等；检察长办公会的议事范围主要是行政事务，如行政管理、装备、基建等；院务会主要部署具体工作、协调各部门工作。检察委员会的议事范围应为重大疑难案件和检察工作特别是业务工作中的重大事项。

（二）检委会委员的选任制度不妥

有的基层院将检委会委员的选任用于解决检察干警的行政职级的途径，未能发挥检委会专职委员在检委会审议中的作用。由于没有对检委会专职委员和其他委员的任职资格做出更为细化的明确规定，特别是没有体现专业性和竞争择优的原则，因而最终决定的专职委员或委员人选，不一定有能力担当起专职委员及委员的职责。多数基层院由部门负责人兼任专职委员，更是直接违反专职委员必须专职的规定，将担任专职委员视作解决行政级别的手段。

【建议】一是必须充分认识检察委员会在检察机关中的重要地位和作用。检察委员会是依据《人民检察院组织法》设立的，在检察长主持下的讨论决定检察机关重大案件和其他重大问题的议事决策机构。而检委会委员的业务素

质和能力直接影响到检察委员会决策水平和工作效率，影响整个检察业务工作的质量和效率，特别是在保障案件质量，有效防止冤假错案方面有着直接而深刻的影响。二是要明确检委会委员及专职委员的选任条件及标准，对长期从事检察业务工作，具有检察业务实践经验的业务骨干在选任时应当予以优先。三是落实检察委员会业务学习制度。检察委员会要结合形势特点、工作重点和办案难点，加强对新法律、新法规和新理论等相关知识的学习。在例会中应定期组织多种形式的学习活动，在没有审议案件或事项的例会中，可在议程中安排检察委员会委员结合自己的学习体会举行讲座和交流，确保检察委员会决策水平不断适应司法实践的需要，提高决策能力。

（三）检委会功能发挥不足

部分检察长片面理解检委会的功能，忽视检委会工作在集体领导和加强检察机关自身监督中的重要作用。作为检察机关的议事决策机构，检委会研究决定的是全院重大事项和法律规定的案件。检委会运转正常与否，检委会决定正确与否，直接关系检察执法公信力，必须引起高度重视。然而，不少检察院不仅存在忽视检察委员会议事内容问题，而且存在检委会研究案件走过场的问题。

【建议】检委会讨论重大案件和其他重大问题，每位委员都应当准备发言材料，明确发表本人意见，阐述本人意见的理由和法律依据。应当引入必要的辩论机制，以确保在思想碰撞中实现科学、公正、正确决策。

（四）缺乏检委会委员的选任、考核机制

缺乏检委会委员的选任、考核机制，制约检委会委员议事能力的提升。检察委员会是贯彻民主集中制，实行集体领导的检察工作决策机构。其健康运行和正确决策是检察权依法正确行使的重要保证。

【建议】检委会的组成应当具有民主性、权威性、专业性的特点。在检委会委员的准入与考核机制中有三个突出问题需要深入思考。

一是检委会究竟应当由哪些人员组成才能体现民主性？最高人民检察院在发文中要求纪检、办公室、研究室负责人是检委会委员，而公诉、侦查监督、民行、控申等主要业务部门也要求有代表在检委会发表部门意见。对此，建议最高人民检察院进一步予以明确。

二是通过何种程序的选任和持续考核才能保证检委会的权威性？权威性是集体领导得以实现的关键因素，没有严格的考核，委员们不用担心检委会上发言错误而承担责任，更不用担心工作不称职而被迫退出检委会，因而实践中不

少检委会委员也就乐于不思考，不做个人判断，而仅以"同意承办人意见"作发言内容。建议最高人民检察院在检委会委员的选任和考核方面出台详细的规则。

三是如何建立检委会委员的退出机制？实践中除非调出检察院或者退休，检委会委员都是终身制。有的委员是从领导岗位退下来，尚未到退休年龄，保留检委会委员职务，却极少出席检委会。此时，检委会委员职务便成为一种政治待遇，导致部分院检委会委员超编。建议最高人民检察院以文件规定检委会委员资格要根据岗位变化和本人具体情况及时调整。

（五）缺乏系统的培训和学习制度

未建立系统的培训和学习制度，部分院例会制未能有效落实。从调研的情况看，部分市级院和基层院只在有案件研究时才召开检委会，没有实行例会制，也没有组织有针对性的学习和培训。检察委员会讨论的议案，大多数是疑难复杂的案件，不但要求委员们准确地掌握好对证据的评断、对事实的综合认定、对法律的具体适用、法律价值与社会价值的全面考虑等知识，而且要求其必须必须掌握最新的法律法规与司法解释等知识，因而检察委员会委员们要正确履行职责必须不断加强学习。在要求委员们自学有关理论知识的同时，规定每月例会中没有议案研究的时间作为检察委员会委员集中学习日。学习之前，检委会办公室要收集好新发布的法律法规、司法解释及有关的规范性文件，并聘请院外法学专家、学者以及院内业务骨干对委员们进行学习辅导。

【建议】最高人民检察院研究室可定期开展检委会工作的业务培训以及适时提供有针对性的学习资料，如类罪法律适用疑难问题的解答、具有示范作用的案例等。各级检察机关应严格执行《规则》规定，确保规范决策。根据《规则》规定的相关程序，细化检察委员会各项工作流程，严格检察委员会例会制度，必要时可以临时召开会议，确保检察委员会规范、高效地履行职能。

（六）统一业务软件运行不规范

统一业务软件的运行还不规范，有待进一步强化。统一业务的运行对检委会工作是一项挑战，也可能会遇到比一般的办案部门更多的问题和困难，如检委办办事机构的流程操作必须依赖全体检委会委员的支持和配合，还需要其他承办部门的协作。而检委会委员都是院领导或部门负责人，本身工作比较繁忙，会议或出差的任务也重，但在统一业务系统中，只要有一名委员没有按照流程签约、审批，都会导致检委会后续的操作流程无法进行，因此很多基层院检委会办事机构对统一业务软件的运行有畏难情绪，在本次调研和检查中，发现有的基层院检委会目前还没使用过统一业务系统。

【建议】要加强对各级检察院检委会工作统一业务系统的使用及检委会纪要的备案审查情况的检查和通报，促进该项工作的日常化、规范化。

（七）对下级院检委会工作缺乏长效机制

对下级院检委会工作的检查和指导力度不够，缺乏长效工作机制。近三年来，省院、市院对下级院检委会工作的检查指导多停留在纪要备案审查等文书审查的层面上，而基层院除少数能按时报送检察委员会会议纪要外，大多没有及时报送。且全省检察机关基本上没有独立的检委会办事机构，现有机构及人员配置往往只能完成会务工作。省院检委会办事机构深入基层进行调研和检查，或是列席旁听下级院检委会的次数少，对下级院检委会工作中存在的问题发现不及时，指导缺乏针对性和有效性，也缺乏相关的操作性强的长效工作机制。

【建议】省院加强对下级人民检察院检察委员会的工作规范指导，以执法质量考评机制为依托，定期对各市州院、区县院检察委员会的建设和审议案件的质量等工作情况进行专项检查，注意总结、推广经验，针对薄弱环节提出改进意见，采取切实有效的措施改进和加强检察委员会工作。试行上级院检察委员会专职委员列席下级人民检察院检察委员会会议制度，及时指导和规范检察办案工作，提高执法公信力。

深化检察官办案责任制改革的思考*

李 雁**

完善检察官办案责任制是健全检察权运行机制的核心和关键。通过完善检察官办案责任制，适度放权强化检察官办案主体地位，使检察官在执法过程中能够真正做到办案与定案的有机统一，既符合检察职业特点和检察权运行规律，也能够确保检察权依法高效运行和检察工作科学发展。

一、完善检察官办案责任制是检察权独立性的内在要求

司法独立是司法公正的保障。世界各国都把司法独立作为一项基本原则。司法独立原则的理论基础是立法、行政、司法三权分立的国家学说。在西方国家，司法权是继立法权和行政权之外的"第三极"，司法独立是一种政治独立，是国家政治制衡体制中的一项基本要素。检察权一般依附于行政体系，即使独立于行政，也难以直接成为国家政治权力结构中形成制衡关系的权力。西方国家的检察权的独立性主要是指办理具体案件中不受非法干涉，属于"技术司法规则"。这是西方审判独立与检察独立的一个重要区别①。而在我国，国家权力统一由人民代表大会及其常委会行使，国家行政机关、审判机关、检察机关都由人民代表大会产生，对它负责，受它监督。因此抛开政体背景，我国的司法独立是指在国家权力机关监督之下的审判权和检察权的独立。

我国检察权与审判权的独立在法制上并无区别。在中国共产党的领导以及人民代表大会的基本政治制度下，二者的独立都是一种"技术司法式"的独立，在这一点上没有本质区别。在深化司法体制改革的大背景下，深化审判独立的改革同时，也应当不断深化检察独立的改革。如果没有检察权的独立，审判权的独立也难以独善其身。因为我国的检察权不仅是审判权发动的根据，而

---

* 原文发表在《人民检察》2014 年第 23 期，标题有所改动。

** 作者单位：内蒙古自治区人民检察院。

① 参见龙宗智：《相对合理主义》，中国政法大学出版社 1999 年版，第 173 页。

且检察权要对审判权的运行进行制约与监督，审判方式、程序与审判结果都要受到检察权的监督。在检察权合法地、程序化地介入审判权的行使过程的情况下，如果没有独立公正的检察活动，也就难以产生独立公正的审判。所以，检察独立的改革与审判独立的改革同等重要。"确保审判机关、检察机关依法独立公正行使审判权、检察权"也是党的十八大确立的本轮司法体制改革的一个重要目标。

但是在我国，检察独立与审判独立也确有区别。虽然我国宪法明确规定，人民法院、人民检察院依照法律规定独立行使职权，不受行政机关、社会团体和个人的干涉，在独立主体上二者似乎没有区别，但实际上，审判独立更多地体现的是法官独立，法官或合议庭独立行使审判权，法院上下级是业务指导关系。而检察独立更多的是一种集体独立，或者可以称为"官署独立"。检察权的行使，是一种检察院整体独立性。这种整体独立性，在检察机关内部横向上是以检察长负责制和检察委员会制度来保证的，纵向上是以检察院上下级的领导关系来保证的。在这种整体独立的体制中，检察官的内部独立性明显不够，法律依据也明显不足。不可否认的是，检察官在上命下从的检察机关领导体制中仍然应该具有相对独立性。检察院是检察权的职能主体，检察官是检察权的执行主体，正是通过检察官具体的执法办案活动才使检察权的功能得以发挥。如果通过深化检察官办案责任制改革，适度放权于检察官，承认检察官的内部独立性，将会更好地实现检察权的独立的价值意义。

二、完善检察官办案责任制要体现检察权的特有属性

衡量检察官办案责任制是否科学合理，要看它是否适应检察权的特性、与检察权运行的机理是否吻合。我国《宪法》第 129 条明确规定，人民检察院是国家的法律监督机关。这一规定反映了检察机关在国家权力基本构架中的地位，它行使的法律监督权与行政权、审判权一样，是国家的一项基本权力。国家设置这项基本权力的目的是维护国家法律的统一正确实施。因此，在客观上要求检察机关内部保持高度的一致，特别是在法律的理解和适用上要统一。如果政出多门，检察机关自身都达不成统一，就很难实现维护法律统一正确实施的目的了。这样的特点决定了检察机关上下级之间"最高人民检察院领导地方人民检察院和专门人民检察院的工作，上级人民检察院领导下级人民检察院的工作"的领导体制的必然性，以及在检察机关内部实行"检察长统一领导检察院的工作"的合理性。这体现的是检察权运行的行政属性，行政属性是检察权的一个本质特点。它的运行特点是要求上下一体、上命下从。同时检察权也具有独立性、亲历性和裁断性等司法权特征。检察官参与诉讼的过程是一

个适用法律维护法制的司法过程，其以直接性和亲身性为基础。它要求检察官要亲历亲为、客观中立、公开透明，在听取双方意见的基础上，通过自己对案件事实、证据的了解把握，根据法律和实践经验等，对案件作出独立判断并对自己的决定承担责任。检察权兼具的这两种属性决定了检察官办案责任制的复杂性。这两种属性如何兼容、有机地结合在一起，对于深化检察官办案责任制的影响是极其重要的。一味地按照行政属性，或者一味地按照司法属性来对检察官办案责任制进行顶层设计，都将不利于检察权的良性运行和事业的科学发展。

而现实中检察权运行机制并没有很好地体现和发挥检察权的特有属性。《人民检察院组织法》第 3 条规定："检察长统一领导检察院的工作。各级人民检察院设立检察委员会。检察委员会实行民主集中制，在检察长的主持下，讨论决定重大案件和其他重大问题。如果检察长在重大问题上不同意多数人的决定，可以报请本级人民代表大会常务委员会决定。"按照组织法的规定，检察系统在长期的办案实践中逐渐形成了一套"检察人员承办，办案部门负责人审核，检察长或者检察委员会决定"的办案模式。这样一种办案模式，通过对检察长、副检察长、检察委员会、部门负责人、检察员（助理检察员）等办案主体在检察权运行过程中的不同角色和职责定位，构成了检察权运行的"机器"，充分体现了"检察长统一领导检察院工作"的原则，有利于保障对检察权行使各个环节的控制，有利于保证执法办案的质量，有利于防止检察权的滥用。这一办案模式的缺点在于，过分强调了检察权的行政属性，强调了行政属性的主导地位，弱化、忽视了检察权的司法属性，忽视了一线办案检察官在执法办案中的主体地位，导致了检察权中行政属性与司法属性的极度不平衡，影响了检察权运行的效能。在这样的办案模式下，人人负责，层层审批，由于介入案件的人员过多，责任主体模糊，责任追究难以落实。由于办案需要层层审批，不仅影响办案效率，而且在案件的处理上审查权与裁决权分离，审者不定，定者不审，违背了亲历性这一重要的司法规律。在这样的办案模式下，办案检察官是整个垂直管理线条底端的一个点，很难发挥他们的办案积极性，很难要求他们以高度负责的精神对待每一起具体案件，他们的敬业精神受到了压抑，也很难积极主动地去提高专业化水平，不利于检察官队伍的专业化、精英化。

由此，深化检察官办案责任制改革必须要按照检察权双重属性的指向和要求，对检察官执法办案管理的行政属性进行改革，增加其司法属性，通过整合内设机构、优化办案组织、明确执法权限责任等措施，调整和完善办案机制，赋予检察官追诉、控诉和监督的权力，使二者回复到平衡状态。

三、完善检察官办案责任要借鉴主诉、主办检察官办案责任制的教训

对于检察官办案责任制的改革完善，检察机关一直就没有停止过。在全国各地检察院改革探索的基础上，2000 年最高人民检察院先后制定发布了《关于在审查起诉部门全面推行主诉检察官办案责任制的工作方案》、《关于在民事行政检察部门推行主诉检察官办案责任制的意见》和《关于在检察机关侦查部门开展主办检察官办案责任制试点工作的意见》。之后，各地检察机关纷纷在业务部门实行主诉（办）检察官制度。但实践中，主诉（办）检察官制度并没有收到预期的效果。主要原因：一是改革没有配套进行，检察官的权、责、利没有统一。主诉、主办检察官在执法办案中的主体地位并没有得到充分体现，当初赋予主诉检察官更大的案件决定权的制度设想并没有实现，放权因为滥权的忧虑而架空。检察官仍然是科层式审批结构中的末端个体，检察官的办案与司法独立性之间的差距较大，检察官晋职晋级仍然是通过委任行政职务的方式解决。更多地强调办案责任，对检察官规定了较为严格的责任，强调将错案责任落实到个人，错案责任追究成为悬挂在检察官头上的一把剑，使得检察官不得不加强请示汇报，避开权力与责任的不对称，使办案又回到"三级审批"的办案机制之中，改革从起点又回到了原点。这应该成为当前完善检察官办案责任制的深刻教训。二是主诉、主办检察官的待遇不落实。由于得不到组织、人事、财政部门的支持，主诉、主办检察官难以落实相应的职务晋升、薪酬待遇，配套保障机制没有建立起来，与日益增多的工作量形成鲜明反差。这些实践都告诉我们，深化检察官办案责任制不是一个单项改革，涉及检察机关的内部管理体制，涉及检察权的优化配置，以及检察权的运行机制，更与检察体制改革有关、与国家的组织人事制度、财政制度改革有关，必须要统筹考虑、综合推进。只有这样，才能使检察官真正成为执法办案主体。

因此，完善检察官办案责任必须进行综合改革，实行检察官权、责、利统一，使责任制科学、符合规律。同时还要配套保障责任制正确履行的其他制度措施。一是要实行检察人员分类管理。建立检察官单独的、有别于普通公务员的职务序列，畅通检察官的职业上升通道，让检察官从众多行政事务、追逐行政级别中解放出来，心无旁骛地投入执法办案。二是要落实检察官有别于普通公务员的薪酬待遇，解决所肩负的责任与待遇不对待的问题。三是要完善检察官身份保障，从具体的制度措施上保障检察官依法履行检察职责不受行政机关、社会团体和个人干涉，非经法定事由、法定程序，不被免职、降职、降级、辞退或者处分。四是推行省以下检察院人财物统一管理。这项改革措施有

利于加强上级检察院对下级检察院的领导，也为检察官作为执法办案主体，敢于抗拒外来干扰、依法办案提供领导体制保障。

四、完善检察官办案责任制要渐进式推进

完善检察官办案责任制，就要正视检察权运行机制和检察办案模式的浓厚行政色彩，按照司法规律和检察特点，对检察机关进行司法化改革，努力重塑检察长、检委会、内设机构、检察官等不同层面的关系，通过放权，让一线办案检察官"有职有权"，从而实现检察机关办案的"审定合一"、"责权统一"。目前来看主任检察官制度较为合适。主任检察官制度在主诉、主办检察官办案责任制上更进一步，形成了检察长领导下的分工专业化、管理扁平化的检察官办案组织体系，将检察官从科层式的行政化管理模式解脱出来，强化检察官主体地位，引导优秀检察官向法律监督工作一线集中，既保障检察机关依法独立公正行使检察权，又打造一支职业化、专业化的检察官队伍。虽然实现每个检察官独立办案是构建检察官办案组织、完善检察官办案责任制的终极目标，但是在目前的社会环境中、在检察官队伍素质仍然需要大力提升的条件下，主任检察官制度不失为一个既接近改革目标又兼顾现实的稳妥选择。它将增强检察官的主体意识和责任意识，调动工作积极性，提高办案质量和效率。同时优化检察机关内部的职权配置，部门负责人将不再审批具体案件，其角色定位于行政事务管理者和内部监督者，发挥组织、指导、监督执法办案的作用，切实解决以行政方式管理司法办案的问题，最后也能有效推动检察官队伍的职业化、专业化发展，使一批优秀的检察官专于业务，遏制业务部门一线人才流失现象，逐步形成检察人才梯队。

当然，推行主任检察官制度，一个最关键的问题就是要协调处理好上命下从的检察一体制与检察官执行职务独立性的关系。科学协调这个关系，重要的是要实行检察机关内部权力清单制度，合理地授权于检察官，按照诉讼规律和检察规律，科学地划分检察长、检察委员会、主任检察官、检察官的职责权限和权力边界，逐步形成检察官在执法办案中的主体地位。在向主任检察官的授权过程中，要处理好以下关系：一是要处理好上级指令权的问题。由于检察机关上命下从的领导体制，明确上级下达的指令检察官必须服从，但是必须对上级的指令权内容进行限制，同时要对上级的不当指令设置对冲程序进行制约。当然如果对于违反法律的指令，检察官服从了，检察官不能因为上级的指令而卸除自己的违法责任，这样设置的目的就是要使检察官真正负起责任，服从事实和法律，不能简单地服从上级的指令。二是要处理好主任检察官与办案组织内的其他人员、部门负责人、检察长以及检察委员会的关系。主任检察官办案

组作为检察机关内部基本的办案单元，主任检察官与其他检察官、辅助人员是领导和被领导、指挥与被指导的关系。主任检察官对组内其他人员的执法办案活动具有指挥权、决定权、指导权和监督权，其他人员要协助主任检察官承办案件，处理相关法律事务。部门负责人的主要职责是本部门行政后勤事务的管理和工作机制上的保障，对主任检察官承办案件没有指令权和审核权。而对于检察长及检察委员会，重要的是做好分权工作，除由检察委员会专职行使的职权外，检察长和检察委员会共同行使的职权中，很大一部分可以明确分权于主任检察官行使。

逮捕条件中社会
危险性评估模式之构建[*]

杨秀莉　　关振海[**]

本文尝试构建社会危险性评估机制，期望对社会危险性审查判断的规范化建设有所裨益。

一、社会危险性审查判断的司法经验

一系列的司法规范为办案人员正确把握"社会危险性"提供了规范指引，有利于统一执法尺度和办案标准。但由于司法规范内容的有限性与案件事实无限性之间的张力，更多的案件往往依靠办案人员的"司法经验"[①]。

为归纳总结办案人员审查社会危险性的考量因素，笔者从某基层检察院近3年办理过的案件中选取了100份审查逮捕意见书（以下简称"意见书"），其中认定"有社会危险性"的60份，认定"无社会危险性"的40份。

（一）社会危险性的考量因素

笔者对100份意见书进行归纳，发现办案人员在审查判断社会危险性时，主要考虑以下因素：

1. 是否可能判处徒刑以上刑罚。在100份意见书中，有91份将其作为社会危险性的考量因素，占总数的91%。

2. 是否为本地人，有无固定工作或住所。100份意见书均将其作为社会危险性的考量因素。其中，在60份"有社会危险性"的意见书中，有43份将

---

* 原文发表在《中国刑事法杂志》2014年第1期，收入时有所摘删。

** 作者单位：北京市石景山区人民检察院。

① 严格地说，司法规范是司法经验的总结，也属于司法经验的范畴。但为了区分，此处的"司法经验"仅指办案人员在司法过程中形成的不成文的经验做法。

外来人员作为考量因素。在 40 份"无社会危险性"的意见书中，有 25 份将本地人作为考量因素。

3. 是否有前科劣迹，是否累犯。在 60 份"有社会危险性"的意见书中，有 9 份将"有前科劣迹或是累犯"作为考量因素。在 40 份①"无社会危险性"的意见书中，有 18 份将"无前科劣迹"作为考量因素。

4. 是否刑事和解。在 40 份"无社会危险性"的意见书中，有 21 份将刑事和解作为考量因素。在 60 份"有社会危险性"的意见书中，有 2 份将嫌疑人"没有达成刑事和解"作为考量因素。

5. 案发后是否逃跑。在 100 份意见书中，案发后逃跑的 11 名嫌疑人均被认定"有社会危险性"，占 100%。

6. 同案犯是否在逃。在 100 份意见书中，同案犯在逃的 7 名嫌疑人均被认定"有社会危险性"，占 100%。

7. 是否多次作案。在 100 份意见书中，多次作案的 5 名嫌疑人均被认定"有社会危险性"，占 100%。

8. 是否为未成年人或者在校学生②。在 40 份"无社会危险性"的意见书中，有 4 份将未成年人或者在校学生作为考量因素，占 10%。

9. 是否共同犯罪。在 60 份"有社会危险性"的意见书中，有 19 份将共同犯罪作为考量因素。在 40 份"无社会危险性"的意见书中，均没有将从犯、胁从犯作为考量因素。

10. 是否自首。在 40 份被认定"无社会危险性"的意见书中，有 6 份将自首作为考量因素，占 15%。

11. 被害人是否有过错。在 40 份"无社会危险性"的意见书中，有 6 份将被害人有过错作为考量因素，占 15%。

12. 其他因素。例如，嫌疑人认罪态度、是否如实供述、有无悔罪表现、情节恶劣，被害人是否未成年人、是否要求追究刑事责任等。

（二）社会危险性的司法判断模式

本部分内容通过对办案人员在"有社会危险性"因素和"无社会危险性"

---

① 因近三年该院做出无逮捕必要的案件共 47 份，为统计方便，本文选取 40 份作为分析样本。

② 从逻辑上讲，在校学生与未成年人的范围存在交叉关系，因而与未成年人并列的"在校学生"应指 18 周岁以上的在校学生。

因素并存时做出不同决定的归纳，探寻司法实践中各因素对社会危险性的作用力。

1. 认定"有社会危险性"的模式①

模式 1：可能判处徒刑以上刑罚 + 外来人员。

模式 2：可能判处三年以上徒刑② + 本地人。

模式 3：可能判处徒刑以上刑罚 + 外来人员 + 未成年人 + 和解 + 犯罪后逃跑（或同案犯在逃）。

模式 4：可能判处三年以上徒刑 + 本地人 + 自首。

模式 5：可能判处徒刑以上刑罚 + 本地人 + 自首 + 和解 + 累犯。

模式 6：可能判处徒刑以上刑罚 + 聋哑人 + 嫌疑人拒不交代真实身份。

模式 7：外来人员（有居住地、无固定职业） + 被害人要求依法追究刑事责任。

模式 8：可能判处徒刑以上刑罚 + 有前科劣迹 + 被害人为不满 14 周岁未成年人 + 本地人。

可见，对办案人员做出"有社会危险性"决定影响力较大的因素有：外来人员、可能判处三年以上徒刑、犯罪后逃跑、同案犯在逃、累犯、拒不交代自己的真实身份、被害人要求依法追究刑事责任、有前科劣迹、被害人为不满 14 周岁未成年人等。

2. 认定"无社会危险性"的模式

模式 1：可能判处徒刑以上刑罚 + 外来人员 + 自首 + 和解。

模式 2：可能判处徒刑以下刑罚 + 外来人员（家人均在京较稳定居住） + 和解。

模式 3：外来人员（亲属在北京居住） + 在校学生 + 未成年人。

模式 4：可能判处徒刑以上刑罚 + 本地人。

模式 5：本地人 + 共同犯罪 + 初犯 + 和解。

模式 6：可能判处徒刑以上刑罚 + 外来人员 + 结伙作案 + 累犯 + 被害人有过错 + 和解。

---

① 需要说明的是：（1）本部分选取是有代表意义的模式，不是对所有模式的归纳。（2）各模式中的"+"不是简单相加，而是"并列"的意思。（3）如无特别说明，本部分的"外来人员"均被认定为无固定住所和固定职业，"本地人"均被认定有固定住所或固定工作。

② 如不特别说明，本文中"可能判处三年以上有期徒刑"均指"可能判处三年以上、十年以下有期徒刑"。

模式 7：可能判处三年以上有期徒刑 + 本地人 + 和解。

模式 8：可能判处徒刑以下刑罚 + 外来人员 + 有前科劣迹 + 自首 + 和解。

可见，对办案人员做出"无社会危险性"决定影响力较大的因素有：本地人、和解、有固定工作或住所、被害人有过错、初犯、自首、未成年人、在校学生等。

二、社会危险性审查判断存在的问题与出路

（一）社会危险性审查判断存在的问题

1. 评价标准不统一。例如，将前述"可能判处徒刑以上刑罚 + 外地人 + 结伙作案 + 累犯 + 被害人有过错 + 和解 = 无逮捕必要"模式与"可能判处徒刑以上刑罚 + 本地人 + 自首 + 和解 + 累犯 = 有逮捕必要"模式进行对比，不难发现前者在有"结伙作案"、"累犯"、"外地人"三个"有社会危险性"风险点的前提下做出"无逮捕必要"决定，而后者在有"本地人"、"自首"、"和解"三个"无社会危险性"风险点的情况下，却得出"有逮捕必要"的结论。

2. 将刑罚情况不加区别地作为"社会危险性"的重要影响因素，缺乏合理性。例如，前述 100 份意见书中，有 91 份将刑罚情况均作为社会危险性的考量因素。罪行危险性是社会危险性的法律内涵之一，特定犯罪行为因其特殊的性质或者情节，本身就说明犯罪嫌疑人可能给社会带来新的危险性。对此，世界上有些国家在法律中作了明确规定。如《德国刑事诉讼法》规定，在有重要理由足以怀疑嫌疑人犯有组织或者参加恐怖集团罪、谋杀罪、故意杀人罪、种族灭绝罪、故意重伤罪、情节特别严重的纵火罪或者爆炸罪的，即使不存在逃跑、毁灭证据或者妨碍作证之虞，仍然可以命令待审羁押。对此，我国新修订的《刑事诉讼法》第 79 条第 2 款也规定，对有证据证明有犯罪事实，可能判处十年有期徒刑以上刑罚的，应当予以逮捕。但是，并不是任何一种可能判处三年以上、十年以下有期徒刑的犯罪均具有社会危险性。因此，不加区分一概作为"有社会危险性"的评价标准，不仅有混淆逮捕之刑罚要件与必要性要件关系之嫌，而且将逮捕措施与刑罚手段混为一谈。

3. "外来人员"与"本地人"的身份标志对办案人员"社会危险性"的审查判断影响较大，不利于外来人员的平等保护。尽管新修订的《刑事诉讼法》和《人民检察院刑事诉讼规则（试行）》没有将涉罪人员的户籍地作为评价因素，但实践中外来人员涉罪不羁押"有社会危险性"的观念却已经根深蒂固。由此出现了外来人员直接被认定"有社会危险性"、本地人直接被认定"无社会危险性"的司法操作。而同等条件下外来人员被认定"无社会危险

性"的条件明显高于本地人更是非常普遍。

4. 同一因素被正反双向评价，既是"有社会危险性"的考量因素，又是"无社会危险性"的考量要素，违反了一般的逻辑规则。"有社会危险性"和"无社会危险性"体现两种不同的价值取向，并非"非此即彼"的关系。例如，刑事和解反映了嫌疑人的悔罪态度，是"无社会危险性"的评价要素。但这并不意味着没有刑事和解就是"有社会危险性"的考量因素。

5. 某些因素不宜作为社会危险性的考量因素。社会危险性的考量因素应与逮捕的功能定位和立法目的相一致。基于此，"嫌疑人认罪态度的好坏"、"供述是否稳定"并非必然反映嫌疑人是否具有妨害诉讼或者继续犯罪的倾向。"犯罪情节是否恶劣"说法太笼统，且一般仅是犯罪社会危害性大小的体现，也不宜直接作为社会危险性的考量因素。

（二）社会危险性审查判断的出路

前述问题的症结，源自我国社会危险性的审查判断缺乏规范的、客观的标准，以至于办案人员主观随意性较大，很多案件都仅凭感觉判断，导致社会危险性审查判断的恣意和妄断。这不仅容易造成执法办案的不统一，违背法律面前人人平等的法律原则，而且有违羁押比例性原则，不利于嫌疑人的权利保障。

本文提出构建社会危险性的评估机制，统一审查因素、审查程序，实现社会危险性审查判断的标准化和客观化。

1. 统一审查因素。具体包括两个方面：一是进一步细化社会危险性的审查因素，将不能反映嫌疑人是否具有妨害诉讼或者继续犯罪可能性的因素排除出去。二是将"有社会危险性"的因素和"无社会危险性"的因素相区分，改变目前将同一因素正反双向评价，既作为"有逮捕必要"考量因素，又作为"无逮捕必要"考量要素的做法，实现评价因素的单向化。

2. 统一审查程序。设立社会危险性评估机制，明确各因素的地位及其对"社会危险性"影响力的大小。同时设定该机制运作的程序及相应规则（评估值），根据评估值最终得出嫌疑人是否具有社会危险性的审查结论。

构建社会危险性的评估机制，不仅对于保障犯罪嫌疑人的合法权利、实现逮捕权的公正行使具有重大理论意义，而且对于规范审查逮捕工作、统一办案尺度、提高逮捕质量乃至增强执法公信力都具有重大现实意义。

三、社会危险性评估机制的构建

（一）社会危险性的评估模式

评估模式包括四个部分：评估项、评估因素、危险等级和危险评估值。如表 1 所示。

第一、第二部分，评估项和评估因素。评估项是指办案人员在审查判断社会危险性过程中应当考虑的项目，主要包括：犯罪情况（A）、涉案人员情况（B）、罪后表现（C）、被害人情况（D）四个方面。其中，犯罪情况，既包括"有逮捕必要"的考量因素，也包括"无逮捕必要"的考量因素。

表 1 评估项评估因素危险等级危险评估值

A 犯罪情况	
A1 一年内作案三次以上	高
A2 流窜作案	高
A3 共同犯罪	中
A4 正当防卫、紧急避险	低
A5 过失犯罪	低
A6 中止犯	低
A7 手段残忍	高
B 嫌疑人个人情况	
B1 主犯	高
B2 胁从犯	低
B3 惯犯	高
B4 累犯	高
B5 未成年人	低
B6 有吸毒恶习	中
B7 在案发地有相对固定的工作或住所	低
B8 亲属或有关单位出具保障诉讼担保的	低
B9 有妨碍诉讼经历的	中

C 罪后情况	
C1 自首	低
C2 对被害人、证人进行威胁或者打击报复的	高
C3 串证、毁证、妨害作证的	高
C4 自杀未遂的	高
C5 准备逃跑被发现的	高
C6 犯罪后逃跑的	高
C7 与被害人和解	低
C8 不讲真实姓名、住址，身份不明的	高
C9 同案犯在逃的	高
D 被害人情况	
D1 被害人是亲友、邻里、同学、同事的	低
D2 被害人存在重大过错的	低
D3 被害人存在一定过错的	中

嫌疑人个人情况和罪后情况是犯罪嫌疑人主观恶性和人身危险性的具体体现，对进一步评估和预测其社会危险性（再次违法犯罪或者妨害诉讼）具有直接作用。被害人情况主要是基于恢复性司法的执法理念和化解社会矛盾的工作方法，强调关注并评价被害人在案件发生中的作用以及被害人对案件处理的意见。

第三部分，危险等级。危险等级是根据各因素对犯罪嫌疑人再次违法犯罪或者妨害诉讼顺利进行可能性的高低进行的等级划定。本文将有较大社会危险性的情形设定为"高危险"等级，将有一定社会危险性的情形设定为"中危险"等级，将社会危险性较小的情形设定为"低危险"等级。在司法实践中，其科学性和应用性还需要进一步修正、完善。

第四部分，危险评估值。危险评估值是按照一定的规则，研判做出"社会危险性"高低决定的分值。办案人员根据该分值的大小，对犯罪嫌疑人分别做出"有逮捕必要"或者"无逮捕必要"的决定。

（二）评估模式的运作程序

第一步，考察案件是否有"高危险"等级情形。如果有，则"社会危险性"较高，建议做出"有逮捕必要"的决定。如果都是"低危险"等级，则"社会危险性"较低，建议做出"无逮捕必要"的决定。

第二步，如果案件有"中危险"等级情形，或者有的为中、有的为低，这时要对案件所有情形进行综合评估，根据危险评估值的大小做出是否有逮捕必要的建议。

综合评估公式为：评估值 = 评估因素（A3 + A4 + ⋯ + D3）× 危险等级 × 评估项权重。为避免危险等级相加带来的弊端，本文将"社会危险性"的评估值设定为"中危险"等级与"低危险"等级之间的差（设"低危险"值为 −1，"中危险"值为 1.5）。如果该评估值维持在一定的范围内，则建议做出"无逮捕必要"的决定。

以具有被害人的案件为例，其评估值 $P = A3 \times 1.5 \times 20\% + A4 \times (−1) \times 20\% + A5 \times (−1) \times 20\% + A6 \times (−1) \times 20\% + B2 \times (−1) \times 30\% + B5 \times (−1) \times 30\% + B6 \times 1.5 \times 30\% + B7 \times (−1) \times 30\% + B8 \times (−1) \times 30\% + B9 \times 1.5 \times 30\% + C1 \times (−1) \times 40\% + C7 \times (−1) \times 40\% + D1 \times (−1) \times 10\% + D2 \times (−1) \times 10\% + D3 \times 1.5 \times 10\%$。

在该公式中，P 是评估值，P 的值越大，犯罪嫌疑人不羁押的"社会危险性"就越大。A3 至 D3 指的是与犯罪嫌疑人社会危险性相关的变量，如果某一变量不存在，则计作 0；如果某一变量存在，则计作 1。初步设定 0 为"无逮捕必要"（P）的界点，小于或者等于 0 的，建议作出"无逮捕必要"的决定；大于 0 的，建议作出"有逮捕必要"的决定。在实践中，该评估值应根据实践中案件的实验情况不断进行调整。

举一案例，简要说明该评估公式的应用。

案例：犯罪嫌疑人甲因琐事与邻居乙发生纠纷，将乙打成轻伤。事后查明，甲 3 年前曾有脱保经历，但甲在事发地有相对固定住所，且双方已达成和解。

该案例有具体的被害人，故其评估项为：犯罪情况（20%）、犯罪嫌疑人情况（30%）、罪后情况（40%）、被害人情况（10%）。其评估因素有：有相对固定住所（B7），有脱保经历（B9），和解（C7），被害人是邻里（D1）。

故甲不逮捕的风险值 $P = B7 \times (−1) \times 30\% + B9 \times 1.5 \times 30\% + C7 \times (−1) \times 40\% + D1 \times (−1) \times 10\% = −0.40 < 0$，建议做出无逮捕必要的决定。

四、余论

本文意在对社会危险性各考量因素进行定量分析，限缩办案人员自由裁量的随意性和任意性，实现评估制度的规范化和客观化。这种精细化司法的处理模式有利于实现评判标准的统一性，保障逮捕权的公正行使，增进民众对刑事司法的认同。但同时，犯罪现象及罪后情形复杂多变，用这种固定有余但灵活不足的评判模式来代替人类主观评价的缜密思维无疑有简单化的倾向。因此，在司法实践中该评估模式得出的结果都应该仅作为"参考"而非"结论"。在实践中，如何最大限度地实现评估标准的客观化与评估形式的灵活性仍需留待进一步研究。

检察机关内设机构改革若干问题探究

张和林　严　然[*]

检察机关的内设机构是检察权运行的组织载体，检察机关内设机构设置合理与否对检察权能否有效行使有着非常重要的影响。随着检察工作的开展，我国现行的检察机关内设机构设置模式暴露出了越来越多的缺陷。针对这些缺陷，近年来广东、湖北、重庆、江苏等省份的部分检察院相继探索进行了内设机构改革，在取得一定成效的同时，也暴露出了不少问题。有鉴于此，笔者试就内设机构改革中的部分问题进行研究，以期对理论和实践有所裨益。

一、当前我国检察机关内设机构改革的几种主要模式

（一）主要模式

1. 湖北检察机关"小院整合"模式

2009 年底，湖北省检察院制定《关于部分基层检察院内部整合改革试点工作的实施方案》，确定全省 13 个 40 人以下的基层院为试点单位，从机构、人员、流程三个方面进行内部整合，被人们形象地称为"小院整合"。根据《实施方案》，实行"诉讼职能与监督职能相分离、案件办理与案件管理相分离"两个分离，内设机构分为批捕公诉部、职务犯罪侦查部、诉讼监督部、案件管理部、综合管理部等五个部门；人员按现行检察人员职务，在职级管理不变的基础上，实行分类整合，各部负责人由副检察长（或其他班子成员）兼任，负责该部全面工作，部内按照工作量配备主诉主办检察官若干名，由主诉主办检察官直接对分管检察长及其他班子成员负责，其他人员按履职要求合理配备。

2. 江苏扬州市江都区检察院"三局一处一组"模式

江苏省扬州市江都区检察院为解决案多人少、官多兵少、职能交叉等问

---

* 作者单位：广东省人民检察院。

题，本着充实业务部门、精简综合部门、合并职能重叠部门的原则，按照侦防一体化、诉讼监督一体化和检务保障一体化的工作思路，保留政治处、纪检组，其他内设部门整合为职务犯罪侦防局、诉讼监督局、检务保障局。职务犯罪侦防局由反贪局、反渎局和预防局三个部门整合而成；诉讼监督局由侦监、公诉、民行、控申、监所等五个部门整合而成；检务保障局由办公室、研究室和案管科整合而成。三个内设局由分管副检察长兼任局长。实行主办检察官制度，取消中层职务，主办检察官直接对分管副检察长负责。

3. 广东深圳福田区检察院"四局三室"模式

深圳市福田区检察院将原来的 15 个内设机构整合为 7 个，包括"四个业务职能局"，即职务犯罪侦查局，负责职务犯罪侦查工作；刑事犯罪检控局，负责刑事案件的批准逮捕和提起公诉；诉讼监督局，负责刑事、民事、行政诉讼监督、监管场所监督和刑事申诉监督；犯罪预防和社会建设促进局，负责犯罪预防、参与社会建设、服务基层群众等职能。还设立"三个监督机构"，即纪检监察室、政令督查室和案件管理室。实行"办案专员"负责制，根据各业务职能局的职责，设置各类办案专员，办案业务上直接接受分管副检察长兼职能局长的领导指挥，总体实现检察长（副检察长）和检察官两个层级的"扁平化"管理模式。

4. 重庆市渝北区检察院"四局二部二室"模式

重庆市渝北区检察院通过对原有的机构进行整合设立"四局二部二室"。即刑事检察局，承担侦查监督和公诉部门的原有职责（除涉及未成年人犯罪案件外），包括立案监督、侦查活动监督和刑事审判监督；诉讼监督局，负责民事行政诉讼监督、刑罚执行和监管活动监督、刑事再审监督等工作；职务犯罪侦查局，负责侦查职务犯罪案件的查办和预防；未成年人刑事监察局，承担原侦查监督和公诉部门办理的涉及未成年人犯罪的案件，包括该类案件的审查逮捕、审查起诉和除刑罚执行监督外的刑事诉讼监督工作；政治部，负责队伍建设和干部人事相关工作；检察事务部，负责档案管理、财务、技术装备和后勤等事务工作；检察长办公室，负责调研、指导案件质量检查、法治宣传、文秘、纪要、统计以及联络人大代表等工作；监察室负责原纪检监察的相关工作。

（二）总体评价

通过对上述几种模式的简单描述，我们很容易可以看出，当前我国各地检察机关开展的内设机构改革呈现以下共同点：一是减少了内设机构数量，从而避免了综合后勤部门人员过多的情况，增强了业务部门的办案力量。二是通过对业务部门进行整合，明确了业务部门的分工，避免了内设机构职能的交叉。

三是通过取消中层领导这一层级，实行检察官办案责任制，淡化了行政色彩，强化了检察官的办案主体地位。四是在目前我国检察官的工资待遇仍然与行政级别挂钩的情况下，各地在取消中层领导层级，实行主办（主诉）检察官办案责任制的同时，不得不保留主办（主诉）检察官的行政级别。这些改革模式的共同点反映了各地检察机关对当前内设机构设置的缺陷、内设机构改革的目标等问题的认识存在一定的共性。

上述几种改革模式在以下四个方面也存在差异：一是内设机构数量不尽相同，内设机构的数量从 5 个到 8 个不等。二是内设机构名称各异。几种改革模式中检察院内设机构有的全部叫"部"，有的同时有"局"、"处"、"组"三类部门、有的同时有"局"、"室"两类部门，有的同时有"局"、"部"、"室"三类部门。同是承担刑事案件批捕与起诉的部门，有的称为"批捕起诉部"，有的称为"刑事犯罪检控局"，有的称为"刑事检察局"。同是承担职务犯罪侦查的部门，有的称为职务犯罪侦查部，有的称为职务犯罪侦防局，有的称为职务犯罪侦查局。三是内设机构职能分工存在很大差异。有的模式坚持"诉讼职能与监督职能分离"的原则，由不同的部门分别行使批捕、起诉职能和刑事诉讼监督职能，有的模式则实行"诉讼监督一体化"模式，由同一部门同时行使批捕、起诉职能和刑事诉讼监督职能，第二种情形下，在具体的负责部门上也存在差异，有的由诉讼监督部门同时行使批捕、起诉和刑事诉讼监督职能，有的则由刑事检察部门同时行使批捕、起诉和刑事诉讼监督职能，有的是刑事检察部门和诉讼监督部门各行使部分刑事诉讼监督职能。四是承担办案责任的检察官的名称不同。有的将承担办案责任的检察官统一称主办检察官，有的将承担办案责任的检察官部分称为主办检察官，部分称为主诉检察官，有的将承担办案责任的检察官统一称为"办案专员"。

这些差异的存在固然说明了我国检察机关内设机构改革中的百花齐放、百家争鸣，可以为最高人民检察院在全国统一推进内设机构改革提供有益的经验，然而，这些模式中的部分探索也存在一些问题，下面，笔者将就几个主要的问题进行一一分析。

二、审查逮捕、审查起诉部门是否应当合一的问题

上述 4 种内设机构改革模式在审查逮捕和审查起诉部门的设置上，均没有采取当前检察机关普遍采用的"捕诉分离"的做法，而采取了"捕诉合一"的做法，即批捕权与起诉权由同一业务部门行使。那么，"捕诉分离"和"捕诉合一"两种模式哪种更为科学呢？这个问题在我国理论界与实务界长期以

来都存在很大争议。部分学者主张采取"捕诉分离"模式。① 部分学者则主张采取捕诉合一模式。②

其实，这两种模式各有优劣，"捕诉合一"模式的设计初衷更加偏重提高办案效率，而"捕诉分离"模式的设计初衷更加侧重提高办案质量。那么在两种模式各有优劣的情况下我们到底应该选择哪种模式呢？笔者认为，离开了具体的社会背景，我们很难说"捕诉合一"或"捕诉分离"孰优孰劣。模式的选择，应当与当时的社会形势和司法实践的需要相一致。因为在某种特殊的形势下，一种模式的优点可能被无限缩小，而缺点可能被无限扩大，反之，一种模式的优点可能被无限扩大，而缺点也可能被无限缩小。

我国检察机关目前采取的"捕诉分离"模式就是形势需要的结果。我国检察机关采取"捕诉分离"模式的历史并不长，直到1999年最高人民检察院刑事检察厅才分设为审查批捕厅和审查起诉厅，前者负责审查逮捕工作，后者负责审查起诉工作。在此之前我国一直采取"捕诉合一"模式。③ 1999年实行

---

① 主张应采"捕诉分离"模式的主要理由在于：（1）从性质上来讲，起诉权与批捕权虽然同为检察机关的内部职权，但两者的侧重点并不相同，起诉权更多的是一种犯罪追诉权，而批捕权更多的是一种监督权，将两种不同性质的权力同时交给一个主体行使，很难达到两种权力分开行使所应达到的效果。（2）"捕诉合一"模式减少了一道诉讼程序，不利于保证案件质量。参见胡冬平：《捕诉合一不宜推行》，载《检察日报》2004年7月19日。（3）"捕诉合一"模式不利于加强检察机关的内部监督制约，会导致权力的滥用。参见夏继金：《质疑"捕诉合一"》，载《人民检察》2003年第9期。（4）"捕诉合一"模式会导致办案人员在审查逮捕阶段已经有了先入为主的认识，影响审查起诉阶段的判断。参见曹军：《基层院捕诉合一做法不应提倡》，载《人民检察》2004年第11期。

② （1）采取"捕诉合一"模式，承办人会在审查逮捕阶段就吃透案情，并可以充分发挥办案人员引导侦查的作用，从而有利于保证办案质量，参见卢义阔：《捕诉合一利与弊的思考》，载《法律与监督》2003年第5期。（2）宪法和人民检察院组织法仅规定检察机关行使批捕权，并没有要求审查批捕部门和审查起诉部门分开。根据刑事诉讼法的规定来看，逮捕是强制措施的一种，不是一个独立的诉讼阶段，不需要专门的部门负责。（3）实现"捕诉合一"模式有利于克服捕诉分离导致很多问题，如有的侦查机关随意变更逮捕强制措施；有的侦查机关对没有逮捕必要检察机关未批准逮捕的案件不移送起诉等。参见许永俊、王宏伟：《捕诉合一办案机制研究》，载《国家检察官学院学报》2001年第2期。（4）实现"捕诉合一"可以大大提高办案效率。该种情况几乎是公认的"捕诉合一"模式的优点，实践中也证实"捕诉合一"大大提高办案效率。参见梁洪：《广西昭平检察院实行捕诉合一办案新模式提高办案效率》，载 http://news.jcrb.com/jxsw/201303/t20130326_1075089.html，2013年10月6日21：38访问。

③ 参见王松苗、王丽丽：《检察机关内设机构的风雨变迁》，载《检察日报》2009年10月12日第6版。

捕诉分离与当时出现的一股质疑检察机关的性质和地位、否定检察权的思潮有着非常密切的关系。当时理论界和司法实务部门一部分人认为检察监督破坏诉讼结构、影响审判独立，并提出"谁来监督监督者"的质疑。在这种背景下，检察机关从强化内部监督制约的角度出发，改长期以来的"捕诉合一"模式为"捕诉分离"模式。当然，这项改革的一个重要前提是当时刑事检察业务的总量不大，捕诉分离后检察机关能够承受。根据统计数据来看，1998 年全国检察机关共批捕犯罪嫌疑人 582120 人，起诉 557929 人，通知公安机关立案 5207 件，抗诉 3791 件。在这种情形下，选择办案效率较低，但有利于加强内部监督制约，保证办案质量回应外界质疑的"捕诉分离"模式就成为了必然的选择。

然而，时至今日，各方面的情势都发生了很大的变化，选择"捕诉合一"模式应当是更优的选择。其主要理由在于：

第一，"捕诉分离"模式在强化内部监督制约、保障案件质量方面的作用是较为有限的。就案件质量方面来看，审查逮捕部门审查案件的要求与公诉部门有非常大的差异，在办案期限紧、案件证据还不完善的情况下，审查逮捕部门的办案人员基本上只是确定犯罪嫌疑人的行为构成了犯罪，有逮捕必要即可，在犯罪嫌疑人有多宗犯罪事实的情况下，往往只注重审查其中一宗，在罪名可能存在争议的情况下，也不会细究罪名正确与否。而公诉部门的办案人员需要准确认定犯罪嫌疑人的罪名，核实所有的犯罪事实和证据。就内部的监督制约方面来看，两个部门同为检察机关的内设机构，两个部门的办案人员都是同事，互相的监督制约作用必然有限。

第二，理论界经过长期的争论，对检察机关性质和地位等问题基本已经达成共识，认为检察监督破坏诉讼结构、影响审判独立的观点已很少人主张。当然，理论界对"谁来监督监督者"的质疑依然存在。然而，正如前文所论述的，"捕诉分离"模式在强化内部监督制约方面发挥的作用也是非常有限的，依靠"捕诉分离"模式同样不能解决"谁来监督监督者"的问题。实际上，通过检察文书说理、案件管理机制改革、职务犯罪案件审查逮捕"上提一级"、人民监督员制度等工作来强化对检察权的监督制约，应当是更好的选择。

第三，在当前"案多人少"矛盾日益突出的形势下，"捕诉合一"模式可能比"捕诉分离"更利于保证案件质量。当前我国处于刑事案件高发期，刑事案件总量还有进一步增长的趋势，而且随着法律的日益完善，办案程序越来越规范，办案要求越来越高。这就导致各地检察机关"案多人少"的矛盾日益突出。不少地区检察机关批捕、起诉部门的干警已经不堪重负。据统计，

2012 年全国检察机关批捕各类犯罪嫌疑人 986056 人，与 1998 年相比增长 69.4%，起诉各类犯罪嫌疑人 1435182 人，与 1998 年相比增长了 157%。就广东来看，目前部分基层检察院公诉部门的年人均办案数超过了 200 件，办案人员只能靠长期的加班来完成办案任务。在这种办案人员已经超负荷运转的情况下，采取"捕诉分离"模式，将会导致审查逮捕部门的办案人员和审查起诉部门的办案人员都没有时间和精力认真审查案件。两个人应付式地各审查一遍案件未必比一个人认真细致地审查两遍案件更能保证案件质量。也就是说，在"案多人少"矛盾突出的情况下，实行"捕诉分离"模式未必比实行"捕诉合一"模式更能保证案件质量。另外，在"捕诉分离"模式下，嫌疑人被逮捕后，案件基本上就与审查逮捕阶段的承办人无关，这就容易影响审查批捕阶段承办人的责任心，导致在嫌疑人被逮捕后，审查逮捕阶段的承办人不会密切关注案件的补充侦查情况，不会督促和指导公安机关补充相关证据，而此时尚未进入审查起诉阶段，公诉部门的承办人尚未确定，这就导致检察机关无人对嫌疑人批准逮捕后需要继续补充侦查的普通刑事案件进行跟踪。而在"捕诉合一"模式下，一宗刑事案件无论是在审查逮捕阶段还是在审查起诉阶段都是同一个经办人办理。这就改变了"捕诉分离"模式下作出批准逮捕决定后案件就与批捕阶段承办人无关的做法，有利于增强办案人的责任心，可以保证即使批准逮捕犯罪嫌疑人的决定已经作出，经办人也会密切跟踪案件的侦查情况，适时进行指导，从而提高案件侦查质量。

第四，认为起诉权和批捕权是不同性质的权力，不适宜由同一部门行使的观点也是站不住脚的。实践证明不同性质的权力也可以由同一部门行使。批捕权、诉讼监督权和起诉权都是不同性质的权力。批捕权是做出批准逮捕或者不批准逮捕的决定的权力；诉讼监督权是监督被监督者实施一定的行为的权力；起诉权则是对被告人的犯罪行为提起公诉的权力。而长期以来行使批捕权和起诉权的部门都有诉讼监督权，这种不同性质的权力由同一部门行使的做法在司法实践中也同样运作良好。

三、公诉权与诉讼监督权是否应当不同部门行使的问题

上述 4 种内设机构改革模式中，湖北检察机关"小院整合"模式、广东深圳福田区检察院"四局三室"模式实行诉讼职能与监督职能的分离，由不同的部门分别行使诉讼监督权和公诉权，其余 2 种模式则实行诉讼职能与监督职能的合一，由同一的部门行使诉讼监督权和公诉权。

综合学界的观点来看，同一部门同时行使诉讼监督权和公诉权会导致三方面的问题：一是产生角色冲突，破坏诉讼结构。检察官作为公诉人与被告方处

于同等地位，同时又是审判监督者，取得超越当事人的地位，这就破坏了诉讼结构；检察官及检察机关作为追诉者，要主动、积极地进行追诉活动；而作为监督者，则需要尽量保持其超然性和中立性以求社会公正，这就造成了角色冲突。① 二是监督职能成为公诉职能的附庸。由于公诉职能是硬任务，而监督职能是软任务，这就导致硬任务过重时容易忽视软任务。正如有论者指出："部分部门既行使刑事诉讼职能，同时也行使诉讼监督职能，身兼二职，实体权力与监督主体这一对矛盾体集于一身，而基层院又承担了大部分的业务工作，于是双重身份下的检察人员将工作重心更倾向于诉讼职能，很多时候，诉讼监督工作成了承办人的附属工作。"② 三是不利于对检察机关自身诉讼活动的监督。③

有学者对不同的部门分别行使诉讼监督权和公诉权的不合理之处作了很好的概括，其认为该种模式的不合理之处在于：一是两种职能难以完全分开。抗诉权既具有诉的属性，又有法律监督的性质，把抗诉划为监督职能将忽略它的诉的因素，反之作为公诉职能又将抹杀其监督性质，而且会使审判监督缺乏载体和手段。二是监督职能与诉讼职能分开可能影响监督的效能。首先是监督来源。监督依附于诉讼职能，如果脱离诉讼职能，问题难以发现，监督缺乏根据。其次是监督手段。一部分诉讼职能实际上也是监督手段，如批捕是侦查监督最有力的手段；起诉和不起诉也是侦查监督的重要手段。而对一审、二审的判决裁定进行的抗诉，则是审判监督最重要的手段。三是职能分开可能损害司法效率。因为如果两种职能分开，重要检察环节就需要两个承办人，都要参与诉讼（监督人员脱离诉讼无法监督）。四是职能分离难以从根本上解决"角色冲突"的问题。因为检察机关实行检察长负责制和一体化管理，在检察官个人并不具有独立执法权的情况下，两种职能分离及两种角色设置主要体现一种技术意义。④

笔者认为，从表面来看，似乎两种模式都有自身存在的问题，然而认真分析，我们就可以发现，在采用不同的部门分别行使诉讼监督权和公诉权模式的

---

① 参见朱孝清：《检察机关集追诉与监督于一身的利弊选择》，载《人民检察》2011年第3期。

② 参见熊琴芹：《从基层检察院内部机构整合看法律监督职能的强化》，载 http: // www. xingshan. jcy. gov. cn/benecandy. php? fid = 38&id = 915，2013 年 10 月 14 日访问。

③ 参见陈卫东：《法律监督职能与诉讼职能的分离》，载《法制日报》2011年2月23日。

④ 龙宗智：《诉讼职能与监督职能的关系及其配置》，载《人民检察》2011年第24期。

情况下，上述学者所指出的很多问题是难以完全避免的。如抗诉权无论是由负责审查起诉的部门行使还是让负责诉讼监督的部门行使都存在一定的问题；分开行使以后，诉讼监督部门的案件来源只能依靠承担审查起诉工作的部门移送，而承担审查起诉职能的部门不负责诉讼监督以后，其主动发现监督线索的动力会下降，而且这些线索移送给诉讼监督部门以后，诉讼监督部门的承办人还要花时间了解案情，这势必也会影响工作效率。实际上，司法实践中部分检察机关如湖北省检察机关在进行"小院整合"，实行诉讼职能与监督职能分离的过程中，就暴露出类似的问题。"离开了诉讼参与活动，在诉讼违法行为'发现揭露难、调查核实难、纠正处理难'等问题仍然比较突出，诉讼监督整体工作仍很薄弱的情况下，'老办法不能用，新途径没找到'，诉讼监督工作一时面临着新的挑战，成为当前'小院整合'试点工作中最迫切需要解决又最难以解决的问题之一。"①

然而，同一部门同时行使诉讼监督权和公诉权所导致的问题则是并不存在或者可以克服的。首先，这种模式并不会从根本上导致角色冲突、破坏诉讼结构。因为，对于法院而言，诉讼监督权只是一种程序启动权，而不是实体处分权，最终的裁决权仍然属于法院。正如有论者指出：不论是检察官提出的纠正意见或抗诉，还是被告人一方提出的不同意见或上诉，都是为了启动法院自身的纠错程序，都不能直接作出实体性的裁决。因而也不存在检察官既当运动员又当裁判员的问题。② 其次，诉讼监督职能弱化，成为诉讼职能的附庸主要是由于办案力量不足，考核机制不合理造成的。如果增强办案部门的力量，加强对诉讼监督工作的考核，在基层检察院考核中提高诉讼监督工作的分值，那么诉讼监督工作弱化的问题应该可以得到较好的解决。最后，上述论者提出的同一部门行使诉讼监督权和公诉权可能导致内部监督制约不力，也不应成为问题。一方面，即使是不同部门行使这两项权力，在检察长负责制和一体化管理机制下，其发挥的作用也非常有限；另一方面，可以通过强化案件管理中心的作用、加强检务督查等方式来加强检察机关内部监督制约。

综上，笔者认为由同一部门行使公诉权和诉讼监督权比由不同部门行使公诉权和诉讼监督权更为合理。

---

① 王会甫：《试论"小院整合"后诉讼监督机制的构建》，载《人民检察》2011年第2期。

② 参见漠川：《法律监督与检察职能的辩证统一》，载《检察日报》2011年11月25日第3版。

四、关于诉讼监督部门是否应当享有职务犯罪侦查权的问题

虽然上述几种改革模式都是将职务犯罪侦查权归口职务犯罪侦查部门行使，但是实践中也有一些单位尝试赋予诉讼监督部门侦查诉讼活动中职务犯罪案件的权力。那么，哪种做法更为合理呢？

客观来讲，这两种模式都有自身的优势，诉讼监督部门行使对诉讼活动中职务犯罪的侦查权的优点在于：一是有利于及时侦查诉讼活动中发生的职务犯罪，提高侦查效率；二是可以充分发挥职务犯罪侦查对诉讼监督的保障作用，有利于强化诉讼监督权威。该种模式的缺点在于：一是分散诉讼监督部门的精力，削弱诉讼监督力量；二是分散了职务犯罪侦查部门的力量，不利于职务犯罪侦查的专业化和侦查一体化工作的开展；三是容易诱发为了达到诉讼监督目的而滥用职务犯罪侦查权的现象。

职务犯罪侦查权归口职务犯罪侦查部门统一行使的优点在于：一是由一个内设机构统一调配有限的侦查基础设施、侦查装备、侦查人员等侦查资源，有利于提高侦查资源的利用效率，增强办案能力；二是可以避免因开展职务犯罪侦查分散诉讼监督部门开展诉讼监督的精力。该种做法的缺点则在于：一是不利于对诉讼活动中职务犯罪的及时侦查；二是难以充分发挥职务犯罪侦查对诉讼监督的保障作用，不利于树立诉讼监督部门的权威。

笔者认为，简单地对这两种做法进行比较很难得出哪种做法更为合理的结论。因此，我们应当分析的是哪种做法更加符合当前检察工作的实际需要，而非哪种做法本身更加科学。当前我国检察机关诉讼监督工作普遍较为薄弱，总体呈现抗诉改判率低、检察建议采纳率低的特点，法院不采纳抗诉意见不说明理由，收到检察建议后不予回应等情况较为普遍。这些都是检察机关诉讼监督权威缺乏的表现。在这种形势下，赋予诉讼监督部门侦查诉讼活动中职务犯罪的权力，增强查办诉讼活动中职务犯罪的及时性，强化诉讼监督权威，是形势发展的客观要求。这种模式的缺点也是可以克服的。

第一，对于诉讼监督部门开展职务犯罪侦查分散精力问题，可以通过减少职务犯罪侦查人员配备，将减少的人员配备到诉讼监督部门的方式解决。诉讼监督部门负责侦查诉讼活动中的职务犯罪，只是检察机关内设机构之间在职务犯罪侦查工作的重新分配，就检察机关整体而言，职务犯罪侦查的工作量并未增加，诉讼活动中的职务犯罪的侦查工作被从职务犯罪侦查部门分离出来以后，意味着职务犯罪侦查部门的任务有所减少，可以考虑减少职务犯罪侦查部门的人员，将这些人员配备给诉讼监督部门。

第二，对于诉讼监督部门开展职务犯罪侦查容易诱发滥用职务犯罪侦查权

的问题，也可以通过强化内部监督制约的方式来减少或避免。一是在诉讼监督部门内部实现诉讼监督与职务犯罪侦查工作的分离，在诉讼监督部门内部设置专门的承担职务犯罪侦查工作的小组，只负责侦查诉讼活动中的职务犯罪，不承担诉讼监督任务。二是加强对启动职务犯罪侦查的审查把关，严格把握职务犯罪侦查的启动条件，防止随意滥用职务犯罪侦查权。

第三，固然诉讼监督部门行使对诉讼活动中职务犯罪的侦查权会分散职务犯罪侦查部门的力量，不利于职务犯罪的侦查一体化，然而，任何一种选择都不大可能是完美的，其在产生积极作用的同时往往也会产生一定的副作用，在我国检察机关诉讼监督工作较为薄弱的情况下，选择赋予诉讼监督部门一定的职务犯罪侦查权，以此强化诉讼监督权威，在这种情形下牺牲职务犯罪一体化应当是可以接受的。

五、关于内设机构和承担办案责任检察官的名称问题

关于内设机构的名称，矛盾集中在"部"、"局"、"处"、"组"、"室"的称谓，以及承担批捕、起诉与部分诉讼监督职能部门和职务犯罪侦防职能部门的称谓问题。承担办案责任的检察官的名称则有主诉检察官、主办检察官和办案专员等不同的称谓。笔者认为，无论是内设机构的名称，还是承担办案责任的检察官的名称都要符合两个条件：一是要能够涵盖其主要的职能；二是要符合传统习惯，易于让社会各界接受。

就上述几种改革模式中检察院内设机构出现的"部"、"局"、"处"、"组"、"室"等多种称谓来看，虽然这些称谓本身对内设机构的职能并无影响，但是从让社会更容易接受以及符合传统习惯的角度，应当使用"局"、"处"、"组"、"室"等传统的称谓为宜。

就承担审查逮捕、审查起诉和立案监督、侦查活动监督和刑事审判监督等职能部门的名称来看，上述几种改革模式中出现了"批捕起诉部"，"刑事犯罪检控局"、"刑事检察局"等称谓。"批捕起诉部"没有涵盖刑事诉讼监督职能；"刑事犯罪检控局"和"刑事检察局"虽然都能涵盖审查逮捕、审查起诉和立案监督、侦查活动监督和刑事审判监督等职能，但"刑事检察局"的称谓更加符合历史传统。我国检察机关从 1978 年恢复重建到 1999 年期间，负责审查起诉、审查逮捕和立案监督、侦查活动监督、刑事审判监督的职能部门基本上一直都叫"刑事检察厅（处、科）"。[①] 故该业务部门的名称叫"刑事检

---

① 参见王松苗、王丽丽：《检察机关内设机构的风雨变迁》，载《检察日报》2009 年10 月 12 日第 6 版。

察局"更为妥当。

就承担职务犯罪侦查职能的业务部门的名称来看，上述几种改革模式中出现了"职务犯罪侦查部"、"职务犯罪侦防局"、"职务犯罪侦查局"等三种称谓，职务犯罪侦查部和职务犯罪侦查局未能涵盖职务犯罪预防职能；职务犯罪侦防局虽然涵盖了职务犯罪侦查和预防两项职能，但完全是一个新的称谓，不利于社会各界的了解和接受。笔者认为，我国检察机关原有的职务犯罪侦查部门有两个，即反贪污贿赂工作局和反渎职侵权检察局，为保持与原有名称的一致性，可以考虑将新设立的职务犯罪侦查部门命名为反贪污贿赂渎职侵权局，简称"反贪局"，该名称既能够涵盖职务犯罪侦查和预防两项职能（"反"可以包括惩治和预防两方面的内容），又与传统称谓相符，易于社会接受，较为合理。或许有人会提出"反贪污贿赂渎职侵权局"的名称过长，然而，该名称与原来的"反贪污贿赂工作局"和"反渎职侵权检察局"相比也差不多，而且平常用简称即可，太长不会影响名称的日常使用。

关于具有独立办案资格、承担相应办案责任的检察官的名称，上述几种改革模式中有的将负责起诉的检察官称为"主诉检察官"，其余的称为"主办检察官"，有的模式则将所有的具有独立办案资格、承担相应责任的检察官统称为"主办检察官"，还有的模式则将这些具有独立办案资格、承担相应责任的检察官统称为"办案专员"。笔者认为，"办案专员"这一称谓来源于港澳，与内地检察机关的传统称谓不符，主诉检察官和主办检察官的称谓则符合内地检察机关传统的称谓习惯。然而，一个检察院内部同时有主诉检察官和主办检察官两种称谓，也会导致一些问题：一是内设机构改革以后，主诉检察官的名称难以涵盖其全部的工作内容。在公诉部门独立存在的情况下，公诉部门的工作基本与提起公诉有关，将该部门承担独立办案责任的检察官称为主诉检察官无疑可以说得过去，在内设机构改革后，无论由同一部门行使审查逮捕权和审查起诉权，还是将公诉权纳入诉讼监督部门行使，那么该部门的工作都将不局限于公诉，此时使用主诉检察官的称谓将"名不副实"。二是同一检察院内部有两种承担独立办案责任的检察官，会认为造成承担独立办案责任的检察官内部形成两个群体，不利于对主诉检察官和主办检察官的统一管理。

最高人民检察院《检察官办案责任制改革试点方案》将具有独立办案资格、承担相应办案责任的检察官称为主任检察官。笔者认为这种提法值得借鉴，一方面，主任检察官与内地传统的称谓相差不大，另一方面，主任检察官能回避主诉检察官和主办检察官"诉"与"办"的争议，在所有的检察机关业务部门中都适用。

司法责任制视域下的
基层检察办案组织改革

张　晨　韩建霞[*]

党的十八届三中全会明确提出了深化司法体制改革的要求，作为改革重要组成部分的检察改革业已进入新的历史时期。检察改革要在社会主义政治体制基本框架内，从我国的国情、社情、民情出发，以推进依法独立公正行使检察权为目标，建立起符合检察业务属性、适应转变办案方式要求的检察官办案组织。办案组织是检察执法办案的基本形式，除现行法律规定的检察长、检察委员会以外，检察官应是实践层面的检察权行使主体。推进检察官办案组织改革，要进一步明确检察机关职能和检察业务属性，凸显检察官是"司法官"的主体地位。本文选取上海市闵行区人民检察院（以下简称"闵行区院"）近十多年来的改革探索为实证对象展开。

一、历史坐标中检察办案组织的变迁

检察官办案组织是检察机关基本的功能单元。与人民法院的审判组织不同，我国刑事诉讼法、民事诉讼法和行政诉讼法对人民检察院的办案组织目前尚无明确规定。自20世纪末以来，围绕检察官办案组织的设置模式、检察职权分解、运行与监督，基层检察官办案组织运作模式经历了由"三级审批制"到主诉（办）检察官办案责任制的衍变过程，其中主诉（办）检察官办案责任制中的"主诉、主办组"具有基本办案组织的萌芽，但还没有上升到制度层面，并不是一种程式化的、适用全部检察业务活动的办案组织。

（一）主诉检察官办案责任制在闵行区院的实施

根据最高人民检察院和上海市人民检察院的统一部署，闵行区院在1999

　＊　作者单位：上海市闵行区人民检察院。

年评聘了 8 名主诉检察官，后随着人员的流动和机构增设，主诉（办）检察官办案责任制在公诉、未检、侦监等部门推行。在 2004 年至 2005 年间，该院根据当时任职公诉部门的检察人员情况和受理审查案件情况，按照"权力下移、职责明确、利益挂钩、加强督导"的原则，进一步建立完善了主诉检察官办案责任制的配套机制，诸如督导制、案件质量评查制、主诉检察官考评制和问责制等。

从 2001 年开始，鉴于上海市检察机关在反贪、反渎、侦监、监所和民行等多个部门实行主诉（办）检察官办案责任制，闵行区院立足区位特点，以上级业务条线制发的关于主办、主诉检察官办案责任制的相关规定及实施细则为指导，在侦监、未检和自侦部门相继建立检察官办案责任制，各相关部门根据各自的业务特点，对主办（诉）检察官的资格条件、工作职责及奖惩等进行了明确。

（二）影响主诉（办）检察官办案责任制深入推进的症结

主诉（办）检察官办案责任制强调的是一种办案责任，主诉（办）检察官在办案组织体系中的主体作用体现不够，内无行政负责人，外缺乏社会认同感和影响力。加之相关配套制度未及时跟上，实践中仍然存在一些问题：一是工作运转处于行政模式。由于主诉检察官没有得到完全的放权，部分案件决策权仍由科（处）长、分管副检察长行使，而行政负责人法律职责与监督管理职责混同，在办案组织运作上难免行政化。二是人员专业化不足。主诉检察官办案责任制仅停留在责任制层面，主诉检察官仍旧得通过委任行政职务的方式解决晋级问题，再加上长期超负荷的办案工作，一些有经验的主诉检察官因提任行政领导职务或岗位交流而调离，导致业务人才流失。三是科层式审批现象存在。无论是在检察一体原则、检察机关双重领导体制下的检察业务类行政化的"上命下从"的处置方式，还是检察官个体专业化素质与司法独立性之间的差距，使得检察官办案组织运作尤其是在疑难复杂有影响的案件办理上仍沿用"三级审批制"，办案效率低下，这种"决定者不审查，审查者不决定"的怪象违背司法工作规律。四是办案责任模糊化。行政化办案机制易导致"人人负责，层层审批，无人负责"的局面。在层层审批之下，一旦案件出现问题，责任很难追究到具体人。

二、司法责任制语境下的主任检察官制度检视

中共中央政治局委员、中央政法委书记孟建柱在 2014 年 4 月的上海司法改革调研工作会上强调：司法责任制是司法体制改革的关键，要按照让审理者

裁判、让裁判者负责的要求，完善主审法官责任制、合议庭办案责任制和检察官责任制。在司法责任制语境下探索检察官办案组织的构建与完善，需要对已有的组织改革——主任检察官制度试点进行全面检视，厘清思路，并对实践中显现的问题加以研究解决。目前，去行政化和扁平化是学术界、实务界普遍认同的检察机关内部组织的发展方向。[①] 去行政化，要求行政领导与检察业务实现真正分离，其目的是让《检察官法》规定的"依法行使国家检察权的检察人员"在办案组织构造和检察职能运作中看清自身的组织属性、活动目标和主体地位，责、权、利相一致。去行政化是相对的，这是由人民检察院兼具司法性与行政性的法律监督职能决定的。扁平化则是将检察人员从科层式的行政管理体制中解脱出来，在检察办案为核心的工作格局中减少管理层次，以优化司法资源、提升工作效率，在检察官办案组织由科层式向扁平化转变过程中，可以适度突破原有的检察机关内设机构设置，按照检察业务的同类性、关联性设立专业化办案组织。

自 2011 年始，面对办案量持续增加和一线人员不足凸显的"人案矛盾"，以及修改后的刑事诉讼法即将增加的检察职能和司法程序，闵行区院经过三年多由点及面、不断深化的探索，建立了全新的办案组织和工作机制。

（一）主任检察官制度的组织模式

一是在外部形态上，各业务部门的主任检察官不分部门按业务序列设立为若干主任检察官办公室，除职务犯罪侦查、民事行政检察、控告申诉检察的主任检察官办公室外，承办刑事犯罪案件检察的主任检察官办公室相对细化，初步实现专业化分工，分为轻案快办、涉毒涉黄、暴力侵害、金融（知识产权）和未成年人刑事检察等多个主任检察官办公室。二是在内部结构上，为每名主任检察官配备 3 名检察官、1 名书记员，形成较为稳定的办案组织。三是在组织运作上，主任检察官主要负责办理重大、疑难案件，个人的办案数量应达到一定的要求。主任检察官根据检察长的授权，依法独立行使办理案件的审查决定权，包括对所属检察官办理的案件做出处理决定。

（二）主任检察官制度的关键性制度安排

一是职权配置制度，明确主任检察官的检察业务权限。行使刑事检察职能

---

① 龙宗智：《检察机关办案方式的适度司法化改革》，载《法学研究》2013 年第 1 期。

的主任检察官，享有三级及以下风险①案件的审查决定权。对于组内其他检察官办理的案件，由办案检察官提出处理意见，报请主任检察官审查决定。主任检察官不同意办案检察官的意见时，应当就案件的事实、证据及适用法律等与办案检察官进行充分的沟通，按主任检察官的决定执行。对于四级以上风险的案件，应当由检察长或者检委会决定。检察长可以部分或者全部改变主任检察官的决定；行使侦查办案职能的主任检察官，遵从侦查权的行政权属性，注重高效、团队合作和上命下行，仅行使直接立案侦查案件的程序性权力和一部分较轻案件的实体决定权力，检察长负责审核。对于重大、复杂、有社会影响力的案件，由主任检察官审查后提出处理意见，报请检察长或者检察委员会决定；行使法律监督职责的主任检察官，区分驻监所检察、驻监狱检察、民事行政检察、控告申诉检察等不同业务，按照一般性的法律监督案件或者事项，授权给主任检察官，对重大、疑难案件或者重大事项的法律监督，须报请检察长或者检委会决定的原则，赋予主任检察官不同的职权。

二是过错责任追究制度，明确各层级司法主体的办案责任。强化司法办案责任，构建事中流程监控、事后监督评查为主要方式的办案责任体系，分别界定（主管）检察长、主任检察官、办案检察官等的办案责任。以制度的形式确认了主任检察官的责任追究制度以及不适格主任检察官的退出机制。在制度设计上充分考虑了不同司法主体的职权与责任的对应关系，既避免了主任检察官承担超出其控制范围的责任，也使得主任检察官通过提请上级审查规避应由其承担的责任。

三是选任和考评制度，明确主任检察官的履职保障。主任检察官的能力素质应当与岗位要求相适应，一般应具有检察员法律职务，十年以上法律工作经验或者具有省市级以上"三优一能"等业务标兵称号。成立主任检察官考核委员会负责主任检察官的考核，实行数字化考核，其中办案数量、法律监督和办案质量各占到考核的百分之二十以上，除综合表现与办案数量外，主任检察官其他考核项均以其所带领的主任检察官办公室为考核单位。主任检察官考核未能达到基本标准的即评定为不达标。连续两年被评定为不达标的，应当免除其主任检察官资格。主任检察官享有季度岗位津贴，但留存一定的职业风险

---

① 闵行区院制定《审查批捕、起诉案件质量风险控制实施办法》，通过风险等级划分确定风险等级和报请审核事项范围，一般的，风险等级为0、1级和2级的低风险案件多由普通检察官承办，报主任检察官决定；对风险等级3级和4级的案件由主任检察官承办，其中4级案件须报请检察长或检委会决定，通过该机制运作意在将部分检察权下放给主任检察官。

金，年底经考核合格时再发放。在职业愿景方面，主任检察官作为检察业务精英，不仅获得较其他检察人员更为优先的晋升机会，而且与本院聘任的知名法学专家签订带教协议，获得检察业务方面的精研机会。

（三）主任检察官制度改革试点评说

主任检察官制度突出了司法活动的重要特征——独立性、亲历性和中立性，在制度设计上着力办案行为与行政行为相分离，授权给主任检察官，行政负责人尤其是科（处）长不再是主任检察官之上的审查主体，检察官办案组织的行政化色彩相对淡化。主任检察官制度试行后，起到了一定积极意义，但也存在一些现实问题，主要表现为三个方面：

一是司法权的集中导致新的"长官干预"。集中授权产生新的行政化，有的地方检察院推出的主任检察官制度改革试点方案中直接规定了主任检察官是办案组织的负责人，这一规定引发主任检察官与包括办案检察官上下、内外间的一定的不协调的地方。主任检察官基于检察长的授权，对约占办案总数的80%以上的简单案行使审查决定权，主任检察官可以通过审批案件对办案检察官施加影响。试想随着办理案件的增多，新型办案组织的建立，新的办案审批层级的成立①，在一个相对固定的主任检察官办公室内部，难以有效阻却主任检察官成为"小科长"，长此以往，主任检察官的官僚化问题将使这一制度的积极效应锐减。而主任检察官成为有职有权的司法官员后，过分强调其独立地位，势必导致其怠于承担责任，并且廉洁从检的风险有所加大。

二是岗位壁垒导致司法主体工作压力大。主任检察官办公室这一新型检察官办案组织，还没有突破原有内设机构的设置模式，即使对原有的内设机构进行了改良，也仅是在原有部门框架内和人员编制规模下的有限整合，主任检察官与办案辅助人员之间未有明显的分界，高位运行的业务量，人少案多，办案压力大，仍是对主任检察官的最大考验。以闵行区院 2010 至 2013 年度刑事检察工作为例，审查逮捕、审查起诉案件总量每年以不低于 10% 的增幅递增，检察官人数没有实质性增加，个体承受的工作强度明显加大，详见下表及图 1、图 2：

---

① 按照最高人民检察院政治部《检察官办案责任制改革试点实施工作指导意见》的规定：主任检察官主导执法办案活动，以其亲历性的具体执法活动和相对独立的裁断性权力办理案件。基本办案组织其他成员协助主任检察官执法办案，接受主任检察官的领导和指派，处理具体事项。

2010—2013 年审查逮捕、审查起诉工作情况表

年度	审查逮捕、审查起诉工作		
	检察人员数	受理审查犯罪嫌疑人数	人均工作量
2010	54	4539	84
2011	50	5151	103
2012	60	6875	115
2013	50	6570	131

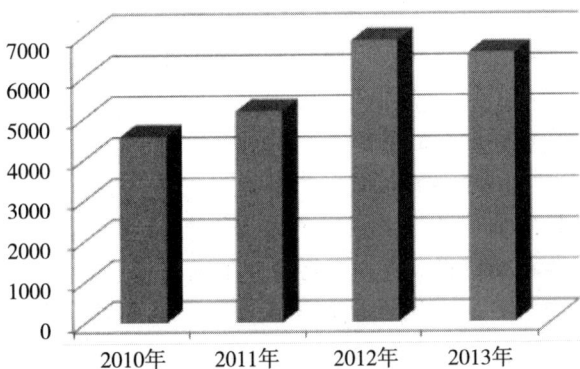

图 1：受理刑事犯罪案件趋势图

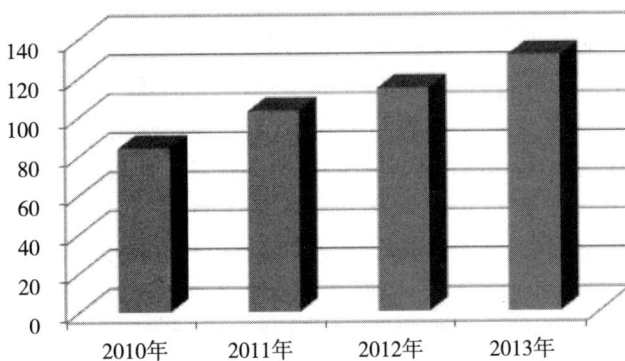

图 2：检察人员工作强度示意图

三是新型办案组织的运行模式有待制定法层面的确认。现行《人民检察院组织法》和"三大诉讼法"中均没有对检察官独立行使职权的规定。"法无授权不得为，法有授权依法为"，否则，就构成越权。实践中，试点检察院一般以内部文件的形式对主任检察官的职权进行了规定，尽管得到了最高人民检察院政治部规范性文件的概括性认可，其在《检察官办案责任制改革试点实施工作指导意见》中对试点的省一级检察院政治部提出了制定基本办案组织执法办案管理规定的要求。换句话说，尽管未见法律对检察长授权给主任检察官等骨干检察官一定的案件审查权的禁止性规定，但是，在法无明确规定的条件下，检察长愿意在多大程度上授权给主任检察官，随意性较大，并且，既然是授权，就随时可以收回，"法律没有上司"已然止于理想。

三、组织法修改视野下检察官责任制的完善思考

权责对应关系是构建检察官办案组织的核心要素。2013 年底，最高人民检察院印发《检察官办案责任制改革试点方案》，决定在全国 7 个省份的 17 个检察院试点开展检察官办案责任制改革，主要做法是选任高素质检察官担任主任检察官，主任检察官在检察长、检察委员会的领导下，依法行使检察权，承担办案责任。主任检察官制度，适应检察业务的司法化本质，彰显办案主体的独立性、亲历性，去除办案活动的行政化色彩，构建起"在检察长授权下独立行使职权的检察官组织"弥补了检察长、检察委员会之下的检察官办案组织空白，不仅要在检察机关的规范性文件中沉淀固定下来，而且有必要在进一步完善后吸纳到新的《人民检察院组织法》中。当前，需要从功能性和规范性双重视角审视主任检察官制度的完善方向。

（一）检察机关的功能性定位

宪政体制不同，检察制度各有差异。检察制度的多元化模式，并没有影响法律监督功能性定位的承继性发展。基于司法制度的统一性而建立起来的检察制度，因具有法律监督的共同职能出现承继或存续发展的特征。随着社会主义法律体系的建立完善和司法改革进程的推进，各级检察机关检察职权的内容不断演进变化。我国检察机关的产生和活动的基础是由宪法规定的，1982 年《宪法》第 129 条规定："中华人民共和国人民检察院是国家的法律监督机关。"检察机关的法律监督性质和职能渊源于宪法，检察权力的扩张或调整，都不能逾越宪法对检察机关的定位。把我国的检察权定位为法律监督权是较多认可的权威观点。

检察机关在充分行使国家法律赋予的各项职能的同时，客观上也要求办案组织架构有变革性而非承继性的变化。担当不同检察工作任务的检察官办案组织在工作机制运作上有不同的特点和要求，所以要在恪守宪法和法律确定的检察机关的领导体制的前提下，根据侦查、审查起诉、法律监督等检察机关的不

同职责分别予以设定。① 无论是宪政意义上的以法律监督为核心内容的检察权，还是司法审查、司法救济为主要内容的检察权，司法性是检察业务的本质属性，而检察权的独立性是司法独立性的题中应有之义。因此，作为确保依法独立公正行使检察权的落实措施的检察官办案组织改革，应着眼检察官管理及案件办理的去行政化。②

（二）基层检察机关检察业务的本质属性

从基层检察机关的主要业务看，审查逮捕、审查起诉和抗诉等都具有较强的司法属性。根据我国《检察官法》第6条规定，检察官应依法进行法律监督工作、代表国家进行公诉、对法律规定由人民检察院直接受理的犯罪案件进行侦查，以及法律规定的其他职责。其中的"法律监督工作"，一般包括对刑事立案、侦查、审判、刑罚执行以及民事审判和行政诉讼进行监督的职权。随着2012年修改后的刑事诉讼法及相关司法解释的出台，检察自身业务在社区检察、驻派出所检察、控告申诉检察等方面有了新的延伸。而"法律规定的其他职责"概因检察机关双重领导体制、党委领导司法等原则要求，不同地方的检察机关在职能上的拓展不言而喻。在检察办案方式的司法化改革上学术界与实务界一致认为：检察官在具体行使这些职权的时候，是代表国家的一种司法活动，要求检察官站在中立的立场，或者以第三者的身份，对案件的事实和证据进行审查判断……这些都说明检察办案具有司法的特点。③ 与司法化的办案方式相适应，检察权运行的组织载体及检察办案组织要有适宜发展和改造，以建立符合司法规律和检察规律的公正高效、运行顺畅的办案组织。

（三）检察办案组织的规范性辨析

1. 检察办案组织内涵。检察官办案组织是检察权运行最基本的组织形式，也是检察制度设计中最为基础和重要的问题。其内涵有广义和狭义之分，在广义上是指检察机关的机构组成方式，包括检察机关的内设机构、检察长与检委会的领导体制等的组织范畴；狭义上的检察官办案组织一般则指向负有检察业务职责的办案组织，包括检察官之间、检察官与办案辅助人员之间的职能分配

---

① 《明确检察官主体地位》参见正义网 2013 年 11 月 10 日。

② 谢佑平、黎宏伟：《司法机关的去地方化和去行政化》，载《上海法治报》2014 年 4 月 30 日。

③ 向泽选：《检察办案组织的改革应当彰显司法属性》，载《人民检察》2013 年第 22 期。

和组织联系，包括常设的和临时设立的办案组织。传统意义上的检察官办案组织是以机构为外部特征的，如基层检察机关的自侦、侦监、公诉等部门。本文所阐述的检察官办案组织仅指狭义上的，即检察机关内部由检察人员按照一定的诉讼目的、任务和办理案件的需要编制形成的，在履行职能、办理案件和开展工作时形成的组织关系、工作机制及行为样态。

2. 检察办案组织的分类。以刑事检察为例，按照司法办案进程，基本可分为四种类型：一是侦查办案组织。主要处理检察机关直接立案侦查案件，根据案件性质的不同又可细分为反贪污贿赂检察机构和反渎职侵权检察机构。二是侦查监督办案组织，从事对侦查机关立案、侦查活动的法律监督。三是审查起诉办案组织。受理审查对侦查机关移送起诉或不起诉的案件，决定是否提起公诉或不起诉，出席法庭支持公诉，对审判机关的审判活动实行监督，对确有错误的刑事裁判提出抗诉等工作。四是刑罚执行和监管活动的监督组织。包括对看守所（监狱）监管执法活动的监督，以及对减刑、假释、暂予监外执行活动的监督。与加强对司法权的监督制约相应地，应当有专门办案组织对民事诉讼和行政诉讼是否合法实行监督。

3. 构建检察办案组织的原则分析。一是检察独立。检察独立，又称为独立行使检察权，是指检察机关按照法律规定独立行使检察权，不受行政机关、社会团体和个人的干涉。我国《宪法》第131条和《人民检察院组织法》第9条规定：人民检察院依照法律规定独立行使检察权，不受行政机关、社会团体和个人的干涉。检察独立主要包括合法性和独立性两个方面的内容。合法性要求检察机关行使检察权必须在法律规定的职权范围内，不得超越权限滥用职权。独立性是指检察机关依法独立享有职权。作为具有司法属性的检察权，其在运行过程中需要遵循司法活动最基本的独立性要求，因此，保障检察官办案组织的相对独立是检察执法活动的规律性要求。二是去行政化。检察权对外一体独立，上下级检察机关一直实行上命下行的结构模式，对案件的处理有较强的行政化色彩。在目前体制逻辑、外部配合欠缺的情况下，有必要在程序性措施的设置上强化检察权的司法独立性，进行去行政化改造，特别是审前程序的改造。在侦查阶段，实行去行政化改革，检察权要介入和引导侦查，在"大控方"的理念下，侦查工作服从和服务于检察权中公诉权的需要，加强对侦查活动的法律监督。审查起诉阶段，检察机关有权适用法律，处理诉讼案件，自行决定是否起诉。对于提起公诉案件的出庭应诉工作理应按照亲历性、独立性、兼听性的要求运作，以程序正义促进实体公正。三是全面履职。我国检察监督具有中国特色，但这种监督是在诉讼构造中展开，是在司法体制的互动中发挥作用。① 检察机关以保障国家宪法和法律的统一正确实施为宗旨，坚持党的领导、服务中心工作是检察权全面正确行使的前提，遵循司法规律是健全检察权运行机制、有效运作办案组织的关键，前者是要讲政治，后者是要讲法律，讲政治与讲法律是检察机关全面履行职责的重要原则，落实到构建检察官办案组织的指导性目标主要有两个：公正性，坚持外部公正与内部公正相统一，对高素质检察官授权的同时，也要尊重主要业务部门其他检察官的相对独立性；正当性，着眼转变执法办案方式，坚持办案活动与法律监督活动的统一，从制度的进路探寻新型检察官办案组织的制度、机制和体系。

四、余论：完善基层检察办案组织的方向

在"依法独立公正行使检察权"被写入党的十八届三中全会公报的语境下，有理由相信：实现每个检察官独立办案是构建检察官办案组织的终极目标。通过对我国已实行的主诉（办）检察官办案责任制和改革试点中的主任检察官制度的全面评估、比较分析，再结合检察机关现行办案组织模式及检察官队伍的现状，我们应以遵循检察机关活动规律和强化检察权独立为宗旨，进一步推进有中国特色的、与检察业务属性相适应的检察办案组织体系和办案责任制的改革，形成检察长领导下的、专业化分工、管理扁平化的，由主任检察官审核把关的检察官办案组织体系，引导优秀检察官向法律监督工作一线集中，打造一支职业化、专业化的检察官队伍。

---

① 龙宗智：《理性对待检察改革》，载《人民检察》2012 年第 5 期。

检委会改革的路径选择

——基于检委会属性的考辨[*]

李领臣[**]

近年来，检委会制度不断完善，检委会工作逐步走向制度化、规范化，但是尚存在诸多问题，制约了检委会的健康发展。当前理论界和实务界对检委会的研究可以说日益繁荣，特别是对检委会的改革与发展关注较多，但是相关研究的关注点仍多停留在问题的表面，止步于现象分析，对检委会本身的属性关注不够，导致重复性研究较多，所提完善对策泛泛而谈，对于检委会改革的关键问题尚未真正触及，缺乏针对性和回应性，甚至多有讹误。本文希望通过从应然和实然两个层面对检委会属性的考察，来全面认识检委会，并以此为基础，分析问题的根源，以明确改革的基本路径。

一、应然层面下检委会属性的考察

检委会是检察机关的业务决策机构，是独立的办案主体，当然具有司法属性，此为各界共识，不需要过多的讨论。然而，对于检委会是否有行政属性，原本是个需要认真对待的问题，但现实中却被有意或无意地忽视。有的论述对于检委会是否有行政属性不予关注，有的论述虽有关注，但没有认真研究就予以否定，认为检委会没有行政属性。如有关论者认为，检委会在组成、运行程序、职能范围等方面行政化色彩过于浓厚，导致实践中出现了不少问题，改造检委会运行机制的重点应放在去行政化上，使其运行的全过程符合司法决策的客观规律，实现议事和议案水平的不断提高。[①]我们认为，检委会的行政属性

---

　* 原文发表在《检察论丛》2014 年第 19 卷。

　** 作者单位：安徽省人民检察院。

① 张毅、王中开：《论检察委员会的去行政化》，载《法学杂志》2008 年第 4 期；唐立忠：《从个案公正考量检察委员会的去行政化》，载《云南大学学报（法学版）》2011 年第 4 期。

不容否认，决不能因为当前检委会的行政色彩过于浓厚，需要增加检委会的司法属性，而去否定或漠视检委会应有的行政属性。

（一）检察权和检察机关的性质决定了检委会具有行政属性

无论学界提出何种学说，试图对检察权予以归类，都显得力不从心，而"法律监督权"对宪法文本的重述又显得语义重复。且不管检察权究竟属于何种性质，就检察权的内容而言，无论是侦查权还是公诉权等，都含有一定的行政权属性，即检察权包含着行政权，检察权具有一定的行政属性。同样，"检察机关生于司法而无往不在行政之中"①，无论将检察机关归于何种性质，还是简单地界定为法律监督机关，检察机关都具有一定的行政属性。检察权的性质，揭示检察机关区别其他社会活动主体的根本特性，决定检察机关的法律地位、职权范围与活动方式，反映检察机关的社会功能。检委会是检察机关的业务决策机构，行使着检察权，故检察权的行政属性势必导致检委会也具有一定的行政属性。

（二）检察机关的领导体制决定了检委会具有行政属性

检察机关的领导体制，是指国家权力机关与检察机关之间、上级检察机关与下级检察机关之间、检察机关内部上下级之间的领导与被领导关系以及相关制度安排的总称。就检察机关内部而言，主要是指实行检察长统一领导与检委会集体领导相结合的领导体制。检察长是检察机关的首长，对检察机关的工作享有组织领导权、决定权、任免权、提请任免权、代表权等权力，负有全面的领导责任。检委会实行民主集中制，在检察长的主持下，讨论决定重大案件和重大事项。从历史的角度考察，检委会的决策机制经历了从检察长一长制向民主集中制推演的历史过程，但是检察长仍然拥有特殊的权力。检委会只有在检察长的主持下，才能对检察工作中的重大案件和重大问题讨论决定。检察长因故不能出席检委会，只有在检察长委托一名副检察长主持后，检委会才能召开。委员意见分歧较大的，检察长可以决定不付表决，另行审议。检察长不同意多数检委会委员的意见，可不做决定而报请上级院和本级人大常委会决定。检察长不同意委托的副检察长主持的检委会审议决定的，不能付诸执行。检委会决策体制的演变过程，是检委会司法属性逐渐增强的过程，但是，检察长负责制是行政首长负责制的体现，而检委会又在检察长主持下进行，且检察长拥

---

① 龙宗智：《检察机关办案方式的适度司法化改革》，载《法学研究》2013 年第 1 期。

有特殊的权力，决定了检委会必然具有一定的行政属性。

（三）审议重大事项决定了检委会具有行政属性

检委会审议议题主要分为两个方面：一是审议重大案件，如审议有重大社会影响或者重大意见分歧的案件、提请抗诉或者复议的案件以及需要决定回避问题的案件等；二是审议重大事项，如审议在检察工作中贯彻执行国家政策和法律的重大问题，审议提请本级人大及其常委会审议的工作报告和议案、总结检察工作经验、研究检察工作中的新情况和新问题，审议有关检察业务和管理的规范性文件等。如果说讨论决定重大案件属于具体案件事实认定和法律适用的过程，讨论决定重大事项则可归结为一种检察政策、刑事政策的制定和实施以及具体检察工作的抽象总结，更多体现了检察一体的行政化管理要求，① 势必会呈现出较多的行政属性。如重大问题中包括"贯彻执行上级人民检察院工作部署、决定的重大问题"，"重大专项工作和重大业务工作部署"，当审议这些问题的时候，更多要强调的是根据检察长的意志予以集中而不是委员们一人一票的民主，更多要强调的是委员们的具体修改建议和意见的提出而不是同意与否的表决。

二、实然状态下检委会属性的考察

在确定检委会改革的路径时，必须明确实然与应然是否存在反差以及存在何种反差，进而为检委会改革的路径选择奠定基础。从应然状态予以考察，可以明确检委会既具有司法属性，也具有行政属性。通过对检委会运作的实证考察，可以明确检委会当前存在应有的行政属性被否定、应予彰显的司法属性被弱化的问题。

（一）检委会职权范围被不当缩小，应有的行政属性难以彰显

现行法律明确了检委会是检察机关的业务决策机构，讨论决定检察工作中的重大业务事项和重大疑难复杂案件，职权范围比较明确，然而，检察机关中还存在多个与检委会并存的决策机构，如党组会、检察长办公会、院务会等，且这些决策机构的决策权在本机关内部也具有终极效力。从实际运作来看，检委会与党组会、办公会等相互间的地位、作用、职能定位尚不十分清楚，不同程度地存在交叉混淆、相互替代的现象，导致检委会自身属性难以彰显。重大案件和重大事项都是检委会审议的议题，此为检委会业务决策的当然内容，但

---

① 田涛：《检委会制度的二元化改造》，载《国家检察官学院学报》2009 年第 5 期。

是实践中，多数检察机关尤其是基层检察机关的检委会在履行其职能时往往只讨论重大案件，而重大事项基本是空白，严重存在着"重议案轻议事"的倾向，有的院检委会甚至事实上放弃了对检察工作有宏观指导作用和在检察工作中带有根本性、全局性重大问题的讨论决定职能，将原本应有检委会审议的重大事项交由党组会和办公会来审议，导致法律文本规定的二元议题在实践中沦为单一议题，导致检委会应有的行政属性难以显现，减损了检委会的作用和权威。

（二）委员司法专业化不足，检委会司法属性彰显不够

《人民检察院组织法》及《人民检察院检察委员会组织条例》对检委会的组成以及委员任职条件有较为详细的规定，但是实践中，对检委会的司法属性重视不够，对委员的司法专业化重视不够，委员的构成模式和选任程序不尽科学合理，委员的选任更为随意，导致委员的司法专业化不足，影响到检委会的议决质量和效率。

第一，委员选任偏重行政资历，缺乏司法专业化的考量。委员任职没有特别的学历和专业知识要求，导致一些委员文化和专业素质偏低，不具备履行职责所需的能力和水平。委员的非专业化，法律信仰的淡漠、法律思维的缺乏和法律知识的不足，减损了排除外部干预的能力，容易使案件的处理更多地演变为满足现实需求的过程，而非法律适用的过程。

第二，非业务机构的负责人担任检委会委员，影响了委员结构的专业性。《检察委员会组织条例》第2条规定，各级人民检察院检察委员会由本院检察长、副检察长、检察委员会专职委员以及有关内设机构负责人组成。实践中，除了检察长和副检察长当然为检委会委员之外，政治部主任、纪检组长等院领导只要具有司法资格，一般也被任命为检委会委员。另外，综合部门的负责人也有很多被任命为检委会委员，导致委员中非法律人士过多，检委会委员的总体结构不合理，司法专业化明显不足，难以有效审议重大疑难复杂案件。公诉部门主要负责人、法律政策研究室主任应当是检委会委员，已经散见于最高人民检察院的有关文件中，业务部门负责人的重要性已经被意识到，但是仍然没有形成一个整体思路。

第三，专职委员不专，一定程度上背离了制度规定的初衷。2006年，中央在《关于进一步加强人民法院、人民检察院工作的决定》中提出各级检察机关可以设置2名左右的专职委员。专职委员的设置意在改善检委会组成结构，强化检委会的规范化、专业化，提高检委会的决策水平和议事质量。为此，专职委员应当从具有良好的政治素质、法律政策水平高、业务熟悉、经验

丰富、议事能力强的资深检察官和优秀检察官中选任。然而，实践中有的地方把专职委员简单理解为解决干警职级问题的途径，导致专委不专：一是业务不专业。或是把部分文化和业务素质低但工作时间较长、资格较老的同志任命为专职委员，作为退休前的待遇，或是将年轻的综合部门机构负责人任命为专职委员，以便为下一步提拔做铺垫。二是工作不专一。将中层干部任命为专职委员后，考虑到专委地位虚化，故又保留内设机构负责人头衔，身兼两职，导致没有精力从事专委工作。如此配备专职委员，不但没有优化检委会班子结构，反而降低了检委会的整体素质，削弱了检委会班子建设。

（三）审议模式一元化难以适应议题的二元化

现行有关检委会审议模式的规定，没有对重大案件和重大事项的审议进行有效区分，即议题性质具有二元化，而审议模式却是一元化，以行政化的模式来审议案件，导致检委会会议的审议模式中，行政属性彰显有余，司法属性彰显不足。

一是审议难以做到客观公正。根据《检委会议事和工作规则》的规定，检委会议事和决策程序的应然状态是"各位委员畅所欲言、充分发表意见，最后根据多数人的意见综合衡量并做出决定"，但现实中存在两方面的问题：（1）委员不做充分准备，发言基本上处于一种偶然的、自发的状态，各说各的，没有思想的交锋，没有意见的交流，有的只是赞成或反对，不利于消除分歧、集思广益，求得最佳选择。检委会议事决策程序流于形式，在一定程度上沦为一个分担责任的工具。[①]（2）就是委员意见的表达与检委会的决策往往以检察长或行政级别高的领导的意见为主导，少数委员即使有不同意见，也往往基于政治压力或个人前途等考虑，明知不当却违心表态而不敢如实表达，倾向于察言观色，人云亦云等，这使得检委会的议事决策过程打上了深深的行政化烙印，直接导致了程序的形式化与虚无化，影响了司法民主和科学决策目的的实现。

二是决策缺少司法亲历性。亲历性原则是体现司法工作规律和特点的基本原则，是司法工作不同于行政工作的重要特征。只有亲自参加办案的人员才能全面了解案件的证据情况、当事人和诉讼参与人的意见和主张，才能正确适用法律，做出合法判断。只靠听取汇报、审阅书面材料和选编的证据材料，很难了解案件全貌，把握案件事实，难以正确适用法律。反观我国现行检委会审议

---

① 丁维群、张湘中：《完善检察委员会决策机制的思考》，载《人民检察》2010 年第 19 期。

程序，却是不加区分地对二元化议题一概适用一元化的行政化议事模式。检委会讨论决定案件既不讯问被告人，询问被害人和证人，也不审阅案卷，仅仅听取承办检察官的汇报，经过简短的讨论就决定案件的处理。缺乏司法活动的亲历性，获取信息仅靠承办人汇报案情，决策的论证评估机制、智囊系统和信息反馈系统缺失的状态下，容易存在信息失真，很大程度上影响和制约了决策的科学性。

三是检察长权力特殊影响案件公正审议。检委会制度的核心价值就在于将民主集中制引入到检察机关的领导体制和议事程序之中，以"民主议事、民主决策、集体负责"这种集体领导的方式形成对检察长负责制的有效制约和补充，防止单一首长负责制可能产生的考虑不周和独断专行。[①] 然而，基于首长负责制以及检察权的独特属性，为保证检察一体化的效果实现和权威彰显，法律在强调民主集中制的同时也规定检察长在检委会议事程序中可以行使"不付表决"、"下次再议"或者"报送上级检察院"等特殊权力，即实行检察长主持下的民主集中制。这看似民主，实则是行政决断，审议重大事项无可厚非，审议重大案件就难免表现出浓厚的行政色彩，影响案件的公正处理。

三、检委会改革的路径选择

司法的真正危险在于对合理改革的胆怯抵制，对法律陈规的顽固支持。[②] 检委会的理想运作状态是实然与应然保持一致，然而通过上述考察可以明确，实然层面中检委会表现出来的属性与应然层面的检委会属性存在明显的反差。问题明确，改革的路径就会变得清晰起来，即检委会改革的基本路径是，减少检委会的行政色彩，但不否定检委会应有的行政属性；检委会没有得到足够彰显的司法属性应予彰显，但也要注意其合理的边界。

（一）规范、完善检委会职权范围，确保其行政属性得以彰显

检委会的职权范围问题，直接决定着检委会作用发挥的空间，直接影响检委会的司法属性和行政属性能否得到彰显。应当准确界定检委会、党组会、检察长办公会等各自的职权范围，正确履行各自的职能责任，保障检委会的业务决策权威得以树立，充分展现检委会应有的行政属性。检委会的决策地位决定了检委会的作用不同于党组会、检察长办公会等。党组会讨论决定的是"党

---

① 卞建林、李晶：《检察委员会议事程序之思考》，载《人民检察》2010 年第 17 期。
② ［美］罗斯科·庞德：《普通法的精神》，唐前宏等译，法律出版社 2001 年版，第 134 页。

务"方面的重大问题，如贯彻党的各项工作部署、组织人事、纪检监察等；检察长办公会议讨论决定的是"行政事务"方面重大问题，如行政管理、装备、基建等；院务会主要讨论需要各内设机构相互协调的问题；检委会讨论决定的是"业务"方面的重大问题，即重大疑难案件和检察工作中的重大事项。

检委会的议题既包括重大疑难复杂案件，也包括业务上的重大事项。检委会不能光审议案件，将重大业务问题交给党组会和检察长办公会而沦为单纯的案件办理机构，忽视对重大业务的审议决策，导致检委会应有的行政属性得不到展现。检委会要增加业务指导性问题的研究，充分发挥检委会的政策把握和业务指导作用，对检委会议案范围作适当限制，以减少具体案件的讨论数量：重点审议法律适用存在争议的问题，如涉及罪与非罪、此罪与彼罪、一罪与数罪等难以认定的案件，对案件事实是否清楚、证据是否充分的一般不审议；重点审议拟作出具有终局性决定的案件，不诉、撤案等案件办理前期非终局性的一般不审议；重点审议诉讼法律监督方面的重大问题，如重大、疑难刑事抗诉案件等，一般程序性案件不予审议。

（二）委员的选任应当在司法化和行政化上寻求平衡

检委会委员的选任，一定要立足于检委会的职能。不少论者主张，不能以行政资历来选任委员，而是以司法专业的角度来选任委员。甚至有的提出，应明确规定：党组成员在检委会委员中不能过半，除法律规定的检察长、副检察长任检委会委员外，其他党组成员不宜再担任检委会委员。[①] 从检委会兼具有行政属性和司法属性看，其组成人员必然不仅限于业务骨干，必须在两者之间寻求平衡。

考虑到检委会的行政属性，检委会更应具有权威性和代表性。除了检察长、副检察长之外，亦应当然将其他院领导任命为检委会委员，这有利于保证行政组织结构的权威化，有利于对重大事项的审议，有利于贯彻落实党委和上级院的工作要求。有论者认为，检委会委员不能当作行政待遇。[②] 如此观点有点绝对，其实检委会委员本身确实代表着一定的行政待遇：一是一般只有担任部门机构负责人和院领导的才能任检委会委员，就说明了检委会委员的行政地位比较高；二是只有检委会委员才能有机会参加重大业务问题的审议，亦是代

---

① 李永军、刘德志：《深化检察委员会制度改革之探讨》，载《济宁学院学报》2012年第1期。

② 张惠云、刘飞龙：《对基层检察委员会制度有关问题的探讨》，载《国家检察官学院学报》2001年第4期。

表一种待遇。行政待遇本身不是问题，关键是要予以合理规制，确保委员名至实归，确保审议客观公正高效。

考虑到检委会的司法属性，委员更应具有专业性。法律监督是个专业性问题，应当吸收法律专业知识与实践经验丰富的业务人才。一是主要业务部门负责人进入检委会，以有效胜任重大疑难复杂案件的审议。综合部门负责人一般不担任检委会委员，重大事项的审议由担任检委会委员的院领导来把控。需要明确的是，不能将业务部门负责人担任检委会委员，也认定为行政化的表现。通常来说，业务部门负责人在业务上比较精通，而且随着检察机关职业化的推进，业务部门负责人的精英化与专业化会越来越强。二是吸收少量不担任内设机构负责人的精英化的检察官为检委会委员。将具有较高的政治素质和良好的品性，熟悉法律知识，同时还要有相当丰富的法律工作经验和较强的分析问题、判断问题以及综合问题的能力的年富力强的同志吸收到检委会中。

需要提及的是，可以通过配齐配强专职委员并明确其职责，以解决检委会审议议题时缺乏司法亲历性的缺陷和获取信息递减的矛盾，并使其成为相对业务部门独立的制衡主体。专职委员对提请检委会研究的案件进行程序审查和实体研究，必要时可以对案件犯罪嫌疑人、被害人、证人进行讯问或询问，以保证对案件有一个亲历性的全面了解，以此保证检委会讨论案件具有更客观、扎实的事实依据，供检委会决策参考。[1] 业务部门负责人与分管副检察长在讨论案件时既要考虑检委会的整体目标，也会考虑自身部门的利益需求。专职委员因其一般不分管具体的业务部门，在讨论案件时地位超脱，不会受部门利益所限，其个体目标与检委会整体目标往往是一致的，通常会站在客观公正的立场上发表意见，[2] 有利于保障案件客观公正独立地审议。

另一个需要关注的是委员终身制现象。有的认为，应当废除委员的终身制，实行任期制。终身制确实一定程度上阻碍了业务部门的负责人和其他优秀的检察官进入检委会，不利于实现竞争和优胜劣汰，影响了检委会的精英化程度和权威性，而且难以调动检委会委员钻研业务的积极性。[3] 但是对于委员终身制如何变革，应当全面看待：对于院领导担任检委会委员的，可以根据职务的调整来适时调整其委员资格，进而实现委员的更新，即委员的更新主要是行

---

① 罗树中：《检察委员会科学决策机制研究》，载《中国刑事法杂志》2011 年第 1 期。

② 吕铖、张焕群、龚坚强：《对基层院检委会专职委员职能作用的思考》，载《中国检察官》2010 年第 7 期。

③ 邓思清：《再论我国检察委员会制度改革》，载《人民检察》2010 年第 11 期。

政色彩人员的更新；对于检察业务专业人才，则不应强调打破委员的终身制，而应强调法律知识的积累和已有检察工作经验的重要作用，除非委员有明确的过错或违法行为，一般不得随意任免。如业务部门负责人担任检委会委员的，因为年龄等原因不再任部门负责人的，仍可担任检委会委员，这与强调法官的经验和资历是一个道理。

（三）审议程序进行二元化构造

鉴于议题性质二元化与审议程序一元化之间的抵牾，有条件时可对检委会的审议程序实行二元化审议模式。所谓二元化审议模式是指检委会根据审议议题性质的不同，分别适用不同的审议程序：对于具有诉讼化议题性质的重大案件，适用准司法化模式的审议程序；对于其他性质的重大检察业务事项，适用行政化模式的审议程序。日本的检察制度可以对我们进行二元化改革提供借鉴：日本的检察工作分为检察事务和检察行政事务两类。检察官在从事检察事务时，独立地行使职权，只对法律负责，不对上级负责，但必须接受本级检察院长官的指挥与监督。检察人员在从事检察行政事务时，必须受命于上级，对上级负责。[①]相比较一元化的审议模式，二元化审议模式的精髓在于根据议题性质的不同而采取不同的审议模式，重大案件采用准司法化的审议程序。

所谓准司法化，是指检委会在审议重大案件时采行类似诉讼的形式，由案件承办人员、案件利害关系人即特定相对人分别就案件的主要问题和内容进行陈述，检委会委员听取各方意见后进行讨论、辩论和表决。准司法化模式是在分解检委会议题性质的基础之上，借鉴现代司法所应具备的典型样态，将案件特定相对人引入到议事程序之中，增加司法的亲历性，使得重大案件的议事模式从封闭走向适度开放，以消除目前议事模式单一化的不足。案件办理是以亲历性为基础的独立裁判，对当事人的言词的判断，对证人所作证词可信性的判断，都离不开判断者的近距离观察。现代诉讼的言词原则和直接原则都是这种诉讼活动的内在要求。检委会之案件审议是一种司法性很强的活动，体现检察权的行使，必须坚持司法亲历性原则。当然，这一改革目前施行尚有一定难度，不能一蹴而就，但准司法化的审议模式为改革办案主体与决定主体分离的业务工作机制，逐步实现办案主体与决定主体的合一，增加司法亲历性奠定了良好的基础。今后应着力加以研究和探索，在司法体制和工作机制改革中予以考虑，如何体现司法的亲历性，改变以往办案只见机构不见人、决定者不办

---

① 黄海、梁晓淮：《论检察委员会的法律地位及其改革完善》，《西北大学学报（哲学社会科学版）》2010 年第 1 期。

案、办案人无决定权、层层审批、集体决策、主体模糊、责任分散的业务工作机制和做法。当前，可以从以下两方面着手，向准司法化不断迈进：

一是强化交流辩论。目前检委会一般采取承办人汇报基本情况，直接业务负责人补充说明，检委会委员发表意见、会议主持人发表意见顺序进行，虽有交流，但多为各说各的，主题不集中，观点的碰撞力度不够，难以全面深入高效地审议案件。按照对抗性制度理论，要寻找一件刑事或民事案件的真相，最好的办法是对抗性的辩论双方互相挑战、怀疑、质问。① 而辩论通过不同意见的交流、说服和协商，不仅有利消除分歧、促进理解，而且有利于发现深层次的问题，集思广益，提高认识，求得最优选择。

相关的一个问题是，当前不少论者主张为了促进决策民主透明公开，强化外部监督，保证检察权依法行使，应当允许人大代表、政协委员等外部人员列席检委会，② 甚至有的建议应当允许公安、法院人员列席检委会。③ 对于重大业务事项，确定外部人员列席检委会，可以及时吸纳意见，确保决策更加民主和科学，且一般不会影响委员的自由决策。但是对重大案件的审议，在外部人员列席的情形下，委员难以客观中立不受影响做出决断。即使强调的审判公开，也不包括审委会委员表决的公开，不会公布各个委员的具体意见，对于检察机关来说，检务公开范围更窄，更不包括决策过程的公开，案件审议过程更应强调保密，确保委员能依法不受外界干扰地做出决断。法院院长列席检委会会议，不仅于法无据，而且负面效应明显：一是审判主体介入公诉审查环节，严重违反了控审分离的司法规律，容易形成事实上的庭前"会审"，不利于独立行使检察权、审判权，案件当事人的诉讼权利也会因此受到减损或抑制；二是冲淡了检察长列席人民法院审委会会议制度的法律监督属性，变单向列席为对等列席，使之混同于一般的检法联席会议等工作机制，不利于检察机关依法实施审判监督。

二是构筑平等审议平台。行政权运作的一个重要特点是首长负责制，这是基于行政运行效率的客观需求，但司法崇尚的是独立，司法者以其经历和学识独立地对事件做出判断，民主法治的基本要求之一就是充分的表达自由以及社

---

① 柳振华、陈明涛：《检察委员会可否引入辩论机制》，载《人民检察》2009 年第 2 期。

② 孟强：《外部人员列席检察委员会制度的建立》，载《中国检察官》2010 年第 2 期；杜保周、陈春霞：《论列席检察委员会制度探析》，载《中国检察官》2010 年第 7 期。

③ 刘宏：《建立开放性检委会决策程序》，载《检察日报》2010 年 11 月 28 日第 3 版。

会对此类自由的尊重。检察长既是检委会的平等一员，又是"统一领导检察院工作"的行政首长，拥有特殊的权力及权威，在审议重大事项中是合理且必要的，但是在重大案件审议中，应尽量减少检察长作为党政领导人这一角色对其他检委会成员的影响，进一步弱化检察长主持会议的事实上的主导地位，使检察长的角色和其他检委会成员在角色扮演上不要形成事实上的上下级隶属关系，从而在源头上避免检察长的角色紧张与冲突，① 确保委员能平等、独立、中立地发表个人意见，防止个人独断。

---

① 姚建才：《论检察委员会民主决策》，载《人民检察》2010 年第 5 期。

探索符合中国国情的检察官办案组织[*]

刘慧婷[**]

党的十八大明确提出，要进一步深化司法体制改革，坚持和完善中国特色社会主义司法制度，确保审判机关、检察机关依法独立公正行使审判权、检察权。为此，建立符合检察机关的办案组织，确保检察官独立办案，是遵照和遵循司法规律的体现，是保障检察权独立公正行使的前提。最高人民检察院《"十二五"时期检察工作发展规划纲要》中明确指出，要研究制定办案组织建设规定，探索建立权责明确、协作紧密、制约有力、运行高效的办案组织模式。曹建明检察长在 2013 年 7 月的大检察官研讨班上也强调要深化检察官办案责任制改革，其中一个重要方面就是"要探索建立有利于突出检察官执法办案主体地位，有利于检察官依法独立行使职责的办案组织"，由此引出主任检察官办案制度。

主任检察官制度，是指检察办案组织采取在检察长和检察委员会领导下，以主任检察官主持下的办案组作为办理案件基本单元的方式，以此确立并发挥检察官的独立办案主体作用。该制度既完全有别于"三级审批制"的办案模式，又是对主诉（办）检察官办案责任制的制度性深化。毫无疑问，主任检察官制度的施行因通过淡化和削弱检察办案中的行政化色彩，促使检察办案实现司法化运作，对于构建公正高效权威的检察权运行体系，丰富和发展中国特色检察制度将具有重要而深远的意义。由于是厘清检察机关内部检察权力的行使主体并在此基础上建立科学、合理的检察官办案责任制，不仅是当前检察工作司法化、法治化的要求，而且是保障检察权依法独立公正行使、提升检察机关公信力、防范冤假错案的重要机制。近年来，上海、北京、湖北、广东等地纷纷开展了主任、主办检察官办案责任制的试点工作，通过扩大对主任、主办检察官的授权，凸显主任、主办检察官的主体地位，实现办案方式的"去行

---

[*] 原文收入《第十届国家高级检察官论坛文集》2014 年 9 月。

[**] 作者单位：黑龙江省伊春市红星区人民检察院。

政化"和检察长直接领导下的扁平化管理，取得了一些成效，我们所在的黑龙江地区虽然不属于主任检察官试点地区，但作为亲自参与执法办案的检察官，办案组织改革无疑是我们关注的重要内容，热切地希望检察机关能够通过对办案组织的改革使执法办案方式回归司法本位。因此，明确检察权力的行使主体，探索进一步完善和落实检察官办案责任制，不仅是检察理论研究中最为重要和基础的问题，也是广大检察实务工作者面临的最为现实和急迫的问题。

一、主任检察官制度启动原因

主任检察官制度在一定程度上与主诉（办）检察官办案责任制有着相同的实践动因，但又是对主诉（办）检察官办案责任制的反思和深化。

（一）我国法律对检察办案组织的规定不够完整

人民检察院组织法仅针对少数重大案件，明确由检察委员会这一检察机关最高办案组织讨论决定，而没有对其余绝大多数案件办理的办案组织形式作出明确规定。尽管《人民检察院组织法》第 20 条规定"地方各级人民检察院可以分别设立相应的检察处、科和其他业务机构"，但业务机构不等同于办案组织。对于案件的组织管理和审批权限，1980 年最高人民检察院在《人民检察院刑事诉讼规则（试行）》中用司法解释的方式，确立了由"检察人员承办，办案部门负责人审核，检察长或者检察委员会决定"的"三级审批制"检察办案模式。几十年来，这种办案模式虽然在特定历史条件下发挥了积极作用，但难以适应法治发展和人民群众对司法公信力的期待。

（二）主诉（办）检察官办案责任制探索未能从根本上解决办案组织问题

为应对 1996 年刑事诉讼法修改确立的控辩制庭审需要，解决"三级审批制"带来的审定分离、职责不清、办案效率低下等弊端，自 20 世纪末开始，各地基层检察院在公诉部门试点主诉检察官办案责任制。2000 年最高人民检察院下发了《关于在审查起诉部门全面推行主诉检察官办案责任制的工作方案》，该制度成为近年来检察机关对办案组织最具规模和最有影响的改革探索。主诉检察官办案责任制改革的目的，是将主诉检察官作为办案主体，旨在改变传统的办案模式和审批定案方式。但由于受制于法律规定不明、配套机制欠缺、人事制度支撑不足等客观原因，改革未能达到理想效果。实践中除公诉部门仍在继续探索外，其他部门基本恢复"三级审批制"的办案模式。由于主诉（办）检察官办案责任制仅仅停留在责任制层面，决定了这项探索对检察办案组织建立的有限性。

二、实行主任检察官制度的思考

实践必须以理论为先导。主任检察官制度的运行应当在总结主诉（办）检察官办案责任制实践的基础上，借鉴法院审判方式改革以及域外检察办案制度的做法，逐渐形成了主任检察官制度的工作思路。

（一）检察办案组织改革应当遵循司法特点和规律

改革检察办案组织，必须首先对检察机关的职能性质有一个正确的定位。我们认为，我国检察机关既是法律监督机关，也是司法机关。2006 年《中共中央关于进一步加强人民法院、人民检察院工作的决定》明确指出："人民法院和人民检察院是国家司法机关。"党的十七大报告、十八大报告对此均予以明确。从我国宪法和法律赋予检察机关的职能看，审查逮捕、审查起诉、抗诉等都具有较强的司法属性。随着法治的进步和人权保障要求的提高，迫切要求检察机关转变司法观念和办案方式，办案活动向着公开、兼听方向发展，使之更加符合法治的要求和时代的进步。因此，检察办案组织改革必须以确立和强化检察权是司法权、检察官是司法官的属性为出发点。

（二）检察办案组织改革应当确立检察官在执法办案中的主体地位

检察官是执法办案的主体，依法独立行使检察权，这是司法特点和规律决定的，也是检察办案组织运行中必须明确的问题。设计一种检察办案组织，必须使之符合司法工作独立、亲历、兼听、公开和"谁办案、谁决定、谁负责"的要求。只有让检察官真正成为执法办案的主体，才能充分激发其强烈的荣誉感和责任感，培养和造就一支高素质的职业司法人员。法院审判长制度的改革和检察机关主诉（办）检察官办案责任制的探索，不仅没有带来滥用权力、案件质量下降等问题，相反法官和检察官办案能力和水平迅速提高。再言之，检察官办理的案件绝大部分都具有程序性、阶段性的特点，赋予检察官依法独立行使检察权是世界各国检察制度的通例。

（三）检察办案组织改革应当具有检察机关的特色

法院庭长和审判长的称谓，具有鲜明的法院特色。检察办案组织改革就是要探索一套符合检察办案特点的组织形式和职务序列，取代目前的科层结构和办案方式。一是将资深检察官选任为主任检察官。主任检察官既是检察机关中优秀检察官的代表，又是检察机关特有的称谓和身份象征。主任检察官不仅亲自办案，还应承担检察管理的职责。二是将检察官办案组织规范为主任检察官办案组，即指在检察长的领导下，在主任检察官的主持、指导和管理下，对案件行使决定权并承担办案责任的制度。而主任检察官制度，是指包括主任检察官、主任检察官办案组，以及它们组成、运行、管理等法律、制度的总和。

（四）检察办案组织改革应当以实现检察办案扁平化管理为目标

扁平化管理，就是要尽量减少管理层级，使决策权最大化延伸至办案一线。这种模式使"三级审批制"下的"金字塔状"管理环节，改变成在检察长领导下横向到边，实行专业化分工、扁平化管理的办案组织。可考虑由副检察长分别分管刑检、监督和自侦，对应成立若干个主任检察官办案组实行专业化分工。在基层院，因办案检察官人手有限，在专业化分工后实行捕、诉合一。

（五）检察办案组织改革应当构建有效监督制约的质量保障体系

实行主任检察官制度后，为了确保公正司法，应加强办案组织的内部监督制约，在刑检部门以主任检察官审核制代替审批决定制，在自侦部门实行主任检察官负责制，在法律监督部门实行主任检察官主持下的合议制。

三、主任检察官制度在我国的实施情况

主任检察官制度是检察业务管理科学化和检察工作司法化、法治化的要求，是保障检察权依法独立公正行使，提升检察机关执法公信力的重要机制。北京、上海等地检察院对主任检察官制度改革的试点与运行，在实践中也取得了一定成效。由于主任检察官被赋予独立办案的职责，工作责任心和职业荣誉感增强，更专心于案件的办理，案件质量逐年上升，据各地提供数据，北京一分院公诉部门办理的 A 类案件不断上升，2008 年为 30 件，2009 年为 35 件，2010 年为 37 件，2011 年为 63 件，2012 年达 118 件。此外，由于简化了行政化的审批程序，办案效率也显著提高。北京 2009 年的结案率为 82.86%，2010 年为 92.6%，2011 年达 98.73%；浦东区院公诉部门 2012 年人均办案84.86 件，同比上升32.3 件，审结率为98.4%，同比上升6.7%，平均办案期限同比减少 7.72 天。在人才培养方面，通过主任制优化配置主任检察官和办案组成员，使组内成员的知识结构、经验、特长等形成互补，有效发挥了人才的辐射引领作用。通过专业化的办案组分工，也为培养某一领域内的专家人才提供了土壤，如北京一分院推行主任制以来，公诉部门在全市两届检察技能比

武中，取得了 4 名十佳、3 名十优的好成绩。

当然，由于主任检察官制度改革实质上是检察管理方式的革命，涉及干部人事制度、检察业务工作流程、检察权内部配置和监督制约等多方面问题，会受到传统观念、现有工作运行模式以及体制等各个方面的抵触与冲突，主任检察官制度在施行中也遇到一定的障碍与制约，对此分析如下：

（一）主任检察官制度的法律制约

首先，我国《宪法》第 131 条规定，人民检察院依照法律规定独立行使检察权，不受行政机关、社会团体和个人的干涉。《人民检察院组织法》第 4 条、第 5 条还规定，人民检察院是行使检察权的主体。可见，我国强调的是检察院整体独立，而非检察官独立，因此，主任检察官制度下的检察官独立没有宪法和法律基础。其次，《人民检察院组织法》第 3 条规定，各级人民检察院设检察长一人，副检察长和检察员若干人。各级人民检察院设立检察委员会。可见，主任检察官身份目前也没有立法上的确认。因此，推进主任检察官制度势必需要相关法律的修改。

（二）主任检察官制度的外部制约

我国的检察制度，是根植于我国特定的政治、经济、文化体系，具有中国特色的社会主义检察制度。我们必须坚持在共产党的领导下，接受同级人大及其常委会的监督。宪法明确了检察机关独立行使检察权，不受行政机关、个人、团体的干涉。但由于地方各级检察机关的人、财、物均受制于地方政府。虽然在法理上，这并不构成在主任检察官的制度下检察官独立行使检察权的障碍，但在实践中，检察机关为了不断"财物"，必须察看行政机关的"脸色"。正如前文所述，台湾主任检察官制度的有效运行是建立在检察官独立的基础之上，而台湾检察官之所以可以独立办案是由于检察权的运行独立于政府或者议会，而检察权独立运行的有效保障之一是其人、财、物不受地方的制约。

（三）主任检察官制度的内部制约

主任检察官制度的内部制约主要是指检察机关上下级之间的领导关系以及检察机关内部管理体制。正如本文第一部分所言，台湾地区主任检察官制度遵循检察官——主任检察官——检察长的权力运行轨迹，上下级检察机关之间的领导关系以检察一体原则为规范，并且以规范化的检察一体原则保障检察官的独立。我国检察机关的上下级之间究竟如何行使领导关系，一直以来都没有受到理论界和实务界的关注，实践中，就存在上级机关的检察官绕开下级机关的检察首长而直接对下级机关的检察官进行指令。这种领导方式势必架空检察官——主任检察官——检察首长的检察权运行轨迹。当然，主任检察官制度的改革不能动摇上级检察机关对下级检察机关的领导，但为了使主任检察官制度有效运作，必须使上级检察机关对下级检察机关的领导通过检察首长之间的指令进行，且这种指令应当限定在检察一体的原则之下，从而使主任检察官制度下的检察官能真正独立行使检察职权。

由于主任检察官制度改革的目的在于凸显检察的司法性，去除检察办案中的行政性。但不能否认检察机关的部分职责也具有行政的特质。目前检察机关内部的管理体制尚未清晰区分司法与行政的不同特点。为使主任检察官制度改革有效推进，检察机关内部的管理体制也有必要遵循规律进行，司法的职责以司法的方式运行，行政的工作以行政化的方式管理，形成既统一又协调的管理模式。

四、关于全面构建主任检察官制度的建议

由于主任检察官制度涉及检察制度、检察官制度和检察管理制度等诸多法律和制度层面，在现有法律制度和管理体制下改革难度很大。如主任检察官的称谓没有法律规定，科层制的行政管理体系与主任检察官制度双轨并存，大量放权与现行法律、内部规范的规定相冲突，主任检察官的职级待遇得不到制度上的支撑等。

检察办案组织改革探索关系重大、涉及面广，改革能否成功取决于最终能否在法律上得到确认，否则会出现与主诉（办）检察官办案责任制探索同样的问题和结果。一是修改人民检察院组织法和检察官法，建立主任检察官制度，将主任检察官纳入法定检察官职务序列，并明确主任检察官办案组为检察办案的基本组织形式。二是明确主任检察官的职责、选任和待遇，完善主任检察官制度内部的监督制约规范。三是建立检察官单独序列，实现检察机关分类管理。对检察官实行严格的准入、培训、任免、晋升和薪酬制度，不再与行政职级挂钩，确保检察官办案不受职务等级影响。四是实行专业化、扁平化的办案管理体制，在检察长下面根据刑检、自侦和监督三大职能，实行专业化分工，形成扁平化、有效率的办案组织体系。

刑法实务

关于"利益输送"型职务犯罪的调研报告

王 磊 肖 准[*]

近年来,随着经济社会的发展,权钱交易、以权谋私的手段和形式不断翻新,且呈多发易发趋势,但由于立法滞后、法制不完善以及侦查手段有限等多方面原因,这类行为得不到有效规制,因此,如何运用法律、经济、行政、纪律等手段对这类行为开展综合治理,是当前亟须解决的重要问题。

一、"利益输送"型职务犯罪概述

综合"利益输送"一词的使用背景及现实规制需要,我们认为,"利益输送"是一种新的腐败方式和手段,指国家工作人员利用公权力以合法隐蔽的手段将国家、公共利益输送到自身及亲友等利益共同体的行为。

(一)特征

"利益输送"作为一个新概念要具有其独立价值,必须具有相较于传统职务犯罪理论所难以涵盖的本质特征。除了与职务犯罪共同具有的主体特定性、主观故意性以及权力依附性外,还具有以下特征:

1. 行为方式上具有合法隐蔽的"输送"途径。利益输送与传统的直接权钱交易不同,为掩盖权钱交易、以权谋私本质,规避法律责任,"利益输送"行为人往往通过采取增加中间环节、扩大人员参与、合法化包装等手段使利益输送过程复杂化,或者采取市场化交易的形式来转移利益,如通过合资办企业、投资入股、操纵关联交易、"低买高卖"、放贷生利、购销合同、招标投标、承揽工程等形式,以"市场交易"、"经济活动"虚假表象掩盖其犯罪实质,从而将犯罪行为"漂白"成正当经济往来或者其他合法行为,以达到利用职务之便向自身或者他人输送利益的目的,属具有高度隐蔽性,以致很难发现,犯罪黑数很高。

---

[*] 作者单位:湖北省人民检察院。

2. 获利内容上"利益"形式的复杂化。按照传统观点以及我国有关刑事法律规定，一般将"利益"限定为财产或者财产性利益，但随着经济社会发展，利益形式也呈现多样化、复杂化趋势，从目前查处的具体案例来看，一些国家工作人员利用职权为自身或者他人谋取的不正当利益，可能是财产或者是财产性利益，也可能是其他无法用金钱衡量的非财产性利益，如获取特许经营许可、垄断地位、竞争优势、交易机会等，由于"利益输送"行为人具有极力掩盖权钱交易、以权谋私本质的初衷，因此与传统职务犯罪相比，其所转移利益的具体形态上更容易表现为后者。

3. 获利方式上具有"输送"的单向性。"利益输送"是国家工作人员利用职权之便，将国有财产或者公共利益输送给自己或者其他人，相比于贿赂犯罪的对合性，"利益输送"型职务犯罪并不以利益输送人因此获利作为构成要件，其可能因此获利，也可能在某一次具体"利益输送"中并未获利，此中可能是特定关系人并未支付相应对价，也可能是行为人是否获利难以查明。如将利益输送给特定关系人，特定关系人为利益输送人近亲属或者情妇（夫）时，其间或者因具有血缘关系而属于自然利益共同体，或者本身就是因特定利益和目的而结合，利益输送人没有必要再从被利益输送人处获取相应交换对价；在"放水养鱼型"贿赂中，利益输送人与被利益输送人之间建立了长期、稳固的利益交换关系，因此该类利益交换并非体现在"一时一次"，而须从总体上进行评价。

（二）"利益输送"行为与犯罪

"利益输送"行为是当前执法办案中遇到的新情况、新问题，其中有些行为依现行法律规定能否定罪尚有争议，需要从立法角度进行研究和完善。另外，因其行为方式和危害程度具有复杂性，并非任何"利益输送"行为都须刑法规制，因为"对于某种社会危害性的行为，国家只有在运用民事、行政的法律手段和措施，仍不足以抗制时，才能运用刑法的方法，亦即通过刑事立法将其规定为犯罪，处以一定的刑罚，并进而通过相应的刑事司法活动加以解决"①。所以对"利益输送"行为入刑问题应作具体分析。

二、当前查办职务犯罪中常见的"利益输送"行为分类、行为模式及认定难点

（一）主要分类

1. 根据利益性质的不同，可分为财产型利益输送和非财产型利益输送。

---

① 陈兴良：《刑法哲学》，中国政法大学出版社 2004 年版。

所谓财产型利益输送是指国家工作人员将其控制的财产性利益转移给自身或者其他人,财产性利益既包括金钱和实物等财物,也包括可以用金钱衡量的财产性利益,如提供房屋装修、含有金额的会员卡、代币卡(券)、提供餐饮、住宿、考察和旅游费用等;非财产性利益输送,则是指国家工作人员向其他人提供非财产性的不正当利益,包括诸如提供交易机会、安置就业或升学、职务升迁、提供商业秘密等无法衡量其经济价值的利益。

2. 根据输送对象的不同,可分为己利型利益输送和他利型利益输送。己利型利益输送是指国家工作人员为谋取自身不正当利益而利用职权将其控制的公共利益占为己有或者挪用;他利型利益输送是指国家工作人员利用职权将其控制的公共利益非法转移给其他人所有或者使用,利益输送人是否从被输送人处获得利益则在所不论,其他人一般为国家工作人员的亲属、情妇(夫)及其他有共同利益的人等。

3. 根据利益输送人是否因此获利,可分为谋利型利益输送和非谋利型利益输送。谋利型利益输送是指利益输送人在向其他人进行利益输送的同时,从对方获得不正当利益的行为,不正当利益包括财产性利益以及非财产性利益;非谋利型利益输送,即通常所说的"办事不收钱",是指利益输送人出于血缘关系、感情投资等目的向他人输送利益,而不以获取对方支付的对价为目的。

(二)行为模式

根据利益输送的种类及方向的不同,"利益输送"型职务犯罪有以下行为模型:

1. 国家工作人员利用职务之便将利益输送给自己。国家工作人员利用职权,采取隐蔽的方式,将自己控制的公共财产直接转移给自身所有。

【案例】2003 年至 2006 年间,应某某等人利用担任温州菜篮子集团高管的职务便利,成立由高管及部门职工参股的温州菜篮子发展有限公司(个人股份占 80%、国有股份占 20%),通过欺骗、贿赂市政府相关人员篡改市政府会议纪要的方式,使温州菜篮子发展有限公司取代温州菜篮子集团成为外迁安置主体,以偷梁换柱的形式,非法侵占使用国有划拨土地 325 亩,价值共计 11578.8 万元,给国家财产造成重大损失。[①]

【认定难点】从行为结构上看,这是最直接的"利益输送"型职务犯罪,往往构成贪污罪或者私分国有资产罪,但与传统的直接骗取或者侵吞国有财产相比,这种行为的结构更趋复杂,行为方式变化多样,甚至具有形式上的合法

---

① 具体案例参见《检察日报》2012 年 7 月 10 日第 5 版。

化，有时难以找到相应的法律条文作为刑事处罚依据。

2. 国家工作人员利用职务之便将利益输送给特定关系人。按照"两高"《关于办理受贿刑事案件适用法律若干问题的意见》的规定，"特定关系人"是指"与国家工作人员有近亲属、情妇（夫）以及其他共同利益关系的人"，国家工作人员利用职权将自己控制的公共财产转移给特定关系人或者通过充当洗钱角色的第三方（白手套）（"白手套"：简单说来，就是充当"黑钱"漂白的中间人，或是实际从事"非法"事务的"合法"外衣。从事某些见不得人的事，通常必须寻找"合法"、"合理"的理由来加以掩饰，而从事这种掩饰工作的个人、单位、组织等，我们都可以称之为"白手套"）① 输送给特定关系人所有。

【案例】 某市水务局原巡视员刘某受贿案中，刘某之子刘某显多次向其提出，希望刘某能安排一些水利堤防工程给其承接，以便从中赚钱，刘某应允。此后，某市水务局准备实施一项防水墙工程，刘某即将这一情况告知刘某显，表示可以帮忙承接到其中部分工程，并授意刘某显物色一名工程技术人员负责施工。刘某显找到王某，二人谈妥，由刘某显按月支付王某工资，王某负责施工管理。随后，刘某显、王某按照刘某安排，以借用的某建设集团有限公司等三家公司资质参与工程竞标，并以围标的方式顺利中标，工程造价1043万余元。后因王某不懂水利工程施工，工程无法进行。刘某只好将工程交与某建设工程公司进行。工程完工后刘某以需要支付工程投标前期费用为由向该建设工程公司法定代表人刘某胜索要120万元。刘某胜先后转款120万元给刘某显。

【认定难点】 上述案例中刘某利用工程发包管理权为其子刘某显谋利，由于客观原因刘某显未能直接通过工程施工赚取利益，而是通过向实际施工方索贿获取120万元，从而认定刘某受贿120万元。倘若本案中，刘某显所找的施工队伍能够顺利完成工程，进而获取丰厚利润，则此时对刘某、刘某显的行为如何定性则不无问题。在假设的情况下，刘某的行为显然不能认定为受贿行为。根据刑法规定，若刘某的行为致使公共财产、国家和人民利益遭受重大损失的，只能以滥用职权罪追究刑事责任，否则只能追究党纪、政纪责任。但是滥用职权罪的量刑比受贿罪轻太多，明显罚不当罪。

3. 国家工作人员利用职务之便将利益输送给非特定关系人。现实中存在国家工作人员利用职权将利益输送给法律规定的"特定关系人"范围以外的人员，但自身并未收受好处的情形。

---

① http://baike.baidu.com/view/1569624.htm? fr = aladdin，最后访问时间：2014年5月20日。

【案例】某区原区长胡某受贿案中，胡某妻子的姐姐陈某某（《刑事诉讼法》第106条规定了"近亲属"的范围是"夫、妻、父、母、子、女、同胞兄弟姊妹"）是某两家广告公司实际经营人。陈某某找某置业公司董事长张某提出想承接该公司的广告业务未果。后时任某区区长的胡某打电话给张某，希望张某关照陈某某公司业务。张某为感谢胡某在其公司有关事务协调上的支持，要求其开发的某工程项目施工单位某建筑工程公司陆续与陈某某经营的广告公司签订广告合同。广告费共计226余万元。经司法鉴定，实际支付广告费用与施工工程造价差额为100万余元。

【认定难点】上述案例中，陈某某通过承接广告业务所获取的高额利润能否认定为胡某受贿，关键在于两点：一是通过承接广告业务的方式获取利润是否属于"以交易形式收受贿赂"；二是胡某是否授意请托人以交易形式将有关财物给予陈某某，或者胡某和陈某某是否通谋，共同实施受贿行为。"授意"、"通谋"都属于犯罪的主观方面，证据收集和证明上都有较大难度，此非特定关系人收受贿赂的认定有两个难题：一是对于国家工作人员利用职权为请托人谋取利益，但没有授意或无法证实国家工作人员授意而是请托人主动将财物交给非特定关系人；二是该非特定关系人向国家工作人员转达请托事项，但没有或无法证实特定关系人曾告知国家工作人员其收受请托人财物的事实。

4. 国家工作人员之间利用职务之便互相为对方本人或对方的特定关系人输送利益。国家工作人员甲利用职权为国家工作人员乙或乙的特定关系人谋取利益，作为交换，国家工作人员乙利用职权为国家工作人员甲或甲的特定关系人谋取利益，实现权力和利益的双向交换。国家工作人员之间各取所需，结成利益共同体。国家工作人员未直接通过自身的权力行为获取利益，而是通过其他国家工作人员的权力行为获取利益。这属于国家工作人员变相为自身或者特定关系人谋取不正当利益，只是采取了更为间接的变通手段，隐蔽性更强。

【案例】甲、乙两市长案。该案中，甲为A市的市长，乙为B市的市长，两市无直接隶属关系，也无工作联系，但两人系党校同学，关系较好。甲、乙在宜昌同学聚会时得知双方互有朋友，因为"回避"而在对方的城市经商，甲利用职务之便为乙关系密切的人在A市经商谋取利益，但不收受任何一方的财物，乙利用职务之便为甲关系密切的人在B市经商谋取利益，也不收受任何一方的财物，甲、乙与其关系密切的人也非近亲属。

【认定难点】此类案件的争议焦点在于：由于甲、乙无职务上的隶属关系，缺乏职务上的影响力，且甲、乙没有收受任何财物，甲（乙）的关系密切的人（非近亲属）谋取利益能否等同甲（乙）本人获得了财物？对甲（乙）的侵犯了职务廉洁性的行为能否认定为受贿罪？司法实践中争议较大。

5. 为他人谋利，主要通过亲友或者其他人进行并间接受益的利益输送。国家工作人员为其他人谋取利益，但并不直接收受对方好处，而是通过其亲友或者其他人进行并收受好处，但国家工作人员间接受益。

【案例】刘某某受贿案。刘某某和丁某某对外以社会朋友相称，在刘某某的职权的影响下，丁某某事实上垄断了绝大部分高铁项目的招投标权，任何想中标的企业必须以中介费的名义支付丁某某工程造价 2%～8% 的回扣才可能成功，涉及工程项目总价超过 2000 亿元，丁某某为此获得 24 亿余元巨额利益。其间，在刘某某的授意下，丁某某为刘花费 4900 万元用于刘某某职务升迁搭桥铺路、斡旋刘某某胞弟重罪轻判、给刘某某安排女人享乐等。此案判决时，此 4900 万元认定为刘某某收受的贿赂。

【认定难点】此类案件的争议焦点在于，这种以朋友相称、没有民法意义上的财产共有关系，非国家工作人员乙收受财物，出于感谢或事先约定为国家工作人员甲的事项花费了所收受的财物，就将甲使用的财物认定为其受贿数额，在司法实践中还是存在争议的，特别是在数额较小、双方互有礼尚往来等情况下，争议更大。

6. 以"合法"的形式进行的输送利益。国家工作人员通过打招呼、说情或者给予交易机会、增加竞争优势等表面上并不违法的形式为他人谋取利益。

【案例】某区交通局原副局长丁某受贿案中，某建筑公司经理蔡某得知某市政工程即将招投标，其在明知其公司不符合投标资质的情况下，为了能够顺利参加报名投标，通过他人介绍认识了丁某。丁某利用职务上的便利，将蔡某介绍给该项目现场负责人徐某，要求徐某准许蔡某参与报名投标。之后，蔡某中标该工程。

【认定难点】这类案件中，如未给国家财产或者公共利益造成重大损失的，则不符合渎职犯罪构成要件，但该行为侵害了公平竞争的经济社会秩序，具有一定的社会危害性。若国家工作人员在此中也未收受或者未能查明收受了对方的好处，则按照现有法律规定，定罪较为困难。

三、对策建议

"利益输送"作为一种社会现象，需要注重运用法律、经济、行政、纪律等手段开展综合治理，并完善相关立法及配套制度。

（一）依法严厉打击

"利益输送"型职务犯罪侵犯了国家工作人员职务行为的廉洁性和正当性，危害了正常的国家管理秩序及市场竞争秩序，给国家财产或者公共利益造成重大损失，具有严重社会危害性，因而需依法从严打击，但"刑法是一种不得已的恶。用之得当，个人与社会两受其益；用之不当，个人与社会两受其害。因此，对于刑法之可能的扩张和滥用，必须保持足够的警惕。不得已的恶职能不得已而用之，此乃用刑之道也"。① 可见，对"利益输送"行为进行规制，刑罚手段并非首选，也非最佳手段，而应坚持刑罚手段的补充性和最后性原则，以及罪刑法定原则，这是刑罚谦抑性的要求，由刑罚手段严厉性、刑罚功能有限性及人权保障要求所决定。

按照现有法律规定，"利益输送"行为符合现有法律规定犯罪构成的，可按照现有规定依法进行处罚，如对利用职务之便将利益输送给自己的，可以考虑是否构成贪污罪或者私分国有资产罪；利用职务之便将利益输送给特定关系人或者非特定关系人的，要查明国家工作人员为他人谋利的行为是否明显偏离国家财物（公共利益）本身价值或市场价值，以及是否存在"通谋"，若明显偏离且有事前通谋的，可考虑是否符合贪污贿赂犯罪构成，若不构成，但致使公共财产、国家和人民利益遭受重大损失的，则可以滥用职权罪追究刑事责任；国家工作人员之间利用职务之便互相为对方本人或对方的特定关系人输送利益的，因缺乏国家工作人员收受贿赂这一要件，从现有法律规定看，不能认定国家工作人员构成受贿罪，一般只能作纪律处分，如果造成国家利益重大损失的可按渎职犯罪处理；为他人谋利，主要通过亲友或者其他人进行并间接受益的，则要看双方事情有无通谋，有则构成受贿罪，但若事前无通谋，而是事后出于感谢等理由给予国家工作人员好处，且未造成国家重大经济损失的，则不宜作犯罪处理；以"合法"的形式进行的输送利益，如给国家财产或者公共利益造成重大损失的，可按渎职犯罪处理，否则可考虑其他处罚方式。

（二）适时完善立法

十八届四中全会提出，要加快推进反腐败国家立法，完善惩治和预防腐败体系，形成不敢腐、不能腐、不想腐的有效机制，坚决遏制和预防腐败现象。"利益输送"型职务犯罪目前之所以存在较多争议，其中一个重要原因在于现有相关法律规定不明确，还存在模糊地带和盲区，亟待从立法或者司法解释上加以完善，以便更准确、更有效地打击犯罪。

1. 建议修改我国《刑法》第八章第 385 条关于受贿罪的规定，将 385 条第 1 款中"非法收受他人财物"修改为"获取不正当利益"，扩大解释受贿方式和"贿赂"的范围，强化对新型受贿犯罪的打击力度。所谓"获取"，建议

---

① 陈兴良：《刑法的价值构造》，中国人民大学出版社 1998 年版。

界定为三种形式：一是国家工作人员对利益的直接占有；二是由关系密切的人或者密切关系人占有，一般应与国家工作人员有财产共有关系，如配偶、近亲属等，或者有证据证明双方实际达成了利益共有关系的其他人员，如投资伙伴等；三是国家工作人员或者其关系密切的人取得了对利益的实际控制或者具有自由支配的权利。所谓"不正当利益"，建议界定为四种类型：一是货币、实物、贵金属等有形财物；二是干股、有价证券、不合理的高息、优惠价格、高薪等财产性收益；三是驰名商标、经营许可、荣誉称号、行业排名等财产性利益；四是其他不正当利益，作为兜底性规定，以适应社会发展形势的不断变化。

2. 建议修改我国《刑法》第八章第 388 条之一关于利用影响力受贿罪的规定，删除该规定中"通过该国家工作人员职务上的行为"的表述，因为，国家工作人员的近亲属或者其他与该国家工作人员关系密切的人员，"通过该国家工作人员职务上的行为"，收受贿赂，应按共同受贿处理。利用影响力受贿罪应当将共同受贿的情形排除在外，即仅指国家工作人员的近亲属或者其他与该国家工作人员关系密切的人员在该国家工作人员没有参与的情况下，利用了该国家工作人员"职务影响力"收受贿赂的行为，这将符合立法原意。另外在第 388 条之一增加一款作为第 3 款。

3. 建议修改我国《刑法》第八章第 389 条关于行贿罪的规定，在原规定第 2 款后增加一款作为第 3 款，而将原规定的第 3 款改为第 4 款，增加一款的内容为："为谋取不正当利益，给予国家工作人员的近亲属或者其他与该国家工作人员关系密切的人员不正当利益的，以行贿论处。"这样规定，可以将利用影响力受贿罪主体行贿的人纳入行贿犯罪的打击对象，不仅能有效打击向利用影响力受贿罪主体行贿以达到"迂回"收买国家公权力的"利益输送"行为，更有利于保障国家工作人员职务行为廉洁性。

（三）综合运用各类制裁措施

对尚不具有严重社会危害性的"利益输送"行为，可以充分运用民事、行政、经济、纪律等手段开展综合治理，同样能体现国家的否定性评价。

1. 民事手段。对某些危害性不大的"利益输送"行为，可以采取经济手段来弥补对国家财产和公众利益造成的损失，如对采用签订虚假合同、显失公平合同或者通过围标、串标、定标等方式，造成国有资产流失的，可以按照公平原则、诚信原则，通过民事诉讼等手段，撤销合同或者宣告合同无效。检察机关近年来探索的督促起诉、支持起诉对防止国有资产流失具有重要作用，但目前主要存在定位、依据不明确等问题，建议对此进行研究，以完善相关立法。

2. 行政手段。根据行政管理法律有关规定，对违反行政法实施"利益输送"行为的国家工作人员及相关人员进行行政处分或行政处罚，通过行政制裁的手段治理"利益输送"行为。我国《公务员法》对公务员应当遵守的纪律、违反时应承担的责任等作出了明确规定，特别是《公务员法》关于公务员应当遵守的纪律采用了"违反职业道德、社会公德"、"违反纪律的其他行为"等表述，基本可以涵盖公务员的所有违法违纪行为，为依法治理国家工作人员各种形式的"利益输送"行为留下了制度空间，提供了法律依据。

3. 经济手段。我国有关经济和商事的法律法规对市场主体的经营活动应当遵守的规则作出了明确规定。如《反不正当竞争法》第22条规定："经营者采用财物或者其他手段进行贿赂以销售或者购买商品，构成犯罪的，依法追究刑事责任；不构成犯罪的，监督检查部门可以根据情节处以一万元以上二十万元以下的罚款，有违法所得的，予以没收。"由此可见，根据现行的法律法规对国家工作人员和市场经营者从事"利益输送"行为处以经济制裁，是治理"利益输送"行为的重要途径。

4. 纪律手段。主要是指党内纪律治理，执政党通过对党员的纪律约束以及对违纪党员的纪律处分来实现对党员从事"利益输送"行为的治理。我国执政党对党员有严格纪律要求，对党员违纪行为的监察和处理都有一系列制度规定，如《中国共产党纪律处分条例》和《中国共产党党员领导干部廉洁从政若干准则》等。这些规定对党员廉洁从政的纪律要求、违纪行为的处理等做了详细的、全面的、具体的规定，对规制党员依法依规从事公务具有重要作用。特别是党内法规对党员领导干部利用职权和职务上的影响为本人、亲属及身边工作人员谋取利益、干预和插手市场经济活动谋取私利等各种形式的"利益输送"行为均有明确的禁止性规定和处分规定，为"利益输送"行为的政治治理提供了依据。

（四）完善相关配套制度

1. 财产公示制度。公务人员财产公示制度可以从源头上有效防止不廉洁行为的发生，从而使公务人员接受社会监督，以维护职务廉洁性。自英国1695年《腐败行为法案》以来，世界上已有不少国家出台了公务员财产公示法，据有关数据统计，截至2010年底，在世界银行数据库中的176个国家中，有146个建立了公务员财产公示制度，我国早在1995年5月，中办、国办联合发布了《关于党政机关县（处）级以上领导干部收入申报的规定》，部分地方也开始了公务人员财产公示的探索试点，理论界及官方对此均持积极肯定态度。"利益输送"职务犯罪涉及的数额一般比较大，"输送"手段隐蔽性很强，而出台财产公示制度并刚性执行，将对"利益输送"职务犯罪起到釜底抽薪的作用。

2. 社会征信制度。按照有关解释，征信即是由特定机构通过依法采集、客观记录个人的有关信用信息，并依法对外提供个人信用报告的一种活动。社会征信制度可以促使社会成员树立诚信观念，遵守社会道德和法律，并养成守信履约的行为习惯。通过完善征信制度，"利益输送"型职务犯罪涉案人员的相关信息将被客观记录，并成为其日后参与招投标、资质评定以及市场准入等的重要依据，从而对其产生震慑作用。目前我国检察机关行贿犯罪档案联网查询就起到了推动完善社会征信体系，预防职务犯罪的作用。

"毁林开荒"案件适用法律探讨

——以六师检察机关办理的三起毁林开荒案件为样本*

胡春丽　曹晓芳**

非法占用农用地案件在林区内的主要表现形式是"毁林开荒"。近年来，新疆森林资源频频受到外来不法分子的侵袭，他们大肆毁林开荒，擅自改变林地用途，严重破坏了新疆的森林资源和生态环境。以新疆兵团第六师为例，近年发生在芳草湖、共青团、103团等团场非法占用并毁坏林地的现象屡禁不止，笔者抽调的2013年第六师检察机关办理的三起毁林开荒案件，涉案林地面积达5602.97亩（包括国家重点公益林），给国家造成经济损失21554035.3元，其中一起是国家林业局督办的重特大案件，社会影响极其恶劣。因此有必要对该罪进行研究、总结积累经验，笔者结合"毁林开荒"犯罪的特点、成因等，谈谈认定办理该类案件中应注意的若干问题。

一、"毁林开荒"案件的特点、成因及查处的困难

（一）特点

以新疆兵团第六师检察机关2013年以非法占用农用地罪提起公诉的三起"毁林开荒"案件为样本，具体情况见下表：

---

* 原文发表在《法制与经济》2014年第5期，标题有所改动。

** 作者单位：新疆生产建设兵团六师人民检察院。

2013 年六师检察机关办理的三起"毁林开荒"案件基本情况表

序号	办案单位	犯罪人员	涉案林地面积及造成损失情况	判处刑罚（附加刑、附带民事赔偿略）	查处的渎职人员	判处刑罚
1	五家渠	新疆融亿农业科技开发有限公司、杜林海、严峰、魏常银	毁林 4656.57 亩给国家造成经济损失 21182099 元	杜林海（单位犯罪）判三缓三；严峰犯（单位和个人）非法占用数罪并罚判处 4 年 6 个月；魏常银犯（单位和个人）非法占用农用地及受贿罪数罪并罚判处 6 年 6 个月	第六师 103 团林业站站长赵水清 第六师国土资源局 103 团分局局长李才有 103 团总经济师王万新	赵水清玩忽职守罪，判三缓三；李才有玩忽职守判三缓三；王万新玩忽职守判三缓三
2	五家渠	熊湘域	毁林 50.9 亩（之前毁林 230.6 亩被行政处罚），给国家造成经济损失 339350 元。	有期徒刑 1 年	无	无
3	芳草湖	王成	毁林 437.4 亩（之前毁林被罚款 45160 元），给国家造成经济损失 3258630 元	有期徒刑 1 年 10 个月	无	无

从以上统计可以看出：

1. 三起案件全部由团场与毁林农户签订土地承包合同，这是第六师 2013 年办理的"毁林开荒"案件的一个共同特点，即由团场与土地承租方签订土地租赁协议以此代替土地、林业等相关行政部门的审批，这表明，非法占用农用地的行为已逐渐形成较为固定的作案模式。

2. 在行政管理手段的运用上，相关行政部门执法不严，持纵容态度，易引出相关部门渎职的问题。如 2013 年查办的融亿公司"毁林开荒"案都涉及土地、林业部门执法人员的渎职犯罪。以该案为例，当 103 团国土资源分局和林业局的执法人员发现融亿公司未办理任何行政审批手续就非法开地时，毁林面积仅 1000 多亩，但相关执法人员却怠于履职，对毁林行为放任不管，最终导致被毁林地面积达 4000 余亩。如果相关执法部门在发现后能积极作为，切实发挥监管职责，那就不会造成如此严重的后果。同时从以上情况也可以看出，相关执法人员因渎职犯罪均被判处缓刑，林业渎职犯罪的轻型化处理，在一定程度上也弱化森林资源管理和行政执法监督力度。

3. 三起非法占用农用地案就给国家造成了 21554035.3 元的巨大经济损失，可见危害后果之严重，但而涉案人员却普遍处罚偏轻，以融亿公司为例，毁林 4000 余亩，·涉案单位直接负责的主管人员杜林海却被判处缓刑。

(二)"毁林开荒"案件的成因

1. 法治宣传不到位。关于林业管理的法律法规，公众普遍认知的只是盗伐、滥伐林木才会违法犯罪，但对破坏林地行为却未有明确的法律认识，对《森林法》、《森林法实施条例》等法律规定不了解，对是否是公益林或者国家重点公益林，涉林案件犯罪立案数额、标准等不清楚或不知道，受到违法处罚时都很茫然。这也是造成林地破坏现象屡禁不止的重要原因。①

2. 土地资源的稀缺性导致众多投资者涌向团场借"农业开发"的名义垦殖林地。随着经济社会的迅猛发展，各种招商引资、开发区建设和生态移民等重点工程的实施，社会对林地的需求显著增大，很多人都把投资的目光投向了团场、连队。开始热衷于搞农业开发，有些人为了谋利置国家法律于不顾，投机钻营，当看到戈壁滩上种植的大片梭梭柴、红柳等防风固沙林，就想借农业开发为名在林区内拥有一片属于自己的土地，企图通过民事合同来达到对国家林地开发的目的。

3. 以合法掩盖非法，逐渐蚕食林地和森林资源。熊某某非法占用农用地案反映出在一些林地边缘地带，一些农民经合法渠道承包了一些土地用于耕种，由于利益驱使，其中一些人利用耕地与林地紧相连的特点，打擦边球，浑水摸鱼，他们将所承包土地紧连的林地中的树木逐年伐倒，形成与所承包土地紧密相连的无林地，面积逐年扩大，这种行为如果当时不被发现，等承包人种上庄稼后，仅凭人的肉眼短时间内很难发现，从而使之合法化。

(三) 打击"毁林开荒"违法犯罪中存在的问题

目前，在新疆兵团范围内，非法占用农用地犯罪在林区较为突出，必须进行严厉打击，但当前在打击毁林开荒犯罪过程中仍然存在着许多困难和问题。

1. 调查取证困难，执法阻力大。非法占有、毁林开荒引发的乱砍滥伐、偷砍盗伐林木案件，由于现场遭受破坏严重，被伐的立木株数、蓄积量难以查实。加之老百姓认为谁承包谁就可以使用林木和林地，对毁坏林地行为无人举

---

① 赵延辉：《浅谈非法占用农用地案件成因、特点及遏制对策》，载《黑龙江生态工程职业学院学报》2012 年第 5 期，第 2 页。

报，举报了取证难，导致非法侵占林地行为蔓延。①

2. 毁林开荒行为不易被及时发现。由于新疆幅员辽阔、地广人稀，一些边远的团场连队更是人员活动较少，不法分子依托天然的地理环境作掩护，在戈壁滩上毁林（防风固沙林如梭梭柴）开荒，以致案发后不易及时发现，使违法行为长时间得不到相应的处罚。

3. 地方保护主义作祟，使一些不法之徒有恃无恐。个别团场为了增加收入，置国家保护森林资源的法律、法规于不顾，违规收取农民开垦林地的承包费用，有些地区的林业管理部门对破坏森林资源的案件坐视不管，甚至采取包庇、纵容的态度，毁林案件查处后，不是对犯罪分子绳之以法，而是罚款了事，未尽到监管和保护职责。

4. 处罚较轻，难以达到震慑违法犯罪的目的。我国《刑法》第 342 条明确规定："违反土地管理法规，非法占用耕地改作他用，数量较大，造成耕地大量毁坏的，处五年以下有期徒刑或者拘役，并处或者单处罚金。"② 最高人民法院将此条概括为"非法占用耕地罪"罪名，2001 年 8 月 31 日的《刑法修正案（二）》扩大了刑法保护对象的范围，把林地纳入了农用地的范畴，由保护耕地扩大到整个农用地，这对于我国进一步打击破坏土地资源犯罪提供了有力的刑法武器，填补了刑法对除耕地以外的其他农用地保护出现的"真空"。但《刑法修正案（二）》中只是规定了立案起点，而没有规定重、特大案件的立案标准，导致在办理非法占用农用地案件中，处罚较轻，使得违法成本远远低于投入和收益，难以达到震慑犯罪的目的，严重影响了打击力度。笔者认为应参照盗伐林木罪，区分"数额较大"、"数额巨大"、"数额特别巨大"三档量刑，以体现罪刑相适应原则。

二、"毁林开荒"案件认定中的几个问题

（一）对林地性质的认定

在实践中，土地和林业管理部门对林地的分类标准认定不一。笔者认为对于非法占用农用地罪案件中林地的认定应当结合《土地利用现状分类》和《森林资源规划设计调查主要技术规定》，而要界定林地的具体分类则应主要

---

① 李英涛：《毁林开荒违法犯罪现象浅析》，载《黑龙江生态工程职业学院学报》2008 年第 5 期，第 1 页。

② 鄢志祥：《"毁林占地"案件适用法律探讨》，载《中国检察官》2012 年第 14 期，第 1 页。

依据林业部门的标准。这是因为：（1）根据 2001 年 8 月全国人民代表大会常务委员会《关于刑法第 228 条、第 342 条、第 410 条的解释》，违反土地管理法规，是指违反土地管理法、森林法、草原法等法律以及有关行政法规中有关土地管理的规定。《森林法实施条例》第 2 条第 4 款规定："林地包括郁闭度 0.2 以上的乔木林地以及竹林地、灌木林地、疏林地、采伐迹地、火烧迹地、未成林造林地、苗圃地和县级以上人民政府规划的宜林地。"这是认定林地的基本法律依据。① （2）依据 2005 年最高人民法院《关于审理破坏林地资源刑事案件具体应用法律若干问题的解释》，属于"数量较大，造成林地大量毁坏"的行为，是指非法占用并毁坏防护林地、特种用途林地或其他林地分别或累计达到一定数量的行为。由此可见，最高人民法院的司法解释对非法占用并毁坏林地的标准有明确的分类和界定。根据森林法，森林分为防护林、用材林、经济林、薪炭林和特种用途林等五类，而 2007 年《土地利用现状分类》中，林地主要包括有林地、灌木林地和其他林地，显然，土地用途分类与司法解释中的分类不能完全对应。因此，虽然现行的《土地利用现状分类》在效力上高于《森林资源规划设计调查主要技术规定》，但是在对非法占用农用地罪案件中要界定行为人破坏的林地是属于防护林地、特殊用途林地还是其他林地，应主要依据林业管理部门的标准。在六师，根据国家林业局及《农六师五家渠市林业管理办法》，占用林地 300 亩以上，应依法向团场林业站提出申请并经自治区人民政府批准，其未向师林业主管部门提出申请，擅自改变林地用途，应依法追究其刑事责任。目前，兵团林业调查规划设计院是在全疆范围内唯一有权对涉案林地的性质、面积进行认定的权威机构。

（二）对主观上是否明知是林地的理解

本罪的主观方面的特征表现为故意，② 行为人对于违反土地管理法规，非法占用农用地并将农用地改作他用，是持希望或放任的态度，既包括直接故意，即行为人明知自己的行为是占用农用地，并且知道这种行为会造成农用地大量毁坏的结果发生而故意实施占用行为；也包括间接故意，即表现为行为人明知道自己非法占用农用地的行为可能发生农用地大量毁坏的结果，但是为了达到自己的既定目的，对能够造成农用地毁坏发生的条件不去排除，也不设法阻止农用地毁坏结果的发生，而是采取听之任之的态度。出于过失而造成农用

---

① 郭会玲、蒋敬：《非法占用农用地罪犯罪对象林地之司法认定》，载《湖北警官学院学报》2010 年第 4 期，第 3 页。

② 张明楷：《刑法学》，法律出版社 2003 年版。

地的非法占用和破坏，不构成本罪。

在办理此类案件中，辩护人及被告人往往会辩解称自己主观上不明知所开垦的地是林地，以此达到逃避法律制裁的目的。以融亿公司非法占用农用地案为例，在法庭辩论阶段，辩护人一再强调融亿公司开垦的土地没有国家公益林的警示标志，在开垦林地过程中也无人告知是国家公益林，因此，主观上不明知开垦林地的性质，不构成犯罪。笔者认为对于主观上是否明知是林地，这个明知根据刑法总论包括知道和应当知道。林地是由国家划定的，特别是国家公益林的范围，是处在不断调整和变动中的，不一定要有警示标志，特别是对于几千亩、上万亩的林地，全部围起来告诉你这是林地，禁止开垦肯定是不现实，也是做不到的，特别是新疆特殊的地理环境，大漠戈壁、地域辽阔，对于新疆而言，不是只有高大的胡杨、榆树、杨树、沙枣树才是林地。新疆还有梭梭、琵琶柴、柽柳、盐爪爪等低矮的防风固沙林，只不过林地的种类不同、外形不同而已。既然涉案人员在开地时看到地面上长有梭梭、琵琶柴等植被，就有义务到林地、土地等部门去核实这些植被是否是国家保护的林地。"禁止未经审批随意改变土地用途"是法律的禁止性规定，每个公民都不能越"雷池"半步，但法律从不强人所难，它设定了一个最低"门槛"，来保证每一位公民即使是不具有相关专业知识的人也可以了解到是否是林地，那就是只要你要改变土地用途就要依据《土地管理法》、《森林法》的规定到相关部门履行正常的审批手续，如果履行了相关义务就肯定会知道这是不是林地，是否允许开垦，所以融亿公司明知应当办理审批手续却不去办理，主观对未经审批改变土地用途的违法性是明知的，就具有非法占用林地的主观故意。

（三）非法占用林地等农用地但不改变用途的认定

构成非法占用农用地罪在行为上要求非法占用并改变土地用途，但实践中存在非法侵占大量林地但不改变其用途的现象，这种情况下能否构成非法占用农用土地罪？笔者认为这种情况下虽然也是非法占用，数量较大，但由于没有改变土地法定用途，没有造成林地等农用地的大量毁坏，其实质更主要是一种侵犯农用地使用权的行为，是一种侵犯财产权的行为，所以不宜认定构成本罪，作为一般违法行为处罚更合适。

（四）合法占用林地但改变用途的认定

以承包、承租等方式合法占用林地后改变其用途的现象又该何人认定呢？

对于这种情况,① 笔者认为,虽然行为人取得林地使用权有合法根据,但由于改变林地用途没有合法根据,实际形成了占用合法使用不合法的现象,如果改变被占用林地用途数量较大,造成林地大量毁坏的,其行为就严重侵犯非法占用农用地罪的客体即国家对农用地的管理和保护秩序,应当认定构成非法占用农用地罪。

（五）对于非法占用农用地造成耕地、林地大量毁坏后,拆除建筑物对农用地复耕的行为是否构成本罪

笔者认为行为人擅自占用耕地、林地进行建设,并且造成耕地的种植条件和林地资源的严重毁坏,这完全符合非法占用农用地罪的法定构成要件,就如同盗窃罪中,行为人盗取若干财物,几天后又将财物送还,这依然不会改变其盗窃行为的属性,至于在非法占用行为完成后的复耕,这只能说该行为的社会危害性有所减弱,但不影响该行为的犯罪性质,只是在量刑上可以考虑从轻处罚。② 非法占用农用地罪就是典型的状态犯,行为造成耕地、林地的大量毁坏后,犯罪便既遂,但行为造成的不法状态却仍然继续。这种不法状态的继续会发生何种变化不在犯罪构成要件评价范围之列,只是量刑的参考因素。法院在审判中一般会考虑到行为人努力消除危害结果,在量刑上会从轻处理。

三、如何审查非法占用农用地罪中"毁林开荒"案件

办理"毁林开荒"案件,关键是要针对林地的特殊性质,重点审查侦查机关是否对确认林地和林地是否被确实改变成其他用地或者被毁坏等特殊证据做好收集工作。那么侦查机关需要收集哪些特殊证据呢？主要有以下几种:一是林权证。林权证是依法经县级以上人民政府登记核发的确认森林、林木和林地的法律凭证。它是确定林地以及权属归谁的最基本证据。森林资源管理部门保存的森林资源档案材料也是重要证据之一,还有县级以上人民政府有关林地权属的决定。但是林权证以及森林资源档案应当是主要证据。注意收集林地权属的证据材料,应当坚持林权证为主、书证为主的原则。二是对改变林地用途的,要收集林业部门是否予以审核并同意改变林地用途的证据。还要注意审核的林业部门是否有权审核。三是要收集该林地改变为其他用途,是否已经国土

① 王守俊:《非法占用农用地罪若干问题探析》,载《经济研究导刊》2013 年第 35 期,第 2 页。

② 杜文俊、陈洪兵:《即成犯、状态犯、继续犯的理论分解和评价》,载《东方法学》2011 年第 1 期,第 35~45 页。

管理部门批准的证据。这是确定犯罪嫌疑人的行为是否构成非法的关键。在收集这类证据时，必须要注意办证部门文书编号、时间顺序、是事前办理还是事后补办等，公章的真伪，批准部门以及其签发人的权限等细节，防止伪证、假证的问题发生。四是要收集林地被占用或者被毁坏的程度情况证据。鉴于该项工作的专业性特别强，应当聘请专业部门的技术人员参加勘查工作，并做出鉴定结论。以确定非法占用的面积、被毁坏的程度，再恢复为林地的可能性以及经济价值比，林地内森林资源的损失数量等。五是要收集犯罪嫌疑人非法占用林地罪的具体行为的证据。即是采用什么手段非法占用了林地。六是收集林地被非法占用前的资源资料证据。还要注意的是，查处非法占用农用地罪中的涉及林地的案件时，不能仅仅就查处犯罪嫌疑人非法占用林地的问题，对林地上的林木资源，如果被毁坏了，还应当根据被毁坏的林木权属以及犯罪嫌疑人的主观要件，以盗伐林木或者滥伐林木依法予以并处。对于林地已经被毁坏，原有的林木资源难以勘查认定的，应当从森林资源管理部门查阅涉案林地的森林资源档案材料或者聘请专业技术人员对被毁坏林地的森林资源进行比较鉴定等，以取得证据。

污染环境犯罪法律适用问题及分析[*]

乐绍光　陈　艳　周彬彬^{**}

一、办理污染环境犯罪案件中发现的问题及原因分析

（一）现行规定不够明确，导致实践执法标准不一

虽然《最高人民法院、最高人民检察院关于办理环境污染刑事案件适用法律若干问题的解释》（以下简称《新司法解释》）对污染环境犯罪提供了操作性较强的定罪量刑标准，但在实际执法办案中仍有不少疑难复杂问题。主要有：

1. 如何界定"处置"行为。《刑法》第338条将污染环境罪界定为"违反国家规定，排放、倾倒或者处置有放射性的废物、含传染病病原体的废物、有毒物质或者其他有害物质，严重污染环境"，从该罪状描述上看，立法者将"处置"与"排放、倾倒"并列。有观点据此认为，处置行为应当是与排放、倾倒行为社会危害性相当的一种行为，具有对有毒有害物质进行抛弃的意思，而不含利用的意思。然而实践中污染环境行为五花八门，比如，对装过间二硝基苯的破损编织袋进行大量回收修补利用的行为如何认识，能否归入污染环境罪中"处置"范畴，司法实践尚有争议。

2. 如何理解"乡镇以上集中式饮用水源"。《新司法解释》将"致使乡镇以上集中式饮用水水源取水中断十二小时以上"作为污染环境罪的定罪标准之一。关于"集中式饮用水源"，环保部在环办〔2012〕50号文中定义为"进入输水管网送到用户和具有一定供水规模（供水人口一般大于1000人）的饮用水水源"，但司法实践对于如何理解"乡镇以上"意见不一，一种意见认为，"乡镇以上"系饮用水源的供应范围，即涉案饮用水源的供应范围必须达到整个乡镇或至少该乡镇的大部分地区；另一种意见认为，"乡镇以上"系

　＊　摘自作者的《当前浙江省污染环境犯罪调查分析》，标题有所改动。

＊＊　作者单位：浙江省人民检察院。

指行政管理层级，即涉案水源由乡镇以上政府统一管理并符合供水人口大于1000人的标准即可，至于该涉案水源是供应整个乡镇还是只供应某几个村与案件没有关系。这种认识分歧直接影响到类似案件的定罪量刑。

3. 如何适用"其他严重污染环境的情形"。《新司法解释》第1条明确了污染环境罪的定罪标准，其中最后一项为"其他严重污染环境的情形"。如何适用这一项兜底条款意见不一，典型的如焚烧工业垃圾并向空气大量排放氯化氢等气体污染物的行为如何评价。有些工业垃圾本身没有危害，但若以不当方式进行处理就有可能产生较大的毒害性，如橡胶、塑料、金属等自身可能无多大的毒性，但大量焚烧后就会产生超标氯化氢、二噁英等气体污染物，这些污染物一方面对呼吸道、皮肤、眼睛等有强烈刺激作用；另一方面因其易随大气扩散、降解，不属于新司法解释规定的"持久性有机污染物"，难以适用相关规定。对这类行为如何进行刑法评价，能否适用司法解释的兜底性条款"其他严重污染环境的情形"在实践中争议较大，从而影响了司法统一适用。

4. 如何体现宽严相济刑事效果。从查处情况看，全省污染环境刑事案件中共同犯罪情形居多，污染环境罪的共犯认定，不仅是刑法适用问题，同时也关系着宽严相济刑事政策如何把握的问题。如前所述，浙江省污染环境犯罪中小作坊形式占比高，这些企业多雇佣外地务工人员，有些务工人员是临时雇工，对企业主的污染环境行为虽提供了帮助作用，但主观恶性并不深。目前司法实践中在污染环境罪的共犯认定时暴露出不分主次"打包"处理等问题，在正确认定上下游犯罪以及准确体现宽严相济刑事政策等方面还有欠缺。

（二）危害后果认定困难，造成"轻刑"现象较为突出

当前浙江打击污染环境犯罪呈现两个较为突出特点：一方面以"零容忍的态度"对待污染环境犯罪，构罪即捕、即诉、即判的现象比较突出（从表面看，这类犯罪案件不捕率高于其他案件，但批捕的案件中判处三年以上有期徒刑的很少，可以证实在这类案件办理上，构罪即捕情形突出。同样情形也存在于公诉、审判环节）；另一方面，对被告人量刑普遍较低，据统计，从2012年至2014年9月判决被告人三年以上有期徒刑的仅有10人，不到总人数的1%。造成上述问题的主要原因在于：

1. 财产损失数额难以查证。在《刑法修正案（八）》对污染环境罪的罪状修改后，《新司法解释》在认定犯罪上采取了"情节或结果"择一模式，但在加重情节认定上仍然采用结果犯模式，比如"致使公私财产损失一百万元以上"的，属于后果特别严重，可判三年以上七年以下有期徒刑并处罚金。财产损失数额的主要实践争议有：一是是否包括自身损失，行为人在实施环境

污染行为时，也可能给自己造成损害，这类损失是否计入"公私财产损失"司法解释没有规定，实践中也未达成共识；二是是否包括修复费用，环境污染后果严重的表现之一，在于环境难以修复，且修复费用往往远高于目前造成的实际损失。

2. 取证方式还有待改进。许多污染环境案件是在政府主导的专项行动中先行发现，因此行政机关的前期取证对案件的最终查处至关重要。但由于行政执法人员证据意识不强或力量相对不足等主客观原因，在执法环节没有及时全面准确收集和固定证据，从而影响了证据的证明效力。如在取证地点上，有的只对污染物进行数据检测，但对污染物是否从实际排污点取得不够重视；又如在取证时间上，对企业加工过程中的中间环节取样检测，但关于工艺环节对污染物的影响认识不全，对最终排放的污染物与中间样本是否差异考虑不够；再如在取证种类上，因实害后果不再影响污染环境罪构成，有的在实践中只专注定罪证据收集，对量刑证据尤其是从重处罚的证据有所忽视。行政执法机关取证不规范导致随案移送的证据材料不符合法定要求，无法在刑事司法中使用，需要司法机关二次取证，不仅造成资源浪费，而且有些证据因灭失而无法补救。

3. 客观条件与办案要求尚有差距。部分案件在案发当时没有对相关损失做出评估，也没有及时采取合理措施防止危害蔓延，主要是受办案时间紧迫和技术力量制约，这导致最终评估的损失比实际要大；还有些案件由于存在多个污染源，在现行条件下对各自责任无法确定具体比例，只能是估值，这虽不影响定罪，但影响量刑。此外，鉴定问题在办理污染环境刑事案件中也比较突出，如各地对"有毒"、"有害"鉴定标准和方法不一，影响鉴定意见权威性、科学性；又如鉴定费用过高，客观上对司法鉴定活动起到了抑制作用。

二、加强环境领域执法司法保护的对策建议

污染环境罪于 2011 年经《刑法修正案（八）》作了重大调整，又于 2013 年经《新司法解释》作了详细规定，短期内再度修订的可能性不大，因此公检法三家首先要对相关法律适用疑难问题达成共识，从而进一步提升环境执法效果，加大环境保护力度。

（一）准确厘清定罪内涵

污染环境罪的定罪标准涉及"处置"、"私设暗管"、"乡镇以上"、"其他严重情形"等，这些标准的把握在全省范围内应该一致，以实现"同样情形相同处理"的司法公正。一是处置行为不以具有抛弃意思为限。刑法的环境

污染犯罪体系中包括污染环境罪、非法处置进口的固体废物罪等罪名。从非法处置进口的固体废物罪罪状看，"处置"行为从广义上理解包括"倾倒、堆放、处置"，处置对象既包括不可用作原料的固体废物，也包括可用作原料的固体废物。从刑法体系解释角度出发，在同一犯罪体系中，对"处置"的界定应持相同标准，因此污染环境罪中的处置并不限于抛弃意思，也可以包括利用意思，行为人是否具有抛弃或利用认识，可能影响主观恶性的认定及量刑，但不影响定罪。二是未经批准直接排污可界定为私设暗管行为。私设暗管从字面上看，是指未经批准设置隐蔽管道排放污染物。但实践中有些小作坊采取租用民房或者搭建简易棚形式开展加工业务，在深夜或远离居民区地点随意排放污染物，这种排污方式虽然不是通过私设暗管实现，但危害不容小觑。污染环境罪惩治的是侵害环境法益的行为，集中表现为行为不受相关部门监管，而不在于其行为形态特征，尤其不能从管道等设置的位置是否具有隐蔽性来进行判断。含有毒物质的污水无论是通过未经职能部门审批的隐蔽管道排放，还是利用隐蔽时段或隐蔽地点非法排放，本质上都可纳入"私设暗管"排放范畴。三是"乡镇以上集中式饮用水源"关键要扼住供水规模的户数，而不能仅仅从供应地域范围入手，因此本条款的"乡镇以上"指行政管理层级，这既符合国家机关习惯于从行政管理层级角度对管理对象进行定义的传统，也能更好实现对污染行为的有效惩处。四是正确适用"其他严重情形"的兜底条款。对法律、司法解释的兜底条款，固然不能过多适用，以免因自由裁量权过度扩张而造成兜底条款喧宾夺主，但也不能虚化兜底条款的存在，使其成为摆设性规定，实践中要合理适用兜底条款，从而使法律、司法解释的明确性规定与兜底条款的包容性互为补充，相得益彰，如焚烧工业垃圾并向空气大量排放氯化氢等气体污染物的行为就可适用"其他严重情形"条款予以惩处。

（二）合理界定财产损失范围

财产损失范围界定与财产损失数额计算息息相关，一般而言，"公私财产损失"包括污染环境行为直接造成财产损毁、减少的实际价值，以及为防止污染扩大、消除污染而采取必要合理措施所采取的费用。在具体认定时，注意把握两点：一是自身损失原则上不计入，但当自身财产作为生态环境一部分时，则应计入损失总额。一方面，采取不计入原则与相关法律、司法解释规定相一致，如故意毁坏财物罪，所针对的是他人财物；又如交通肇事罪，规定无能力赔偿数额在三十万以上的可以认定为犯罪，也是针对他人损失而言。另一方面，当自身财产损失是指所承包的土地丧失基本功能或遭受永久性破坏，或者是自家林木遭受死亡情形的，就应作为全部损失的一部分，即计入《新司法解释》第1条第（七）、（八）两项［《新司法解释》第1条第（七）项和第（八）项分别为，"（七）致使基本农田、防护林地、特种用途林地五亩以上，其他农用地十亩以上其他土地二十亩以上基本功能丧失或者遭受永久性破坏的；（八）致使森林或者其他林木死亡五十立方米以上，或者幼树死亡二千五百株以上的"。］和第三条第（二）、（三）两项［《新司法解释》第3条第（二）项和第（三）项分别为，"（二）致使基本农田、防护林地、特种用途林地十五亩以上，其他农用地三十亩以上，其他土地六十亩以上基本功能丧失或者遭受永久性破坏的；（三）致使森林或者其他林木死亡一百五十立方米以上，或者幼树死亡七千五百株以上的"。］范围。因为这些土地或林木损失往往不限于经济价值方面，其本身就是环境的一部分，起到调节气候、保持水土等重要作用，将这些损失列入相应范畴符合污染环境罪入罪门槛降低的立法本意。二是在危害后果可归责于行为人时，修复费用应当计入。当污染行为与危害后果具备因果关系时，行为人就应承担消除污染的责任，"消除污染"理应包括修复环境的费用。

（三）依法把握共犯认定

共犯认定与宽严相济刑事政策适用有紧密联系。重点要把握两个方面：一是单位内部的共犯认定。首先是隐名股东。实践中，隐名股东不仅隐去投资事实，有的也确实不参与具体生产经营。对此，要结合其投资份额、投资收益、是否知晓生产经营事实、同案其他犯罪人尤其是主要负责人员的供述等情况综合认定，不能一概而论。其次是生产环节员工。对于这类员工应当以不处罚为原则，因生产污染物并非必然造成污染环境的危害后果，尚需违法排放、倾倒、处置行为作为媒介（若工作人员既实施了生产污染物行为，又同时实施排放、倾倒及处置行为，可以直接以"其他直接责任人员"认定为污染环境罪）且这类员工仅为生产污染物提供了一定的便利条件，其与污染环境行为之间的联系相对微弱，认定其构成共犯容易致使处罚范围不当扩大。当然，鉴于污染环境案件的复杂性，若这些员工情节恶劣的，可以认定其构成污染环境罪，具体考量指标有其负责环节在整个生产流程中的重要性、是否直接产生污染物、所获报酬数量、是否具有同类前科等情况。最后是临时雇佣的务工人员。对这类人员要结合其工种、从业时间、从业地点、工作报酬等确认其主观上是否明知，若有证据证实其具有同类前科的，可以作为认定主观故意的依据；在确认主观故意基础上，要查清其在共同犯罪中的地位和作用，如是否积极组织排放、倾倒、处置活动，并领取高额工资的；或根据排放、倾倒、处置有毒、有害物质的数量进行分成的；或参与组织货源、客源，并收取回扣、手续费等，具有以上情节之一的，可认定构成污染环境罪。二是上下游犯罪的共犯认定。从浙江来看，委托没有资质的单位或个人处理污染物的情况较多，委托人对被委托人是否具有资质往往心照不宣，对其是否污染环境持放任的心态。从《新司法解释》的精神看，无论经过多少层委托，只要行为人主观上具有污染环境的故意，委托人与被委托人依法都构成污染环境罪，且委托人系犯意的提起者，被委托人系污染环境行为的实行者，可依法不区分主从犯进行定罪量刑。值得重视的是，具有污染物处置资质的企业，在收取部分单位、个人的管理费用后，允许其挂靠使用其名义对外承揽业务的现象逐渐增多。我们认为，当这些企业明知挂靠企业及个人不具有处置污染物能力和相关设备，却出于逐利目的，没有履行必要的管理职能，对污染行为听之任之，从而导致严重污染环境的，依法构成污染环境罪。

查处知识产权犯罪的问题探析[*]

浙江省人民检察院法律政策研究室
浙江省义乌市人民检察院

知识产权保护不仅与本国经济发展密切相关，保护状况甚至会引发国家间的外交压力乃至经济制裁。我国作为发展中大国，同时又被视为全球经济增长的领导者之一，知识产权保护显得更为重要且迫切。

一、司法认定争议较大，专业办案力量相对缺乏

97 刑法修改知识产权犯罪的有关规定以来，"两高"单独或联合有关部门陆续出台了七个规范性文件。这七个规范性文件分别为：《关于审理非法出版物刑事案件具体应用法律若干问题的解释》，《关于经济犯罪案件追诉标准的规定》（已失效），《关于办理侵犯知识产权刑事案件具体应用法律若干问题的解释》，《关于办理侵犯著作权刑事案件中涉及录音录像制品有关问题的批复》，《关于办理侵犯知识产权刑事案件具体应用法律若干问题的解释（二）》，《关于公安机关管辖的刑事案件立案追诉标准的规定（一）》，《关于办理侵犯知识产权刑事案件适用法律若干问题的意见》（以下简称《若干意见》）。有关保护知识产权的刑事司法解释或司法解释性文件，为打击知识产权违法犯罪活动提供了操作性准则，但这些文件远不能解决实践的办案困境。

（一）犯罪数额的认定标准有争议

犯罪数额是知识产权犯罪定罪量刑的重要依据。实践发现，大量知识产权违法案件进入行政执法领域并作终局处理，原因之一就是犯罪数额标准的弹性空间及职能部门对定罪标准的认识差异。根据刑法及相关司法解释，侵犯知识产权犯罪的犯罪数额包括非法经营数额、违法所得数额、销售金额、货值金额以

---

[*] 选自浙江省人民检察院研究室、浙江省义乌市人民检察院：《当前知识产权犯罪的调查分析——以义乌小商品市场为样本》，标题有所改动。

— 111 —

及损失数额。其中，损失数额是从被侵权人损失的角度衡量侵犯知识产权犯罪对社会危害的程度，主要体现在侵犯商业秘密罪和假冒专利罪。就侵犯商标权和著作权而言，主要争议在：一是"销售金额"的界定。实践中，对销售金额计算是否要求货物已经交付，尚存较大争议，有观点认为，买方交付定金而卖方未实际交付货物的，应认定为销售行为尚未实施完毕，无销售金额；也有观点认为，应得利益包括既得利益和期待利益两种，只要买方交付定金，正常情况下这一买卖行为都会完成，卖方是否交付并不影响"销售金额"的计算，只是在卖方没交付时，其所得是一种期待利益。二是"货值金额"的认定。据统计，义乌市场查获的侵权商品，绝大部分都是库存尚未销售的。依照相关规定，尚未销售的假冒注册商标商品的"货值金额"，按照标价或已经查清的假冒商标商品的实际销售平均价格计算，没有标价或无法查清实际销售平均价的，按被侵权产品的市场中间价格计算。这一认定原则对于销售以假充真商品是可行的，因为从犯罪的自然行为来看，消费者往往将假冒的商品当作真品购买，支付的价格也往往与正品价格相当。但有意见认为，这一计算方法不能适用于所有的售假行为，如一些国际知名品牌，一个包的价格数千元甚至数万元，通过销售者销售的场所、方式等因素，消费者通常能明知所购商品是仿品，也不会按照正品的价格支付，有的消费者恰恰因为是仿品价格低才购买；对这种"以假卖假、知假买假"情形，销售价格与正品价格往往会有很大差距，如果按照正品价格计算，严重背离了客观实际，只有按照假冒商品本身的价值计算才与行为的社会危害性程度匹配。三是"违法所得数额"的计算。有意见认为，违法所得是指非法生产、经营中所得毛利，减除正当的运输、保管费、差旅费等直接费用，已交税的扣除税款，剩余部分即为违法所得；也有意见认为，违法所得数额不应当减掉行为人为犯罪而付出的各种投入。不同计算方式得出的违法所得数额明显不同，这也是实践中很少用违法所得作为认定标准的重要原因。

（二）知识产权犯罪与生产、销售伪劣商品犯罪交叉竞合的定性有差异

根据 2011 年《若干意见》，侵犯知识产权犯罪，同时构成生产、销售伪劣商品犯罪的，依照处罚较重的规定定罪处罚。这一规定为知识产权犯罪与生产、销售伪劣商品犯罪的交叉竞合提供了处罚原则，但这一原则在"以假卖假、知假买假"情形下遭受了质疑。生产、销售伪劣商品犯罪的行为方式包括四种：（1）掺杂、掺假，即在所销售的产品中掺入杂质或者异物，降低或失去该产品应有的性能；（2）以假充真，即以不具有某种使用性能的产品冒充具有该性能的产品；（3）以次充好，即以低等级、低档次产品冒充高等级、

高档次产品，或者以残次、废旧零配件组合、拼装后冒充正品或新产品；
（4）以不合格产品冒充合格产品。这些情形的共同特点均是通过假冒的行为
方式欺骗消费者，主观上具有欺骗的故意。司法实务有意见认为，当行为人主
观上不具有欺骗的故意，客观上不存在以假充真、以次充好时，是"以假卖
假"；消费者明知被告人销售的产品是假冒他人注册商标的产品而购买，是
"知假买假"；此时，行为人的售假行为不构成销售伪劣产品罪，只能以侵犯
知识产权犯罪定罪处罚，不能根据择一重处罚原则定罪量刑。①

（三）被害人提供的鉴定证明的法律效力有疑问

在知识产权犯罪案件中，由被害人即拥有知识产权的权利人，出具涉案商品
真伪鉴定证明的现象十分普遍。实践中，对权利人出具的鉴定证明如何认识存
在争议：一是权利人如何落实。市场上查获的涉嫌侵权的光碟数量从千余张至上
万张不等，涉及大量权利人，有本地的，有外地的，甚至有境外的，履行告知程序
尤为烦琐，加之回馈意见的返回耗时很长，一个相对较小的案件就可能花费巨大
成本。二是权利人出具的鉴定证明的法律效力如何认定。肯定意见认为，权利人
最了解自身权利的情况，对于产品是否"授权"的认定，权利人最有发言权，出
具的鉴定证明可以作为定案直接依据；否定意见认为，鉴定应由中立第三方进
行，由权利人作出的鉴定证明，在有效性和客观性方面均存在瑕疵。② 三是权利
人出具鉴定证明应遵循何种程序。即使认可权利人有权出具，但当被侵权的商
标所有人是国外公司时，其往往委托国内代理机构出具鉴定证明，有意见认为，
境外当事人的主体证明材料、授权委托材料、案件事实的证明材料应当进行公
证或认证，未经此程序的，鉴定证明缺乏形式要件，不能作为证据使用。

（四）专业办案力量相较实践需求有差距

知识产权犯罪与传统犯罪不同，具有查处难度大、办案专业性强的特点，
这不仅表现在智力成果的无形性更容易通过信息化的传播途径扩散，也体现为
法律关系更为复杂，往往横跨刑事、民事、行政三大领域。这就对检察机关办
案人员提出了更高的要求。然而，面对日趋职业化、智能化的知识产权犯罪，
检察机关目前尚缺乏有关方面的专业人才。

---

① 杨毅、苗有水：《邱进特等销售假冒注册商标的商品案——"售假公司"能否成
为单位犯罪的主体》，《刑事审判参考》总第78集。

② 万海富、秦天宁：《上海检察机关办理侵犯知识产权犯罪案件调查》，《中国刑事法
杂志》2010年第6期。

二、网络侵权犯罪带来新问题，案件侦办难度加大

信息网络的迅猛发展对知识产权保护带来了前所未有的挑战。依托互联网，知识产权犯罪的作案方式更为隐蔽、危害行为更难控制、犯罪目的更易得逞、犯罪后果更加严重，这些因素使得侦办网络知识产权犯罪困难重重。

（一）网络侵权的查处比例偏低

以网络销售侵犯注册商标的商品为例，一方面，以网络作为技术支撑可以有效规避现实社会的生产、销售等环节的实体经营，监督部门无法对其实时监管；另一方面，网络经营行为监管是综合性监管，多个监管部门存在职责交叉、重叠现象，执法部门信息共享不畅，协作监管难以有效开展；第三方面，各大电子商务网站交易信息数据量庞大，且部分信息涉及隐私，监管机构难以实时调取所需信息。因此，现阶段执法部门总体上还是遵循传统的实体市场监管模式，很少开展直接针对网络侵权的执法活动。据统计，义乌市90%的网络侵权案是先在物流和仓储环节被查获，即执法部门在物流仓库、托运站、货代、出租房内先查获侵权货物和侵权人，再倒查系网络犯罪并确定犯罪数额，很少通过网络直接锁定犯罪行为及犯罪分子。

（二）入罪标准的适用争议加大

电子商务交易模式下，买方分布全国甚至世界各地，如果依照传统犯罪数额认定方法，应当将当事人一一找来进行核实，但这显然不现实，因此在难以查清行为人每笔网络交易的情况下，是否可以在确认所开设网店系专门用于知识产权犯罪的基础上，以网店的入账资金作为销售金额，尚需明确。此外，实践中行为人通常会辩称存在真假混卖、虚假交易（刷信誉）、退货退款等情况，这些辩解多数处于既不能证实也不能证伪的状态，是否一律以有利于行为人的原则认定，如何协调这类辩解与惩治犯罪之间矛盾，较为棘手。在侵犯著作权方面，网络环境下的压缩打包以及分包技术使得传统的一份文件可能包含多个著作权对象，也可能多份文件只包含一个著作权，数字化作品大小差异导致了网络传播行为的差别，如法律规定将"传播他人作品数量合计在500件（部）以上"作为网络侵犯著作权的定罪标准之一，但是电视剧数量是以"部"还是以"集"为单位计算，实践中遭遇困惑，因此网络环境下的"份"、"件"、"张"等计量单位如何认定亟待明确。

（三）电子证据的取证认证更难

信息技术的广泛运用使得知识产权犯罪频繁出现电子证据，从而让案件的

取证认证更加困难。一是证据取得不确定性增加。部分网络电子数据有保存期限，如常见的淘宝交易记录、QQ 聊天记录的保存时限通常仅有 6 个月，大部分案件在案发时，通常已经超过电子证据的保存时限，公安机关侦查取证难度加大。二是证据采信难度加大。电子证据存储于虚拟空间，受到改动或破坏的可能性较大，且不易被及时察觉，即使获得了这些证据，真实性和安全性需要认真考量。三是证据转化更加复杂。电子证据给证据的提取与保全增加了障碍，实践中公安机关对电子证据一般采取"转化型证据"来支持公诉，如对网店的交易记录进行打印作为书证，同时刻录光盘备份；又如，当需要将犯罪嫌疑人的电子邮件作为控诉证据时，则对电脑进行勘验检查并制作笔录，作为勘验、检查笔录证据，或干脆将电子邮件内容转化为口供。这种"转化型证据"一旦出错不易补正，从而影响案件办理。

三、执法方式有待改进，执法效果还要提高

实现"三个效果"统一，是知识产权行政保护和司法保护的根本目标，然而目前惩处知识产权违法犯罪的治理理念、治理方式、刑罚运用等方面还存在一些问题。

（一）过于倚重专项行动难以确保持续效果

不可否认，专项行动有利于集中力量查办一批大案，形成打击知识产权犯罪的强大声势，对潜在犯罪分子能够起到巨大震慑作用，另外，专项行动很容易使一些犯罪分子产生"投机"和"侥幸"心理，出现专项行动期间"收手"，专项行动后猖獗的状况，以致专项行动取得的成效昙花一现；专项行动将大部分执法资源都放在"严"与"快"方面，犯罪预防和警示教育没有同步跟上，一些深层的社会原因挖掘不够，一些案件背后"保护伞"的查处难有实质性的突破。

（二）低收入群体大量入刑不利于社会稳定

相当数量的涉案人员绝大部分生活在社会底层，或是在出租房内兼卖小百货，或是摆地摊的小摊贩，销售盗版光碟可能是全家维持生计的主要收入甚至唯一收入，部分涉案人员主观恶性不深，往往出于行业"跟风"心理和法律认知错误才侵犯他人的知识产权，犯罪情节非常轻微。对这部分涉案人员适用刑事处罚手段，虽然使这类违法行为在一段时间内销声匿迹，但由于他们文化程度较低或执法部门释法说理工作不到位，这类人员对打击知识产权犯罪的行为并不理解，一定程度上影响了社会稳定。

（三）"自由刑为主"的刑罚结构预防作用受限

知识产权犯罪系贪利性犯罪，但目前刑罚结构以自由刑为主，未规定资格刑，预防犯罪作用总体受限。比如侵犯商标权犯罪，制假售假的高利润是案件数量不断增长的重要原因，若能针对这类犯罪特点，加大罚金处罚力度并剥夺一定期限内从事某种活动的资质，将会使犯罪分子在相当长的时间内丧失继续从事侵权犯罪的能力，既能实现刑法特殊预防的目的，也能达到刑法一般预防的要求。

四、国际司法协作机制不健全，跨国知识产权犯罪惩治困难

国际刑事司法合作是有效控制和打击跨国犯罪的重要途径。但目前这方面的工作机制还面临许多问题。

（一）双边国际条约的数量少、内容较窄

与我国经贸往来密切、侵权物品流向较为集中的非洲、中东等地的国家普遍尚未同我国缔结双边刑事司法合作协定，已有的双边条约内容也限于送达文书、代为调查取证、引渡和交流法律情报，对于惩治犯罪较为有力的赃款赃物追缴、刑事诉讼移管等新型司法协助方式还极少涉及。

（二）跨国知识产权犯罪领域的专门性司法合作条约缺乏

我国缔结的刑事司法合约基本上都是针对所有犯罪的概括性规定，现有的知识产权专门性国际合作规定也仅限于宣告性的内容，如中国知识产权刑事保护论坛通过的《上海宣言》，只是一种姿态的表明，没有可操作性规定和约束力。实践中，知识产权国际合作多停留在个案协查上，没有形成机制。新兴的跨国协作方式，如控制下交付、联合侦查、追缴犯罪所得等，也尚未应用于惩治跨国知识产权犯罪领域。

（三）国际刑事司法协助的具体程序欠缺

除引渡外的其他国际司法协助形态，无论是各部门的职责权限、协助方式还是审查机制等，均无明确规定，导致实践办案无所适从。以需要外国调查取证协助为例，我国侦查、起诉和审判机关都是适格"主管机关"，都有权通过中央机关或者外交途径向外国提出刑事司法协助请求，实践中容易出现相互推诿或分歧的情况。

毒品犯罪案件中
"主观明知"认定的实证解析[*]

杜　颖[**]

一、毒品犯罪案件中"主观明知"认定概说

构成毒品犯罪，要求行为人主观方面必须是直接故意，即明知是毒品而走私、贩卖、运输、制造。因此，证明行为人对毒品的主观明知，是证明犯罪事实必不可少的一部分。在很多毒品案件中，行为人往往辩称"不知道是毒品"，涉案的"上家"又多为化名、单线联系或距离遥远，难以查证。所以，如何通过客观证据来认定行为人的主观明知就显得尤为重要。为解决实践难题，"两高一部"2007年印发了《关于办理毒品犯罪案件适用法律若干问题的意见》（以下简称《意见》），其中就行为人的主观明知规定了八种可以认定为"应当知道"的情形，最高人民法院在2008年12月印发的《全国部分法院审理毒品案件工作座谈会纪要》（以下简称《纪要》）中又把可以认定为"应当知道"的情形扩展至10种。[①]

---

[*]　原文发表在《西南政法大学学报》2014年第3期。

[**]　作者单位：重庆市人民检察院第一分院。

[①]　"两高一部"《关于办理毒品犯罪案件适用法律若干问题的意见》（2007年12月8日）中"关于毒品犯罪嫌疑人、被告人主观明知的认定问题"部分规定"具有下列情形之一，并且犯罪嫌疑人、被告人不能做出合理解释的，可以认定其应当知道，但有证据证明确属被蒙骗的除外：（一）执法人员在口岸、机场、车站、港口和其他检查站检查时，要求行为人申报为他人携带的物品和其他疑似毒品物，并告知其法律责任，而行为人未如实申报，在其所携带的物品内查获毒品的；（二）以伪报、藏匿、伪装等蒙蔽手段逃避海关、边防等检查，在其携带、运输、邮寄的物品中查获毒品的；（三）执法人员检查时，有逃跑、丢弃携带物品或逃避、抗拒检查等行为，在其携带或丢弃的物品中查获毒品的；（四）体内藏匿毒品的；（五）为获取不同寻常的高额或不等值的报酬而携带、运输毒品的；（六）采用高度隐蔽的方式携带、运输毒品的；（七）采用高度隐蔽的方式（转下页）

　　司法解释的出台在一定程度上回答了实践中的疑问，但理论上对毒品犯罪案件中如何认定主观明知仍然众说纷纭。第一种意见认为《意见》和《纪要》的规定是"刑事推定"，只要确保基础事实的真实性且行为人不能反证的，即可认定为主观明知。第二种意见认为，上述规定中除第一项属于推定外，其余的都应属于"推断"，实质上是依靠间接证据进行证明的方式。第三种意见认为，上述规定均是间接证明的指引性规范，仅仅是对间接证明经验的总结和归纳，不能解读为推定。这些争论并非纯粹的理论之争，而是对实践办案有重大的影响。龙宗智教授认为，推定和间接证明（即推论），虽然从现象上看都表现为从已知事实出发来确认待证事实，但两者在本质上却有明显区别：一是推定降低了证明要求，推论必须符合证明充分性的一般要求；二是推定具有"法定证据"的制度特征，推论具有"自由心证"的制度特征；三是推定转移了证明责任，推论并未转移证明责任；四是推定确立了事实认定义务，推论并非义务性规定；五是推定是法律问题，推论是事实问题。笔者认为，司法实务中可以把上述五点概括为"从基础事实到待证事实的认定过程"（即第一、二点）、"是否法律规定应当认定待证事实"（即第四、五点）以及"证明责任是否转移"（即第三点）三个方面：第一，推定只需法律明确规定的基础事实存在，即可认定待证事实；间接证明除基础事实外，还应当有其他证据相印证、佐证，待证事实必须达到"排除合理怀疑"的要求。第二，推定是"应当"认定，间接证明是"不一定"认定。第三，推定是把证明责任转移给辩方，辩方如不能反证则将承担犯罪成立的风险；间接证明的证明责任依然在控方，辩方无须证明无罪。简言之，如系推定，则不必考虑证明规则，只要基础事实存在就"应当"确认待证事实；如系间接证明，则应当符合刑事诉讼中证明规则的要求，即使基础事实存在也"不一定"就确认待证事实。

　　《意见》和《纪要》的规定究竟是推定还是间接证明？针对莫衷一是的观点，我们除了做理论上的探讨，还可以变换视角，从司法实践中的具体个案出发来解析毒品案件中"主观明知"的具体认定方式。

（接上页）交接毒品，明显违背合法物品惯常交接方式的；（八）其他有证据足以证明行为人应当知道的"《全国部分法院审理毒品犯罪案件工作座谈会纪要》〔2008〕在2007年《意见》的基础上作了一定调整，增加了两项可以认定为"主观明知"的情形：行程路线故意绕开检查站点，在其携带、运输的物品中查获毒品的；以虚假身份或者地址办理托运手续，在其托运的物品中查获毒品的。

二、实践中"主观明知"认定方式的实例①及解读

毒品案件中认定主观明知最有效的方法当然是犯罪嫌疑人供认。在犯罪嫌疑人坚决否认或"零口供"的情况下，对其主观明知的认定需要通过间接证据进行。为便于分析，笔者将把实例中与认定主观明知有关的证据情况分为三类：《意见》、《纪要》明确规定的情形、案件其他间接证据、犯罪嫌疑人辩解，并尝试从中总结出这三方面证据情况与实际认定结果之间的关系。

【案例一】D 走私毒品案。外籍男子 D 主要在广州从事与非洲的小商品外贸生意，与重庆地区素无生意往来。某日，D 与另一外国籍男子 B 专程乘飞机从广州来到重庆某小店购买一件防寒服，随后二人以准备给该店主唐某某邮寄非洲小食品为名，索要店铺地址、电话并要求其代收从境外寄来的邮包。拿到地址电话后，二人叮嘱收到境外邮包后不要自行开拆，待他们来取。随后，B、D 返回广州。印度孟买寄出的包裹到达重庆收件地址后，D 让女友何某某给唐某某打电话，称包裹内物品为女式手提包，但 D 不能前往重庆取包裹，请唐某某将包裹转寄至广州指定地址，收件人为 J（收件人及其地址均为真实）。包裹到达广州后，D 让何某某冒充包裹广州收件人 J，要求快递公司将邮包另行改派收件地址。经查，包裹中 12 只女式手提包上的 96 枚装饰铁环中均夹藏有疑似毒品海洛因共计 500 余克。何某某与 D 先后到案，但均辩称对邮包内毒品不知情。何某某称系按照 D 的指示而为；D 称是按照 B 的指示联系、转运邮包，也是代 B 接收邮包。

本案中虽然 D 拒不承认明知毒品，但从客观证据出发同样可以认定其主观明知：一是具备《意见》第七项"采用高度隐蔽的方式交接毒品，明显违背合法物品惯常交接方式"的情形：毒品藏匿在手提包的装饰铁环中，常人难以发现；邮寄目的地在广州，却偏要从广州专程到重庆寻找收件地址并委托陌生人代收，其间又多次转寄，交接方式明显不正常。二是 D 专门购买手机卡用于联系收取邮包，并叮嘱何某某用完后必须机卡分离，这些客观行为间接证明了 D 的主观明知。三是经案件其他相关情况佐证，进一步强化了对主观明知的证明：D 在广州可以正常收件，不需要找人代收；D 本人对毒品有一定认知；邮包名义上的收件人嫌疑已排除。四是 D 辩称皆是在 B 授意下所为，因 B 确与 D 一起前往小店索要地址，故 D 的辩解确有存在的可能性；但即使 D 所言为真，我们从 D 专门购买手机卡、要求机卡分离以及其背景情况等证

---

① 本文所举案例皆为实际中已经办结的真实案件。

据出发，依据常识常理仍然可判断出 D 对邮包内的毒品知情。综合全案情况，在前三点基础上对 D 主观明知是毒品的证明已经达到"排除合理怀疑"的程度，其辩解又无法"形成合理怀疑"，因此应当认定 D 主观明知。

【案例二】姜某运输毒品案。戴某、魏某（均另案处理）共谋从外地购买一批毒品麻古回重庆。戴某买回毒品后，魏某邀约吸毒人员姜某到汽车站帮忙接"音响"。魏某开车接姜某一同来到汽车站后，给了姜某一个姓名和一部新手机，安排姜某按照姓名用新手机接"音响"后离开。姜某接到"音响"后被公安人员抓获，当场从"音响"内查获毒品麻古 32 包共计 5132 克。姜某到案后拒不承认明知接运音箱内藏有毒品。

本案中姜某拒不承认明知毒品，虽然具备《意见》、《纪要》规定的情形，但现有证据仍然不能认定姜某的主观明知：一是毒品采用高度隐蔽方式运输，并不能说明接货人姜某就一定知晓。二是在案其他证据中，魏某证言称姜某可能明知接是毒品，但只是他自己的主观判断；接货前启用新手机并用短信方式联系接货，虽然体现出一定的秘密性，但并不能直接指向姜某的明知。三是姜某虽然对毒品有一定认知能力，但既然毒品高度隐蔽并非一眼可见，那也就不能说明姜某的明知。

综上，该案虽然具备了"高度隐蔽方式运输毒品"的情形，嫌疑人也没有提出合理的解释，但综合全案证据并不能排除姜某确不知情的合理怀疑，不能合乎逻辑地推论出姜某"应当知道"。

【案例三】刘某某、王某贩卖、运输毒品案。刘某某与王某一同前往外地购买毒品。刘某某驾驶其租赁的轿车与王某一起携带毒品返渝后，王某先行下车，携带其中一袋用塑料袋包装的毒品乘坐出租车前往另一地贩卖给赵某，刘某某提着剩下的毒品前往王某的租赁屋时，被公安机关当场抓获，查获冰毒4985.5 克；公安机关另从赵某处查获与刘某某处同样包装的冰毒 982.6 克。刘某某、王某、赵某到案后，刘某某拒不承认明知袋中所装为毒品，表示是帮王某拿包到他的住处；王某指认刘某某是他的"上家"，二人一起贩卖、运输毒品；赵某称长期从王某处购买毒品并承认此次被查获毒品是从王某处购得，但表示不知道刘某某是否贩毒。

本案中，虽然不具备《意见》、《纪要》明确规定的"知道或应当知道"的情形，但仍然可以由在案其他证据间接证明刘某某的主观明知：一是刘某某主动邀约王某并租赁车辆、亲自驾驶，在整个事件过程中居于主导地位。二是刘某某承认自己吸食冰毒，对冰毒比较熟悉；本案中被查获毒品并非以隐蔽方式运送，而是放在普通白色塑料口袋内，十分容易发现。即使被查获毒品真是王某购买，刘某某也很容易观察到袋内所装物品的形状、颜色，应当知道是毒品。三是刘某某的辩解不能成立，往返行驶共计 60 个小时，下午 4 点到达第二天早上 6 点便返回，其间并未有任何"游玩"的迹象。加上王某的指认，能够认定刘某某的主观明知。

综上，该案属于《意见》、《纪要》规定的"其他有证据足以证明行为人应当知道的"情形，对认定刘某某的主观明知能够排除合理怀疑。

综合来看，上述案例直观地反映出三个特点：第一，具备《意见》、《纪要》规定的情形，不等于认定主观明知。第二，犯罪嫌疑人提出的辩解部分合理，不等于推翻主观明知的认定。第三，不具备《意见》、《纪要》规定的情形，也可以认定主观明知。

这几点恰恰说明了实践中对毒品犯罪主观明知的认定是"间接证明"并非"推定"：第一，认定主观明知的过程是证明的过程，不是推定的过程。推定只需基础事实，无须证明；而间接证明必须达到"排除合理怀疑"的程度。案例二具备"情形"但未能排除合理怀疑而不能认定；案例三不具备"情形"但能排除合理怀疑而可以认定。

第二，《意见》、《纪要》是"可以"认定而非"应当"认定，如果仅凭"情形"不能认定"明知"。在案例二中，虽然具备"采用高度隐蔽方式运输毒品"的情形，犯罪嫌疑人也没有提出有力的辩解，但因没有其他间接证据，达不到充分证明的要求，因此不能认定。

第三，《意见》、《纪要》并未转移证明责任。犯罪嫌疑人"明知"始终是控方证明的目标，不会因具备"情形"而变为由辩方证明"不明知"；即使辩解理由有合理之处，也不一定就不能认定"明知"。案例一辩解部分合理但仍然可以认定，案例二未提出合理辩解但仍然不能认定。

	《意见》、《纪要》规定的情形	其他间接证据	嫌疑人辩解	"主观明知"
案例一	有	充分	部分合理	认定
案例二	有	不充分	无	不认定
案例三	无	充分	不合理	认定

结合《意见》、《纪要》规定的具体内容"可以认定其应当知道"说明要从个案具体情况出发，既"可以认定"也"可以不认定"；"其他有证据足以证明行为人应当知道的"说明前列的所有情形皆是"足以证明"，是对实践中

常见的间接证明经验的列举而非穷尽。因此，毒品案件中是否认定主观明知的关键在于能否排除合理怀疑，而不在于是否具备《意见》、《纪要》规定的情形，嫌疑人是否提出了合理的辩解。这一结论也与许多审判人员的观点相符。①

三、毒品案件中影响"主观明知"认定的因素分析

由于证明本身的主观性和复杂性，对"排除合理怀疑"不可能给出具体的量化标准。有学者认为，毒品犯罪中可从以下几方面来分析判断是否主观明知：（1）超常高额的运费或酬劳费用；（2）高度隐蔽诡秘的交接方式；（3）被盘问、检查时的不正常反应和行为；（4）行为人对毒品的知识和经验。还有学者认为，毒品犯罪常见的经验规则有：（1）运费、酬劳；（2）运输方式；（3）交接方式；（4）行为人的行为；（5）行为人对毒品的知识和经验；（6）是否事先申报和接受检查；（7）地域。案件中行为人不合乎常理的辩解越多，主观明知的程度就越强。学者们的研究对司法实务工作者准确认定主观明知发挥了积极的指导作用。

但上述观点都仅仅指明了如何判断"可能明知"，其目的是增强司法人员对主观明知的内心确信；但没有分析如何判断"可能不明知"，以提示司法人员合理怀疑的存在。由于学识有限，这里只能从"正"、"反"两方面对常见的可能影响主观明知认定的因素进行粗浅的归纳分析。

（一）不合常理——增强"主观明知"可能性的因素

1. 行为方式

方式一：行为人对标的物的保管注意程度远远超过了正常的合法物品，不欲该物品被包括检查人员在内的其他任何人知晓发现，《纪要》和《意见》中规定的"情形"大部分是对这类行为方式的列举，其中包括：（1）被要求而未如实申报；（2）逃避检查、抗拒检查；（3）体内藏毒；（4）其他高度隐蔽方式运输交接；（5）以虚假身份或者地址进行托运。从这几种行为方式来看，其"不合常理"集中体现在以下两个方面：一是行为本身的隐秘性，对标的

---

① 如最高人民法院高贵君、王勇、吴光侠在《〈办理毒品犯罪案件适用法律若干问题的意见〉的理解与适用》一文中指出，判断被告人主观上是否明知，应当综合考虑案件中的各种客观实际情况，进行综合分析判断，又如重庆市涪陵区法院彭霞认为在毒品案件中对被告人的主观明知"要坚持按证据裁判，必须遵循证据裁判原则，不能靠推定定案"。参见《非法持有毒品行为的定性应主客观一致》，载《人民法院报》2013 年 2 月 7 日。

物采用体内藏匿等明显区别于一般贵重物品的方式进行携带、运输、交接，行为的隐秘程度远远高于正常情况；二是对检查的逃避抗拒，或怀有侥幸心理不申报，或以各种方式逃避抗拒，体现出行为人不愿意面对接受检查可能带来的后果。基于上述两点，我们从常识、常理、常情判断，行为人不合常理的行为方式反过来说明其可能知晓标的物本身不合法。如案例一，毒品藏匿在女式提包的装饰铁环中，如系合法物品，根本不需要采取这样的运输方式。

方式二：标的物未采取任何遮蔽手段，被证明是毒品的。与高度隐秘的方式截然相反，这种行为方式下的毒品毫不隐蔽，可以被一般人轻而易举地发现。从常识判断，一般人都可以轻易发现，行为人当然也可以。既然行为人已经发现标的物是毒品性状，那么也就可以认定其主观明知。当然，这种判断必须以行为人对毒品有一定认知能力为基础。如案例三中，查获毒品包装方式简单，一般人即可发现袋内装有白色粉末状物体；加之行为人对该类毒品有认知能力，足以判断其主观明知。

2. 时间地点

按常识判断行为的时间、地点异于寻常。虽然《纪要》和《意见》中没有列举与时间地点相关的因素，但实践中案件发生的时间地点也是司法工作人员判断行为人可能主观明知的重要因素。

如自愿到中缅边境等毒品犯罪高发地从事特定活动，又如夜深人静的凌晨时分到交通不便、人烟稀少的偏僻地带交接物品等，在一定程度上可以作为判断行为人可能主观明知的佐证。如前文所举案例三中，行为人到毒品犯罪高发地"玩"，星夜兼程却又第二天凌晨返回，依据常识判断即不合情理。

3. 对价

远远超出正常价值《纪要》和《意见》中涉及对价的规定有两项：（1）不同寻常的高额或不等值的报酬；（2）明显违背合法物品惯常交接方式。成本和收益是经济行为要考虑的首要因素，行为人愿意付出异于寻常的高成本，通常意味着其预期的是异于寻常的高收益。因此，无论行为人是付出报酬的一方，或是收取报酬的另一方，对标的物的"异于寻常"都应当是心知肚明的。如标的物运输费用或携带报酬远高于合理价格，又如案例一中行为人为寻找收货地址、收取货物而宁愿多次往返于穗渝两地，以及对标的物多次转运，都属于对价远远超出正常价值的表现。一般来说，对价超出正常价值越高，行为人主观明知的可能性就越大。

需要补充的是，上述因素只能"正向"使用，而不能"反向"使用，即行为方式、时间地点、对价只能作为我们增强对行为人主观明知确信的依据。如果行为方式、时间地点、对价都没有疑点，也不能作为否定行为人主观明知的依据。如果行为人把毒品放在随身携带的行李箱内，或者在正常的时间地点交接毒品，或者以正常价格托运毒品，都只是把这些因素排除在主观明知认定的考虑因素之外，不能当然说明行为人主观上不明知。

（二）事出有因——降低"主观明知"可能性的因素

1. 年龄

未成年行为人受人蒙骗的可能性更大。犯罪是人有意识的行为。一般来说人辨认和控制自己行为能力的大小，与其年龄的大小成正比。因此，我国刑法才把刑事责任年龄划分为未满14周岁绝对无责任、已满14周岁不满16周岁相对有责任、已满16周岁完全负责任三个时期，并且规定对应当负刑事责任的已满14周岁不满18周岁的人从轻或减轻处罚。我们在认定毒品案件中行为人主观明知的问题时，年龄也是应当考虑的重要因素。首先，已满14周岁不满16周岁的人只有犯贩卖毒品罪才应当负刑事责任，因此也就不存在以间接证据来认定其主观明知的问题。其次，对已满16周岁的人在认定其主观明知时，应当充分考虑到行为人心智尚不成熟，容易受人蒙骗，不能简单地从社会一般常识常理来判断其主观明知。例如，同样为获取高额报酬而替人运输毒品，未成年人受人蒙骗的可能性就要大于心智成熟的成年人。

2. 阅历

行为人对毒品一无所知。毒品犯罪虽然高发，但我们周围的大部分人仍然对毒品知之甚少，甚至毫无认识、一无所知。这些人根本没有亲眼见过毒品，也谈不上对毒品的颜色、形状、气味有什么了解。与那些熟悉毒品的人相比，这些人不容易分辨和感知毒品，其主观明知的可能性也更小一些。如同样携带以普通塑料袋装的毒品，吸毒人员或长期接触毒品的人员应该很容易辨认出是毒品，普通人则更容易受人蒙骗认为是其他类似物品。

3. 交易习惯

"不合常理"的时间、地点以及交接方式经查证是行为人之间以往合法交易的惯例。如前所述，我们可以通过案件中行为时间、地点以及物品交接方式的"不合常理"来判断行为人明知标的物"不合法"，以增强对行为人主观明知的内心确信。但这种"不合常理"也只是我们依据一般社会常识常理做出的判断，不能以此否认例外的存在。如果经查实，行为人这种"不合常理"的客观行为在其之前的合法交易中早已有之，则其主观明知的可能性也随之降低。如Y、Z二人同在甲地，却偏要选择到车程数小时之外的乙地进行货品交接，看似不合常理，但二人辩称系热爱乙地秀丽景色故借机游玩，且查实之前确在乙地有数次合法货物交接，那么相应将降低行为人主观明知的可能性。

同样需要补充的是，上述因素只能"反向"使用，而不能"正向"使用，即从年龄、阅历、交易习惯分析确系"事出有因"，可以作为我们降低对行为人主观明知确信的依据；如果年龄、阅历、与相关人关系、惯常交易习惯方面并无足够辩解理由，不能作为确信行为人主观明知的依据。即使行为人心智成熟，曾有吸毒史或毒品犯罪经历，从未有过类似交易行为，也并不能说明此次犯罪为当然。

四、结语

法有穷，情无限。以间接证据为基础来证明毒品案件中的"主观明知"，怎样才能满足充分证明的要求，怎样才算达到了"排除合理怀疑"，这是一个可能永远也无法用语言精准描述的问题。面对错综复杂的实务问题，我们只能综合全案"正"、"反"两方面证据，坚持刑事诉讼的证明标准，审慎而为。要准确认定毒品犯罪中行为人的主观明知，不仅需要有打击犯罪的一腔热血，更需要司法人员客观中立的冷静思考。

非法拘禁罪法律适用问题浅析[*]

侯　毅[**]

本文认为，非法拘禁犯罪中"使用暴力致人伤残、死亡的，依照本法第234条、第232条的规定定罪处罚"属于《刑法》中的注意规定。

一、法律拟制论之缺陷

（一）从有无提示注意之必要来看，法律拟制论者的观点值得商榷

《刑法》第238条第2款后半段规定中"使用暴力"与"致人伤残、死亡"是两个必备要素，缺一不可，而法律拟制论者"当使用暴力但并未致人伤残、死亡的也应该适用故意伤害罪、故意杀人罪的未遂规定……"以假设的具备"使用暴力"要素而不具备"致人伤残、死亡"要素来否定"是一种注意规定"的正确性，割裂法条之完整性来论证法条的属性，如此推理显然是违反逻辑规律的。对使用暴力致人伤残、死亡行为人主观方面的认定，刑法拟制论者的观点也不尽一致。张明楷教授认为"即使其没有杀人的故意，也应认定为故意杀人罪"，吴学斌博士认为这里的"使用暴力致人伤残、死亡"只能是过失的情形，还有学者认为故意和过失并存等。其他学者关于"没有进行注意规定的必要性"的理由论述中，提到"如果存在故意杀人、故意伤害的行为时，司法机关不可能错误地认定为其他犯罪"，这一解释有些牵强，显然是对司法机关的"过高评价"。

【案例一】被告人为追讨赌债，将被害人拘禁在某宾馆，其间，被告人薛某用手拍打被害人的后脑勺，被告人许某某用脚踢被害人腹部一脚，最终导致被害人沈某某腹部在一定外力作用下致肝癌肿块破裂，引起失血性休克死亡。

---

*　摘自第三部分，原文发表在《中国刑事法杂志》2014年第2期。
**　作者单位：内蒙古自治区太仆寺旗人民检察院。

江苏省江阴市法院一审认为，对被告人许某某可以减轻处罚，以非法拘禁罪判处其有期徒刑六年，依法报请最高人民法院核准后生效，无锡市中院二审维持原判，江苏省高院发回重审；江阴市法院重审后认为，被告人许某某为索要赌债非法拘禁他人，并采用暴力致人死亡，其行为构成故意伤害罪，判处有期徒刑十年①。一审法院和二审法院均认定为非法拘禁的结果加重情形，显然是错误的。

【案例二】为了讨回 110 万元被骗现金，1996 年 11 月，李自某、张福某将张某某强行拘禁到其亲戚董某某家中，董某某用铁丝将张某某双腿从脚脖处捆住，扔在一间四处透风的破房中，长达 20 余天，时值严冬时节，致张某某的双腿肌肉腐烂坏死。见此情景，李自某又将张某某送到张福某的老家，后又将其送往医院救治。经诊断，张某某双下肢小腿截肢伤残程度已达到三级。河南省灵宝市人民法院以非法拘禁罪，一审分别判处三被告人有期徒刑五年、四年和三年②。笔者认为，本案被告人"将被害人从脚脖处捆住，扔在一间四处透风的破房中，时值严冬时节，长达 20 余天"的行为，置被害人的身体健康于不顾，主观上存在伤害的故意，客观上造成了张某某双腿肌肉腐烂坏死，致三级伤残的严重后果，应以故意伤害罪定罪处罚。

（二）从立法意旨及侵害法益和刑罚均衡度等方面分析，法律拟制论的观点缺乏根据

从减少死刑条款和降低法定刑来讲，如果本条是法律拟制条款，不论被告人的主观故意内容，只要造成伤残、死亡的结果，就应当依照故意伤害罪和故意杀人罪定罪处罚。法律拟制论者的观点不是限制和减少了死刑条款，而是增加了死刑罪名的条款，使原本没有伤害故意和杀人故意的行为人也依故意伤害、故意杀人罪处罚。按照注意规定说进行解释，才更符合减少死刑罪名的目的。因为使用暴力致人伤残、死亡的情形下，行为人主观上存在伤害和杀人的故意，并造成了现实的损害后果的，已经转化为更为严重的故意伤害、故意杀人罪，而不再属于非法拘禁罪调整的范围。从刑法体系及刑罚均衡方面分析，对已经构成故意伤害罪和故意杀人罪的行为人，作必要提示即可，没有必要将不符合要件的行为拟制为故意伤害罪和故意杀人罪，进而混乱刑法条文的系统性。

---

① 参见孙晋琪：《非法拘禁罪结果加重犯与转化犯的区分及量刑》，载《人民司法》2009 年第 12 期。

② 高秀东、吴占英、孟庆华：《刑事犯罪定罪量刑情节热点案例释评》，人民法院出版社 2006 年版，第 216～217 页。

（三）从保护被害人利益和减轻控方证明责任角度讲，法律拟制论的观点缺乏合理性

法律拟制论者认为"如果对'致人'伤残或死亡的罪过形式要求'故意'的话，可能在实际诉讼中难以举证，即对被害人而言存在很大的举证困难"。这种从举证责任角度来论证的观点缺乏合理性，如果从利于司法机关举证的角度讲，应当进行的是刑事推定的设置（对此种情形下被告人的主观方面直接推定为故意），而不是法律拟制的规定，即对非法拘禁中使用严重暴力致人伤残、死亡的，直接推定行为人主观方面为故意。

二、注意规定说理由之补充

笔者非常赞同注意规定说中"关于主观故意转化"的阐释以及"有提示司法者注意的必要"的论证，此外笔者认为还有以下几个方面的理由需要补充。

（一）符合刑罚分则条文刑罚幅度连续性、不重复性特征

"因为法定刑的设置，往往与犯罪的本质，即罪质相联系。因此，对个罪构成要件的解释要立足于现有的立法模式，尤其要重视法定刑的制约，不能脱离法定刑孤立地解释罪状，因为法定刑明确地表达了立法者对某种罪行的评价和惩罚意图，这对于准确区分那些犯罪的外部形式特征比较接近罪名是至关重要的，这就是所谓的法定刑对罪质解释的制约意义。"[1] 刑法分则的每一个条文对法定刑的设置均是由轻到重呈现连续的不间断的样态（当然也有一些重罪条款的设置是从重刑到轻刑），而且分则的任何一个条文（贪污罪和受贿罪除外），均没有刑罚幅度重复交叉的设置（所谓重复的仅是节点刑期）。《刑法》第238条的法定刑设置当然也不例外。从本条刑罚梯度来看，第1款是基本犯的规定，处三年以下有期徒刑或者拘役；第2款前半段属于结果加重犯的规定，致人重伤的，处三年以上十年以下有期徒刑；致人死亡的，处十年以上有期徒刑；第2款后半段的规定，当属更为严重的刑罚处罚的依据，应当是处无期徒刑、死刑的刑罚规定。故意伤害罪致人重伤、死亡的法定刑为三年以上十年以下有期徒刑，十年以上有期徒刑、无期徒刑或死刑；故意杀人罪的法定刑是死刑、无期徒刑、十年以上有期徒刑、三年以上十年以下有期徒刑。按照

---

① 参见《刑事审判参考》第55集第435号指导案例"胡经杰、邓明才非法拘禁案——为寻找他人而挟持人质的行为构成何罪"，法律出版社2007年版，第29页。

法律拟制论者的观点，只要使用暴力致人伤残、死亡的，均构成故意伤害罪、故意杀人罪，那么"三年以上十年以下有期徒刑，十年以上有期徒刑"的刑罚幅度范围被重复交叉规定，显然违背刑法分则条文刑罚幅度的连续性、不重复性特征。

（二）"使用暴力"是对行为人主观故意的一种间接阐释

非法拘禁行为具有强制性，所谓强制性，是指违背他人意志，强行使他人处于管束之中，主要表现为使用足以剥夺人身自由的强制性手段，如实施捆绑、关押、禁闭等。通说认为这里的"暴力"，是指以殴打、伤害、捆绑、按倒、强拉硬拽等，对其人身实行强制的手段，意图在于使被害人不敢、不能反抗，至于现实是否得到该种效果，在所不问。刑法对"暴力"并没有做出特别的范围规定。而有的刑法拟制论者认为，"非法拘禁通常范围内的暴力程度应该是较低的，典型的如捆绑、堵嘴等。正因为本规定属于法律拟制，所以，这里的'暴力'应限于超出了非法拘禁范围的暴力；非法拘禁行为本身也可能表现为暴力，但作为非法拘禁行为内容的暴力导致他人伤残、死亡的，不属于'使用暴力致人伤残、死亡'；只有当非法拘禁行为以外的暴力致人伤残、死亡时，才能认定为故意伤害罪或者故意杀人罪"。[1] 这里将"暴力"区分为"非法拘禁范围内的暴力"和"超出非法拘禁行为本身以外的暴力"，固然有助于区分犯罪行为的性质，但何谓非法拘禁范围内和范围外的暴力并没有清晰的界限。"因为无法说明在非法拘禁中行为人的殴打行为、捆绑行为或者其他为限制被害人人身自由的行为是否属于拘禁范围之内的行为还是范围之外的行为，这种区分的不能反而会造成司法认定中更大的困惑。"[2] 笔者认为，这里的"使用暴力"应当解释为对行为人主观故意的一种间接阐释，如前所述，"暴力"作为非法拘禁罪的一种常见手段形式，并没有范围和程度的限制，这里突出"使用暴力"意在提醒司法者，使用暴力致人伤残、死亡的行为，行为人的主观故意已经发生转化，存在伤害或杀人的故意。"因为行为人客观上采取了暴力方法，主观上对伤亡结果是有认识的，属于存在故意的心态，所以符合故意伤害罪、故意杀人罪的构成要件，从而转化为该罪，性质上也发生了

---

① 陈洪兵：《刑法分则中注意规定与法律拟制的区分》，载《南京农业大学学报（社会科学版）》2010 年第 10 期。

② 徐大勇：《非法拘禁罪客观构成要素的诠释》，载《中国刑事法杂志》2012 年第 12 期。

变化。"①

（三）符合刑法的因果关系原理

因果关系是行为与结果之间的一种客观联系，这种联系具有事实性质。但是，刑法中的因果关系不仅是一个事实问题，更为重要的是一个法律问题。在这种情况下，对于刑法中的因果关系，应当从事实和法律这两个方面加以考察②。将刑法因果关系分为事实因果关系和法律因果关系两个层次加以研究的观点是妥当的。③ 事实因果关系是刑法因果关系的基础，法律因果关系则是刑法因果关系的本质……法律因果关系判断过程就是刑法解释的过程。④ 非法拘禁行为与被害人人身自由被限制之间存在事实上的因果关系，即存在"没有前者就没有后者"的必要条件关系。从法律因果关系来判断，立法将非法拘禁行为分为两个层次：第一个层次是非法拘禁的基本犯，仅指限制了被害人的人身自由，尚未侵犯被害人的健康权、生命权的非法拘禁行为，从危害结果上看，仅造成了人身自由受侵犯的结果；第二个层次是指不仅限制了被害人的人身自由权，而且侵犯了被害人的健康权或生命权的情形，即在危害结果上，造成了被害人人身自由权、健康权或生命权受到危害的结果。在第二层次中，立法者考虑到侵害健康权或生命权法益的严重程度差异，又分为两种情形：一是过失造成被害人健康权、生命权受损的危害结果，此时危害行为作为危害结果的原因，只具有间接的原因力，也就是说其在刑法意义上的因果关系是存在的，但在事实因果关系的范围内，联系不是必然的，发生的概率较小，所以处以的刑罚也相对较轻；二是故意造成被害人健康权、生命权严重受损的结果，此时危害行为作为健康权、生命权受损的原因，在事实因果关系的判断上，是该结果产生直接的、决定性的原因力，触犯故意伤害罪和故意杀人罪的刑法规定。认定为法律拟制的观点中，没有明确区分刑法因果关系的程度、大小、强弱，而是直接将致人伤残、死亡的情形均认定为依照故意伤害罪、故意杀人罪的观点，显然是不可取的。

---

① 袁登明编著：《刑法 48 讲》，人民法院出版社 2012 年版，第 267 页。

② 陈兴良：《刑法因果关系研究》，载赵秉志（总主编），刘志伟、周国良主编：《刑法因果关系专题整理》，中国人民公安大学出版社 2007 年版，第 312 页。

③ 黎宏：《刑法因果关系论反思》，载赵秉志（总主编）、刘志伟、周国良主编：《刑法因果关系专题整理》，中国人民公安大学出版社 2007 年版，第 385 页。

④ 张绍谦：《刑法因果关系研究》，中国检察出版社 2004 年版，第 115 页、第 235 页。

三、结语

非法拘禁罪的《刑法》规定中，第 1 款为基本犯，第 2 款前半段为结果加重犯，后半段属于刑法中的注意规定，意在提示司法者注意与警惕，防止将非故意使用暴力致人伤残、死亡的情形认定为故意伤害罪、故意杀人罪。在司法实践中，对"使用暴力"致人伤残、死亡的情形应区别不同情况进行处理。一是"使用暴力"过失导致被害人伤残、死亡结果出现的情形，应当依该款前半段结果加重犯的规定定罪处罚；二是"使用暴力"而致被害人伤残、过失致被害人死亡的，应以故意伤害罪（包括故意伤害致死）定罪处罚，如案例一的重审结果；三是"使用暴力"直接致被害人死亡的，应当以故意杀人罪定罪在无期徒刑、死刑的幅度内量刑处罚。

醉酒型危险驾驶罪量刑
特征及量刑模型构建实证研究

——基于全国4782份随机抽样判决书[*]

章 桦 李晓霞[**]

醉酒型危险驾驶罪是《刑法修正案（八）》新增罪名，实施近三年来，学界的对其是否入罪[①]、属于故意的抽象危险犯还是过失的抽象危险犯[②]、是否存在未遂形态[③]，刑罚适用等问题的争议，加之本罪具备的典型轻微性，让学界的研究呈现出了轻微罪复杂化的现象。同时学术界的争议带来了实务部门在法律适用中的许多困惑，进而产生了量刑上的巨大差异。对此，最高人民法

---

* 原文发表在《中国刑事法杂志》2014年第5期。

** 作者单位：章桦，四川省泸州医学院；李晓霞，四川省人民检察院。

① 有学者认为，在司法实践中，司法者对醉驾不能一味强调"入罪"和"处罚"，如果确属"情节显著轻微危害不大"的理应适用"但书"条款，不认定犯罪。参见刘宪权、周舟：《〈刑法〉第13条"但书"条款适用相关问题研究》，载《现代法学》2011年第6期。司法实务部门也存在分歧，最高院强调"醉驾"不宜一律入罪，公安部则主张醉驾一律刑事立案，最高人民检察院认为凡"醉驾"事实清楚、证据充分一律起诉。

② 有学者认为，在《刑法修正案（八）》增设《刑法》第133条之1规定的危险驾驶罪是故意的抽象危险犯。参见张明楷：《危险驾驶罪及其与相关犯罪的关系》，载《人民法院报》2011年5月11日第6版。同时持反对态度的学者认为，危险驾驶罪是过失的抽象危险犯。参见冯军：《论〈刑法〉第133条之1的规范目的及其使用》，载《中国法学》2011年第5期。

③ 有学者认为，危险驾驶罪存在未遂形态，醉驾行为可以区分出着手、着手后实行完成前、实行完成三个阶段，在达到完成之前的整个过程都存在醉驾行为未完成的可能性。参见谢望原、何龙：《醉驾型危险驾驶罪若干问题探究》，载《法商研究》2013年第4期。但司法实践中并没有出现过关于危险驾驶罪未遂的案例，基于有学者对抽象危险犯未遂持有的否定观点，参见鲜铁可、周玉华：《论危险犯的未遂》，载《法学评论》2010年第1期。

院、最高人民检察院、公安部于 2013 年 12 月 28 日联合颁布了《关于办理醉酒驾驶机动车刑事案件适用法律若干问题的意见》（以下简称《醉酒驾驶量刑意见》），以期能更好地指导司法实践，但该《醉酒驾驶量刑意见》只进行了原则性的规定，并没有给出具体的量刑标准。轻微罪的量刑也应当具有其独特的量刑规律，不能因为量刑选择的幅度小而产生肆意之念，通过实证分析方法，让醉酒型危险驾驶罪量刑有理有数，是惩罚犯罪与保障人权的应有之义。

一、醉酒型危险驾驶罪样本的选择及研究设计

（一）样本选择更具科学性

我国学者及实务部门也对危险驾驶罪进行过实证研究，但各学者样本的选取上存在以下问题：其一，以某省某市某区县的案例作为样本，如厦门市中级人民法院刑一庭课题组选取对 M 市法院审结 357 起危险驾驶罪案件作为样本[1]；重庆市检察院以某直辖市检察院某分院所辖区县院办理 498 起危险驾驶罪案件作为样本[2]，此样本的选择表现出很强的区域代表性，只是对某地区案件的经验总结，难以概括危险驾驶罪的全貌，所得出的结论也很难具有科学性。其二，样本量小的问题。如《危险驾驶罪量刑均衡实证研究——以 50 起危险驾驶案件为样本》[3] 仅有 50 个样本；《危险驾驶罪中醉驾认定的疑难问题实证分析》[4] 仅有 51 个样本；《醉驾型危险驾驶罪量刑情节的把握》[5] 仅有 59 个样本。小样本研究由于易受到极端个案的影响，而且在进行假设检验和理论分析时，因不符合统计要求的基本样本量，往往也会出现谬误。其三，只选择典型案例进行分析，与实践情况存在差距。有学者从"北大法意"（www.lawyee.com）精选案例数据库中进行样本选择[6]，由于样

---

① 厦门市中级人民法院刑一庭课题组：《关于醉驾型危险驾驶犯罪量刑均衡问题的调研报告》，载《东南司法评论》2013 年第 00 期。

② 李大槐、秦志松、王远伟：《危险驾驶罪司法适用若干问题探究——以某直辖市检察院 S 分院所辖区县院办理危险驾驶罪案件为样本》，载《中国检察官》2012 年第 18 期。

③ 周含玉：《危险驾驶罪量刑均衡实证研究——以 50 起危险驾驶案件为样本》，载《云南大学学报（法学版）》2013 年第 26 卷第 5 期。

④ 周宏伟：《危险驾驶罪中醉驾认定的疑难问题实证分析》，载《中国人民公安大学学报（社会科学版）》2012 年第 3 期。

⑤ 蔡智玉：《醉驾型危险驾驶罪量刑情节的把握》，载《中国刑事法杂志》2012 年第 4 期。

⑥ 褚志远：《醉酒型危险驾驶罪量刑规律实证研究》，载《政治与法律》2013 年第 8 期。

本已经是按照某一标准进行过筛选过的典型案例，所以抽样的随机性会受到很大影响。得益于 2014 年 1 月 1 日实施的《最高人民法院关于人民法院在互联网公布裁判文书的规定》，本文样本全部来源于"中国裁判文书网"（http：//www. court. gov. cn/zgcpwsw/），截至 2014 年 3 月 25 日共计 10647 条记录的醉酒型危险驾驶罪刑事判决书，经过数据的整理，从中又随机抽取了 4782 份样本，涉及了我国大陆除西藏自治区以外的 30 个省（自治区、直辖市）。这样的抽样方式克服了上文所述的样本选择的三个问题，具有全国代表性，而且基于大样本能充分地反映全国真实的司法实践情。但样本也存在一些问题，基于最高人民法院对不同地区裁判文书上网的时间要求不同，造成了样本数量东部地区偏多、中部和西部地区偏少的情况，对全国总体性造成了一定影响，结论有可能更偏向东部情况。其四，由于各判决书在录入的时候存在一定的信息缺失，对各项指标也会存在一定的影响。虽然样本存在一点小瑕疵，总体而言，基于大样本，这些影响应当是其他样本选择方式中最小的，而且这种样本的选择也应当是迄今为止最新最好的方式。

（二）统计学与刑法学结合的研究方法

现有对醉酒型危险驾驶罪的实证研究存在一个误区，试图从样本的归纳和总结得出醉驾型危险驾驶罪总体特征的结论，如《醉酒驾驶型危险驾驶罪的缓刑适用——以上海市浦东新区 188 件醉驾案为切入点》[1]；《从刑之无度到规之有术——"醉酒型"危险驾驶罪量刑均衡研究》[2]，该种研究方法只是对样本本身的描述，因为缺乏统计学的基本方法的运用，无法推出醉酒型危险驾驶罪总体的情况，甚至会出现重大的结论偏离。笔者的研究方法基于统计学的基本理论，将所涉及的 4782 份判决书记载的所有信息进行系统地观察，结合统计学原理和刑法理论，并利用最新统计学分析软件 SPSS21 进行分析。首先，笔者对每一份判决书进行详细解读，按照审理法院、判决书号、所属省份、所属地区（东部、西部、中部）、被告人性别、出生时间、年龄、文化程度、职业、案发时间、驾驶车辆类型、案发原因、是否造成人身或者财产损失、造成损失后是否进行赔偿、是否有其他违反道路交通安全法的行为、血液酒精浓度、有无自首或者坦白情节、拘役的刑期、是否适用缓刑、缓刑考验期、罚金

---

[1] 汪源、周国颖、焦晓伟：《醉酒驾驶型危险驾驶罪的缓刑适用——以上海市浦东新区 188 件醉驾案为切入点》，载《法制与社会》2014 年第 4 期。

[2] 赵海永、张洪海：《从刑之无度到规之有术——"醉酒型"危险驾驶罪量刑均衡研究》，载《山东审判》2013 年第 1 期。

数额、案发到审结的时间多个维度进行归纳整理，并录入 SPSS 数据库。其次，将醉酒型危险驾驶罪样本数据进行描述统计，观测出本罪在量刑上的特征。再次，根据描述统计情况提出假设检验，发掘醉酒型危险驾驶罪量刑的总体特征和基于不同因素量刑上存在的问题和差异。最后，探索出醉酒型危险驾驶罪的拘役刑期和罚金数额的量刑模型。

二、醉酒型危险驾驶罪量刑基本特征

（一）拘役刑期低于法定刑中线，免于刑事处罚率低

全国对拘役量刑的平均值为 1.977 个月，众数[①]为 1 个月，中位数[②]为 2 个月，最低判刑量 0.5 个月，最高判刑量为 6 个月。出现最多的是量刑选择是 1 个月和 2 个月，1 个月量刑一共有 1655 个案例，占总案例的 34.6%，其次是 2 个月的量刑，一共有 1405 个案例，占到案例数的 29.4%，1 个月和 2 个月的量刑选择一共占到总体案例数的 64%，3 个月以下（含 3 个月）刑期累计占总案例数的 91.2%（见表 1）。免于刑事处罚案例数为 44 个，仅占到总体的 0.9%。从中我们可以看出，醉酒型危险驾驶罪总体量刑偏低，91.2% 的案例都选择在 3 个月以下进行量刑，低于法定刑中线 3.5 个月，且中位数为 2 个月，比法定刑中线少 1.5 个月，但是免于刑事处罚的适用率较低。

---

① 众数（Mode）统计学名词，在统计分布上具有明显集中趋势点的数值，代表数据的一般水平，是一组数据中出现次数最多的数值。案例中的众数为 1 个月，表示 4782 份判决书中，1 个月的判刑频率最高。

② 中位数（Medians）统计学名词，是指将统计总体当中的各个变量值按大小顺序排列起来，形成一个数列，处于变量数列中间位置的变量值就称为中位数。当变量值的项数 N 为奇数时，处于中间位置的变量值即为中位数；当 N 为偶数时，中位数则为处于中间位置的 2 个变量值的平均数。拘役刑期的法定刑中线即 3.5 个月属于理论上的应然中位数，本文实际考察出的中位数 2 个月为实然的法定刑中线。

表1 拘役刑期频率分布①

刑期（月）	案例数（件）	所占百分比	累计百分比
1.0	1655	34.6%	35.0%
2.0	1405	29.4%	72.9%
3.0	719	15.2%	91.2%
4.0	250	5.3%	97.4%
5.0	82	1.7%	99.5%
6.0	19	0.4%	100.0%

（二）缓刑率远高于全国平均水平，缓刑考验期较短

全国4782个醉酒型危险驾驶罪案件中，适用缓刑共2107个，占到了44.1%，相对我国缓刑适用的平均水平而言（2010年26.32%，2011年29.41%，2012年30.26%②），缓刑的适用率高出了近15个百分点，但对于醉酒型危险驾驶罪的轻微性而言，笔者认为缓刑的适用率还应该再提高至少10个百分点，超过一半比较适宜。缓刑的考验期平均为3.56个月，众数为2.0个月，中位数为3.0个月，最低缓刑考验期1个月，最高为12个月。缓刑考验期最多选择2个月、3个月、4个月、6个月，四种选择共1920个案例，占所有缓刑适用的91.12%，而且缓刑考验期在6个月以下的占到总体案例的95.8%，缓刑考验期较短（见表2）。笔者认为对于危险驾驶罪轻微罪的性质，提高缓刑适用率，同时增加缓刑考验期，以便犯罪分子的更好地教育改造，以实现刑法的保障人权和惩罚犯罪的功能。

---

① 为了简化表格，只选择了1~6个月的整数量刑，删去了0.5，1.1~1.9，2.3~2.7，3.1~3.5，4.3，4.5，5.5等出现频率较少量刑，下文其他频率分布表格相同。

② 2010年判刑1007419人，缓刑适用265230人，缓刑适用率26.32%；2011年判刑1051638人，缓刑适用309297人，缓刑适用率29.41%；2012年判刑1174133人，缓刑适用355302人，缓刑适用率30.26%；参见《全国法院司法统计公报》，载《中华人民共和国最高人民法院公报》，2011年第4期、2012年第4期、2013年第4期。

表 2 缓刑考验期频率分布

缓刑刑期（月）	案例数（件）	所占百分比	累计百分比
1	19	0.9%	0.9%
2	774	36.7%	37.7%
3	525	24.9%	62.7%
4	283	13.4%	76.1%
5	77	3.7%	79.8%
6	338	16.0%	95.8%
7	4	0.2%	96.0%
8	42	2.0%	98.0%
9	5	0.2%	98.2%
10	17	0.8%	99.1%
11	2	0.1%	99.1%
12	18	0.9%	100.0%

（三）罚金量刑总体稳定，个别量刑极高

除去免于刑事处罚的 44 例案件，罚金数额均值为 4113.9 元，众数为 2000元，中位数为 3000 元，而最低罚金数额为 1000 元，最高罚金数额为 50000元。司法人员对罚金数额的选择主要集中在 2000 元、3000 元、4000 元，共2720 个案例，占总体的 56.87%；选择在 5000 元以下量刑占到总体的 81.7%；数额稳定在 10000 元以下，占到总体的 97%。可以看出总体情况良好，但个别案例量刑失衡，而且偏差的幅度特别大，最大差异为 49000 元，超过最低1000 元罚金刑的 49 倍（见表 3）。虽然《醉酒驾驶量刑意见》第 4 条明确规定：对醉酒驾驶机动车的被告人判处罚金，应当根据被告人的醉酒程度、是否造成实际损害、认罪悔罪态度等情况，确定与主刑相适应的罚金数额。但由于没有细化相应的标准，导致个别司法人员适用罚金刑时随意性过大，造成极大的量刑不均衡。

表 3 罚金数额频率分布

罚金数额（元）	案例数（件）	所占百分比	累计百分比
1000	426	9.0%	9.0%
2000	1357	28.6%	38.7%

续表

罚金数额（元）	案例数（件）	所占百分比	累计百分比
3000	774	16.3%	55.8%
4000	589	12.4%	68.6%
5000	615	13.0%	81.7%
6000	240	5.1%	86.9%
10000	288	6.1%	97.0%

三、醉酒型危险驾驶罪量刑特征考察

（一）醉酒型危险驾驶罪拘役刑期的量刑差异考察

1. 拘役刑期由东往西逐渐升高，且东部地区的量刑明显低于中部和西部地区

全国 4782 份判决书涉及了我国大陆除西藏自治区以外的 30 个省（自治区、直辖市），按照行政区划将其分为东部、中部、西部三个地区进行考察。东部地区、中部地区、西部地区平均量刑分别为 1.854、2.261、2.290 个月，呈现出由东往西逐渐升高的趋势，偏高 0.4 个月左右；通过 LSD① 法进行两两比较检验，东部地区与中部、西部地区存在量刑上的显著性差异，东部地区的量刑明显偏低（Pearson 相关性系数，P 值 < 0.05）。

2. 犯罪主体年龄呈正态分布，但对拘役的刑期几乎没有影响

犯罪主体年龄呈现出很好的正态分布（如图 1），以 37 岁为中间值，向高低年龄两个阶段逐渐降低，而且平均年龄、众数、中位数都是 37 岁。但年龄和拘役刑期之间几乎不存在相关性，年龄因素对拘役的刑期几乎不存在影响（Pearson 相关性系数② 为 0.02，P 值 = 0.286 > 0.05）。样本中最大年龄为 66 岁，笔者认为，虽然年龄因素对拘役刑期没有影响，但司法人员在适用拘役刑期时，可以将高龄人员考虑进去，作为酌定情节从轻处理。

---

① LSD 法，即最小显著法（Least_ significance – Difference Method），用于方差分析中各组之间差别的比较。

② 相关系数的绝对值越大，相关性越强，相关系数越接近于 1 或 –1，相关度越强，相关系数越接近于 0，相关度越弱。通常情况下通过以下取值范围判断变量的相关强度：相关系数 0.8 ~ 1.0 极强相关；0.6 ~ 0.8 强相关；0.4 ~ 0.6 中等程度相关；0.2 ~ 0.4 弱相关；0.0 ~ 0.2 极弱相关或无相关。基于样本量不同和研究领域不同，也会存在 > 0.5 就可以认为是强相关。

直方图

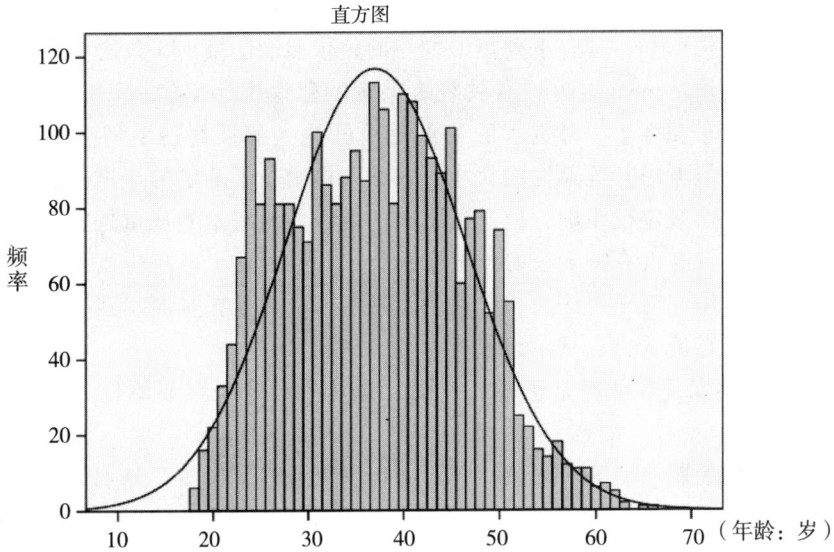

图1 犯罪主体年龄颁布

3. 拘役刑期均值与犯罪主体文化程度呈现出反比的现象

犯罪主体文化程度中初中文化程度最多，占到52.7%，其次是小学文化程度，占到了17.8%，犯罪主体的文化程度主要集中在高中以下文化程度，占到了总体案例的90.8%。从平均值来讲，小学文化程度为2.083个月，初中文化为2.111个月，中专文化为1.909个月，高中文化1.987个月，大专/本科文化为1.863个月，硕士研究生文化为1.4个月，量刑均值呈现出文化程度越低量刑越高，文化程度越高量刑越低的反比现象。通过LSD法进行两两比较，小学文化显著高于中专文化和大专/本科文化（P值＜0.05），同样初中文化的量刑显著高于中专文化、大专/本科文化（P值＜0.05）。

4. 摩托车和家用汽车，客车的刑量偏低，《醉酒驾驶量刑意见》未得到很好贯彻执行

犯罪客观方面，犯罪人驾驶的车辆类型主要是摩托车和家用汽车，驾驶摩托车一共2051件，驾驶家用汽车一共1967件，分别占到样本的42.9%和41.1%，二者合计占全部案例的84%，作为抽象的危险犯的危险驾驶罪而言，最多的处罚了摩托车和家用汽车驾驶人员。从拘役刑的均值来看，货车最高为2.215个月，助力车最低为1.693个月，且货车量刑显著高于其他车辆类型，通过LSD法进行检验（P值＜0.05）。但发现一个违反量刑规范的问题，客车的处罚均值要比摩托车和家用汽车都低，客车为1.849个月，摩托车和家用汽车分别为1.988个月和1.985个月，通过LSD法进行检验，客车的量刑显著低

于摩托车和家用汽车（P 值＜0.05）。根据《醉酒驾驶量刑意见》第 2 条的规定：醉酒驾驶机动车，具有下列情形之一的，依照刑法第 133 条之 1 第 1 款的规定，从重处罚：……（四）驾驶载有乘客的营运机动车的；……营运机动车应当包括货车和客车，对货车的从重处罚虽然《醉酒驾驶量刑意见》并没有明确规定，但考虑其危险性的大小，司法人员给予了酌定的从重处罚；对于客车的处罚虽然规定很明确，但司法实践的处罚并没有给予从重处罚，反而更轻，说明该条款并没有得到很好的贯彻执行，同时司法人员还应当加强对该条款的理解和适用。对于司法人员普遍的对货车的从重处罚量刑实践，是否需要最高法进行解释确认，也是一个值得重视的问题。

5. 拘役刑期受职业因素影响，量刑从无业到政府企事业单位人员存在逐渐降低的趋势

犯罪主体的职业以务农人员、务工人员、无业人员最多，分别为占到了样本的 39.5%、21.9%、19.7%，三者合计占到样本的 81.1%。而且其量刑均值呈现出从无业人员到事业及政府工作人员逐渐减低的一个趋势（图 2：犯罪主体职业与拘役刑期）。通过 LSD 法进行两两比较，各组之间的对比 P 值虽然都大于 0.05，虽然不具备显著性，但量刑均值的差异也希望引起司法人员的重视，以免量刑失衡，违反刑法面前人人平等的原则。

（拘役刑期：月）

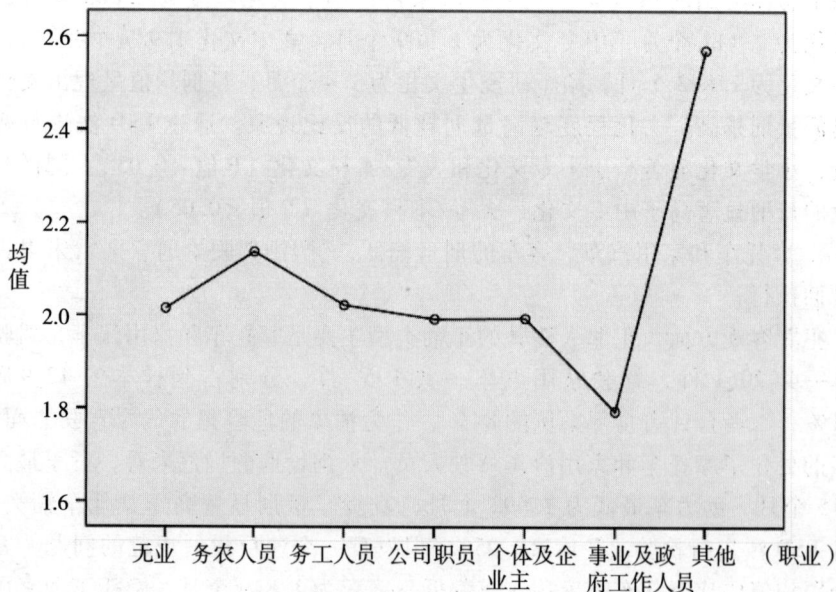

图 2　不同职业拘役刑期均值

6. 案发时间①集中于深夜、傍晚、拂晓，下午危险驾驶的量刑较高

醉酒型危险驾驶罪主要集中在深夜、傍晚、拂晓三个时间段，分别占到样本的 32.2%、24.2%、17.6%，三个时间段内犯罪合计占到全样本的 74%，黎明、清晨、上午的案发数量较低，分别占到样本的 2.2%、1.2%、1.3%，三个时间段内犯罪案件合计近占到样本的 4.7%，而中午和下午两个时间段的犯罪相对较为稳定，分别占到样本的 10.2%、11.2%，这与中国传统的饮食文化和交通警察在晚饭后的主动查处时间安排有关。从量刑上看，下午犯罪的量刑均值最高为 2.114 个月、清晨犯罪的量刑均值最低为 1.785 个月，而拂晓到中午之前的量刑显著低于中午以后的量刑，这与各时间段危险驾驶所带来的社会危险性大小有关。

7. 案发原因、是否有其他违规行为、是否造成了损失、赔偿问题、自首或坦白与拘役刑的关系符合一般量刑规律，但赔偿了损失的平均量刑高于没有赔偿损失的平均量刑

如表 4 所示，交警主动查处醉酒型危险驾驶犯罪数量高于发生交通事故被动发现犯罪的数量，分别为 2612 件、2170 件，虽然理论界大都赞同危险驾驶罪属于抽象危险犯，但其造成交通事故社会危害的案件比例还是比较高，接近一半。同时前者量刑均值比后者低了 0.53 个月，二者的差异也具有显著性（F = 348.504，P 值 < 0.05）；危险驾驶罪样本中 72.3% 的案件没有其他违规行为，27.7% 的案件还伴有其他违反道路安全法的行为，前者的量刑均值比后者低 0.178 个月，二者量刑差异也具有显著性（F = 29.857，P 值 < 0.05）；未造成人身损害的犯罪数量高于造成了人身损害的犯罪数量，分别为 2816 件、1966 件，且未造成损害的量刑均值低了 0.51 个月，二者的差异也具有显著性（F = 313.238，P 值 < 0.05），但令人不解的是，造成损害后赔偿损失的犯罪人的量刑比没有赔偿损失的量刑高，虽然只高了 0.1 个月，但二者量刑总体存在明显差异（F = 4.099，P 值 < 0.05），是否进行赔偿虽然是酌定量刑情节，但也不应当出现不赔反而比赔偿好的不平衡问题，罪责刑相适应原则在这一点上的贯彻还有待改进。危险驾驶罪认定自首的判决量少于认定坦白的判决，认定自首的量刑明显低于坦白的量刑，具有明显的差异（F = 6.158，P 值 < 0.05）。

---

① 为了比较详细记录各个时间内的案发情况，笔者将每 3 个小时作为一个时间段，将 24 小时划分为 8 个时间段，分别为拂晓（00 ~ 03 时）、黎明（03 ~ 06 时）、清晨（06 ~ 09 时）、上午（09 ~ 12 时）、中午（12 ~ 15 时）、下午（15 ~ 18 时）、傍晚（18 ~ 21 时）、深夜（21 ~ 00 时）。

表4 其他情节的量刑差异检验

名称	类型	案件数（件）	所占比例（%）	量刑均值（月）	F 统计量	P 值
案发原因	交警例行检查	2612	54.6	1.736	348.504	0.000
	发生交通事故	2170	45.4	2.226		
有无其他违规行为	无其他违规行为	3457	72.3	1.928	29.857	0.000
	有其他违规行为	1325	27.7	2.106		
是否造成财产或人身损失	未造成损失	2816	58.9	1.767	313.328	0.000
	造成了损失	1966	41.1	2.277		
是否进行赔偿	未进行赔偿	1058	53.8	2.231	4.099	0.043
	进行了赔偿	908	46.2	2.332		
犯罪后表现	自首	635	13.3	1.884	6.158	0.013
	坦白	4147	86.7	1.991		

8. 犯罪人血液酒精浓度呈右偏态分布，且与拘役的量刑存在高度相关性

血液酒精含量是决定醉酒型危险驾驶罪出入罪及刑罚轻重的重要因素，其频率的分布基本符合右偏态分布，以 147 毫克/100 毫升为中点依次向两侧逐渐降低，平均值为 158.82 毫克/100 毫升，出现最多的为 119 毫克/100 毫升，酒精浓度基本维持在 200 毫克/100 毫升以下，占到样本的78.4%，样本90%的案例都在 237 毫升以下。但也存在个别极端情况，酒精含量为 533 毫克/100 毫升，远远大于了入罪所要求的 80 毫克/100 毫升。血液酒精含量与拘役的刑期存在高度相关性，P 值 = 0.522，在社会科学领域并且是大样本的前提下，P 值 > 0.5，基本可以认定为高度相关，而且 P 值 < 0.01，具有统计学意义，可以看出醉酒型危险驾驶罪血液酒精含量对拘役刑期有十分重要的影响。

（二）醉酒型危险驾驶罪缓刑适用的差异探索

在缓刑的适用上笔者还是按照上文步骤进行对比，为避免烦琐表格或图示，仅以文字的形式表述展现，对一些特殊问题还是用表格呈现。

1. 缓刑率呈从东部地区到西部地区逐渐升高的特征。西部地区缓刑率为65.8%，中部地区为59.8%，东部地区为36.7%，针对上文所述的平均缓刑率44.1%而言，西部和中部地区明显高于全国平均水平。

2. 年龄对缓刑的适用几乎没有影响，相关系数为 0.02，P 值 > 0.05。

3. 硕士研究生文化以上程度的缓刑率最高，为 60%，小学文化程度最低，缓刑率为 40%，初中文化程度为 46.5%、中专文化程度为 42.7%、高中文化程度为 55.1%、大专/本科文化程度为 53.9%，缓刑率大致呈现出与文化程度高低成正比的趋势。

4. 驾驶车辆类型之间的缓刑率差值较小，最高为家用轿车和货车，都超过了 50%，最低为摩托车，缓刑率仅为 37.7%，其他都稳定在 40% 到 50% 之间，从货车有可能带来比其他车辆更大的社会危险性来讲，缓刑适用率应当降低。

5. 不同职业的缓刑率基本平衡在 50% 左右，不同案发时间的缓刑率基本平衡在 40% 上下浮动。

6. 案发原因、是否造成了损失、是否进行了赔偿、是否有其他违规行为与缓刑率基本符合量刑规律。交警例行检查缓刑适用率为 52%，发生交通事故缓刑率为 34.6%，二者具有显著性差异，（P 值 < 0.05）；未造成损害缓刑率为 51.6%，造成损害的缓刑率为 33.3%，二者具有显著性差异（P 值 < 0.05）；赔偿了损失缓刑率为 30.6%，未赔偿了损失缓刑率为 36.3%，虽然差距并不大，但二者也具有显著性差异（P 值 < 0.05）；有其他违规刑期缓刑适用率为 31.9%，无其他违规刑期缓刑适用率为 48.7%，二者也具有显著性差异（P 值 < 0.05）。

7. 坦白情节的缓刑率高于自首情节，令人费解。

在缓刑的适用中，司法人员对于自首和坦白量刑适用存在问题，有自首情节的缓刑率仅为 34.2%，而坦白的缓刑率为 45.8%，坦白的缓刑率高出了 11.6 个百分点。二者也具有显著性差异（P 值 < 0.05）。

（三）醉酒型危险驾驶罪罚金数额的探索分析

1. 东中西部地区罚金数额与经济发展水平不相适应。东部地区罚金数额均值为 3804.826 元，中部地区为 4758.755 元，西部地区为 5098.396 元，从东部到西部有逐渐升高的趋势，通过 LSD 进行两两比较后，东部地区明显低于中部和西部地区（P 值 < 0.05），与现有的经济发展总体水平不相适应。

2. 年龄与罚金数额的 Pearson 相关系数为 - 0.013，且 P 值 > 0.05，不具有相关性。

3. 小学文化程度罚金数额均值最低为 3930.986 元，硕士研究生文化程度罚金数额均值最高，为 5000 元，但文化程度之间，仅有小学文化程度与初中文化程度之间存在显著差异（P 值 < 0.05）。

4. 驾驶摩托车的罚金数额均值最低，为 3581.876 元，家用轿车的罚金数额最高为 4619.794 元。摩托车的量刑显著低于其他车辆类型，通过 LSD 进行两两比较厚，摩托车与其他车辆对比 P 值全部 < 0.05，这与摩托车驾驶人员本身的经济状况有关，在司法实践中也得到很好地体现。

5. 个体及企业主的罚金数额最高，均值为 5188.571 元，事业及政府工作人员罚金数额最低，均值为 3941.176 元。拂晓发案的罚金数额最低，均值为 3771.309 元，黎明时候的罚金数额最高，均值为 4577.670 元，而发案率最高的傍晚和深夜罚金数额均值分别为 3969.652 元、4366.294 元。

6. 案发原因、是否造成了损失基本符合量刑规律，但赔偿问题、是否有其他违规行为罚金刑的适用存在不平衡现象。交警例行检查罚金数额均值 4061 元低于发生交通事故的 4176 元，但二者差异并不显著（P 值 > 0.05）；造成损失的罚金数额均值 4223 元高于未造成损失均值的 4037 元，但二者差异也不显著（P 值 > 0.05）；赔偿了损失的罚金数额均值为 4329 元高于未赔偿损失均值的 4132 元，量刑上存在不平衡现象，但该不平衡现象并不显著（P 值 > 0.05）；有其他违规行为的罚金数额均值 4015 元高于无其他违规行为的均值 4151 元，也存在量刑不平衡现象，但该不平衡现象也不显著（P 值 > 0.05）。自首情节的罚金数额平均值为 3461 元，低于坦白情节的平均值 4213 元，二者之间存在显著差异（F = 4.099，P 值 < 0.05）。

7. 血液酒精含量与罚金数额存在正相关关系。相关系数为 0.226，P 值 < 0.05；通过回归分析，血液酒精含量的回归系数为 13.286，也就是说，血液酒精含量每增加 1 毫克/100 毫升，就会增加 13.286 元的罚金刑量。

四、醉酒型危险驾驶罪量刑模型构建

醉酒型危险驾驶罪的量刑虽然存在地区不均衡现象、有些量刑情节把握不严谨等问题，总体而言基本符合罪责刑相适应原则。但如何精确进行量刑，最高人民法院的量刑指导意见并没有该罪细化的量刑规范，而且《醉酒驾驶量刑意见》也只有一些原则性的规定。虽然醉酒型危险驾驶罪属于轻微罪，量刑幅度偏低，法官自由裁量权本身就很小，但科学的量刑毕竟是司法实务部门和法学研究学者追求的目标。笔者结合上文对样本的考察分析结论，试图探索出拘役刑期和罚金量刑的科学模型，以供实务部门参考。从坚持刑法面前人人平等原则出发，不同地区的差异、不同文化程度的差异、不同职业的差异是量刑中存在的不均衡问题，是需要消除的，建立模型时将其剔除；从坚持罪责刑相适应原则出发，建立量刑模型时，只选择年龄、案发时间、驾驶车辆类型、是否造成损失、造成损失后是否进行赔偿、是否有其他违反道路交通安全法规行为、有无自首或立功、血液酒精含量作为影响量刑的自变量，在分析过程中，为了拟合出更好的模型，删除了一些极端值数据，以保障量刑模型更科学合理。

（一）醉酒型危险驾驶罪拘役刑期的量刑模型

1. 拘役刑期的量刑模型建立

将年龄、案发时间分类、驾驶车辆类型、案发原因、造成损失后是否进行赔偿、是否有其他违反道路交通安全法的行为、有无自首或者坦白情节、血液酒精含量等量刑情节与拘役的刑期做多元线性回归，得出偏相关系数仅有血液酒精含量与自首或坦白和拘役的刑期存在较强相关性，二者偏相关系数分别为0.386与0.174，且P值都小于<0.05。由于其他因素对于拘役量刑的影响力较小，本文以血液酒精含量和自首或坦白情节建立拘役的量刑模型。F = 763187，P值 <0.05，具有统计学意义，证明拘役刑期量刑模型的线性关系显著；回归方程t值分别为 - 5.724，1230.873，215.867，P值全部 <0.05，证明拘役刑期量刑模型具有显著性，有统计学意义（见表5）。综上我们可以得出对于拘役刑期一个科学的量刑模型：Y = - 0.015 + 0.01 × X1 + 0.252 × X2（其中 Y 表示拘役的刑期；X1 表示血液酒精含量的取值；X2 表示自首或者坦白，自首的取值为1，坦白的取值为2）。

表5　拘役刑期量刑模型

模型	回归系数	标准误差	标准化回归系数	t 值	P 值
常量	- 0.015	0.003		- 5.724	0.000
拘役刑期	0.010	0.000	0.498	1230.873	0.000
是否适用缓刑	0.252	0.001	0.087	215.867	0.000

2. 拘役刑期量刑模型的合理运用

Y = - 0.015 + 0.01 × X1 + 0.252 × X2（其中 Y 表示拘役的刑期；X1 表示血液酒精含量的取值；X2 表示自首或者坦白，自首的取值为1，坦白的取值为2）。此模型根据现有4782份判决书建立出最优的模型，能很好地预测和判断出拘役的刑期，相比最高人民法院的量刑规范化意见更为简单实用，对于大量的危险案件使用此模型也能节约司法资源，但司法人员在适用该模型的时候也应该注意以下问题，以便使量刑更科学更精确。其一，该模型所计算出的拘役刑期与最高人民法院量刑指导意见所规定的基准刑是完全不同的概念，二者不能混用，不能将运用此模型计算出的拘役刑期再适用量刑指导意见的量刑情节进行从轻或从重的调整。其二，模型所计算出的拘役刑期为最终的宣告刑，但可以根据其他量刑情节在0.5个月之内进行从轻或者从重调节。其三，此模型也可以检验量刑是否科学合理。

（二）醉酒型危险驾驶罪罚金数额的量刑模型

1. 罚金数额的量刑模型

运用多元线性回归，计算出偏回归系数，拘役刑期和是否适用缓刑对罚金的相关性更大，所以，在建立模型时以拘役刑期和是否缓刑作为自变量进行量刑模型的建立。我们可以得出罚金的量刑模型 $Y = 1930 + 843 \times X1 + 329 \times X2$（其中 Y 表示罚金数额；X1 表示拘役的刑期，X2 表示是否适用缓刑，没有适用缓刑时 X2 取值为 0，适用缓刑时 X2 取值为 1）。F 统计量为 323.588，P 值 < 0.05，具有统计学意义，证明罚金量刑模型的线性关系显著；T 统计量分别为 24.960、24.657、5.038，P 值全部 < 0.05，证明罚金量刑模型具有显著性，有统计学意义（见表6）。

表6　罚金数额的量刑模型

模型	回归系数	标准误差	标准化回归系数	t 值	P 值
常量	1930.064	77.326		24.960	0.000
拘役刑期	843.472	34.208	0.344	24.657	0.000
是否适用缓刑	329.571	65.416	0.070	5.038	0.000

2. 罚金量刑模型的合理运用

$Y = 1930 + 843 \times X1 + 329 \times X2$（其中 Y 表示罚金数额；X1 表示拘役的刑期，X2 表示是否适用缓刑，没有适用缓刑时 X2 取值为 0，适用缓刑时 X2 取值为 1），运用该模型时应注意：其一：如上文所述，该模型所计算出的罚金数额与最高人民法院量刑指导意见所规定的基准刑是完全不同的概念，二者不能混用，不能将运用此模型计算出的罚金数额再适用量刑指导意见的量刑情节进行从轻或从重的调整。其二，罚金刑的量刑幅度。模型计算的罚金数额最低为2773元，最高为7317元，司法人员应当在此范围内选择适用罚金刑，但考虑到不同的情节和东西部不同地区的经济发展水平差异，如前文所述，罚金数额稳定在10000元以下，占到样本的97%，所以量刑幅度应该在1000元到10000元之间。其三，模型计算出的罚金数额为最终的宣告数额，结合罚金刑的量刑幅度，司法人员可以根据其他情节在3000元的范围内进行从轻或者从重调整。

五、醉酒型危险驾驶罪实证研究结论

(一) 醉酒型危险驾驶罪量刑上的差异及存在的问题

1. 全国醉酒型危险驾驶罪总体量刑稳定且偏轻，拘役刑期均值及中位数低于法定刑中线 3.5 个月，缓刑适用率高于全国平均水平，罚金刑数额也稳定在 10000 元以下，同时也存在一些畸高判刑；东中西部地区的量刑并不均衡，拘役刑期、缓刑适用率、罚金刑数额呈现出从东部往西部逐渐升高的趋势，并且不同地区之间的量刑差异显著，需要最高人民法院给予更细致的司法解释。

2. 犯罪主体年龄对于拘役刑期、缓刑适用及罚金刑数额没有影响，但样本中存在最高年龄 66 岁，最低年龄 18 岁，且高龄和低龄阶段人员犯罪率较低，笔者认为，可以考虑对低龄和高龄人员酌定从轻处理，并更多地适用缓刑。犯罪主体的文化程度与拘役刑期呈现出反比趋势、与缓刑适用率呈现正比趋势，在一定程度上反映了文化程度越高量刑越轻的司法现状，同样，不同的职业之间也存在显著性差异，无业、务工人员、务农人员的量刑较高，笔者认为，在坚持罪刑法定的基础上，贯彻好刑法面前人人平等，也是司法实务中的重要课题。

3. 《醉酒驾驶量刑意见》对于驾驶载有乘客的营运机动车有从重处罚的规定，但司法实践中量刑现实对该类犯罪人员，不但没有从重处罚，量刑反而比其他人员轻。同时，虽然《醉酒驾驶量刑意见》并没有规定对于货车应当从重处罚，但司法人员考虑其可能带来更严重的社会危害性，给予了明显的从重处罚。

4. 危险驾驶罪案发的时间主要集中于下午、傍晚、深夜、拂晓四个时间段，实际量刑也按照各个时间段可能造成的危险大小比较规范地给予了从轻或者从重处罚。

5. 理论界大都通说认为危险驾驶罪属于抽象危险犯，但从本文的分析来看，样本中有 45% 的案件造成了交通事故，存在 41.1% 的案件造成轻微的人身或者财产损失，所以危险驾驶罪的危险性转换为实际社会危害的可能性还是比较大的。司法人员对此的量刑符合刑法的量刑规范，对于造成交通事故的处刑较重、对于造成人身伤害的处刑较重、对于还存在其他违规行为的处刑较重。但是，对于赔偿问题司法实践却呈现出不合理的现象，造成损失后未进行赔偿的量刑反而低于赔偿了损失的量刑。

6. 危险驾驶罪犯罪嫌疑人犯罪的表现，具有自首情节的拘役刑期及罚金刑数额明显低于具有具有坦白情节的案件，但缓刑的适用率却并不合理，认定坦白的案件却明显高于认定为自首的案件，且高出 11.6 个百分点。

7. 血液酒精含量是危险驾驶罪量刑最重要的因素，对拘役刑期、缓刑适用率、罚金刑数额的影响力最强，血液酒精含量对于拘役刑期的强影响力也是建立量刑模型的基础。

（二）醉酒型危险驾驶罪量刑模型的意义

最高人民法院的量刑规范化意见并没有危险驾驶罪的量刑细化规范，《醉酒驾驶量刑意见》的规定对于血液酒精含量如何影响量刑的规定又过于笼统，理论界针对如何根据血液酒精含量确定基准刑的方法也鲜有论述。《刑法修正案（八）》规定了危险驾驶罪后，醉酒型危险驾驶罪案件大量涌现，在一定程度上也占用了大量司法资源，对于轻微罪而言，笔者认为可以用更客观的标准去量化犯罪主体刑事责任的大小，以减轻大量案件带来的审判压力，科学合理的模型也应当在司法实务中得以推广。基于此，笔者通过统计学分析得出了有别于最高人民法院量刑规范化意见量刑方法不同的量刑模型：拘役刑期量刑模型：$Y = -0.015 + 0.01 \times X1 + 0.252 \times X2$（其中 Y 表示拘役的刑期；X1 表示血液酒精含量的取值；X2 表示自首或者坦白，自首的取值为 1，坦白的取值为 2）；罚金量刑模型 $Y = 1930 + 843 \times X1 + 329 \times X2$（其中 Y 表示罚金数额；X1 表示拘役的刑期，X2 表示是否适用缓刑，没有适用缓刑时 X2 取值为 0，适用缓刑时 X2 取值为 1）。该模型操作更简便、模型适用条件更客观，如上文所述，基于不同的案件情况，司法人员也可以在一定幅度内进行调整，具有灵活性。笔者将样本中的案例随机抽取代入该模型计算，实际量刑和模型计算量刑几乎不存在差异，希望该量刑模型能带给司法人员量刑上的参考。

危害生态环境的渎职
犯罪现状及对策分析[*]

张雯雯^{**}

近年来，随着经济的发展和国家对海南重视度的不断提升，海南省开始了新一轮的大开发，与此同时，各类危害生态环境的犯罪事件频发。2012 年初，国际环保组织绿色和平在调查报告中称，21 世纪前十年，作为海南最重要的中部山地生态区中，海拔 300 米以上的热带天然林面积减少了 24.66%。森林锐减导致海南的部分河流干枯、生物多样性减少，有些地区甚至风沙弥漫。海南省人民检察院贾志鸿检察长在 2013 年 4 月要求，全省检察机关要把维护好海南的青山绿水作为当前和今后一个时期的工作重点，深入查办破坏生态环境和乱砍滥伐林木背后的失职渎职侵权犯罪。对此，本文将通过对 2008 年至 2012 年海南省检察机关查办的危害生态环境的渎职侵权犯罪案件进行分析，试图探索出一套有针对性的犯罪预防策略。

一、危害生态环境的渎职犯罪概述

根据我国《环境保护法》第 2 条的规定，环境是指影响人类生存和发展的各种天然和经过人工改造的自然因素的总体，包括生活环境和生态环境。生态环境，是指影响生态系统发展的各种生态因素，即环境条件。包括气候条件、土壤条件、生物条件、地理条件和人为条件的综合体。危害生态环境的渎职犯罪不特指某个犯罪，而是一类犯罪的总称，具体罪名有：一般行政渎职型职务犯罪中的滥用职权罪、玩忽职守罪、国家机关工作人员徇私舞弊罪；特殊行政渎职型职务犯罪中的徇私舞弊不移交刑事案件罪、违法发放林木采伐许可证罪、环境监管失职罪、非法批准征用占用土地罪。

---

* 收入时，标题有所改动。

** 作者单位：海南省三亚市人民检察院。

二、海南省危害生态环境的渎职侵权犯罪特点

2008～2012 年海南省检察机关查办渎职犯罪及危害生态环境的渎职犯罪表

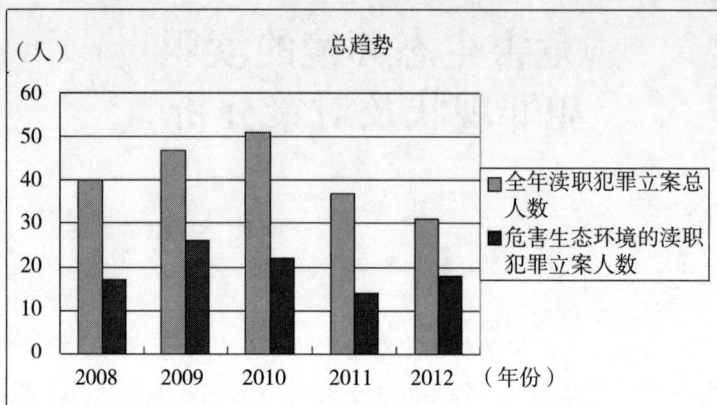

（一）犯罪行为集中在玩忽职守罪和滥用职权罪上

从办案结果来看，玩忽职守罪和滥用职权罪较多，占立案总数的 80% 以上，这也与全国形势相符。2003 年至 2009 年，全国检察机关查办了一万余件危害生态环境的渎职犯罪案件，其中玩忽职守犯罪和滥用职权罪占了82.46%，其中玩忽职守罪占 54.82%，滥用职权罪占 27.64%。[①]

（二）犯罪主体集中在具有行政执法权的基层人员

2011 年，海南省乐东县人民检察院全年查处涉林渎职犯罪 8 人，其中 7人为护林员，占立案总人数的 87.5%。这表明，基层一线工作人员职位不高，但职责重要，权力很大，容易成为危害生态环境的渎职犯罪的高发群体。

（三）危害客体主要集中在林业资源

海南省林业资源丰富，琼中县和白沙县森林覆盖率分别为 81.6% 和73.6%，两县森林总面积达到 310 万亩，有"绿肺"之称，危害生态环境的渎职犯罪也就更为突出。2011 年全省检察机关查办监管失职导致盗伐滥伐林木的渎职侵权犯罪案件 14 人，占当年全省反渎立案总人数的 37.8%，主要在处置违法砍伐、毁林和森林火灾过程中涉案。

---

① 刘旭红、牛正良：《当前危害能源资源和生态危害生态环境的渎职犯罪的成因及惩治对策》，载《人民检察》2009 年第 10 期。

（四）渎职犯罪与贪污贿赂犯罪相互交织

在查办中发现，危害生态环境的渎职犯罪隐藏着利益动机，渎职犯罪背后往往隐藏着贪污贿赂等职务犯罪。当事人在收受好处后，对负责的环境监管工作睁一只眼闭一只眼，甚至充当违法犯罪的"保护伞"，渎职失职掩盖了权钱交易，权钱交易助长了滥用职权、玩忽职守，二者是相伴而生的。①

（五）刑罚上适用缓刑、免刑多

由于对危害生态环境的渎职犯罪的危害性认识不足，实践中对此类犯罪的打击力度不够，多以判处缓刑、免刑为主。2008 年 1 月至 2011 年 7 月，琼中县人民检察院立案查处危害生态环境的渎职犯罪案件 12 人，经人民法院审理，判处缓刑的有 4 人，免刑的 1 人，达到立案人数的 42%。

三、危害生态环境的渎职侵权犯罪多发、频发原因分析

（一）客观原因

1. 危害生态环境的渎职犯罪立法不够完善

（1）处罚强度不够，犯罪的量刑偏低。我国与危害生态环境的渎职犯罪相关的法律体系不够完备，对此类犯罪处罚设置偏低，比如环境监管失职罪是玩忽职守罪的一种特殊情形，属于刑法的特别条款，玩忽职守罪的最高刑期为10 年有期徒刑，环境监管失职罪最高为三年有期徒刑，根据特殊法优于普通法，在实践中，相关的玩忽职守罪如果能靠上环境监管失职罪，就会出现重罪轻判的现象，使此类犯罪更为猖獗。

（2）对危害生态环境的渎职犯罪规定不够明确具体，使很多本该受惩罚的犯罪嫌疑人逃脱法网。刑法虽然规定了情节严重，却没有明确规定什么是情节严重、特别严重。虽然最高人民检察院相继出台了渎职侵权犯罪的立案标准和重特大标准，但各级审判机关仍以最高人民法院没有相关规定和解释而不予认可，导致检察机关认为造成了恶劣社会影响或造成了严重后果的渎职侵权犯罪案件，审判机关则不予认定，重罪轻判、轻罪不判。

2. 基层环境监管人员待遇不高、装备不佳

负有环境监管责任的部门中的基层工作人员生活福利常得不到较好保障，

---

① 王新友：《最高人民检察院调查披露：涉林渎职犯罪常与权钱交易相伴》，载《检察日报》2009 年 3 月 24 日第 4 版。

在当今贫富差距不断加大的情况下，容易导致监管人出现补偿和寻租的想法。如三亚市某水库的三名河道监察员，仅为了从沙场领取不到 2 万元的好处费，就滥用职权，纵容周边采沙场非法采砂多年，使国家河沙资源损失巨大，被非法开采出的河沙矿价值上千万元。2010 年左右，乐东县的护林员工资每月 800 元，要坚持常年护林巡山，每月巡山不少于 22 天，还要协助生态护林站开展有关森林资源工作等多项工作，低工资导致了护林员的工作积极性不高，工作不到位。另外，海南省的一些山区，经济相对落后，对基层环境监管人员的装备不够，如琼中县的森林管护人员上山巡山一般只带一把砍刀和水杯，并无其他的防护用具。在巡山过程中，易于发生蚊虫叮咬或者摔伤碰伤等情况，装备不充分也影响了工作积极性。

3. 监管机制失灵

一是建设的重视程度不够，对生态文明建设的刚性规范较少，造成了一些环境监管部门的负责人偏重短期利益，忽视生态建设长期效益的局面。我国的资源管理、环境保护、违法追究都由不同的部门主管，部门之间的协作难、合作难，对环境的监管执法非常不利。公民对其权利行为的组织性差，国家权力缺乏人民群众的监督，使得渎职行为得以萌生。二是内部监管难。相关部门一般都制定了督察方式和规章制度，但监督检查常通过检查巡查记录，流于形式。本单位的纪检监察部门只是对下级部门的监督，对"一把手"几乎不可能实施实质上的监督。一些关键管理环节被少数人把持，容易导致暗箱操作，各项规定不能落实，无法达到预防犯罪的预期效果。

4. 相关部门进行庇护

长期以来，社会对于渎职侵权犯罪的认知，一直处于"领导不在乎，群众不愤恨"的状态。部分党政领导和国家机关工作人员认为被告人因公犯罪可以被"谅解"，对司法机关办理渎职侵权案件不理解、不支持；有的领导干部和发案单位担心问题暴露后被追究领导责任，或影响本单位的各项考评等，竭力大事化小、小事化了，极力掩盖本部门存在的渎职问题；一些地方为了经济上的利益，对检察机关的侦查行为消极抵制，导致有些案件根本进入不了诉讼程序，有些案件即使进入司法程序也不能依法查处。而且，由于这类案件没有直接具体的被害人，群众即使认识到是犯罪，在不危及自身利益的情况下，一般不主动向检察机关举报。我国官本位意识严重，广大群众存在怕官的思想。人民群众的监督总是处于零散的、自发的、被动的、无奈的状态。① 以上

---

① 李生明：《对党政"一把手"监督的先试调查、原因分析及对策研究》，载《改革》2001 年第 3 期，第 116 页。

种种原因导致危害生态环境的渎职犯罪案件线索极难获取和查处。

（二）主观原因

1. 基层环境监管人员专业素养偏低

环境监管部门的干部职工较多，涉及的点多、线长、面广，专业性较强，但许多维护生态环境的基层工作人员并不能适应此要求。主要原因之一是海南省一些维护生态环境的管护人员多为聘用制，选聘方式过于粗放，如白沙县的森林管护人员，"国家重点公益林"森林管护人员首先由村委会推荐人员到乡镇政府，再由乡镇政府批准并报县林业局批准备案，即只要村委会推荐，基本上就能录用，对村委会如何保证所推荐人员的素质却没有具体规定。海南省琼中县人民检察院查办的"天保工程"黎某某玩忽职守案中，黎某某初中文化，58 岁，对于上山护林其身体能力就已经难以承受，不能完成合同所规定履行的每月 25 个巡山天数。由于身体原因，有时一个月都没有上山，上了山很随意，想到哪巡就到哪巡，没有具体的科学的巡山线路，由此，导致其看管辖区内的天保工程林两次人为大面积毁林，13434 株幼树被滥伐。

2. 基层环境监管人员法治意识淡漠

由于对基层环境监管人员缺少必要的法律知识教育，对规章制度缺乏足够的学习和认识，对因自己疏于管理导致管护地区的生态环境被严重破坏的后果，很多监管人员不够重视，不知道这是一种职务犯罪行为，在检察机关对其立案侦查之后才知道自己已经触犯了法律。在这种心态之下，其对工作难以谈到高标准、严要求，容易陷入渎职犯罪的泥潭。如某林木管护员玩忽职守案中，其管护辖区林木被滥伐后，自认为自己不当森林管护人员就没事了，直到检察机关找其谈话后才知道自己已经触犯了刑法。

3. 少数环境监管人员思想消极腐败

部分干部受到拜金主义、享乐主义、极端个人主义的影响，价值观产生了错位。而且因我国对森林、矿藏等资源控制较紧，此类资源利润空间大，相关环境监管部门的各环节、各岗位握有实权的工作人员往往成为一些别有所图的人的"公关"对象。① 少数环境监管部门的职工便铤而走险，利用职权非法侵吞社会财富直接或变相参与林木、矿藏等资源的经营，使资源被大量非法开采，给国家造成巨大损失。有人归纳了五种渎职罪的犯罪心理：高人一等的特权心理，"为公不犯罪"的糊涂心理，轻信自负的侥幸心理，贪图享受的虚荣

---

① 舒春华：《防范林业系统渎职犯罪的几点建议》，载《湖南林业》2009 年第 1 期，第 8 页。

心理，得过且过的麻木心理。①

4. 检察机关侦查能力有待提高

一是侦查质量不高。渎职犯罪行为一般都是隐藏于合法的业务工作背后，具有一定的专业性，犯罪手段也具有多样、隐蔽性等特点，检察机关侦查人员如不具备相关的业务知识，只能是外行查内行，办案过程中一头雾水，困难重重。一些检察院侦查手段相对滞后，个别侦查人员证据意识不强，重视口供，忽略物证等其他证据材料，导致证据收集不扎实、不充分，从而影响整个案件的质量。在办案中还存在侦查方法简单，往往就案论案，不能对每一起线索深挖细查，全面分析，欠缺从现有案件线索中发现新的案件线索的敏锐性和洞察力。二是受到目标考评因素的影响。海南省检察机关渎职犯罪工作考评考核制度为例，立案查处，判处刑罚，考核时加分；对线索进行初查，不立案处理，则不予加分。这导致侦查人员在收到线索时，往往避轻就重，这种主观判断使得一些真正有价值的线索在排查初期没有得到深入挖掘，更难以采取有效的侦查措施，导致原始证据流失，客观上使一些渎职犯罪人员得以逃脱。

四、危害生态环境的渎职犯罪的防治对策

（一）立法上的完善

1. 完善环境监管失职罪

（1）扩展环境监管失职罪的适用范围。即不仅制裁由于环境监管失职造成重大污染事故者，也制裁由于监管不力或者失职，造成资源和环境严重破坏者。例如，林业、草原监管工作人员，发现大规模的盗伐、滥伐林木、破坏草原的行为后不及时制止或报告，对此现象听之任之，严重不负责任，造成林木、草原损失；渔政、海洋监督部门的工作人员不认真履行水资源监管职责，对破坏、污染江河湖海资源视而不见，不加制止，致使水资源遭受严重污染或发生重大安全事故及人身伤亡的；矿产资源主管部门的工作人员违法发放矿产资源开发许可证，或发现有越界越层开采时，不加制止和报告，导致发生重特大安全生产责任事故，给国家造成巨大损失的，都应以环境监管失职罪论处。

（2）加大环境监管失职罪的刑事责任。如前文所述，本罪与玩忽职守罪是特别条款与一般条款的关系，但最高法定刑分别为三年和十年有期徒刑，不符合罪刑均衡化，使犯罪分子易于逃避处罚，降低环境监管失职罪的威慑力。

---

① 陈珍建、罗胤：《浅析渎职犯罪的心理诱因及防范》，载于正义网，2005 年 12 月 23 日。

应当按照"特殊法重于一般法"的原则，将环境监管失职罪的法定刑增加一个量刑档次，使其不低于玩忽职守罪等法定刑。"基于同样的故意，实施同样的行为，引起类似结果的，作为特殊主体的国家机关工作人员的渎职犯罪应该比一般主体犯罪的起刑点要低，同时法定刑要高。"①

2. 刑罚种类上增加罚金刑、资格性和劳役刑

"没有任何一种刑罚独自具备所有刑罚的必要性。为实现刑罚目的，必须有不同的刑罚方法可供选择，并使其存在差异，其中几个可以适用于相同之罪。"② 罚金刑给犯罪人带来了物质剥夺性痛苦的作用，且数额控制灵活，执行简便。资格性剥夺犯罪分子从事一定职业、业务活动能力与机会，既维护国家机关工作人员信誉，也间接维护了国家利益。劳役刑使环境犯罪人直接用自己的劳动去恢复被损害的环境，使其在劳动中感受到生态环境的重要和可贵。

（二）侦查上的完善

1. 加大侦查工作的科技含量

通过加强培训和实践练兵，调整检察干警的专业知识结构，提高鉴别力，使检察干警精通刑事法律，熟悉行政法规，了解环境监管的执法程序。通过自学、培训、研讨、请进来走出去等方法，调整、更新、充实干警的专业知识，提高干警对有价值线索的识别能力和挖掘案源的单兵作战能力。积极运用现代科技手段，尤其是先进的信息技术，加快侦查工作信息化管理进程。

2. 构建危害生态环境的渎职犯罪信息共享的发现平台

加强与兄弟检察院的联系，及时对有关信息进行报送和移送，比如海南省琼中、乐东、五指山等县检察院，因处于山区，涉林渎职案件较多，可相互沟通，实现信息情报的资源共享。海南省检察院则可根据下级检察院报送的信息，分析、掌握一定时期和阶段危害生态环境的渎职犯罪的动向、特点，事先做好防范和控制工作。在一个检察院内，民行部门在办理抗诉案件和国有资产流失等案件时，侦监部门和公诉部门在审查逮捕和审查起诉滥伐林木、破坏矿藏等案件时，均应注意审查其中有无渎职犯罪，一经发现立即将线索移交反渎局。此外，还要深挖危害生态环境的渎职犯罪案件线索，采取进机关、入社区、下乡镇等方式，组织开展"检察开放日"、"检察长接访月"等各类宣传活动，使广大人民群众了解危害生态环境的渎职犯罪，进一步强化控告、举报工作，拓宽案源渠道。

---

① 贾济东：《渎职罪犯罪构成研究》，知识产权出版社 2007 年版，第 230 页。
② 蒋兰香：《环境刑法》，中国林业出版社 2004 年版，111～113 页。

3. 设立科学的渎职侵权侦查工作考核机制

一是在考核渎职犯罪案件的查办时避免一味的数字化、结果化。案件质量应当综合多种因素进行考评，如证据采纳、事实认定、法律依据、办案程序等。可以组织业务骨干、专家学者对法院判处进行逐案剖析，对办案质量进行实事求是的分析评价，不唯结果论，客观公正地反映干警的工作实绩。二是考核时注意区分问题存在的主观因素。因过失出现侦查问题，要进行客观正确的考核评价，保护检察干警打击危害生态环境的渎职犯罪的积极性。对技术过失和改革创新过失予以一定程度的容忍和宽容，因为个案的纷繁复杂很难用已有的规则去涵盖，况且创新、改革过程中就存在很大的风险，一旦出现问题就予以批评、惩戒，不利于对查办危害生态环境的渎职犯罪进行深入查办。

（三）监督上的完善

1. 提高环境监管人员的专业和法律素养

一是加强对公职人员的思想政治教育，尤其是领导干部的教育。领导干部兢兢业业、廉洁自律，就是对队伍的无声感召，既有利于遏制领导干部自身的职务犯罪，又有利于领导干部自觉制止、查处下属的职务犯罪。二是完善基层环境监管人员的选聘机制。推荐、选拔工作人员不能任人唯亲，而应加强考察，不让体力不足、有道德缺陷的人带病上岗。对违纪人员应严肃处理，不包庇、不纵容。三是加强对环境监管人员的专业和法律培训。使他们具备较为扎实的行业专业知识和必要的法律素养，相关环境监管部门应建章立制，堵塞漏洞，规范执法行为，同时抓好法制宣传教育，通过典型案例教育，增强执法人员的法制观念，促使广大工作人员遵纪守法，做到警钟长鸣。

2. 逐步提高基层环境监管人员的待遇

基层环境监管人员掌握的权力比较大，但工作环境相对恶劣，为其提供较好的福利和生活保障，可以使他们不致为了保障生活质量去冒险犯罪。对工作出色的，可以由相关部门给予表彰和奖励，对工作效果差的，责令限期改正或解聘。在完善惩罚奖励的同时，应考虑给基层环境监管人员一定的职位晋升空间，对工作表现成绩显著突出的基层工作人员，党委、政府可以考虑给其转为正式职工工作的机会，同时加强他们的装备，降低他们的工作强度和风险。

3. 完善监督制约机制

相关环境监管部门应根据本行业执法特点和要求，制定出切实可行的工作制度，用严格的制度来规范和约束工作人员的权力和行为；同时，建立举报投诉、内部通报、警示戒勉、责任追究等内部监督制度；要加强政务公开，向群众公开本行业管理程序、执法流程和处罚标准等，主动接受群众监督，防止暗箱操作；建立执法检查、重大案件督察制度，及时纠正和处理各种违法或不当的执法行为。平时，加强思想政治教育、职业道德教育和法纪教育，做到"三位一体"，使公职人员廉洁自律，不愿意犯罪，构筑防腐拒变的道德防线。

4. 加大新闻媒体的监督力度

一是增加相关环境监管部门开展行政执法工作的出镜率。职能部门应大力宣传保护森林、加强生态建设的重大意义，制作专门的宣传片对学习、社区和村镇高频播放。借助电视、广播、报刊、网络等媒体的力量，大力宣传和报道查处的环境违法违纪案件。对环境渎职案件尽量在当地开庭审理，以身边真实的案件教育和警示他人。二是充分利用网络监督。即通过网络技术，例如微博、发帖等对国家机关广告之人员是否正确运用权力进行监督。网络打破了话语权的垄断，进行网上举报也可以最大限度地保证举报者的隐私，保护举报人的合法权益。借助媒体公开、透明的影响力，把危害生态环境的渎职犯罪的丑行暴露于大众面前，可以形成强大的社会威慑力，对避免危害生态环境的渎职犯罪轻刑化也有一定的促进作用。

关于公错私罪问题的调研报告

阮志勇　沈红波　陈　乔[*]

对一般性工作错失与失职渎职犯罪行为、公错与私罪的界限等问题如何从法律上厘清两者的界限，对保护和鼓励公务人员积极投身改革探索浪潮，打造最优发展环境，及时惩治以改革为名滥用权力、谋取私利和履职中的失职渎职犯罪，发挥法律对公务人员改革和履职的引导作用具有重要意义。2014 年，湖北省人民检察院将公错私罪问题研究列入年度重点工作中。

一、公错、公罪、私罪概念的界定

（一）古代含义

我国古代没有"公错"的概念，但区分"公罪"与"私罪"，这是中国古代法律制度较为独特的内容。汉代实际上已经有了"公罪"和"私罪"之分，经过西晋、南北朝的补充，唐律中明确把官吏的犯罪行为划分成"公罪"和"私罪"两大类。"公罪"是因承办公事不力、失误或者差错，而不是出于个人的私心或出于私利的目的。这就意味着"公罪"的确定，主要是考察官吏主观上是否有私心或有私利目的，而不是看其行为后果是否"违法式"。换言之，公罪就是官吏在执行公务过程中，"出以公心"的违法行为。但承办公事时，出于私心动机，迎合上级或皇帝好恶，不讲真话，也和私罪相同。"私罪"为"不缘公事私自犯者"，或"虽缘公事，意涉阿曲，亦同私罪"，指官员在执行公务时为谋求私利而发生违法行为或官吏所犯的与职务无关的罪，如滥用职权、贪污、受贿等。在处置上，我国古代也有严格的区分，总体而言，原则上是公罪以行政处分来惩处，"私罪"则以刑事处分来惩处。

通过梳理，结合我国当前社会发展和司法实践，我们认为，我国古代不仅诸法合体，而且刑事民事行政责任不分，民事行政责任也可以用刑事手段来解

---

* 作者单位：湖北省人民检察院。

决，因而强调公罪、私罪，没有明确的公错概念。

（二）现代含义

在现代，应正确区分"错"与"罪"，"罪"即为犯罪，"错"为"非罪"，二者是罪与非罪的关系。

"公错"是指国家机关工作人员为了公共利益，依照程序规定在法定范围内履行职责却依然发生工作失误，给国家和人民造成损失的行为。对于"公错"，应从行政处分上酌情处理。

"私罪"是指国家机关工作人员在职务活动中，违背职责要求，徇私舞弊、滥用职权、玩忽职守，造成国家、公共利益和人民利益重大损失的行为。对于"私罪"应依法追究其刑事责任。

值得强调的是，现代的"私罪"概念不同于古代的概念，其外延要比古代宽泛，它既包含了"揣腰包的职务犯罪"，即为谋取个人利益，假公济私，不履行职责或不认真履行职责，致使公共财产、国家和人民利益受到损失的行为；也包含了"不揣腰包的职务犯罪"，即国家公职人员虽然没有谋取个人私利，但在履行职务的过程中由于违反程序或者不严格履行职责而导致公共财产、国家和人民利益受到损失的行为，通常表现为履行职务的过程中受错误的权力观、政绩观驱使，一味贪大求快，决策脱离实际，导致国家和人民利益受损失的职务犯罪。

（三）主要表现

由于"公错"是依法履职仍然发生的工作失误，主要应从行政处分上酌情处理，且单纯的"公错"并不常见，故争议不大。司法实践中，认定的难点和焦点主要在于"私罪"问题，其具体表现为：一是原有的制度和规定不合理，在改革探索中突破了这些制度和规定，但又造成损失的情况下如何认定。二是职务行为的法律或政策规定依据不明、法律政策相互矛盾或政策间相互矛盾，若不认真履行职责造成损失如何认定。三是由于对法律或政策的理解把握不一致或者出于地方利益的考量，在执行中出现偏差，对此造成的损失是否应该认定。

二、公错私罪产生的原因分析

公错私罪的产生原因较为复杂，主要包括：

（一）政策与法律存在冲突

为了适应经济社会发展或者执行法律法规的需要，地方往往会制定具体的政策来执行国家的法律和中央政策。在制定政策过程中，有时未严格遵照下位法服从上位法的要求，从而导致法律与地方政策之间相互矛盾。在中国国情下，作为地方公务人员，在其执行职务活动中首先考虑的是执行地方政策。

（二）制度机制不够健全

虽然我国社会主义法律体系基本形成，但在具体领域，特别是涉及改革的领域往往缺乏相关制度或是机制不健全，或是原有不合理制度束缚发展。在监督制约机制缺乏有效运行的情况下，部分公职人员在改革中"拍脑袋"决策，在没有经过充分科学的论证就盲目上项目，导致预想结果与实际情况相差甚远，给国家、公共利益、人民利益造成重大损失，事后却以"改革需要交学费"、"好心办坏事"、"失误难免"等借口为自己开脱。

（三）执行政策有意或无意出现偏差

在政策执行中，由于对政策的理解把握不一以及出于地方利益的考量等各种原因，而出现政策执行上的偏差，如选择性执行、敷衍性执行、变异性执行等。一些地方甚至不惜违背国家产业调整政策发展地方经济。比较突出的是在招商引资领域，为吸引外来资金和项目，促进地方经济发展，有的给予外资超国民待遇，有的引进一些工艺落后、污染严重的企业，结果造成重大环境污染和严重资源浪费。

（四）部门或地方利益作祟

一般而言，中央追求的是全体公共利益的最大化，部门、地方追求系统、区域利益的最大化。虽然从长远来看，部门、地方利益与中央利益是统一的，但不可否认，有时部门、地方利益与中央利益存在矛盾性。出于对本系统本区域利益的考虑，一些地方在执行国家法律、政策、方针等时，往往或变通，或利用漏洞，或超出框架。如专项资金领域，国家为调整经济结构、改善环境、惠民扶贫，先后出台了利用财政资金对淘汰落后产能、林业等项目进行奖励和补贴的政策。每年投入的资金成百上千亿元。这些项目在实际申报、审核、验收、拨付的过程中，部分公职人员为谋求当地经济发展，争取资金服务当地经济，但在资金使用上并不一定符合国家要求；有的则是放弃监管导致国家专项资金被骗，或是降低审核标准乃至与相关人员勾结骗取国家专项资金。

（五）谋取个人利益

这在"私罪"中较为普遍存在，"私罪"往往不是单独的滥用职权或玩忽职守，而是因为收受相关主体的贿赂，为谋取个人私利，最终亵渎自己的职务，不认真履行自身职责。有些徇私舞弊犯罪人对舞弊之事往往表面做得有理有据，手段做得天衣无缝，但其真实目的是假公济私，谋取个人私利。而一些负有市场监管职责的行政执法人员之所以迁就纵容违法生产，对已发现的市场违法行为"睁一只眼闭一只眼"，是因为他们往往是违法生产的既得利益者。

三、"公错"与"私罪"的认定与处理

"公错"与"私罪"涉及罪与非罪的问题，正确区分两者事关法律的正确适用。如果将"公错"以"私罪"处理，不仅侵犯公职人员正当的权益，还会损害整个改革的氛围，打击公职人员勇于开拓、敢于创新的积极性、主动性，影响整个改革大局。如果将"私罪"以"公错"处理，会纵容犯罪，降低反腐败力度，损害执法公信力和法律权威。因此，正确区分"公错"与"私罪"具有重要意义。

（一）处理中应把握的原则

在全面深化改革的过程中，严格把握改革创新和决策过程中的罪与非罪问题十分重要。《中共中央关于全面深化改革若干重大问题的决定》指出，鼓励地方、基层和群众大胆探索，加强重大改革试点工作，及时总结经验，宽容改革失误。最高人民检察院检察长曹建明在 2014 年工作报告中指出，稳妥处理改革中出现的新类型案件，正确区分改革失误与失职渎职、改革探索出现偏差与钻改革空子实施犯罪等界限。我们认为，对罪与非罪的认定，应把握以下几个原则：

1. 容错原则

在司法实践中，我们需要谨慎对待改革中的失误，充分调查行为人改革的目的和利益指向，准确把握发展经济、鼓励创新与渎职侵权犯罪的关系，严格区分改革创新中的失误与违法犯罪的界限，严守法律规定，严格区分公错私罪中的两种情况。不能将工作能力不强，业务素质不高导致的一般性工作失误笼统地认定为犯罪，要有"容错"意识，为公职人员营造宽松的改革创新环境，才能让改革在试错中前行，在"容错"中求进。

2. 法治原则

在"容错"的同时，我们也要树立正确的法治理念，避免"人治"思想干扰司法，坚决摒弃把改革发展与依法行政对立起来，认为改革就要敢闯法律

禁区的错误认识，避免渎职侵权犯罪案件被忽视、被容忍，甚至被"谅解"。对于严重违反程序规定，不受监督，盲目决策，用廉价资源招商引资，以牺牲土地资源、生态环境资源为代价，先发展后治理，盲目开发，以言代法，动辄一句话或一张条子，就使法律、法规变通执行或完全走样，给国家造成严重损失等行为，要依法追究法律责任。

3. 模糊问题不作为犯罪处理的原则

对于罪与非罪界限模糊、法律问题与政策性问题交织、主观原因与客观因素同时存在、罪与非罪的认定问题上有着较大争议的情形，我们主张不作为犯罪处理，一方面体现容错原则的要求，另一方面也尽最大可能地实现人权保障。

（二）标准的具体把握

1. 要考虑行为人主观上是否具有罪过

主观罪过是正确区分罪与非罪的重要方面。根据我国刑法规定，构成犯罪主观上必须具有故意或者过失，否则就是客观归罪。同样造成了损害后果，如果行为人受客观条件的限制，对于造成损害结果无法预见；或者在决策过程中，发生了意外事件无法避免，由于行为人主观上没有故意也无过失，不宜以犯罪论处。反之，如果行为人对于自己决策行为不当有充分认识，明知自己不当决策会造成损害后果，由于追求政绩工程或者出于其他考虑，希望或者放任结果发生，或者由于工作疏忽，应当预见损害后果而没有预见，或者已经预见但轻信可以避免，最终导致损害后果的发生，都应当依法追究其刑事责任。职务犯罪中主观罪过的判断，关键在于行为人是否履行了注意义务，即在履职过程中，在其注意能力能够达到的范围内，对于履职可能导致的风险所具有的结果注意义务和结果避免义务。公职人员的职务特定性决定了法律对其注意能力有较高要求。在客观上具有结果预见和避免可能的前提下，违背职务上的注意义务，不履行或者不正确履行职责，造成公共财产、国家和人民利益重大损失，应当承担相应的法律责任。

2. 要考虑行为人是否遵守程序规范

由于职务犯罪中过失犯罪的本质特征是违反了以规范化、定型化的形式具体规定在有关的法令、条例以及规章制度里面的注意义务，因此判断罪与非罪的另一重要标准就是行为人是否严格遵守程序规范。为了保证国家机关的正常活动和秩序，国家有关机关制定、颁布了一系列的法律、法规和规章来规范国家机关工作人员的职务行为，这些规定既是国家机关工作人员行使和运用各自职权的法律依据和保障，也是其职务行为的界限、范围和行动的准则，因而是每一个国家机关工作人员的法定责任和义务。不当履职不仅会损害国家机关工作人员职务的严肃性，妨害国家机关的正常管理活动和秩序，而且还会给公共财产、国家和人民利益造成不可估量或者无法弥补的损失。在履行公务、改革决策中，国家工作人员有义务在法律规定和职务要求的范围内做到远离危险、避免危害结果发生，以保证公务活动的正常进行。一旦违反程序规范即可推定其客观行为违反了应有的注意义务，属于不正确行使职权、超越职权、严重不负责任履行职责。在实践中，不遵守程序规范的情形包括以下方面：（1）超越职权范围和法律授权范围的"越权"、"越位"履职。（2）违反行政法规、地方法规、行业性规范、部门规章制度、内部分工等。（3）重大决策违反程序。如以言代法、盲目决策；集体决策无会议记录、未按照程序讨论、未实行多数表决等。（4）违反岗位职责、工作中的规章制度以及工作纪律等。（5）对产品市场性、项目可行性、可能存在的重大风险等未做科学评估。（6）行政审批把关不严、行政委托缺乏严格管理、行政管理缺乏动态监督、执法过程不公开不透明、执法检查流于形式等。

3. 要考虑危害程度和原因力大小判定刑法上的因果关系

对那些因未尽责履职而具有职务过失，但又与危害结果仅存在较弱的事实上因果关系的情形，往往难以认定。这种情形虽然具有职务过失但不一定构成失职渎职犯罪。实践中，检察机关与被追究失职渎职罪的一些公务人员，在判定失职渎职行为与危害结果的因果关系上存在较大分歧，特别是针对多因一果的案件。这一分歧源于他们对因果关系的理解和把握不同。刑法上的因果关系是对事实上的因果关系的一种选择，即在造成结果发生的多种事实原因中，法律根据某种标准选择出某个或某些因素作为"法定原因"，从而构成追究发生危害结果责任的基础，其目的就是为合理地、公正地追究刑事责任奠定客观基础，以充分实现刑法的社会保护和人权保障功能。失职渎职犯罪行为通常与危害结果只有极弱的事实因果关系，如果采用相当性原理将这种极弱的事实因果关系排除在刑法之外，刑法就难以实现其在处分失职渎职犯罪行为这一领域的社会保障功能。所以刑法在选择失职渎职犯罪行为与危害结果的因果关系时，并不要求如同其他过失犯罪与危害结果之间的因果关系那样强。这一观点也为司法实践所证实。① 我们认为，第一，违反内部规定即可判定具有职务过失。

---

① 根据最高人民检察院《关于正确认定和处理玩忽职守罪的若干意见（试行）》〔1987 年 8 月 31 日 (87) 高检发 (二) 字第 18 号〕的规定，玩忽职守犯罪行为主要表现有 13 个方面 64 种行为，深入分析这些行为表现可以看出，玩忽职守罪的行为与危害结果之间的因果联系，并不要求如同过失致人死亡罪中行为与危害结果之间的因果关系那样强，按照法律事先的定型设计，玩忽职守罪中行为与结果之间只要具有较弱的因果联系即可。

第二，判定失职渎职犯罪尚需在判定职务过失的基础上，就其与危害结果的刑法因果关系做出判断。职务过失与危害结果具有较强的事实上因果关系即可判断两者具有刑法上的因果关系。第三，职务过失与危害结果具有的事实上因果关系不强时，则要综合考量危害结果和该职务过失行为在构成事实上因果关系上的原因力的大小。事故越重大、危害结果越严重、社会影响越恶劣，追究失职渎职犯罪刑事责任所需要的原因力就越小。检察机关应当就此种情形下，在具体办案中与相关涉案行政机关及人员取得共识，才能取得较好的社会效果。

4. 要区分领导责任和下属责任

在工作分工存在上下从属关系分工的情形下，界定领导责任（都是行政责任）以限制对失职渎职犯罪的追究，对于缓和失职渎职犯罪成立条件的僵硬性、保证刑法谦抑性、促进提升领导人员工作效率等都具有积极意义。一方面，如果过于宽泛的界定领导责任，将导致领导的职务过失认定困难，还有可能将责任仅认定为基层人员所致，这将对社会公益造成损害。另一方面，刑法非难性源于行为人具有行为自由意志，无自由意志则无刑事责任，所以，下属受命于领导人员而实施行为应视是否丧失行为自由意志而判定其是否被追责，因为下属虽受命于领导但并不意味着就此必然丧失行为自由意志。实践中，对领导责任和下属责任界定，由于标准不明而混沌不清，导致社会特别是涉案人员对检察机关产生选择性执法的误识。究其重要原因在于：一是上下从属的工作和责任分工不清；二是下属专业能力和职业纪律道德不足导致难以产生上下级合理信赖关系；三是对上级唯命是从而懦于坚守底线的体制文化。

我们认为，第一，各行业系统要根据权责一致的基本原则对上下级工作和责任分工进行界分，培育好专业能力和职业道德，在上级下属相互之间建立社会认可相当的信赖关系。第二，对领导责任的界定要适度，既要防止将责任押在底层，又要防止作为监督者的上级过度事必躬亲导致减损效率。第三，全社会应当破除对上级唯命是从而懦于坚守底线的体制文化。下属对于上级违法违规的命令、决策、政策等，要积极实施强烈反对行为并记录在案从而保护好自己。比如向领导积极反应，提出纠正意见，制定并实施避免补救措施，等等。第四，对于积极实施过强烈反对行为而仍被强令执行的，可以欠缺行为自由意志排除犯罪。

（三）公错私罪认定中的难点问题

1. 集体研究的责任承担问题

在以往的司法实践中，集体决策失误以后，由于无法分清责任而导致无人担责或者承担的责任与其行为本身造成的侵害不对称的情形，这不利于决策者的权利制约和责任追究。行为即便由集体作出，我们也需清醒地认识到具体的个人才是行为的决策者和执行者。从诸多的"拆迁案"、"环境污染案"中不难看到，决策多为集体作出，开了会、做了表决、走了形式，一旦发生严重后果，究竟将责任落实到何人？会不会让集体表决成为了不法决策的"挡箭牌"？这些都是在办理具体案件中会遇到的困惑。实践中，对于多人特别是上下级共同实施的渎职犯罪，违法决定的负责人员往往以仅负有间接领导责任为自己开脱罪责，或者以经集体研究为托辞推诿责任，实践中往往只追究了一线执行人员的刑事责任，而对于负有更大责任的作出决策的主管领导则不作为犯罪处理。这种"抓小放大"的现象违背了问责机制的基本要求，既不公平，也不利于预防和惩处犯罪。明确刑事责任主体，找准刑事打击重点是眼下亟须解决的问题，否则，在那些"一言堂"、"一支笔"、集体决策走形式的模式下，真正的责任人反而成为漏网之鱼。为此，"两高"《关于办理渎职刑事案件适用法律若干问题的解释（一）》明确规定：国家机关负责人员违法决定，或者指使、授意、强令其他国家机关工作人员违法履行职务或者不履行职务，或者以"集体研究"形式实施渎职犯罪，应依法追究负有责任人员的刑事责任。

对于集体研究与公错私罪的关系，我们认为应当根据具体情况具体区分。一是打着集体研究的幌子，实现个人谋取私利目的；二是单位领导开个会，以集体决议的形式将个人渎职行为转化为集体渎职行为；三是多人特别是上下级共同实施渎职犯罪；四是按照正常程序进行集体讨论，认真履行职责，在职权范围内作出处理决定的。假定这四种情形在客观上均造成了重大损失，那么第一种是典型的私罪，通常表现为渎职类犯罪且伴随着权钱交易的贿赂型犯罪；第二种和第三种表面上是公错，实质上多为渎职类职务犯罪。这三种情况均应当由决策人承担法律责任。第四种则属于工作失误，通常表现为纯粹的改革创新、决策失误，不能作为犯罪处理。

2. 私罪情况下损失的认定

如前所述，私罪客观上都造成了公共财产、国家和人民利益的损失。损失是否重大，是判定罪与非罪中的一项重要因素。履职不当造成的损失，既包括物质性的、可以具体测量的、有形的损害结果，也包括体现于严重人身伤亡等非物质性利益损害。实践中，对于因执行公务而造成的实际客观存在的损失，因为损失形态已完全表现出来，较为容易认定和计算；但对于可期待利益的损失，是否能够认定所造成的损失进而作为犯罪处理，仍然是一个很有争议的问题。例如，建一个污水处理厂，由于错误决策，污水处理量不达标，只能处理部分污水，达不到环境保护项目应有的标准；又如，投建钢厂，在厂房投建和设备购买问题上决策失误导致投资和产出不成正比，低于投资应当产生的预期效益等，这些情况如何认定具体损失是一个难点。我们认为，如果行为人违反程序规范作出决定，其能够预见自己决策行为会导致"可期待性利益"的必然损失，而该损失又达到了"两高"司法解释中"重大损失"的标准，那么行为人符合渎职犯罪的构成要件，应当以渎职罪追究其刑事责任。

刑事诉讼实务

对瑕疵证据的理解与审查*

孟　群　马朝阳**

《关于办理死刑案件审查判断证据若干问题的规定》和《关于办理刑事案件排除非法证据若干问题的规定》（以下简称"两个证据规定"，分别简称《非法证据排除规定》和《办理死刑案件证据规定》）在证据学上有一个重要的理论创新，即提出了"瑕疵证据"的概念，这对我国司法证据体系重建具有重要意义。修订后的刑事诉讼法及随后出台的相关司法解释，也吸纳了"两个证据规定"中关于"瑕疵证据"和"非法证据"的有关规定。但至今仍有人对这两个概念存在模糊认识，在公诉环节表现为，有的将瑕疵证据认定为非法证据直接予以排除，有的将非法证据视为瑕疵证据要求侦查机关一再补正或者作出合理解释后使用，这些都违背了法律的精神。证据是定案的基础和核心。正确理解瑕疵证据，准确区分瑕疵证据和非法证据，并做好相应的审查工作对公诉环节具有重要意义。

一、瑕疵证据概念的提出在证据法上的价值

"瑕疵证据"概念的提出，从证据可采性角度将证据区分为三种类型，即"合法证据"、"瑕疵证据"和"非法证据"。"三分法"克服了既往证据学研究中将证据简单划分为"合法证据与非法证据"这一研究范式的缺陷，在证据法理上具有合理性、在司法实践中具有可操作性。

（一）"三分法"弥补了传统证据学"两分法"逻辑不周延的不足

我国传统证据学所采用的"合法证据与非法证据"两分法，在逻辑上其实是不周延的。"两分法"将证据能力界定为两种形态："有证据能力"和"无证据能力"，而忽略了实践中证据能力可能存在的第三种状态，即"证据

＊　原文发表在《刑事司法指南》2014 年第 3 集，总第 59 集。

＊＊　作者单位：陕西省人民检察院。

能力待定"。

实践中，证据作为犯罪行为的遗留物，由于时空条件的影响以及侦查机关取证能力上的限制，发现与取得均属不易，对其应当足够珍惜、充分利用。如非属必要，不应轻易否定其证据能力而径直将其排除。刑事诉讼中，基于人权保障的目的，如果侦查机关取证程序严重违法或者证据基本要件等存在重大缺陷，则不得不将其排除。但是，如果证据仅仅是存在某种轻微违法情节（即"瑕疵"），且其违法性可通过一定方式予以"修补"（补正）或"完善（合理解释），一般当然不宜直接将其排除，而应待其违法性消除后再继续使用。当然，如果瑕疵证据的违法性经努力后仍无法消除，则应否定其证据能力不予采用。

（二）"三分法"的提出符合世界证据立法和实务发展的理念

"瑕疵证据"概念的提出，并非我国所独创。在国外，基于证据资源有限性的原理，证据立法和实务上同样强调对"瑕疵证据"的适度容忍和积极补救。美国作为非法证据排除规则的诞生地，其判例和理论均认为，尽管非法证据排除规则的适用源于警察的程序性违法行为，但非法证据排除规则创设的初衷，却不是针对一般的程序性违法取证行为，其主要是为了抑制警察以侵犯公民宪法性基本权利的方式来取证的严重违法取证行为，取证过程中存在违法事由并不必然导致所获证据被排除。关键在于应当区分警察侵犯公民宪法性基本权利的严重违法取证行为与一般程序性违法取证行为，非法证据排除规则仅仅适用于侵犯公民宪法性基本权利的严重违法取证行为。德国证据法理论认为，"程序瑕疵与证据禁止，两者固然息息相关，但程序瑕疵，既非证据使用之充分条件，也不是其必要条件。详言之，并非所有的违法取得之证据，都不得为裁判之基础"。[1] 在实践中，法庭会尽力纠正先前发生的程序错误，从而"挽回"有争议的证据。例如，侦查阶段法官忘记告知被告人的配偶其具有免证特权，审判法庭可以告知其这一内容，之后再从被告人的配偶处获得可以采纳的陈述。法院甚至认为在证人被告知其权利后果后如果征得其同意，在上述情形下可以提交先前的陈述。[2] 由此可见，在德国证据法理论和司法实务中，同样认可通过补正先前取证程序存在的瑕疵，可以继续使用该证据，而并非一概

---

① 林钰雄：《从基础案例谈证据禁止之理论与发展》，载朱朝亮等主编：《刑事诉讼之运作》，台湾五南图书出版公司1997年版，第6页。

② 参见［德］托马斯·魏根特：《德国刑事诉讼程序》，岳礼玲、温小洁译，中国政法大学出版社2004年版，第200~201页。

予以排除。

（三）"三分法"符合我国的侦查现状

当前，我国经济、社会的快速发展，各类犯罪也处于集中高发期，侦查机关查办犯罪案件的任务相当繁重。一方面，在当前的刑事侦查工作中，由于取证技术上的不足，证据资源的有限性表现尤为突出；另一方面，具体调查取证工作中，由于侦查人员程序意识和规范取证意识不强，导致取证在程序上或形式上不完全符合法律要求的现象大量存在。如果按照传统"合法证据与非法证据"的"两分法"，将在取证程序或形式上不符合法律要求的证据均视为非法证据，则会给机械执法者大量排除程序瑕疵证据提供堂而皇之的理由，这无疑会影响刑事诉讼追诉和打击犯罪的实效性。可见，瑕疵证据概念的提出，澄清了司法实践中的模糊认识，使侦查机关在证据出现瑕疵时，可借"补正"或"合理解释"的方式，使瑕疵得以弥补，符合我国现阶段的侦查实际。

二、如何在理论上界定瑕疵证据和非法证据

要区分这两类证据，必须明确以下三个问题：

（一）理顺非法证据与瑕疵证据之间的逻辑关系

首先，我们可将证据按照是否合法，区分为合法证据和不合法证据；其次，可将不合法证据，按照违法的程度区分为严重违法证据（即非法证据）和轻微违法证据（即瑕疵证据），前者如刑讯取得的口供以及采用暴力、威胁等非法方法收集的证人证言、被害人陈述，后者如不符合法定程序收集的、可能严重影响司法公正的物证、书证等。这样，证据就被划分为三类：合法证据、非法证据和瑕疵证据，其中，非法证据与瑕疵证据同属于不合法证据。与此相对应，这三类证据在证据能力上也被区分开来，分别是具有证据能力、无证据能力和证据能力待定。从逻辑上理顺了非法证据、瑕疵证据二者之间的逻辑关系，就为二者的进一步区分奠定了基础。

（二）明确非法证据与瑕疵证据之间的根本区别

非法证据与瑕疵证据，二者均属于不合法证据的范畴，其根本区别在于违法的严重程度。一般认为，二者区别的标志在于，取证手段是否侵犯了被追诉人的基本宪法性权利。如果取证手段侵犯了公民的基本宪法性权利，那么，取得的证据即为非法证据，就应当被无条件地排除；相反，如果取证手段并未侵犯公民的基本宪法性权利，那么，取得的证据即为瑕疵证据，就应当被归入可

补正的证据范围。如实践中经常遇到的疲劳审讯取得的证据，《人民检察院刑事诉讼规则（试行）》（以下简称《刑事诉讼规则》）第 80 条规定，拘传犯罪嫌疑人，应当保证犯罪嫌疑人的饮食和必要的休息时间，第 65 条规定，刑讯逼供是指使用肉刑或者变相使用肉刑，使犯罪嫌疑人在肉体或者精神上遭受剧烈疼痛或者痛苦以逼取供述的行为。疲劳审讯是严重违反宪法规定的基本人权的行为，有时其比殴打等刑讯行为更让人难以忍受。如果经审查，认为确系疲劳审讯取得的被告人口供，违反了上述规定，侵犯了公民的基本宪法性权利，就应当按非法证据予以排除。

（三）明确瑕疵证据和非法证据的典型特征

客观性、关联性和合法性是判断证据能力有效性的三个主要特点。瑕疵证据尽管有轻微违法性的特点，但其本身具有客观性和与待证事实之间的关联性。例如，在勘查笔录、搜查笔录、提取笔录、扣押清单上遗漏侦查人员签名或物品名称、特征等，在讯问或询问笔录上遗漏侦查人员签名或讯问或询问起止时间等，其证据形式有瑕疵，但证据本身具有客观真实性和关联性，完全可以通过补救弥补其轻微的违法性，从而使其从效力待定的状态转化为合法有效的证据。但非法证据，则由于其严重违法的特点，决定了该证据的客观性受到严重影响，如刑讯取得的供述，其客观真实性受到严重破坏，根本无法补救，必须直接予以排除。

三、如何在实践中界定和判断瑕疵证据和非法证据

在司法实践中，我们可以依次通过以下三种方法来认定：

（一）根据现行立法的规定来认定

这是认定非法证据与瑕疵证据的基本方法。《刑事诉讼法》第 54 条规定的"采用刑讯逼供等非法方法收集的犯罪嫌疑人、被告人供述和采取暴力、威胁等非法方法收集的证人证言、被害人陈述"，以及"收集物证、书证不符合法定程序，可能严重影响司法公正的……不能补正或者作出合理解释"的证据，就是法律明确规定应当予以排除的非法证据。关于瑕疵证据的规定，刑事诉讼法、"两个证据规定"及相关司法解释中均有体现。如《关于办理死刑案件证据规定》第 14 条规定："证人证言的收集程序和方式有下列瑕疵，通过有关办案人员的补正或者作出合理解释的，可以采用。"一旦某一证人证言在收集程序和方式上出现瑕疵，那么该证人证言即应当被认定为瑕疵证据。很显然，根据现行立法有关规定来认定非法证据与瑕疵证据，是简单、有效的，具有可操作性。

（二）根据侦查操作程序进行推断

瑕疵证据和非法证据是侦查机关在不符合法律规定的情形下取得的。从法律规定的侦查行为的操作程序着手进行反向推断，是认定此两类证据的另一种方式。有关侦查行为操作程序的规定主要包括《刑事诉讼法》第二编第二章关于讯问犯罪嫌疑人、询问证人、勘验检查等侦查行为的规定，以及《公安机关办理刑事案件程序规定》等。一旦侦查人员违反上述操作程序取证，其所获证据就可能是瑕疵证据，甚至可能是非法证据。

（三）特定情况下根据有利于被追诉人原则作出判断

对于一些依据上述方法仍难以区分其是瑕疵证据还是非法证据的情形，可以根据排除这一证据是否有利于被追诉人的利益来判断。如果认定为非法证据有利于被追诉人，那么就可以将该证据解释为非法证据，直接予以排除；如果认定为瑕疵证据有利于被追诉人，那么就可以将该证据解释为瑕疵证据，通过补正或者合理解释使之转化为合法证据。

四、公诉环节对瑕疵证据和非法证据的处理

（一）对非法证据的处理

对于非法证据，如刑讯逼供取得的口供等，在审查中要坚决予以排除。同时应当贯彻"先排除后补救"的原则，对于有补救条件的，应当通过证据重做的方式补救其内容。《刑事诉讼规则》第 379 条明确规定，"人民检察院公诉部门在审查中发现侦查人员以非法方法收集犯罪嫌疑人供述、被害人陈述、证人证言等证据材料的，应当依法排除非法证据并提出纠正意见，同时可以要求侦查机关另行指派侦查人员重新调查取证，必要时人民检察院也可以自行调查取证"。如对刑讯取得的口供，条件允许则应当重新制作讯问笔录。但对于非法实物证据能否采用证据重作或重新取证的方式进行补救，则要视情况而定。大部分物证是以其存在的场所、位置和状态等来证明案件事实的，具有不可恢复性。例如，在杀人犯罪现场提取的犯罪嫌疑人丢失的皮包中的香烟，如果因为没有制作提取笔录而被认定为非法物证予以排除，侦查机关显然就不能把该香烟放回现场的包里，再重新进行提取。但如果该实物证据是以其内在特征、性状来证明案件事实，在现场没有遭到破坏的情况下，则可以重新勘验，也可以重新提取指纹、痕迹等。如在盗窃案中，在现场保险柜门内发现的犯罪

嫌疑人指纹，因没有提取笔录而被排除，由于该保险柜被扣押且保存完好，如能重新提取，则应重新提取，再行鉴定后作为证据使用。

（二）对瑕疵证据的处理

对于瑕疵证据的处理，应贯彻"先补救后排除"的原则，主要是采用补正、合理解释等方式，使其具有形式上的完整性和合法性，对于不能补救的，也应当予以排除。《刑事诉讼规则》第 66 条规定，补正是指对取证程序上的非实质性瑕疵进行补救，合理解释是指对取证程序的瑕疵作出符合常理及逻辑的解释。

"补正"，只能是对遗漏的信息、手续进行补充或添加，对存在的缺陷、瑕疵进行弥补和完善，补正并没有产生新的证据，也不同于对证据存在的问题作出"合理解释"，只是修补和完善。如在书证复印件上由持有人补充说明与原件核对无异，在讯问、询问笔录上补充侦查人员签名等。

"合理解释"的主要内容，是对瑕疵形成的原因以及并未因瑕疵而导致证据虚假的解释。对瑕疵形成原因的解释，能够反映侦查人员违法取证时的主观心理状态究竟是故意还是过失，以及是否发生紧急情况、突发事件等客观情况。更重要的是，要解释瑕疵的产生是否影响证据的真实性。如在一起案件中，侦查机关制作的一份询问证人的笔录地点在看守所，按照刑事诉讼法的规定，侦查人员询问证人，可以在现场进行，也可以到证人所在单位、住处或者证人提出的地点进行，在必要的时候，可以通知证人到人民检察院或者公安机关提供证言。公诉机关随即要求侦查机关进行了合理解释，原来该证人是该看守所的工作人员，该解释合理可信，该份证据遂得以采信。应注意的是，对侦查机关作出的解释是否合理的审查，应达到使正常理性的人能够相信的两个方面的情况：其一，解释具有真实性、可靠性，符合常情常理；其二，侦查人员违法取证并非故意或恶意，而是客观原因或工作疏忽所致，且并未影响证据的客观真实性。

公诉案件无罪生效裁判的分析思考

——以我国检察制度的价值取向和应然功能为视角[*]

卢乐云[**]

司法实践中公诉案件的无罪生效裁判，有的发生在一审或二审，有的发生在再审，包括根据法律不应当定罪而宣告无罪，即法定无罪和存疑推定无罪；根据法律应当定罪而宣告无罪。在全社会聚焦刑事错案的当下，如何看待公诉案件无罪生效裁判？对于检察实践而言，既关系到客观地界定错案，又涉及理性地实行错案问责。

一、辩证认识公诉案件无罪生效裁判

（一）无罪裁判是客观存在的司法现象

在古今中外司法实践中都存在无罪裁判现象。无罪裁判，特别是其中的存疑推定无罪，符合认识论原理和客观事物的内在规律。辩证唯物主义认识论认为，认识活动具有循环往复和无限发展的特点，思维和客体的一致是一个过程，是思维对客体的永远没有止境的接近。就刑事诉讼查明犯罪事实而言，犯罪行为具有过去性和隐蔽性等特征；刑事诉讼认识活动则具有滞后性、回溯性、阶段性等特征，这就使得对案件真相的认识过程受到多方面制约。一是证据资源的稀缺性。有的案件本身留下的痕迹少；有的是行为人在作案的同时因实施反侦查而毁灭证据；有的则是案件发生后受自然因素、其他人为因素以及暴露的时间晚等影响，证据已经流失。二是人的证明能力的有限性。有的受制于侦查手段和侦查设施；有的则是被各种表象所左右，甚至被一些假象所迷惑；还有的被错误的侦查思路和侦查方向所束缚。三是刑事诉讼的阶段性。刑事诉讼的侦查、审查起诉、审判三阶段，既是一个认识不断深化的过程，又是

---

[*] 原文发表在《人民检察》2014 年第 1 期，标题有所改动。

[**] 作者单位：湖南省人民检察院。

一个过滤的过程。过滤过程中因证据的动态变化、排除非法证据等可能使上一阶段的证据体系受到影响。四是刑事诉讼的时效性和终结性。时效对于现代刑事诉讼的程序正义和过程正义而言，是不可或缺的内容之一，刑事诉讼程序的公正和效力价值强调诉讼活动的及时终结。

（二）无罪生效裁判的是与非

从哲学方法论看，在承认矛盾普遍性、客观性的同时，还应在把握同类事物共同性的基础上，具体分析矛盾的不同特点。根据马克思主义关于具体问题具体分析的哲学原理，一方面，应当立足于不同国家刑事司法制度的不同设计；另一方面，还应当关注各类无罪生效裁判所形成的不同原因。从第一层次看，不同的刑事司法制度设计对无罪裁判率的高低会产生直接影响。比如，英美法系奉行"审判中心主义"和"当事人主义"，大陆法系则奉行"职权主义"，刑事司法中一些基本制度的差异，在两大法系的不同国家、地区之间，无罪判决的比例高低存在明显差异；从第二层次看，无罪生效裁判形成的不同原因影响着无罪裁判现象的性质。比如，因冤案、假案产生的无罪判决；对法定无罪或者明显的疑罪，因受人为因素的影响而指控、抗诉，或侦查人员和检察官的素能不够、履行职责不到位导致错误指控而产生的无罪判决就是办理了错案；法院明知无罪而故意判有罪，原审法院对法定无罪或者明显的疑罪判有罪，二审或再审予以纠正而产生的无罪判决，一审法院或原审法院就是办理了错案。而因法律的动态变化、受认识因素的限制、难以预料的证据动态变化，或者对法律适用的解释和对证据标准的把握存在严重分歧而导致的无罪判决，则不能认为是办理了错案。

（三）根据我国的检察制度设计，应当防止和减少公诉案件无罪生效裁判

辩证唯物主义认为，物质是运动的、发展的、彼此联系的，而非静止的、孤立的。因此，如何认识公诉案件的无罪生效裁判现象，应当从与之密切联系的我国刑事司法制度进行综合分析。我国检察机关由宪法定位为法律监督机关，以维护宪法和法律的统一正确实施为使命。其审查批准逮捕、审查起诉和提起公诉、出庭支持公诉、职务犯罪侦查及诉讼监督等职能，都以法律监督为本质，使有罪者受到应有的法律追究、无罪者受到应有的法律保护。法律对各项刑事检察权能运行制度的设计，深刻蕴含了减少无罪生效裁判、防止冤假错案的制度优势。

其一，证据制度。刑事诉讼法对侦查终结移送审查起诉，认定犯罪事实的

证据标准，对提起公诉指控犯罪的证据标准和对法院作出有罪判决的证明标准的规定是同等的，即"案件犯罪事实清楚、证据确实充分"。而在英美法系国家，起诉的标准是"有合理根据"，低于法院定罪的"排除一切合理怀疑"的标准；在大陆法系国家提起公诉的标准相对严格一些，但也低于法院作出有罪判决的标准，比如德国提起公诉的标准为"有足够的事实根据证明"，检察院有提起公诉的义务，而法国则为"有明显的公诉理由"或者"控告是否有足够的事实证据"。我国公诉证明标准与法院作出有罪判决的证明标准同等，其制度价值取向就是有效防止不符合起诉条件的案件进入审判程序。其二，审查起诉制度。由法定不起诉、存疑不起诉、相对不起诉、附条件不起诉组成的我国不起诉制度结构体系，与提起公诉构成了具有中国特色的审查起诉制度，其中的法定不起诉和存疑不起诉，对于有效减少无罪裁判具有特别价值。其三，侦查监督制度。审查起诉过程中退回补充侦查和自行补充侦查、非法证据排除制度中的对非法证据的调查核实、责成侦查机关相关部门对证据合法性作出说明以及直接排除非法证据等机制，为防止"带病"起诉奠定了制度基础。其四，辩护制度。在我国，指控与辩护是对立统一体。一方面，刑事诉讼法明确规定侦查终结、审查起诉终结必须听取律师意见并记录在卷，辩护人收集的有关犯罪嫌疑人不在现场、未达到刑事责任年龄、属于依法不负刑事责任的精神病人证据材料，应当依法告知公安机关和人民检察院。另一方面，对于公检法妨碍律师执业的，人民检察院有实施法律救济义务。这些也为有效减少无罪裁判创制了制度条件。其五，提起公诉后的有关制度。庭前会议，建议延期审理并在延期审理过程中补充侦查，撤回起诉，撤回起诉后发现新的事实和证据重新起诉，对事实不清、证据不足的案件，即使已经作出无罪生效判决，如果发现新的事实和证据还可以重新起诉，等等，这些制度设计为减少无罪裁判提供了较大空间。其六，审判监督制度。出庭支持公诉过程中的法律监督，检察长列席审判委员会会议，针对错误判决的抗诉，针对刑事审判中徇私枉法的立案侦查等，无论是对于无罪判有罪、有罪判无罪的防范和控制都具有重要的监督制约功能。从一系列检察制度的价值取向和应然功能出发，检察机关应当也必须防止不当形成的无罪裁判，降低无罪裁判率。

以上可以得出如何辩证看待公诉案件无罪生效裁判的四点认识。第一，无罪生效裁判案件中有错案，甚至还有冤案、假案，但并不必然意味着全是错案。第二，检察机关及其检察人员应当实事求是地接受正确的无罪生效裁判，既不能盲目地追求控制无罪判决率而影响对冤假错案的及时纠正，又不能轻视由不当原因形成的无罪生效裁判，甚至采取瞒报的方法回避问题和矛盾。第三，基于检察权的应然功能，应当深入研判各类无罪生效裁判所产生的原因和规律，充分发挥我国检察制度优势，积极主动、尽最大可能防止和减少无罪生效裁判。第四，审视以往无罪生效裁判的各种形态，特别是其中的冤假错案，检察机关的执法质量要适应我国检察制度设计的价值取向和应然功能，还有较大的努力空间。

二、防止和避免公诉案件的无罪生效裁判

检察实践表明，应当坚决防止和遏制的无罪生效裁判，主要为冤案、假案、被告人行为不构成犯罪和根据修改后《刑事诉讼法》第 15 条应当宣告无罪的案件、认定犯罪事实的证据明显存疑的案件、有罪而被错误判决无罪的案件、因外力干扰导致的错误起诉而形成的无罪案件等；应当切实避免的无罪生效裁判，主要为因检察院、法院对于法律适用和证明标准的把握存在分歧、法律的修改变化、证据的动态变化、检察机关及其检察人员办案能力和办案水平不够、适用程序法能力不强、履行职责不到位及不全面等因素而导致的无罪生效裁判。为此，检察机关及其检察人员务必要有清醒的认识，构建战略思维，不断探索、全面把握防止和避免无罪生效裁判的规律。

（一）理念

在哲学上，理念被归结为存在于人的思维中的价值思考。检察执法理念则是人们特别是检察机关及其人员对于检察执法活动的本质、规律及内在属性的理性认识和总体把握。"存在决定意识，意识反映存在"，相对于防止和减少无罪裁判来说，至少应当解决好四个方面的理念问题。一是恪守法律监督立场。在刑事诉讼中，作为以维护司法公正为目标的法律监督，就是要让有罪者受到应有的法律追究，无罪者受到应有的法律保护。因此，身处每一个环节的检察执法人员，要紧紧围绕法律监督这一本质属性履行好职能，不能孤立地、片面地看待各项检察权能。比如，自侦工作，既要努力发现犯罪、查证犯罪，又要重视无罪证据，不能因片面地、盲目地追求有罪证据而对无罪线索视而未见，更不能采取刑讯逼供、暴力威胁的违法方法获取有罪证据；又如公诉工作，审查起诉本身就是一项法律监督，通过退回补充侦查强化指控证据，作出不起诉决定就是防止不符合起诉条件的案件进入审判程序。二是坚持罪刑法定原则。"法律明文规定为犯罪行为的，依照法律定罪处刑，法律没有明文规定为犯罪行为的，不得定罪处刑。"要将我国刑法确立的这一原则上升为执法理念，检察机关在自行侦查或指控犯罪中，必须紧紧把握住刑法所确定的犯罪构成要件，不能离开犯罪构成开展侦查、进行犯罪指控。三是坚守证据裁判底线。侦查终结认定的犯罪事实、提起公诉指控的犯罪事实、提起抗诉所依据的

事实，都应当符合"定罪量刑的事实都有证据证明；据以定案的证据都经法定程序查证属实；综合全案证据，对所认定的事实已排除合理怀疑"的法定证明标准。四是落实疑罪从无规定。其内涵为在既不能证明被告人有罪又不能证明被告人无罪的情况下，应当推定被告人无罪。中央政法委《关于切实防止冤假错案的规定》强调，对于定罪证据不足的案件，应当坚持疑罪从无原则依法宣告被告人无罪，不能降格作出"留有余地"的判决。在审查起诉中，对于经退回补充侦查仍然认为存疑的，应当作出存疑不起诉决定。

（二）素能

唯物辩证法认为，事物的内部矛盾（即内因）是事物自身运动的源泉和动力，是事物发展的根本原因。外部矛盾（即外因）是事物发展、变化的第二位的原因。防止和避免公诉案件无罪生效裁判，首先应当把着力点放在检察机关及其检察人员的内部素能上面。一是每个检察院乃至整个检察系统的整体合力。主要表现为：其一，首长意志。检察长（副检察长）应对公诉案件无罪生效裁判有理性清晰的认识，善于把握这一"牛鼻子"，审视检察工作存在的问题和不足，不断改进工作措施。其二，资源配置。包括人力、技术、经费和制度等各层次的资源。其三，人才结构。自侦环节的预审人才、技术人才，公诉环节的办理复杂类案的人才是当前检察机关人才结构的薄弱环节，应加强针对性培养，进行结构性完善。其四，团队精神。侦查、批捕、公诉、监所等部门以及上下级检察机关应有协调一致和整体向上的精神。二是每一名检察执法办案者的个体素能。主要表现为：其一，法律素养。关键在对实体法的理解和把握，对程序法的程序自觉和程序自信。其二，业务技能。侦查环节应提高侦查思路的确立、发现获取固定证据、定罪证据体系的构建等方面的能力，公诉环节应提高审查证据、发现证据中的问题、把握证据采信规则和证明标准、出庭支持公诉的举证质证辩论、应对庭审证据动态变化等方面的能力。其三，职业操守。核心在于秉持客观义务，要关注案件无罪的线索和无罪、罪轻的证据收集，要重视犯罪嫌疑人、被告人的辩解和证人、专家辅助对证言的异议，要倾听犯罪嫌疑人、被告人的辩解和翻供，要重视辩护人尤其是执业律师的意见，特别是无罪的辩护意见，将反向思维与逆向思维并举，对于重大案件中涉及罪与非罪的细节务必追查到底。其四，工作激情。实践中，有的无罪案件的形成与办案人员意志衰退、作风懒惰、敷衍了事缺乏求真求实的敬业精神等密切相关。应不断激发检察办案人员的工作激情。

（三）机制

在充分认识到内因是变化的根据的同时，也不能忽视外因是变化的不可或缺的条件，要实现防止和避免公诉案件无罪生效裁判的目标，还应当关注外因对内因的促进作用，重视机制建设。畅通的运行机制代表着内在机理与外部环境的有机协调一致。

一是内部机制。这是指检察机关乃至整个系统内部的机制。从纵横双向管控的角度考虑，至少应健全三项机制：其一，备案机制。要严格建立省市两级院对每一起无罪生效裁判的备案审查。严禁下级院的瞒报漏报，严禁上级院备而不查。一方面，这些生效裁判不一定正确，对不正确的，要及时启动再审抗诉；另一方面，就其中的存疑无罪裁判而言还有一道救济程序，这就是发现了新的事实、新的证据，还可以重新起诉。其二，问责机制。问责应当区别不同情况，对于故意违反法律程序和有关规定，或者工作严重不负责任，导致案件实体错误以及造成其他严重后果，产生恶劣影响的，要依法依纪问责；对于冤假错案瞒报不报，压而不查，故意拖延不及时纠正的，实行严格追责；对于无故意或过失而导致的无罪生效裁判，则应及时总结经验教训，把握发生规律，对症施策。在问责过程中，也要区分不同的责任主体和不同的情节程度。其三，考评机制。考评机制应当科学、理性，在对单位及相关业务的评价中，实行一票否决的应该界定在依法依纪应当问责的案件范围内。需要指出的是，对无罪生效裁判的严格考评，可能产生不起诉案件增多，撤诉案件增多等影响，检察机关也应当根据各类问题的自身特点、规律加以区别对待。考评的核心内容是考察法律监督职能履行程度以及法律监督目标的实然效果。为防范无罪生效裁判，对可能判处无罪的案件，要严格规范各级院的审查研究制度，发挥检察机关专职委员、检察委员会乃至咨询专家等各层次的作用，要严格规范下级的请示和上级的审查答复制度。同时，上级院要强化对下级院的指导，上级院的研究室、案管中心、业务部门要联合定期对各时期发生的无罪生效裁判案件作系统深入研究。针对形成的各种原因，提出指导意见，对于呈类型性的问题，通过上级公检法的联席会议，形成统一认识，实施规范性指导。二是对外机制。指的是检察机关与其他有关机关的协调机制。其一，交流合作机制。重点是与辩护人尤其是执业律师的交流合作。要严格按照修改后《刑事诉讼法》的要求，细心倾听、收集并及时研判辩护人意见，高度重视其中的无罪意见，认真核查有关非法侦查活动的控告线索，及时受理并落实律师关于取证的申请，严格依法履行维护律师权益的法定职责，建立健全控辩双方在防范无罪裁判特别是防止冤假错案方面的互动机制。其二，侦查监督机制。要针对司法实践中突出存在的问题，完善侦查监督机制，在强化监督中形成侦查机关（部门）与检察机关在防止无罪裁判中的互动和合力。其三，检法之间的互动机制。与法院既要重视沟通，又要注意制约，还要强化监督。沟通是指在诉讼过程中就实体法疑难问题的把握，对证据采信规则的把握，对证据确实充分标准的把握等，在沟通中化解分歧、统一认识，确保法律的统一正确实施。同时，注意有效借助庭前会议、延期审理、撤回起诉等程序，针对在审判环节中发现的新问题及时补充证据，防范无罪裁判。制约是指自觉接受审判对指控的制约，实事求是面对正确的无罪裁判。监督是指强化对错误的无罪裁判的监督，对徇私枉法而导致的有罪判无罪现象，要及时跟进立案侦查措施，强化监督力度。

合适成年人参与诉讼制度探析*

李明蓉　李晓郭**

全国人大于 2012 年 3 月对刑事诉讼法做出一系列修改,有关未成年人条款的修改是其中一大亮点,虽然第 270 条没有采用"合适成年人"进行表述,但实质上是关于合适成年人参与诉讼程序的规定:一方面,提高合适成年人在场的强制性,将原刑事诉讼法"可以通知犯罪嫌疑人、被告人的法定代理人到场"修改为"应当通知犯罪嫌疑人、被告人的法定代理人到场";另一方面,扩大合适成年人范围,一旦"无法通知、法定代理人不能到场或者法定代理人是共犯的,也可以通知未成年犯罪嫌疑人、被告人的其他成年亲属,所在学校、单位、居住地基层组织或者未成年人保护组织的代表到场,并将有关情况记录在案"。

一、司法实务中合适成年人参与诉讼制度存在的若干问题

(一) 合适成年人在场的法律效果较弱①

刑事诉讼法强制合适成年人在场的规定,较之原刑事诉讼法是一种进步,但是美中不足。在外来务工人员较多的地区,特别是一些经济发达的沿海城市,居住的未成年人主要有三类:第一类是本区居民养育的未成年人,第二类是随亲戚或者认识的老乡、朋友入城生活、打工的未成年人,第三类是外来务工人员入城后养育的未成年人。后两种情形下,未成年人的近亲属无法在场、不便在场的情况时有发生,《刑事诉讼法》第 270 条并未强制其他合适成年人在场,"可以"的规定成为部分司法机关拒绝通知其他合适成年人的理由,"有碍侦查或者无法通知"的用语成为部分司法机关拒绝合适成年人在场的借

---

　* 原文发表在《中国刑事法杂志》2014 第 4 期。
　** 作者单位:福建省人民检察院。
　① 宋英辉:《未成年人刑事司法的模式选择与制度构建》,载《人民检察》2011 年第 12 期。

口，加上条文依旧没有解决"未通知其他合适成年人情形下进行讯问"的法律后果，合适成年人参与未成年人刑事诉讼程序的强制性难以得到保障。

另外，根据《刑事诉讼法》第106条，"法定代理人"的范围不仅包括未成年人的（养）父母，而且包括"监护人和负有保护责任的机关、团体的代表"。且不说这样的"法定代理人"范围与《未成年人保护法》的"监护人"范围、《民法通则》的"监护人"范围无法衔接，与同法第270条的后半段"其他成年亲属、所在学校、单位、居住地基层组织"也产生重叠问题，增加了选择合适成年人在场的操作难度。①

（二）未能解决法定代理人、律师以及其他合适成年人关系冲突的问题

这三种身份在刑事诉讼中对未成年人的影响不同，在诉讼过程中起到的作用也不同。《刑事诉讼法》第270条虽然没有明确将合适成年人的选择权授予哪个机关或者个人，但是部分司法机关片面追求效率、带有倾向性选择合适成年人参与诉讼，未与未成年犯罪嫌疑人进行充分、有效沟通，以致引发未成年人的抵牾心理。外来务工人员流动性大，部分犯罪嫌疑人、被告人因为担心遭到父母的打骂而不愿意提供相关的联系方式，在这种情况下选择其他合适成年人参与讯问和审判活动，既能较早进行讯问工作，又能安抚当事人的情绪、促使其配合取证、调查。如果犯罪嫌疑人、被告人与司法机关产生对抗，不仅影响合适成年人参与诉讼的效果，而且增加办案难度。另外，律师在担任合适成年人之后，能否更换身份，作为辩护人参与庭审，理论界存在不同意见。

（三）合适成年人在诉讼过程中的权责不明

尽管合适成年人的作用不同于未成年人的父母、聘请的律师，在诉讼过程中是以中立者的身份出现，但是职责不应仅仅是代为"行使犯罪嫌疑人、被告人的诉讼权利"，完全可以更为积极的态度参与诉讼过程，增强这项法律制度的实践效果。部分合适成年人在讯问、审判过程中"走过场"，事前并未了解情况，临场才与未成年犯罪嫌疑人、被告人进行简单沟通，更多时间是旁听、很少发言，讯问结束后就与未成年人失去联系，甚至为了尽快结束讯问，对部分办案人员的违法行径"睁一只眼闭一只眼"；部分合适成年人因为工作繁忙无法履行职责，出现迟到、早退的现象；部分合适成年人虽然有一腔热

---

① 王婧：《犯罪嫌疑人未成年亲属作证之保护——由"校长拒绝警察询问学生"切入》，载《政法论坛》2012年第6期。

忧，但是缺乏未成年人工作经验，反而使未成年犯罪嫌疑人、被告人更加紧张，影响讯问、审判的正常进行；还有部分合适成年人法律知识缺乏，凭主观做事，影响了司法机关的办案工作。如何做到权责相适应，需要明确思路和出台具体措施。

（四）合适成年人参与诉讼制度的配套措施欠缺

以看守所为例，合适成年人参与讯问前需要向看守所提供介绍信及自身身份证，并且所持介绍信必须经过看守所当日值班所长签字。多数看守所相关的硬件配套设施未到位。最常见的，看守所配备的椅子为 2 张，在对未成年犯罪嫌疑人提审时，至少需要 2 名检察人员及 1 名合适成年人，造成 1 人全程站立完成讯问的情况。

（五）合适成年人队伍建设需要进一步设计和完善

如何保证参与诉讼的合适成年人具有"合适性"，比较重要的内容，例如合适成年人的范围、素质、组织，《刑事诉讼法》第 270 条均未能进行引导或者细化，仅仅是"原则上"提高合适成年人在场的强制性。只有原则规定而无具体做法（细则）的情况引发诸多问题，比如许多司法机关未建立合适成年人数据库，也没有提供培训课程，引发人民检察院与公安机关讯问时期存在不同人选，甚至出现在审查起诉期间，因为合适成年人的不当言行，若干次更换合适成年人在场的情况。另外，合适成年人制度的经费基本取决于被聘请单位的财政状况，中国幅员辽阔、地区差距较大，一些地区甚至出现合适成年人没有获得补助引发消极怠工的情况。

二、合适成年人参与诉讼的功能定位

合适成年人参与诉讼制度源于 1972 年发生在英国的肯费特（Confait）案，这起差点导致 3 名未成年人牢狱之灾的案件是 1984 年《警察与刑事证据法》（The Police and Criminal Evidence Act 1984）制定的一个原因，也引出了合适成年人（appropriate adult）参与诉讼制度。英国政府于 1988 年公布的《犯罪和骚乱法》（Crime and Disorder Act 1998）又一次强化合适成年人的法律地位；合适成年人参与讯问的主要作用是帮助未成年犯罪嫌疑人或者存在精神障碍的犯罪嫌疑人与警察进行沟通，给予除法律咨询以外的咨询建议，同时监督警察在讯问中的行为、确保行为的合法性，并维护涉案人员的权益。继英国之后，其他欧美国家虽然在做法上存在些许差异，但是都先后确立此项制度。[①]

引入合适成年人制度不仅符合国际法，比如联合国《儿童权利公约》（Convention on the Rights of the Child）（"所有被剥夺自由的儿童应受到人道待遇，其人格固有尊严应受尊重，并应考虑到他们这个年龄的人的需要的方式加以对待"；"所有被剥夺自由的儿童均有权迅速获得法律及其他援助"）和《少年司法最低标准规则》（Juvenile Judicial Minimum Standard）（"在诉讼的各个阶段，应当保证基本程序方面的保障措施，诸如假定无罪指控、罪状通知本人的权利、保持沉默的权利、请律师的权利、要求父母或母亲或监护人到场的权利、与证人对质的权利和向上级机关上诉的权利"），而且符合我国未成年人刑事政策（"教育、感化、挽救"为方针，"教育为主、惩罚为辅"为原则）。虽然"合适成年人"目前还不是我国的一个正式法律概念，内涵和外延缺乏统一定义，存在一定争议，也不具有诉讼参与人的地位；但是实践中已有多种模式，各地开展的试点突破了合适成年人主要适用于侦查讯问的阶段，延伸到公诉及审判阶段。[②] 可以明确的是，合适成年人在场是国家赋予未成年犯罪嫌疑人、被告人的一项诉讼权利，目的在于保护未成年人合法权益，对应的是合适成年人安抚、沟通、监督三项功能。

首先，安抚功能。未成年人处于特殊时期，在刑事诉讼过程中容易产生畏惧、不安的心理。合适成年人处于中立，有利于缓解未成年人与讯问人员、审判人员之间对立、紧张的气氛，疏导、解决未成年人在讯问、审判过程中出现的生理、心理问题，使其在情感上得到慰藉。

其次，沟通功能。犯罪嫌疑人、被告人对讯问人员、审判人员极易存在抵触、戒备心理，加上法言法语的使用，双方的交流沟通存在一定障碍；未成年人可能不理解办案人员的问题，又无法预知自己的行为后果。合适成年人的社会阅历、相应的知识储备能够帮助未成年人理解来自办案人员的问题，准确表达自己的意图，预测行为后果；又能够协助办案人员在一个气氛较为宽松的环境下进行讯问、审判，减少未成年人的抵触、戒备心理，提高诉讼效率。

最后，监督功能。对于犯罪嫌疑人、被告人来说，侦查讯问阶段是容易被侵害的环节。作为中立一方的合适成年人介入诉讼程序，不仅可以避免办案人员刑讯逼供等违法违规行为的出现，而且可以监督办案人员的其他履职行为，

---

① 杨飞雪、袁琴：《合适成年人参与制度的比较研究》，载《预防青少年犯罪研究》2014 年第 2 期。

② 赵旭辉：《合适成年人到场的制度设计与实现路径》，载《公安研究》2013 年第 11 期。

比如是否告知未成年犯罪嫌疑人、被告人相关权利，是否存在有损未成年人人格尊严的行为。同时，合适成年人在场也有利于提升口供的证明力，降低外界对证据的质疑，提升司法公信力。

三、合适成年人参与诉讼制度的定位及设计

（一）强化合适成年人参与诉讼的法律效果

法律责任的缺失将影响司法适用的效果，需要补充合适成年人参与诉讼制度的一项核心规定，即违反该制度后应当承担的程序后果。司法机关不可以"无法通知"、"经费不足"等理由拒绝通知合适成年人在场。合适成年人在场制度起源于英国，借鉴其经验，我国应当规定"在没有合适成年人在场的情况下，不能对未成年人进行逮捕、讯问、拘留和控告"；"讯问未成年人时，如果没有合适成年人在场，犯罪嫌疑人的供述不得作为定案的根据"；"如果讯问笔录没有合适成年人的签名或者其拒绝签名，讯问笔录应当被视为非法证据予以排除"。[1] 另外，在尊重未成年人的前提下选择合适成年人在场，保证讯问工作的畅通和有序。

（二）将律师排除出合适成年人范畴

笔者赞成其他学者的意见：[2] 首先，律师在场制度作为辩护律师的权利，也是包括未成年人在内的所有犯罪嫌疑人的权利，具有双重属性；而合适成年人在场制度侧重于作为未成年犯罪嫌疑人的特权。其次，就资质而言，能够介入讯问的律师是专业（法律）人士，而在场的合适成年人虽然要求其具备一定的法律知识，但是社会更注重其作为"准家长"的技能。再次，虽然律师制度和合适成年人在场制度部分功能一致，比如，两者都具有监督属性、见证讯问合法性、提高口供证明力、维护未成年人合法权益、为未成年人提供心理支持，但是也存在区别。其一，律师在场主要是为未成年人提供法律帮助，而这并不是合适成年人的主要职责也并非其专长。其二，由于律师是受犯罪嫌疑人委托或者指定的辩护人，基于职业伦理的要求，律师不宜具有教育的功能，尤其不宜具有教育犯罪嫌疑人认罪服法的功能。其三，律师虽然也可以发挥抚慰未成年犯罪嫌疑人心理的作用，但是更有可能的一种情况，律师到场不仅没

---

[1] 刘芹：《"中欧少年司法制度——合适成年人参与制度研讨会"会议综述》，载《青少年犯罪问题》2003年第3期。

[2] 姚建龙：《论合适成年人在场权》，载《政治与法律》2010年第7期。

有减少讯问过程对未成年人的心理伤害，反而增添了紧张性和对抗性，甚至强化了对未成年人的司法伤害，而合适成年人到场能够缓和局面，也不会增加对抗性。其四，律师属于犯罪嫌疑人的辩护人，协助沟通并非律师制度的主要功能，甚至其也不应具有这一功能，这在赋予了犯罪嫌疑人沉默权（比如米兰达警告）的国家尤其突出。最后，从操作角度看，合适成年人在场权较之律师在场权更具有可行性，例如其推行的成本相对低廉、推行的阻力相对较小、对侦查效率的妨碍相对较低。

（三）做好合适成年人队伍的建设工作

合适成年人参与诉讼制度要发挥应有的功效，离不开一支相对稳定的具备专业能力、较高综合素质的队伍。建立合适成年人队伍是国家的责任，应该由司法行政部门牵头，整合社会资源，探索建立一套合适成年人选拔、培训和考核的机制。首先，合适成年人招募采用自愿加推荐原则，可由所在区县的司法行政部门牵头，由工会、妇联、居委会、关心青少年工作委员会等团体组建合适成年人选拔机构，在每年的固定时间进行宣传和前期招募工作；适当减少具有行政职务的合适成年人数量，选择一些工作时间相对自由、责任感强的人员来充实队伍。禁止下列人员成为合适成年人：（1）案件的共犯；（2）正在被执行刑罚的人；（3）依法被剥夺、限制人身自由的人；（4）无行为能力或者限制行为能力的人；（5）公安机关、人民检察院、人民法院、国家安全机关的工作人员和职业律师；（6）与本案审理结果有利害关系的人。其次，建立合适成年人备案制度。各基层司法行政部门结合本地区实际，对招募的候选人进行法律培训，合适成年人选拔机构进行心理学培训，使其掌握能够适应刑事案件需求的、基本的法律知识和心理学知识。司法行政部门和合适成年人选拔机构通过模拟（现场）考试共同确定合适成年人的最终名单。再次，司法行政部门应当负责合适成年人的初任培训、定期考核和专项训练。初任培训目的在于让合适成年人明确职责定位，了解相关法律法规以及权利义务，对于可能出现的情况有处置及应对准备；定期考核目的在于处理实践中的新问题、新情况；专项培训目的在于将修订变化后的法律法规及司法解释对合适成年人予以讲解，提高能力。各基层司法行政部门结合法律法规以及政策文件精神，与合适成年人选拔机构共同制定考核计划，每半年对合适成年人考核一次，及时淘汰考核不及格人员；对于在审查起诉过程中没有履行相关职责的合适成年人，合适成年人选拔机构应当及时指出并予以纠正；情况严重的，通知基层司法行政部门，重新进行考核，不合格者撤销合适成年人资格，并追究涉嫌违法犯罪的合适成年人的法律责任。对于已经通知到场的合适成年人，如果无正当理由早退、迟到，可由合适成年人选拔机构联系所在单位，予以适当处分。最后，合适成年人的申请、批准、入册、延期及开除等程序可以适当简化，合适成年人名册半年更新一次，除非主动提出申请，否则司法机关应当留用通过考核的人员。基层司法行政部门自主授予合适成年人资格，报上级部门备案，由省级司法行政部门制定辖区内的合适成年人名册，方便定期开展全省不同范围的合适成年人经验交流。① 此外，划拨出专门经费保障合适成年人在场制度的运行，列入司法行政机关业务经费，由同级政府予以保障。经费分成三部分：一部分是合适成年人招募、考试、考核及培训费用；另一部分是合适成年人参与讯问的补助，以本区域城镇人口平均日工资为基准，可适当上浮；还有一部分是机动经费，以本区域最近 2 年合适成年人支出作为参考。

（四）明确合适成年人的权责

其一，知情权。合适成年人参与刑事诉讼程序前有权向司法机关了解基本案情及未成年犯罪嫌疑人的基本信息，主要包括身份信息、家庭背景和成长经历，方便合适成年人与未成年人之间的沟通、交流。其二，异议权。合适成年人在讯问、审判过程中，当发现办案人员存在不法、不当行为时有权提出异议；有权查阅、核对讯问笔录，对于违规、违法行为有权拒绝签字。其三，参与权。虽然法定代理人可能因故或者不适合作为合适成年人在场，但是办案人员必须通知其他合适成年人参与诉讼。合适成年人认为有必要参与讯问过程而司法机关未通知其到场时，有权向司法机关要求参与。另外，参与刑事诉讼程序的合适成年人应当做到：其一，不得干扰司法程序。合适成年人作为中立的一方，非因正当理由不得要求司法人员中止正在进行的诉讼程序，不得干扰和阻碍正常的司法过程。其二，到场义务。合适成年人一经选任、通知后应当积极、妥善履职，无特殊情况不得中途退出；在讯问、审判阶段，保证与未成年人之间必要的交流，对未成年犯罪嫌疑人进行心理疏导、稳定情绪；未成年人生理或者心理上不适合接受讯问时，合适成年人提出异议并要求中止讯问。其三，保密义务。合适成年人应当对所了解的案件信息和当事人情况予以保密。其四，回避义务。合适成年人发现本人不宜参加或者有其他情形需要回避时，应及时申请回避。

---

① 朱萍：《合适成年人参与未成年人刑事诉讼的问题及完善建议》，载《犯罪研究》2012 年第 2 期。

（五）做好未成年人刑事案件的社会调查工作

作为 2012 年法律修改的一个亮点，《刑事诉讼法》第 268 条同意"人民检察院办理未成年人刑事案件，根据情况可以对未成年犯罪嫌疑人、被告人的成长经历、犯罪原因、监护教育等情况进行调查"。笔者认为可先行制定规范性文件，力争在处理每一个未成年人刑事案件时，都进行社会调查。前述组建的合适成年人选拔机构接受委托后，从合适成年人名册中指派 2 名以上（含本数）人员进行社会调查。由于未成年犯罪嫌疑人以在校生居多，因此合适成年人选拔机构除了调查未成年人的家庭（近亲属）、邻里，也必须调查其所在学校（老师、同学）。[①] 调查人员可以依据本地区特色，制作未成年人人身危险性预测表，由被调查者如实填写。合适成年人选拔机构的调查内容应当制作成笔录或者录音、录像，由司法行政部门保管，作为审查起诉的依据之一。调查人员与参与讯问、审判过程的合适成年人可以是同一人，这样便于合适成年人的角色担当。尽量保证同一个合适成年人参与未成年人刑事案件，整个诉讼阶段由同一合适成年人参与。在未成年人案件中，合适成年人、人民监督员等制度如果可以进一步衔接，整体的效果会更好。

（六）建立协调员值班制度，特别是在没有合适成年人选拔机构或者合适成年人选拔机构正在筹备中的地区

当办案人员讯问未成年嫌疑人时，应当先通过协调员联系合适成年人；协调员根据案情、社会影响、交通状况，选择合适成年人参与讯问。派出合适成年人之前，协调员负有告知义务：一方面告知办案人员有关合适成年人的信息；另一方面告知合适成年人可以了解的案情及司法机关掌握的证据。协调员采取 24 小时值班制度，并且当原定的合适成年人不能及时到达讯问场所时，协调员有责任联系其他合适成年人；安排合适成年人采取就近、经济原则。[②] 协调员或者办案机关应当事先将全区合适成年人名单向看守所予以备案，简化合适成年人进出看守所的手续；看守所也应为合适成年人制度提供便利，完善相关基础设施。

---

① 刘立霞：《合适成年人社会调查研究——以未成年人犯罪嫌疑人、被告人为视角》，载《青少年犯罪问题》2008 年第 4 期。

② 林志强：《第二次"中欧少年司法制度——合适成年人参与制度"研讨会会议综述》，载《青少年犯罪问题》2003 年第 6 期。

刑法、刑事诉讼法执行中的问题及建议 *

河南省人民检察院课题组 **

一、刑法执行中遇到的问题

（一）关于危险驾驶罪

《刑法修正案（八）》在 1997 年《刑法》中增设了第 133 条之一危险驾驶罪，规定"在道路上驾驶机动车追逐竞驶，情节恶劣的，或者在道路上醉酒驾驶机动车的，处拘役，并处罚金"。针对该条规定，最高人民法院、最高人民检察院、公安部 2013 年 12 月联合印发《关于办理醉酒驾驶机动车刑事案件适用法律若干问题的意见》（法发〔2013〕15 号），规定："在道路上驾驶机动车，血液酒精含量达到 80 毫克/100 毫升以上的，属于醉酒驾驶机动车，依照《刑法》第 133 条之一第 1 款的规定，以危险驾驶罪定罪处罚。"

按照刑法规定，危险驾驶罪法定刑为"拘役并处罚金"，没有情节方面的选择，也没有其他量刑刑种和量刑幅度。但是，各地在办案中存在处理标准不统一、情节认定不统一的问题，主要表现在：对于什么是"情节恶劣的"追逐竞驶，没有相关的司法解释或规范性文件予以规定，在适用时还存在理解不一致、认定标准不一致等问题，难以形成对这类犯罪的有力打击。

【建议】一是统一对追逐竞驶"情节恶劣"的认识，从追逐竞驶的场所、时间、速度、危害后果等方面对情节恶劣予以细化，便于实践操作。二是严格规范对危险驾驶犯罪案件的处理，统一定罪和量刑标准，正确处理、有力打击醉酒驾驶行为。

（二）关于非法吸收公众存款罪

当前，各地非法吸收公众存款现象较为突出，形势严峻。这类案件呈现出

---

* 本书在收入时有摘删，标题有所改动。

** 课题组成员：贺恒扬、冯中华、郭建新、侯民义、封勇、杨飞、钱叶兆、邱惠敏、吴建民、杜润森、刘晓阳。

涉案数额动辄上亿、涉及人数众多、返还比例低、周期长、易引发连锁反应和群体性事件等特点，严重危害国家金融秩序、人民群众财产安全和社会稳定。遇到的问题主要有：

一是非法吸收公众存款罪与集资诈骗罪难以区分。两罪的主要区别在于是否以非法占有为目的。涉嫌集资诈骗的犯罪嫌疑人往往辩解自己没有非法占有的目的，在犯罪时又使用"后账归还前账"等作案手段掩盖其非法占有的目的，其主观心态究竟是为了使用还是非法占有，不易把握或认定。二是犯罪数额不好查清，取证困难。非法吸收公众存款犯罪涉及的被害人人数多、地域分布广。有的被害人不了解案情，不知被骗；有的发现被骗后心存侥幸，希望能让犯罪嫌疑人继续经营，以获取预期收益；有的是公务员身份，被骗后不敢到司法机关报案或登记，不愿意配合调查取证；有的持有的"投资"证明与实际投入的数额不相符，对犯罪数额的调查取证和认定造成很大影响。三是犯罪引发的其他问题难以处理。由于非法吸收公众存款犯罪案情复杂，又具有隐蔽性，受害群众的投资款有的被犯罪嫌疑人用于投资转贷、风险经营，有的被其非法占有、挥霍，大部分资金无法追回，经济损失非常严重，成为被害人集体上访、影响社会稳定的直接诱因。各地在办理这类案件时不敢轻易查处，既担心不打击犯罪造成严重后果，更担心一旦打击出现资金链断裂，被害人倾家荡产、社会动荡等局面。四是立案和量刑标准有待完善。

【建议】一是对非法吸收公众存款罪办理情况开展专题调研，系统地研究办理此类案件过程中存在的各种问题。二是针对发现的问题，有针对性地规范这类案件的办理，适时出台办案指导性意见。

（三）关于寻衅滋事罪

寻衅滋事罪侵犯的客体是社会公共秩序，有时还侵犯公民的人身权利和财产权利。按照《刑法》第293条及"两高"《关于办理寻衅滋事刑事案件适用法律若干问题的解释》（法释〔2013〕18号）的规定，公民对政府机关的闹访、缠访等非法信访行为不适用寻衅滋事罪。实践中对寻衅滋事罪"情节恶劣"的理解和把握也存在困惑，"两高"《关于办理寻衅滋事刑事案件适用法律若干问题的解释》第3条把《刑法》第293条第1款第二项规定的"情节恶劣"限定为六种情形，其中，在"（一）多次追逐、拦截、辱骂、恐吓他人造成恶劣社会影响的；……（三）追逐、拦截、辱骂、恐吓精神病人、残疾人、流浪乞讨人员、老年人、孕妇、未成年人造成恶劣社会影响的……（五）严重影响他人的工作、生活、生产、经营的"等规定中，对"造成恶劣社会影响"、"严重影响他人工作、生活、生产、经营"的，这两类犯罪情节没有明确标准，给办理造成困扰。

【建议】一是统一规范对非法信访案件定罪的标准和条件，明确工作要求。二是对寻衅滋事罪的情节设定明确的操作标准，便于实践执行。

（四）关于组织、领导、参加黑社会性质组织罪

执行中的问题主要有：

一是对黑社会性质组织犯罪特征的认识存在分歧。《刑法》第294条明确规定了黑社会性质组织应当同时具备四个特征，对此公检法把握标准不一致，对于某些犯罪团伙是否符合四个特征存在不同认识。二是存在人为拔高、打击面过宽的情况。三是对黑社会性质组织经济特征的认定困难。黑社会性质组织获取经济利益的目的是否必须用来支持该组织的犯罪活动，在实践中认识不一，影响对犯罪性质的认定。

【建议】进一步明确和细化构成组织、领导、参加黑社会性质组织罪的具体要件和标准，消除认识分歧。

二、修改后刑事诉讼法执行中遇到的问题

（一）关于检察机关受理案件审查

《人民检察院刑事诉讼规则（试行）》（以下简称《刑事诉讼规则》）第153条至167条规定了人民检察院案件受理程序。执行中的问题主要有：

一是案件管理部门受理案件时没有实体审查权限。由于案件的类别和具体情况不同，案件管理部门对案情掌握不全面，与业务部门以往受理案件的标准出入较大，使一些不符合受理条件或材料不完备的案件进入检察环节。二是一些案件受理后滞留在检察环节无法处理。修改后刑事诉讼法和《刑事诉讼规则》取消了关于中止审查的规定，案件在检察环节不能中止审查，不能撤销案件，只能作出不起诉决定。依照原《刑事诉讼规则》规定应予中止审查的情形，如犯罪嫌疑人在审查起诉过程中潜逃、患有精神病或其他严重疾病不能接受讯问、丧失诉讼行为能力的案件，滞留在检察环节无法处理。虽然2013年12月最高人民检察院《对审查起诉期间犯罪嫌疑人脱逃或者患有严重疾病的情况应当如何处理的批复》规定，检察机关遇到此类情形可以采用释放或变更强制措施、到案后重新移送、退回补充侦查等方式解决，但是在执行中仍然可能存在退补期间不到案、到案后再次脱逃、犯罪嫌疑人长期患病等难以处理的情况。三是改变管辖权的公诉案件移送期限过短。《刑事诉讼规则》第362条第1款规定，公诉部门收到移送审查起诉的案件后，经审查认为不属于

本院管辖的，应当在五日内经由案件管理部门移送有管辖权的人民检察院。一些疑难、复杂的案件，改变管辖要经过公诉部门审查、提请讨论决定、移交案件管理部门、移送有管辖权的检察院等多个环节，《刑事诉讼规则》规定的五日期限过短，不能适应工作需要。

【建议】一是在《刑事诉讼规则》第153条中增设案件管理部门对案件管辖和实体审查方面的规定，赋予案件管理部门一定的审查时间。二是在第154条中增设经审查后不予受理案件的情形。增设检察环节对案件中止审查情形的条款。三是延长第362条第1款中决定和移送期限。

（二）关于行政执法机关收集的证据转换

修改后《刑事诉讼法》第52条第2款规定，行政机关在行政执法和查办案件过程中收集的"物证、书证、视听资料、电子数据"等证据材料，在刑事诉讼中可以作为证据使用。对此，《刑事诉讼规则》第64条第2款、第3款进行了补充规定，行政机关在行政执法和查办案件过程中收集的"鉴定意见、勘验、检查笔录"，经人民检察院审查符合法定要求的，可以作为证据使用；确有证据证实涉案人员或者相关人员因路途遥远、死亡、失踪或者丧失作证能力，无法重新收集，但"供述、证言或者陈述"的来源、收集程序合法，并有其他证据相印证，经人民检察院审查符合法定要求的，可以作为证据使用。但这一规定超越了《刑事诉讼法》第52条规定的可以作为证据使用的情形，与最高法院关于适用刑事诉讼法的解释第65条规定的"物证、书证、视听资料、电子数据等证据材料"不一致，与公安部《公安机关办理刑事案件程序规定》第60条规定的"物证、书证、视听资料、电子数据、检验报告、鉴定意见、勘验笔录、检查笔录等证据材料"也不一致，容易产生分歧。检察机关按照《刑事诉讼规则》转换的言词证据，在审判环节不一定被采信或认可。

【建议】对《刑事诉讼规则》第64条中可转化的证据种类予以完善或修订，或者就该问题等与审判、侦查等职能部门达成共识，联合出台相关规范性文件。

（三）关于公诉案件当事人和解

修改后《刑事诉讼法》第277条至279条规定了当事人和解的公诉案件诉讼程序。执行中的问题主要有：

一是认定"民间纠纷"的标准不统一。修改后刑事诉讼法规定，对于因"民间纠纷"引起的相关案件，双方当事人可以和解。如何界定和把握"民间纠纷"，没有明确标准，基本上凭办案人员的认识和理解。二是和解的程序操作性不强。没有规定和解如何启动、和解的方式、审查批准、备案登记等内容。缺乏和解后对加害人如何帮教以及对被害人怎样补偿，达不成和解后对被害人如何救济等配套制度。三是检察机关适用和解的积极性不高。检察机关办理一个刑事和解案件，缓和当事人之间的对立情绪，需要多次同公安、法院沟通协商，花费大量的时间和精力，因此不愿适用这一措施。四是部分和解案件质量不高。有的案件在侦查环节和解后，办案人员忽视了对事实的继续侦查和对证据的收集固定，这些案件被移送审查起诉后，有的当事人对和解出现反悔，因案件侦查不到位、关键证据缺失导致处理困难。五是和解后的赔偿方式单一，在立法上缺乏统一的标准，容易造成"花钱买刑"的负面影响。

【建议】一是修改《刑事诉讼法》第277条关于"民间纠纷"的表述。二是明确刑事和解的启动、运作、履行、监督等程序。三是统一和解案件赔偿标准，明确不同情形下赔偿的数额幅度。

（四）关于捕后羁押必要性审查

修改后《刑事诉讼法》第93条和《刑事诉讼规则》第616条、第617条规定了羁押必要性审查制度，赋予检察机关侦监、公诉、监所三部门在不同审查阶段对羁押必要性进行审查的职责。执行中的问题主要有：

一是相关法律规定不够明确。对检察机关开展羁押必要性审查的时间、主体、范围、程序、审查内容和审查标准未作具体规定，羁押必要性审查程序操作困难。二是侦监、公诉、监所部门分段审查模式存在弊端，三部门之间缺乏有效的沟通渠道。有的地方对羁押必要性审查交叉启动、重复审理，有的则相互推诿，不利于案件诉讼。三是审查后的检察建议缺乏刚性。《刑事诉讼规则》第621条规定："有关办案机关没有采纳人民检察院建议的，应当要求其说明理由和依据。"但是对于不通报处理情况、不回应建议的缺乏制约措施，强制力不足。四是案件被害人把这一措施当作和解筹码。有的案件被害人在侦查、审查逮捕环节强烈要求逮捕犯罪嫌疑人，把是否继续羁押作为与犯罪嫌疑人进行和解的重要筹码。一旦和解不成，即使已无羁押必要，如果办案机关改变强制措施，便反复申诉或信访。五是法院和侦查机关对这项工作配合不够。法院和侦查机关担心犯罪嫌疑人不羁押会对案件的侦查和审判造成阻力和障碍，有些法院受理检察机关提起公诉的案件时，要求犯罪嫌疑人必须在押，不羁押就不受理案件。

【建议】一是完善羁押必要性审查的工作标准、案件范围、审查主体、启动时间、审查期限及衔接程序。二是建立羁押必要性审查相关信息通报、线索移送工作协调联动机制。三是对没有羁押必要性的犯罪嫌疑人建立必要的替代性措施和风险防控机制。四是把羁押必要性审查工作纳入案件管理系统。

（五）关于讯问犯罪嫌疑人同步录音录像

修改后《刑事诉讼法》第 121 条规定了讯问犯罪嫌疑人同步录音录像制度，《刑事诉讼规则》第 70 条、第 73 条、第 74 条、第 201 条、第 202 条、第 311 条、第 374 条对同步录音录像的调取、运用、移送、庭审出示、保存等作了规定。2014 年 3 月最高人民检察院《人民检察院讯问职务犯罪嫌疑人实行全程同步录音录像的规定》进一步对这项工作予以规范。执行中的问题主要有：

一是全程录音录像执行不到位。有的地方不供不录、先审后录，先"突破"后立案，"突破"后再录像。有的案件不是全程录音录像，不是每次讯问都制作录音录像。客观上也存在设备陈旧、人员不足、部门协调配合不到位、紧急情况来不及录音录像等原因，没有达到凡接触犯罪嫌疑人必录、凡讯问必录、凡搜查必录的工作标准。二是录音录像同讯问笔录不一致，给采信证据带来麻烦。有的笔录与同步录音录像的内容差异较大，对案件重要情节的记载有出入，影响罪与非罪、此罪彼罪、量刑情节轻重的认定。当讯问笔录没有讯问同步录音录像资料，或录音录像与笔录内容不一致时，公检法办案人员和辩护人往往对供述的真实性产生怀疑，对采信哪种供述形式认识不一。三是同步录音录像法庭播放时间长，如何恰当运用值得探讨。全程同步录音录像具有讯问时间长、次数频繁、录制光盘多、有涉密内容等特点。在庭审过程中，当犯罪嫌疑人、被告人提出讯问行为不合法时，公诉人需要把讯问犯罪嫌疑人的同步录音录像全程播放，庭审时间延长，诉讼效率下降。若有选择地播放讯问同步录音录像，又不能全面反映讯问情况，审判人员和辩护人不同意，存在适用难题。

【建议】一是增设全程、全部录音录像的例外情形。二是明确公检法三机关对同步录音录像与讯问笔录不一致时的证据采信规则，统一认识。三是对审判环节如何运用同步录音录像证明证据合法性的方式作出具体规定。

（六）关于公诉案件庭前会议

《刑事诉讼规则》第 431 条规定了公诉人在庭前会议中的工作内容。执行中的问题主要有：

一是法律及相关司法解释没有对庭前会议的召开条件、申请主体、会议程序和效力作出规定，不利于庭前会议的规范运行。二是有些地方庭前会议召集比较随意，审议范围把握不当。《刑事诉讼规则》第 431 条关于非法证据排除、了解辩护人收集的证据等规定在庭前会议中没有得到落实，一些辩护人在法庭审理时搞证据突袭。三是有的地方庭前会议流于形式，在法庭审理过程中，仍然纠缠需要由庭前会议解决的问题，影响庭审效率。

【建议】一是在《刑事诉讼规则》第431条中增加"根据办案需要，人民检察院可以建议人民法院召集庭前会议"的规定。二是对庭前会议的召开条件、申请主体、会议程序和效力等予以规范。

（七）关于简易程序

修改后《刑事诉讼法》第208条至第215条对简易程序作了规定。《刑事诉讼规则》第468条也规定，对于简易程序案件，人民检察院可以相对集中提起公诉，建议人民法院相对集中审理。根据省院公诉部门提供的资料，2012年至2014年全省适用简易程序案件数量依次为19060件、22409件、38971件，分别占当年提起公诉案件总数的37%、47%、43.7%。执行中的问题主要有：

一是简易程序案件庭审前后工作量没有简化。检察机关对简易程序案件没有灵活受理机制，向法院建议适用简易程序的案件，如果被告人在押，还需要到看守所征求其意见。根据修改后《刑事诉讼法》第215条的规定，庭审中发现不宜适用简易程序的，须转为普通程序案件重新审理。简易程序案件的出庭预案、公诉意见、庭审笔录等工作文书以及卷宗装订要求，与普通程序案件相比差别不大，没有得到简化。二是审理期限较短，不能适应实际需要。修改后《刑事诉讼法》第214条规定，适用简易程序审理案件，应当在受理后二十日内审结，可能判处有期徒刑超过三年的，才可以延长期限至一个半月。简易程序案件多是判处三年以下有期徒刑的案件，一般都提起附带民事诉讼或可能判处缓刑。法院对附带民事诉讼需要进行调解，对被告人判处缓刑需经过审委会决定，在二十日内结案困难。有的法院为了争取审理期限，把应当适用简易程序的案件适用普通程序审理。三是公检法的权力运行规律不同，影响简易程序案件的快速办理。公安机关由于办案部门多，案件出口多，实行集中移送审查起诉难度大。法院审判人员分案、确定开庭各有安排，难以统一集中，导致集中移送、集中起诉、集中开庭难以实现。

【建议】一是简化简易程序案件的受理、法律文书的制作、庭审程序的转换启动程序。二是优化公检法简易程序案件移送机制。三是探索不同形式的出庭制度。四是适当延长可能判处缓刑、免刑、附带民事诉讼的简易程序案件审理期限。

（八）关于减刑假释案件开庭审理和庭审监督

最高人民法院《关于减刑、假释案件审理程序的规定》（法释〔2014〕5号）第6条规定了减刑、假释案件应当开庭审理的六种情形。《刑事诉讼规则》第651条规定，人民法院开庭审理减刑、假释案件，人民检察院应当指派检察人员出席法庭，发表意见。执行中的问题主要有：

一是庭审程序的启动缺乏监督。法律没有赋予检察机关启动减刑、假释庭审程序的权利，也没有赋予假释案件的被害人、服刑人员等利害关系人启动程序的相关权利，庭审程序的启动缺乏监督。二是检察人员在庭审中的地位职责不清晰。一些出席案件庭审的检察人员是派驻监管场所减刑假释评审委员会的列席人员，在庭审中的地位和职责不明确。从庭审过程及审理结果的救济看，检察机关在庭审中不参与举证，很少对执行机关的意见提出异议，对裁定结果没有抗诉权。三是法庭审理流于形式。法院每次开庭审理减刑假释案件的数量大、时间短，庭审有形式化倾向，有的法庭审理一案一般在十分钟左右，审判人员很少在庭审中详尽调查，有的法庭扎堆审理，影响了庭审的质量和严肃性。

【建议】一是赋予检察机关对减刑假释庭审程序的启动权和裁判结果的抗诉权。二是出台减刑假释庭审工作办案细则，赋予检察机关在减刑假释案件庭审前的调查制度，明确检察机关的庭审地位和职责。

（九）关于财产刑执行监督

《刑事诉讼规则》第658条明确了检察机关对人民法院执行涉案财产活动的监督职责。2014年最高人民法院《关于刑事裁判涉财产部分执行的若干规定》（法释〔2014〕13号）进一步规范了涉案财产执行活动。根据省院监所检察部门提供的材料，2013年1月至8月，全省关押的罪犯中涉及财产刑的45949人，涉及金额18.45亿元，其中，未执行财产刑的人数和金额分别占67.5%、45.9%。执行中的问题主要有：

一是财产刑的执行主体不统一。根据规定，财产刑由一审人民法院负责执行，但是由法院哪个部门执行却没有规定。有的法院由刑庭执行，有的由执行局执行，有的由审判监督庭或法警队执行，判决与执行之间缺乏内部制约，存在诸多弊端。二是财产刑的执行程序不明确。强制执行、变更执行等没有规范程序。对于被告人死亡、无财产可执行等情况，应中止或终结执行财产刑的，也没有法律依据，长期不能结案。三是财产刑的"随时追缴"不利于执行和监督。《刑法》第53条规定，对于不能全部缴纳罚金的，人民法院在任何时候发现有可以执行的财产，应当随时追缴。实践中，多数罪犯被收监后无法缴纳罚金，被交付执行自由刑的罪犯，原判决法院对其失去控制，刑满释放后，由于人口流动、户籍管理等原因，法院既无能力、也无相应的机制对其财产状况随时监控，随时追缴无法实现，也不利于执行监督。四是财产刑执行方式缺乏规范。有的法院"先收罚金，再作判决"，有的法院对于财产刑的执行实行"不结不立"，只对随案移送赃款赃物、被告人及其家属主动缴纳的案件予以立案，多数财产刑案件没有进入实质意义上的执行程序。有的法院较少运用强制执行方式执行财产刑，执行力度不足。五是法院、监狱、看守所、社区矫正机构缺乏联动和协作。罪犯被交付监狱、看守所服刑之后，财产刑的执行基本处于停滞状态，法院难以对罪犯的财产予以追缴。社区矫正人员的财产刑执行工作无人启动。监狱、看守所、社区矫正机构缺乏相应的联动机制，无法协助法院掌握罪犯财产情况，督促罪犯缴纳罚金。六是财产刑执行监督缺乏明确的操作规范。《刑事诉讼规则》第 658 条没有明确财产刑执行监督的具体程序，没有赋予检察机关对财产刑执行的调查取证权，检察机关无法掌握财产刑执行的相关信息，难以开展监督。

【建议】 一是完善财产刑执行相关制度，明确财产刑的执行主体、强制执行和变更以及追踪执行程序，改善罚金裁量原则。二是监狱、看守所、社区矫正机构在交执行或变更执行中应同时移交财产刑执行情况的相关手续。三是赋予监狱、看守所可根据罪犯改造表现，提出减免罚金刑的建议。四是完善财产调查及随案附卷移送制度，逐步建立财产刑执行同步监督机制。

（十）关于附条件不起诉

修改后《刑事诉讼法》第 271 条、第 272 条、第 273 条规定了附条件不起诉的适用范围、考察方法、撤销情形以及期满后的处理结果。根据省院公诉部门提供的材料，2014 年 1 月至 11 月，全省检察机关作出附条件不起诉决定 327 人，占涉案未成年犯罪嫌疑人总数的 9.1%。执行中的问题主要有：

一是所附条件设置不合理。按照修改后《刑事诉讼法》第 271 条的规定，附条件不起诉需要同时符合"涉嫌刑法分则第四章、第五章、第六章规定的犯罪、可能判处一年有期徒刑以下刑罚、符合起诉条件但有悔罪表现"三个条件，在罪名章节、刑罚期限、所附条件方面都比相对不起诉还要严格，不够合理。二是适用附条件不起诉工作量大。一个附条件不起诉案件需对涉案未成年人进行不低于半年的监督考察、跟踪帮教，在考察前、考察后多次汇报，出具多份法律文书，还需作出两次不起诉决定，首先要作出附条件不起诉决定，之后或者撤销附条件不起诉而直接起诉，或者对考察期满符合条件的再次作出不起诉决定，程序复杂，工作量大。许多办案人员不愿适用这项制度，而选择适用程序相对简便的相对不起诉。三是检察机关在工作中缺乏中立性。检察机关既要作出附条件不起诉决定和不起诉决定，还要负责对被附条件不起诉人进行监督考察、矫治、教育，各种职能一肩挑，影响了司法的中立性。四是有些问题法律规定还不明确。法律规定，人民检察院在作出附条件不起诉决定以前，应当听取公安机关、被害人的意见。但是公安机关、被害人不同意检察机关适用附条件不起诉怎么办，公安机关、被害人的意见能否左右检察机关的附条件不起诉决定等问题，在执行中存在困惑。

【建议】出台关于附条件不起诉工作的实施细则。完善附条件不起诉的适用条件和程序。明确公安机关、被害人意见在附条件不起诉决定中的作用。确定第三方监督考察机构。

技术侦查的法律规制[*]

王　东[**]

　　在当前社会矛盾凸显，刑事案件高发和执法环境日趋规范、严格的社会背景之下，传统的侦查手段应对犯罪愈加显得捉襟见肘。"要捆住警察的右手，就必须放开其左手"[①]。为突破"道高一尺，魔高一丈"的侦查窘境，2012 年的刑事诉讼法修订一方面在强化律师辩护权、严格强制措施适用、完善非法证据排除规则等制度上进一步规范侦查措施，另一方面，也从基本法层面授予侦查机关更为高效的技术侦查权。与常规侦查相比，技术侦查具有主动性、隐蔽性、高效性、策略性等特点，有助于实现侦查实践从重口供等主观证据模式转变为重物证、书证等客观证据模式[②]，能够有效满足犯罪侦查需要；但技术侦查也具有侵犯公民隐私、违背公权职责、破坏社会互信等潜在风险,[③] 斯诺登曝光的美国"棱镜计划"和原重庆公安局长王立军滥用技术侦查等事件也引发公众对技术侦查侵犯人权的现实担忧，故此，技术侦查运用的有效加有限成为一体两面。

　　在破案的现实压力下，技术侦查高效、便捷等固有特点，无疑会使侦查部门对技术侦查的有效利用有着天然的动力，因此本文重点探讨基于这种"天然动力"之下导致技术侦查滥用风险的法律规制。修订后《刑事诉讼法》第二编第二章第八节规定的技术侦查系广义技术侦查，即将字面理解的利用科学技术手段侦查（狭义技术侦查）、乔装侦查和控制下交付均予以纳入。囿于篇幅所限，本文探讨的法律规制主要选取最易侵犯人权且侵害程度更重的"狭义技术侦查"，即在办理刑事案件中，侦查机关（部门）依法运用特定的科学技

　　* 本文刊登于《中国法学》2014 年第 5 期。

　　** 作者单位：天津市人民检察院第二分院。

　　① 陈卫东：《秘密侦查合法化之辩》，载《法制日报》2007 年 2 月 11 日。

　　② 甄贞、张慧明：《技术侦查立法与职务犯罪侦查模式转变》，载《人民检察》2013 年第 9 期。

　　③ 杨志刚：《诱惑侦查研究》，中国法制出版社 2008 年版，第 29 页。

术以秘密的方式收集证据、查明案情的主动性侦查措施。根据监控对象的不同，可分为记录监控、行踪监控、通讯监控和场所监控。根据监控形式的不同，可分为电子窃听（电子侦听）、电话监听、电子监视（控）、秘拍秘录、秘搜秘取、邮件检查等技术性较强的侦查形式[①]和外线侦查中现场谈话窃听、跟踪监视和守候监视等主要靠人体感官的技术含量较少的侦查形式。

伴随着经济社会的发展程度，美、英、德、日等西方法治较为完备国家已经对技术侦查的法律规制措施做出有益探索。"在欧洲人权法院的压力下，将秘密侦查与其他刑事程序整合并因此更好地控制。欧洲法律体系，包括德国、法国和意大利，自 20 世纪 80 年代后期开始已经对秘密侦查系统立法。"[②] 其总的原则概而言之就是比例原则，即技术侦查所求目的与手段运用上应当具有比例性或相当性关系，避免过度干预公民权利。[③] 进一步细化，比例原则又包括：（1）必要性原则，指技术侦查手段的适用以犯罪具备一定严重性程度为前提，如犯罪的严重性程度不足，则不发动该种侦查手段，因而也称为重罪原则；（2）侵犯最小原则，指适用技术侦查手段造成对公民权利干预应当限制在最小限度，即侦查收益应当与权利损害相称，因而也称为相称性原则；（3）最后手段原则，指在其他侦查手段无效的情况下才适用技术侦查手段，即技术侦查手段只是其他侦查手段的补充，因而也称为补充性原则。应该承认，这些原则是建立我国技术侦查法律规制体系应当参考借鉴的，并且也在我国新修订的《刑事诉讼法》及其相关的《人民检察院刑事诉讼规则（试行）》（以下简称《刑事诉讼规则》）、公安部《公安机关办理刑事案件程序规定》（以下简称《程序规定》）中基本得到了体现。例如，技术侦查仅适用于法律规定的重罪，等等。需要探讨的是最后手段原则。

国外适用技术侦查措施之前需要论证常规侦查措施的无效或低效性。我国《刑事诉讼法》第 148 条和《程序规定》第 254 条均规定"根据侦查犯罪的需要"即可采取技术侦查措施，这一用语含义过于宽泛，可以理解为采取其他侦查措施无效、低效而"需要"技术侦查时，甚至也可以理解为我国公安机关采用技术侦查措施不受最后手段原则的限制。笔者认为，原本所谓的"最

[①] 朗胜、王尚新主编：《〈中华人民共和国国家安全法〉释义》，法律出版社 1993 年版，第 72 页。朗胜主编：《〈中华人民共和国人民警察法〉实用问题解析》，中国民主法制出版社 1995 年版，第 80 页。

[②] 转引自胡铭：《英法德荷意技术侦查的程序性控制》，载《外国法译评》2013 年第 4 期。

[③] 宋远升：《刑事侦查的行为视角》，中国人民公安大学出版社 2008 年版，第 111 页。

后手段"，主观判断意义就非常强烈，明确规定的意义在于宣示对公民隐私权给予应有的尊重以及对技术侦查措施滥用风险的警醒，从强化警示角度而言，我国刑事诉讼法应当对"最后手段"原则予以明确。现阶段，公安部的《程序规定》应当借鉴人民检察院的《刑事诉讼规则》第263条予以修改，即明确限定刑事诉讼法"需要"的语义，即"采取其他措施难以收集证据"的情形下适用技术侦查措施。当然，最高人民检察院和公安部规定的不同之处下文论述中还多有涉及，由此凸显我国部门立法的弊端，折射我国立法，特别是关乎公民基本权利的立法，应当由立法机关统一行使并摒弃部门立法问题，在此不再过多赘述。

在上述总体原则指导下，立足实践层面，我们从"实体性规制"、"程序性"规制、"证据可采性"规制三方面，具体探讨我国技术侦查法律规制体系的构建和完善。

一、实体性规制

所谓实体性规制，即对技术侦查适用的对象、时机和期限在法律上予以明确的规定。主要表现为适用对象的有限性、适用时机的恰当性和适用期限的严控性。

（一）适用对象的有限性

适用对象的有限性包括两方面：适用罪名和适用人的限制。

就适用罪名的限制，各国的规定一般有三种模式，即列举具体类型犯罪的模式（德国）[1]、规定一定期限以上刑罚犯罪的模式（荷兰）、列举类型犯罪+规定刑期以上犯罪相结合的模式（美国、英国、日本[2]）。根据干预隐私权的不同程度，各国将不同种类的技术侦查措施区分适用于不同严重程度的犯罪。一般来说，对通讯自由权、住宅权等隐私权干预程度较大的通讯监控、侵入监控、干预财产监控、窃听等适用于较为严重的犯罪；对隐私权干预程度较小的有形监控、业务记录监控、直接监控、电子监视等适用于一般犯罪或没有明确限制。

我国《刑事诉讼法》第148条采用了列举类型犯罪的模式，公安部《程

---

① 参见［德］托马斯·魏根特著：《德国刑事诉讼程序》，岳礼玲、温小洁译，中国政法大学出版社2004年版，第123页以下。

② 参见宋英辉、刘兰秋：《日本秘密侦查手段之评介》，载崔敏主编：《刑事诉讼与证据运用（第一卷）》，中国人民公安大学出版社2005年版，第334页以下。

序规定》第 254 条采用了列举类罪＋规定刑期的模式，检察院《刑事诉讼规则》第 263 条则采用了另一种新型模式——犯罪要素（数额）＋具体罪名的模式。《程序规定》和《刑事诉讼规则》进一步明确了技术侦查措施适用的犯罪种类，增强了可操作性。但"重大"、"严重"、"特别严重"等词语显然内涵不清，在司法适用上弹性很大。而《刑事诉讼规则》所采用的"涉案数额十万元以上"这一标准与"规定刑期"的方式相比则有失科学，随着社会经济发展，这一标准将不可避免地做出相应调整。此外，我国并未将不同的技术侦查手段区分适用于不同的犯罪种类。一方面，可能导致对隐私权干预较大的通讯监控、住宅窃听等措施适用的犯罪种类过多，不利于有效保障人权；另一方面，又可能导致对隐私权干预较小的记录监控、行踪监控、非私人住宅或汽车监控等措施适用的犯罪种类过少，不利于有效侦查犯罪。

由此，笔者建议，根据我国实际，区分技术侦查可能对公民基本权利造成侵害的程度，对通讯监控、监听、窃听，应当采取列举类型犯罪＋规定刑期来界定可采取技术侦查措施的"重大"、"严重"犯罪，即危害国家安全犯罪、恐怖活动犯罪、黑社会性质的组织犯罪、毒品犯罪、贪污、贿赂犯罪、利用职权实施的侵犯公民人身权利犯罪或者其他危害社会的犯罪且可能判处有期徒刑十年以上的案件；而外线侦查类的监控，如记录监控、行踪监控等措施适用的案件范围可不受限制。

就适用人而言，德国对通讯监控和窃听的适用人做出严格的限制，并对技术装备（通讯线路和设备）的使用做出限定。① 我国刑事诉讼法和《刑事诉讼规则》并未做出明确限定。相比之下，《程序规定》第 255 条则有进一步的规定，即"犯罪嫌疑人、被告人以及与犯罪活动直接关联的人员"。但何谓"与犯罪活动直接关联的人员"，该规定并未再做进一步明释。笔者认为，从切实保护公民隐私权的角度出发，刑事诉讼法、《刑事诉讼规则》均应采用《程序规定》的做法，明确技术侦查可以适用人的范围且不宜做扩大解释，该人员应当有迹象显示与犯罪活动在客观或主观上直接相关，突出强调"有迹象显示（证明）"和"与犯罪活动直接相关"，范围可包括共同犯罪人、对向犯、上下游犯罪或关联犯罪的犯罪人、被害人等，而不能仅仅因"关系密切"，笼统地包括配偶、近亲属、朋友、同事等。同时，为特别保护与犯罪嫌疑人有特定职业信任关系的律师、医生、神职人员等人员的特定执业权利，技术侦查不应适用于该类职业群体，类似于我国《刑事诉讼法》第 37 条规定，

---

① 程雷：《秘密侦查比较研究》，中国人民公安大学出版社 2008 年版，第 512 页以下。

辩护律师会见在押和被监视居住的犯罪嫌疑人、被告人时不被监听。

（二）适用时机的恰当性

适用时机的恰当性包括启动技术侦查措施的最低标准和必要性审查标准。

启动最低标准上，美日两国的法律要求适用技术侦查需要满足一定的证据门槛，即"合理根据"或"足以怀疑"。[①] 我国《刑事诉讼法》第 148 条规定，公安机关和检察院需要在"立案"后，即证据须满足立案标准后才能启用技术侦查。在第 107 条规定的立案标准为"发现犯罪事实或犯罪嫌疑人"。应该说，这种启动标准既可以防止技术侦查的恣意使用，也符合技术侦查的用途特征。技术侦查就是应当在侦查早期证据不多的情况下使用，以获得更多的线索或证据，如果启用标准过高，技术侦查的使用价值将大打折扣。需要指出的是，虽然我国法律对启动技术侦查明确要求在刑事立案之后，但王立军事件充分暴露出实践中的滥用多来源于该规定的执行不到位。因此，有必要建立严密的违规启动技术侦查行为惩戒制度，视情节、后果予以政纪直至刑事处罚。

就采取技术侦查措施必要性审查，正如前文论及的，应当进一步明确规定"必要性审查论证"作为启动技术侦查措施的前置条件。此外，刑事诉讼法、《程序规定》和《刑事诉讼规则》均未对适用监控手段的数量做出限定。笔者认为对此亦应一并予以完善，明确规定：能够使用一种或者一类监控手段即可达成侦查目的，就不再使用其他监控手段，如使用移动通讯监控即可达到目的，就不再使用家庭电话监控、行踪监控等手段。

（三）适用期限的严控性

在适用期限上，英国的通讯截获、侵入监控和干预财产监控具有确定的适用期限，一般为 3 个月，可以延长。法国的电讯截留期限最长是 4 个月。继续截留需要按同样的条件、方式和期限重新作出决定。意大利法规定的窃听时间不得超过 15 日，但法官可以采用附理由的命令将此期限延长，每次延长的时间不得超过 15 日。德国对于监视电讯，法官的令状被限制在至多 3 个月的期限，如果相关前提条件继续存在，准许对期限延长每次不超过 3 个月。在荷兰，窃听命令的有效期最多为 4 个星期。有效期可以多次再延长最多 4 个星期。[②] 我国《刑事诉讼法》第 149 条、《程序规定》第 257 条和《刑事诉讼规

---

① 孙长永：《侦查程序与人权》，中国方正出版社 2000 年版，第 154 页。

② 转引自胡铭：《英法德荷意技术侦查的程序性控制》，载《外国法译评》2013 年第 4 期。

则》第 265 条均规定，技术侦查的首次适用期限为三个月，根据侦查的需要可以多次延长，并无最长适用期限的限制。笔者认为，技术侦查措施的适用不宜片面强调有效侦查和司法公正而忽视隐私保护和司法效率，在追求前者目标存在明显困难时，后者的价值应当得到体现。根据我国国情，应当根据隐私权干预程度的不同，对不同的监控措施适用不同的最长适用期限。如在住宅内采取的监控措施可以设定最高期限为六个月；外线侦查类的监控措施可不受时间限制；其余监控措施的最高适用期限为一年。危害国家安全犯罪，因其犯罪的严重性以及侦查的长期性可作为例外，不设最长期限限制。

二、程序性规制

所谓程序性规制，即对技术侦查措施予以过程监管，包括事前批准、事中管控、事后监督等一系列规制措施。

（一）事前批准

各国适用技术侦查的审批模式有几种，一是法官授权 + 检察官授权模式，如荷兰；二是法官授权 + 行政授权模式，如德国；三是法官授权 + 行政授权 + 自行授权模式，如美国；四是法官授权 + 自行授权模式，如日本；五是行政授权 + 自行授权模式，如英国。① 从代表性国家来看，技术侦查的审批机制有法官授权、检察官授权、行政授权和自行授权四种方法，不同国家的审查模式是四种方法中两种或三种方法的结合。一般来说，这四种授权方法对适用技术侦查措施的控制严格程度应该依次降低，法官授权的控制作用最为严格，自行授权的控制作用最为宽松，德国和美国的审批模式应当比英国的控制模式更为符合保障隐私权的要求。但实证研究的结果并未完全印证上述结论。据统计，在德国每 10 万人适用的监听数量为 15 人次；在英国并非想象中应该高于德国的频次，而是大大低于德国的 6 人次；而美国的数量则为 0.5 人次，又较为符合前面得出的一般结论。② 笔者认为，产生这种现象的原因较为复杂。一种可能是因为法官没有发挥出应有的审查作用。因为技术侦查的隐秘性，法官的审查资料由侦查机关提供，缺少当事人参与，法官获取信息的完整性和真实性完全

---

① 参见宋英辉、刘兰秋：《日本秘密侦查手段之译介》，载崔敏主编：《刑事诉讼与证据运用（第一卷）》，中国人民公安大学出版社 2005 年版，第 333 页下；程雷：《秘密侦查比较研究》，中国人民公安大学出版社 2008 年版，第 505 页以下。

② 程雷：《秘密侦查比较研究》，中国人民公安大学出版社 2008 年版，第 453 页、第 520 页。

取决于侦查机关，在信息极度不对称、知情权难以保障的情况下，法官的判断力难以保证。如德国法官对电话监听申请的驳回率仅为 0.4%，在法官的批准令状中有 90% 的案件完全同意侦查机关提供的意见。① 另一种可能是因为除审批机制以外的其他控制性因素亦交织发挥作用。如在英国通过技术侦查获得的材料不能作为证据使用，而只能作为获取证据的线索，这在一定程度上限制了技术侦查的适用。此外，其他监督措施的强度、其他侦查手段的使用程度、司法传统和刑事政策也会在适用技术侦查措施上造成影响。由此反映出事前审批机制是控制技术侦查措施的重要因素，但并非唯一因素。

我国《刑事诉讼法》第 148 条和《刑事诉讼规则》第 263 条均规定适用技术侦查需要"经过严格的批准手续"，但并未对该手续做出详细规定。《程序规定》第 256 条规定采取技术侦查需经过"设区的市一级以上公安机关负责人批准"，即采取行政授权＋自行授权模式。实践中检察机关则根据侦查对象的职级适用相应的审批手续，诸如规定科级及以下级别由省级检察机关主管领导审批，处级及以上级别由省委或中央有关领导审批等，即类行政审批模式。但因检察机关没有执行权，即使检察机关已履行自身审批程序，送交公安机关后，公安机关仍然要履行其内部审批程序，有可能实际成为两套审批。总的来说，无论公安还是检察，均属于内部自我监督式的审批模式，有利于提高效率但并不能很好地控制技术侦查措施的滥用，均需进一步调整。应当重点考虑以下因素：一是技术侦查措施具有隐秘性和风险性特点，其审批模式与常规侦查措施相比应当更为严格；二是审批机制的设计应当符合公安机关负责侦查，检察机关负责侦查监督，法院负责审判的职能定位；三是针对不同的监控措施适用不同的审批模式，建立轻重、缓急结合的审批模式。

由此，调整我国现行技术侦查审批模式，一是明确规定刑事立案审批是技术侦查审批的前置程序，只有涉嫌符合技术侦查适用罪名的事实或者犯罪嫌疑人被刑事立案后，方可启动技术侦查审批，把刑事立案作为启用技术侦查不可逾越的红线，切实把住入口。二是立足监督制约，区分不同技术侦查措施可能侵害公民权利程度不同及案情缓急，立足强化监督制约，细化设置相应的审批程序。如公安机关适用技术侦查时，对在住宅内采取的监控措施以及通讯监控、窃听应当由同级检察机关审批授权；外线侦查手段中的技术侦查措施由侦查机关自行决定；其他类型的监控措施由上一级侦查机关审批授权并报同级检察机关备案。在检察机关适用技术侦查措施时，对在住宅内采取的监控措施、通讯监控应当由省级检察机关侦查监督部门审批授权；外线侦查手段中的技术

---

① 程雷：《秘密侦查比较研究》，中国人民公安大学出版社 2008 年版，第 518 页。

侦查措施由自侦部门自行决定采用；其他类型的监控措施由上一级检察机关侦查监督部门审批授权。一般情况下，采取监控措施需要经过审批后才可执行，如果情况紧急，可能贻误侦查时机，侦查机关可自行采取监控措施，但必须在24小时内按权限报批，如果未获批准，则先前的侦查行为无效，所获得的材料不能作为证据使用。

（二）事中管控

为防止侦查机关滥用权力，各国一般对侦查机关适用技术侦查措施都建立了严格的事中管理机制，即要求侦查机关对通讯监控、电子监控、窃听等监控措施所产生的资料及时封存并交由法官或检察官严格保管，以保证通过技术侦查措施所获材料的真实性、完整性。例如，美国法律要求通讯监控的内容应当尽可能通过设备记录下来，防止政府加以编辑和篡改，并在通讯监控期限届满后立即送交签发令状的法官予以封存。① 我国《刑事诉讼法》并未对监控记录的封存和保管做出规定，同时因为《刑事诉讼法》并未赋予检察机关技术侦查措施的执行权，因而《刑事诉讼规则》也并未对监控记录的封存和保管做出规定。公安部的《程序规定》对监控记录的封存和保管的规定语焉不详，只是在第 260 条要求公安机关应当"严格依照有关规定存放"有关监控记录，实践中则由公安技侦部门单独管理。这种情况极大地限制了事中、事后监督，为侦查机关滥用权力留下空间。笔者认为，应当对技术侦查建立"节点"式过程管控，规定由监控执行人即时将监控情况制成监控记录并在每次监控中断或终止时及时封存，每个月均对技术侦查执行情况形成报告送最终审批决定机关或备案机关，相关机关应当审核，发现不当行为提出纠正意见，发现不应继续采用的，应当及时指令终止技术侦查。在监控最终结束时将封存的记录送交审批和备案单位保管，可能需要作为证据使用部分可截取复制留用并登记在册。

（三）事后监督

事后严密监督制度主要体现在技术侦查执行完毕后的告知程序和外部监督程序。在告知程序上，各国的告知模式可分为两种，一种是混合模式，即附期限与附条件相结合的告知模式，如美国和日本，法律规定在一定期限内应当告知当事人，但在有正当理由或有碍侦查时，可延长告知时间；另一种是附条件

---

① ［美］伟恩·R. 拉费弗、杰罗德·H. 伊斯雷尔、南西·J. 金：《刑事诉讼法》，卞建林、沙丽金等译，中国政法大学出版社 2003 年版，第 314 页。

的告知模式，如德国和荷兰，法律规定某些限定条件消除后才告知当事人。两种模式相比，前者的确定性更强，有利于保障当事人的知情权；后者设置的诸多条件具有不确定性，如侦查目的、公共安全、侦查利益等条件易成为侦查机关不履行告知义务的借口。在外部监督程序上，各国主要有两种方式。一是赋予被监控人诉权，通过民事诉讼（如美国、英国）、司法复议（如日本）、刑事诉讼（如日本）、国家赔偿诉讼（如英国）等方式寻求救济；二是向国会（如日本）或议会（如英国）提交年度报告以审查技术侦查的应用情况①。

在告知程序上，我国《刑事诉讼法》、《程序规定》和《刑事诉讼规则》并无明文规定。但根据《程序规定》第 259 条和《刑事诉讼规则》第 265 条，如果采取技术侦查收集的材料作为证据使用，采取技术侦查的决定书应当附卷，辩护律师可以依法查阅、摘抄、复制。即《程序规定》和《刑事诉讼规则》以阅卷告知的方式客观上起到了告知犯罪嫌疑人或被告人的作用，根据《刑事诉讼法》第 38 条，犯罪嫌疑人或被告人在审查起诉阶段通过辩护律师阅卷可得知其被采取监控措施的相关信息。与一般的告知方式相比，阅卷告知方式存在明显的不足。其一，告知的时间不确定。我国刑事诉讼法并未规定侦查时限，案件侦查终结时间具有不确定性，因而被监控人得知自己被监控的事实在时间上具有不确定性。其二，告知与否不确定。阅卷告知的前提是监控措施所获得的材料作为证据使用，如果监控措施所获得的材料并未作为证据（与案件无关或仅作为线索），则被监控人无法得知被监控的事实。其三，告知的人员范围有限。阅卷告知的对象一般是犯罪嫌疑人或被告人，犯罪嫌疑人或被告人以外的被监控人很难知悉自己被监控的事实。其四，告知的内容有限。阅卷告知的内容一般为采取技术侦查的决定书和通过监控收集到的证据材料，被监控人很难知悉通过监控收集到的其他材料的信息，如与案件无关的信息和个人隐私等。笔者认为，"告知"是技术侦查的阳光化，是对技术侦查最好的制约，虽然只是事后制约。根据我国国情，应当建立附期限和附条件相结合的告知机制。侦查机关应在监控措施结束后至迟 90 日内将技术侦查决定书、监控的所有内容告知被监控人，如有碍侦查，可延长 90 日告知。同时应当明确规定：一旦撤销刑事案件，技术侦查所获取的所有材料应当自撤案之日起 30 日内销毁；未作为证据使用的其他材料，应当在案件终审后 30 日内销毁，切实防止不当利用的可能。

---

① 参见宋英辉、刘兰秋：《日本秘密侦查手段之评介》，载崔敏主编：《刑事诉讼与证据运用（第一卷）》，中国人民公安大学出版社 2005 年版，第 348 页以下；程雷：《秘密侦查比较研究》，中国人民公安大学出版社 2008 年版，第 510 页、第 516 页以下。

在外部监督程序上，我国法律并未赋予被监控人提起民事诉讼、司法复议和国家赔偿诉讼的权利。但被监控人具有通过刑事诉讼寻求救济的权力。即如果被监控人认为侦查机关违法采取监控措施已构成犯罪，可以要求追究相关人员的刑事责任。同时，相关规定也赋予被监控人向检察机关提出侦查监督的申诉权，如依据《刑事诉讼规则》第565条，检察机关可以监督纠正非法采取技术侦查措施的侦查行为。笔者认为，可进一步赋予被监控人申请国家赔偿的权利，《国家赔偿法》应作相应修改，将侦查机关因违法采取技术侦查措施而侵犯公民隐私权的行为纳入国家赔偿范围。此外，我国法律亦未明确规定技术侦查年度报告制度，但技术侦查作为政府工作和司法工作的一部分，政府、检察院或法院可自行决定是否将其体现在其提交人大审议的年度工作报告中。同时根据《人民代表大会代表法》第3条，人大代表也可以质询案的方式对技术侦查的使用状况进行监督。检察机关作为侦查监督机关，亦可结合技术侦查的审批、备案和办案中发现的情况对技术侦查的使用情况进行定期调研分析。但上述监督方法并非强制性监督机制，立法或相关司法解释可考虑将上述年度报告或定期调研分析制度确立为强制性监督机制，通过定期监督的方式对技术侦查在实际执行中存在的普遍性问题进行立法或司法纠正。

三、证据可采性规制

所谓证据可采性规制，即对技术侦查所获材料的证据能力、证据的使用、证据的审查判断等方面做出相应规定，以能否最终作为证明犯罪的证据在诉讼中使用规制技术侦查。应该说，证据可采性规制在技术侦查法律规制体系中相当关键，因为，如果技术侦查获取的材料最终"不可用"，那么，最初采用技术侦查措施就相当程度地失去"滥用"的动力。

在证据可采性方面，各国一般都规定采用技术侦查获取的材料可以作为证据使用，只有英国为了保证通讯截获的秘密性，明确规定通讯截获所获材料不能作为证据使用。在证据的使用上，为保证质证权的有效行使，荷兰法规定由检察官和预审法官确定归入卷宗的技术侦查所获证据的范围。在证据审查判断上，各国都确定了技术侦查的非法证据排除规则，一般认为违反限制技术侦查的核心规定会导致排除非法证据，如非法监听、明显违反司法令状制度、违反封存规定所获得的材料不得作为证据；德国法和日本法承认非法窃听或非法监听所获材料进而派生的其他材料的证据效力，即排除了毒树之果规则的适用①。

在证据能力方面，我国《刑事诉讼法》第152条明确规定采取技术侦查收集的材料可以作为证据使用。在证据收集上，刑事诉讼法确定了严格依法取证原则和保密原则。即要求侦查机关必须严格按照批准的措施种类、适用对象和期限执行技术侦查；对知悉的国家秘密、商业秘密和个人隐私保密，对获取的与案件无关的材料及时销毁。在证据的使用上，规定了证据用途特定原则，即技术侦查所获的证据或材料，只能用于对犯罪的侦查、起诉和审判，不得作为民事或行政诉讼、行政处罚的证据，更不得用于背景调查、权力倾轧、出卖牟利等与追诉犯罪无关的用途。② 需要进一步探讨是证据公开问题。我国《刑事诉讼法》第152条及相关法律规定了有限公开原则，包含以下两层含义：一是证据公开范围受限；二是证据公开程度受限。

从证据公开范围来看，通过技术侦查获得的材料是否作为证据使用或其使用的范围，均由公安机关或检察机关自行决定。如作为证据使用，才会将采取技术侦查决定书附卷，当事人、辩护律师才有可能知悉证据情况并进而进行质证；如不作为证据使用或部分作为证据使用，则当事人和辩护律师对技术侦查使用情况的知情权和质证权就很难全面保障。笔者认为，该规定片面强调了证据最后使用原则，即技术侦查的主要功用在于获得证据线索或衍生其他证据，同时应当考虑使用该类证据可能引发的反侦查、危及侦查人员人身安全等后果，在有其他证据可以使用时，尽量不使用技术侦查所获取的证据③，没有对被告人及其辩护人的质证权给予充分的考虑。通过技术侦查获取的材料无论是否作为证据使用，其采取技术侦查决定书都应当附卷，同时应当制作所获材料目录，由检察机关决定证据的使用范围，这样既保证了检察机关的监督权的有效行使，又保障了当事人及其辩护人知情权和辩护权。

从证据公开程度来看，按照现行相关法律，对使用技术侦查获取的录音、录像等资料，能公开使用的就公开使用，④ 但如果公开使用证据可能涉及国家

---

① 参见程雷：《秘密侦查比较研究》，中国人民公安大学出版社2008年版，第517页、第525页；孙长永：《侦查程序与人权》，中国方正出版社2000年版，第160页；参见［德］托马斯·魏根特著：《德国刑事诉讼程序》，岳礼玲、温小洁译，中国政法大学出版社2004年版，第127页。

② 孙谦主编：《〈人民检察院刑事诉讼规则（试行）〉理解与适用》，中国检察出版社2012年版，第207页。

③ 陈卫东：《理性审视技术侦查立法》，载《法制日报》2011年9月21日。

④ 童建明主编：《新刑事诉讼法理解与适用》，中国检察出版社2012年版，第179页。

秘密、侦查秘密或者严重损害商业秘密、个人隐私，应当采取不暴露技术设备、侦查方法等保护措施，必要的时候，可以由审判人员在庭外对证据进行核实。笔者认为，刑事诉讼法侧重于规定对技术方法的保密，固然有其合理的一面，但其间隐含着对被告人一方质证权保障的忽视。为适当平衡侦查权力和辩护权利，可规定由技术侦查人员出庭接受质证，在不暴露技术设备、侦查方法的前提下，对证据的收集程序、证据内容进行解释，回应辩护方的询问和质疑，更好地保护辩护权的有效行使。

在证据的审查判断上，我国刑事诉讼法和相关司法解释并未具体规定通过技术侦查收集的证据的排除规则，刑事诉讼法第 54 条只对排除非法证据规则做出一般性规定。笔者认为，技术侦查在某种程度上是以侵害公民个人隐私的方式收集证据，故而应当适用更为严格的非法证据排除规则。一是区分技术侦查的违法程度。对于一般违法，如果能够补正或做出合理解释，则可以作为证据；对于严重违法，如主体不适格、不符启动条件、非法授权、违反授权的实体性条件等，则应当排除该证据。二是应当参考英美法系类似"必然发现"例外的排除规则，率先在技术侦查证据可采规则中建立我国有明确例外的毒树之果排除规则，将通过严重违法技术侦查获取的证据衍生的其他证据也一并予以排除，否则，基于技术侦查发现线索和衍生证据的超强能力，技术侦查的各项规制措施将形同虚设。

四、结语

技术侦查是刑事侦查的隐蔽战线，与常规侦查相比，其高效率性与高风险性并存，具有"双刃剑"的显著特点，用之得当，则国家与个人两受其利，用之失当，则国家与个人两受其害。甚而言之，技术侦查是以"小恶"去"大恶"。因此，进一步完善我国技术侦查法律规制十分必要。长期看，应当对技术侦查制定更为严格、周密的法律规制措施，建立良法。短期而言，要更为仰赖执法的良性能动，实现良治。刑事诉讼法修改初定，短期难改，法律执行就更为关键。在法律规定留有诸多自由裁量空间的背景下，侦查机关和司法机关应当本着公正之目的，良善解释和应用法律，自我限缩裁量空间，避免片面强调打击犯罪而忽视权利保障、片面强调实体正义而忽视程序正义，在合理平衡犯罪侦查和权利保障两大刑事诉讼价值的基础上理解和适用技术侦查相关法律，最大限度地实现其正向价值，最大限度地避免其负面损害。

天津检察机关贯彻执行
修改后刑事诉讼法情况的调研报告[*]

韩庆祥^{**}

为全面掌握修改后刑事诉讼法实施以来的具体情况，天津市检察院于2014年上半年成立了专题调研组，对修改后刑事诉讼法的贯彻实施进行专项调研活动，在总结工作经验成效的同时，重点对实施新法过程中存在的问题进行深入剖析，提出有针对性的对策，进而形成了以下调研报告。

一、修改后刑事诉讼法运行难点解析

一年多的实践表明，全市检察机关面对新任务、新情况，攻坚克难、积极应对，依法履职、锐意创新，总体实现了修改前后的顺利对接。但经过一年多的实践也暴露出一些问题，需要认真研究解决。

（一）执法理念有待提升

通过调研发现，一些检察人员的执法理念及方式仍未跟上新形势的要求，传统的执法习惯依然根深蒂固。对于修改后刑事诉讼法的一些原则精神，不了解、不适应、不理解，工作陷于等一等、看一看的被动局面。因此，执法理念上尚需要提升三个方面的意识。

第一，人权意识。修改后刑事诉讼法规定的"不得强迫自证其罪"、"检察机关承担公诉案件举证责任"等内容，是我国人权法治发展的重大进步。然而，仍有为数不少的执法办案人员未能引起足够的重视，忽视犯罪嫌疑人、被告人的诉讼主体地位。例如，对于非法证据的理解范围狭窄，仅局限于"刑讯逼供"等显性暴力手段，而对于其他隐性的非人道、有辱人格的行为却缺乏辨认、排除的勇气。又如，一些办案人员依然习惯将被告人、犯罪嫌疑人

　＊　摘自原文的第三、四部分，标题有所改动。

　＊＊　作者单位：天津市人民检察院。

的救济声请同"无理取闹"、"拖延诉讼"等欺诈行为武断地画等号,并没有客观予以考虑、甄别。

第二,注重程序意识。修改后刑事诉讼法进一步夯实了正当程序的现代法治理念,强调司法机关的执法活动必须遵循法定程序进行,改变以往"重结果、轻过程"的痼疾。但是,部分办案人员仍存在忽视程序规范的错误倾向,超期办案等违法现象还时有发生,在很大程度上反映了程序工具论思想依然作祟。例如,部分干警办理公诉和解案件的过程中,片面认识金钱赔偿的意义,忽视对犯罪嫌疑人真诚悔罪的全面考察,极容易陷入"花钱买刑"的现实误区,实质上曲解了和解特别程序的功能和价值。

第三,证据意识。2013年全年,天津市共产生终审无罪判决7人次,是2012年的2.33倍,占全国平均无罪判决总数的4.32%,无罪判决率为0.56‰,同比上升0.33‰,是全国平均无罪判决率的4倍。几乎在每起无罪案件中,都能察觉出证据把关不严的蛛丝马迹,充分说明办案人员在证据意识上仍有待提高。修改后刑事诉讼法凸显了证据裁判原则的核心地位,以细化证明标准的方式强化对案件质量的审查。然而,这一年多的时间里,部分单位或部门多少都存在对证据规则认识不到位的情形,甚至在没有排除合理怀疑、达到内心确信的前提下贸然认定事实,造成了案件质量上的潜在风险。

(二)法律监督亟待强化

本轮刑事诉讼法修改,虽然强化检察机关法律监督职能是一项关键着力点,诸多新增职能亦围绕这一目的展开。特别是《刑事诉讼法》第115条,[①]专门为检察机关的部分诉讼监督职能创设了投诉处理渠道,试图解决长期以来一般监督缺少线索来源的窘迫局面。但在客观方面,检察机关的法律监督职能基本上属于程序性监督,刑事诉讼法虽然扩充了其适用对象的范畴,却并未触及监督缺乏刚性的传统争议点。因而,监督力度的有限性也就成为制约部分新增职能应然效应的重要掣肘。例如2013年至2014年6月间,全市检察机关侦查监督部门经过捕后羁押必要性审查建议释放或变更强制措施55人,侦查机关仅采纳建议41人,采纳率为74.55%,对侦查机关不采纳的其他建议,检察机关并无应对措施。绵软无力的监督效果,很难令其他司法主体对违法行为引以为鉴。这不仅破坏了法律监督的严肃性,也严重影响了检察机关在群众心

---

① 该条款是关于当事人和辩护人、诉讼代理人、利害关系人对于司法机关及其工作人员侵犯其人身、财产等权利的申诉和控告的规定,详细地规定了人民检察院对申诉、控告的受理、审查、调查及纠正程序。

目中的公信力，反而进一步弱化了检察机关对违法线索的收集能力。

在主观方面，检察人员的监督能力还有待进一步提高。首先，对于监督对象缺乏必要的敏锐度，不能及时发现违法线索，"重诉讼、轻监督"的意识未得到彻底根除。其次，对于监督的依据、原因说理不够，未能做到以理服人。例如，在2013年下半年的446份全市不捕理由说明书中，部分文书说理过于简单，内容缺乏针对性，论证结构不清，存在明显瑕疵，没有充分体现不捕理由说明书的说理功能。

（三）内部资源亟待整合

刑事诉讼法的修改客观上催生出检察一体化建设的外在需求，唯有合理配置各项检察职能，使内部机构形成打击犯罪的合力，方能最大限度地实现立法初衷。然而，就现有情况看，一些需要不同业务部门密切配合的新职能还存在操作上的协调不畅，影响整体效能的提升。例如，《人民检察院刑事诉讼规则（试行）》（以下简称《刑事诉讼规则》）为了更好地落实羁押必要性审查职能，在第617条明确了侦监、公诉以及监所三部门的分阶段归口权限。这就给三个部门之间的协调联动提出了更高的要求，但时至今日，三个部门互相配合的程度和频率则比较有限。从效果上看，监所部门提起必要性审查的次数甚至高于另外两个职能部门的总和，在一定程度上也反映出三个部门在认识和操作层面都存在较大的差异。需要引起注意的是，由于侦监部门是之前做出批捕决定的主体，而公诉部门需要保证讯问、开庭等诉讼活动的正常进行，难免会本能抵消进行羁押必要性审查的动力，也势必会影响部门之间有效联动。所以截至目前，关于羁押必要性审查的工作流程、各部门的工作职责、案卷调阅、审查结果通报等事项，并未产生各部门统一适用的执法文件。

（四）配套机制还需探索

目前，部分刑事诉讼法新条款执行效果不甚理想，也是因为检察机关原有的工作机制尚无法与之相匹配。例如非法证据排除规则的运用，尽管修改后刑事诉讼法赋予检察机关在审查起诉阶段自行排除的权限，但是以何种方式完成这一职能却语焉不详。由于修改后的刑事诉讼法恢复了全案卷宗移送模式，审查起诉阶段的证据排除如何在下一个程序环节得以维系、巩固，仍是技术层面的难题。对此，我们不该质疑立法的合适性，而应从自身工作机制上寻找破解难题的路径。毕竟，刑事诉讼法已经全面构建起证据可采性体系，如果我们能够适时调整与其不相适应的工作模式，完全可以实现立法与司法的步调一致。又如，一年多以来全市办理的9788件审查逮捕案件中，辩护律师提出意见仅为 144 件，提出意见率仅为 1.47%，被采纳意见 51 件，采纳率为 35.42%；在全市办理的 112 件职务犯罪案件中，辩护律师提出意见 9 件，被采纳意见 1 件，提出意见率为 8.04%，采纳率为 11.11%。导致上述比率偏低的原因，当然可以归结为律师介入审查逮捕的规模有限等客观因素，但却不能小觑自身的机制原因。如果检察机关在工作机制的设计上，更多地为听取辩护人意见创造适宜、方便的平台媒介，如上数据或许能够呈现出不尽相同的趋势。故而，刑事诉讼法的贯彻落实与检察工作机制之间的相辅相成，是立法精神得以实现的必要条件，需要司法实践环节进一步解放思想，加大创新力度。

（五）保障力量还应加强

截至 2014 年 6 月，全市检察机关查办的职务犯罪案件中，采取取保候审措施 257 人，刑拘措施 196 人，逮捕措施 115 人，监视居住 8 人，指定居所监视居住仅 1 人。办案人员之所以更倾向于采用传统的强制措施，而对某些新型的准羁押措施退避三舍，除了新型措施自身具有的争议外，检察资源的有限性也是其中不容忽视的重要因素。根据修改后刑事诉讼法规定，指定居所监视居住的执行应由公安机关完成，但后者实际上却无法保证每天三班、每班两人的基本警力配置。这就意味着检察机关要投入更高的执行成本，才能确保监视居住目标的顺利实现。加之大批人员的食宿、人力物力的消耗等状况，往往超出各级检察机关所能承受的基本限度。这反映出目前的检察资源保障，还难以满足执法办案部门日益增长的履行法定职责的现实需要。例如，职务犯罪技术侦查措施的运用，也对自身保障力量提出了更高要求。如果检察机关能够建立属于自己的专门技侦力量，完善装备水平，提高人员素质，就不必再受制于人，足以确保职务犯罪案件办理的质量、效率、效果、安全性、保密性等诸项要求。因此，加强检务保障能力，实现检察资源的优化配置，应当是今后一段时间需要予以重点关注的课题。

二、完善适用修改后刑事诉讼法的建议

从辩证的角度看待检察机关在贯彻落实修改后刑事诉讼法中所存在的问题，不能奢望一步到位实现所有立法初衷，而应将有一个循序渐进的过程。这也需要广大检察人员在司法实践中继续深入理解、吃透刑事诉讼法的立法原旨，用改革发展的思维去不断完善执法环节，以理念、制度以及机制等多个层面为切入点，推进刑事诉讼法实施的规范化、绩优化、高效化。

（一） 以理念更新推进执法规范化

不断更新执法理念，是打牢广大干警正确执行修改后刑事诉讼法思想基础的关键。为了推进执法理念的持续更新，广大检察干警应务求做到"三个理解"。

第一，理解程序正义理念。司法正义是实体正义和程序正义的统一体，其中程序乃法律之心脏，是决定法治运作过程和结果有效性、稳定性的保证。换言之，程序是法治社会的灵魂，是社会正义得以实现的必然要求。刑事诉讼法的修改恰恰契合了这一历史潮流，凸显了正当程序理念。唯有破除传统的程序工具主义偏见，树立正确的程序意识，才能把握修改后刑事诉讼法的本质和精髓，并在实践中不折不扣地予以落实。

第二，理解人权保障思想。自 2004 年人权条款入宪以来，尊重和保障人权的原则理念已逐步深入人心。然而，近年来通过全国其他地区曝光的冤假错案，也反映出执法办案环节对于人权保障观念的理解尚不深刻。本轮刑事诉讼法修改不仅在总则中确定了尊重和保障人权原则，而且在具体的程序和制度设计中也充分对此予以体现。要实现立法意图与司法实践的相得益彰，深刻领会人权的内涵和外延是不可或缺的必要条件。广大检察干警不仅要加强此方面的学习，还要确保人权理念能够入脑入心，在执法办案环节准确到位的实现。

第三，理解天津检察精神。2014 年天津市检察机关在全系统范围内开展了"天津检察精神"大讨论，并提炼出了"忠诚为民、依法监督、务实创新、公正清廉"十六字的"天津检察精神"。大力提倡和弘扬"天津检察精神"，有利于全市检察干警进一步提升办案能力，通过加强教育培训、健全办案机制、完善案件管理、强化内部监督、深化检务公开等有效措施，不断提升执法规范化水平，努力让人民群众在每一个司法案件中都感受到公平正义。

（二） 以体制革新推进执法优质化

司法实践与立法预期之间总是隐约可见的迥异景象，追根溯源，不可忽视司法体制长期以来存在的结构性矛盾。例如，司法机关体制设置上的地方化、行政化倾向，就与修改后刑事诉讼法对于程序公正的内在需求格格不入。因而，客观上需要加大司法体制改革的推进力度，从根本上理顺与立法精神不相符合的司法运行模式。

最近，党的十八届四中全会专门研究法治建设问题，其中多处涉及检察改革的内容，这是党中央对检察改革的重大决策和部署，全市检察人员都应从全局和战略高度，充分认识深化检察体制改革的重大意义，深刻领会全会的精神实质，切实把思想和行动统一到中央的决策部署上来，扎扎实实地抓好深化检察改革任务的落实，确保检察改革工作稳步推进、取得实效。为此，需要从如下三个方面入手，把握检察改革的客观规律，进而推进执法绩优化的实现。

首先，调查研究，从容应对。尽管我市并不属于检察改革的全国先期试点地区，但借助刑事诉讼法实施这一契机，可以全面、科学地评估执法环节中检察体制所暴露出的内在矛盾，剖析其中成因，为改革方案的拟定摸清底数，创造条件。无论是检察人员员额管理，还是省以下人财物统管的方案确立，都应务求以本地区现实情况为基础，进而因地制宜提出应对之策，从根本上化解案多人少、保障不力等棘手难题。鉴于深化检察体制改革政治性、政策性、法律性强，涉及面广，关注度高，需要全市各级检察机关深入实际，充分运用实证研究方法，大力开展调研工作，以科学统计和综合分析为基础，向改革方案的制定提供第一手信息资料。

其次，他山之石，可以攻玉。目前，全国部分地区的检察机关已经就深化改革进行了大胆的试点探索，并产生了不俗的反响。例如，一些地区以诉讼职能与法律监督职能的适当分离为突破口，重新整合内部机构，实现检力资源的优化配置，不仅提升了刑事诉讼程序的运行效率，还成功激活了检察机关的新增监督职能，克服了"重诉讼、轻监督"的固有缺陷。又如，一些地区以人员分类管理为基础探索主任检察官办案责任制，明确了执法办案的职责权限，有效提升了案件办理质量，凸显了诉讼公正价值。通过对其他地区先进经验的汲取，可以促使我市检察机关在改革方案的设计和实施上少走弯路，稳步提升刑事诉讼程序的运行品质。

最后，运筹帷幄，决胜千里。用体制改革的方法去化解执法中遇到的各种问题，是进一步深入贯彻落实修改后刑事诉讼法的基本思路。深化检察改革是一项系统工程，必须严格执行中央、市委、最高人民检察院的决策部署，自上而下稳妥推进。在推进改革的过程中，坚持统筹兼顾、循序渐进，正确处理全局与局部、整体推进与重点突破的关系。通过破解体制僵化来激活刑事诉讼的执法优质。

（三）以机制创新推进执法高效化

分析刑事诉讼法部分增设职能运行效果不佳的成因，还应充分考虑机制层面的不足。只有进一步推进各项业务工作机制的创新与完善，才能确保诉讼执法活动的效益最大化。

一是以信息建设为保障。提高信息化水平，是提升检务保障能力，实现资源优化配置的必由之路。全市各级检察机关应当以现代信息手段为依托，完善办案信息查询系统，实现当事人通过网络即可实时查询办案流程和程序性信息。同时，借助新媒体手段，积极探索建立案件信息公开系统和相关公开制度、机制，遵循最高人民检察院部署推进重要案件信息和终结性法律文书公开机制。特别是对于职务犯罪侦查部门而言，通过建立健全职务犯罪案件侦查信息系统，推动与工商、税务、电信、金融、审计、海关、国土、房管等部门建立信息共享机制，完善行政机关和相关部门协查职务犯罪的工作机制，无疑可以强化职务犯罪初查机制，大幅度提升侦查效能。

二是以繁简分流为前提。当前，刑事犯罪的持续高发态势已然成为不争的事实，案多人少的困局令司法机关不堪重负。修改后刑事诉讼法所追求的程序精密化，只有在案件繁简分流办理的前提下，才能得以充分彰显。为此，2014年6月27日，全国人大常委会表决通过《关于授权在部分地区开展刑事案件速裁程序试点工作的决定》，对事实清楚，证据充分，被告人自愿认罪，当事人对适用法律没有争议的危险驾驶、交通肇事、盗窃、诈骗、抢夺、伤害、寻衅滋事等情节较轻，依法可能判处一年以下有期徒刑、拘役、管制的案件，或者依法单处罚金的案件，进一步简化刑事诉讼法规定的相关诉讼程序。这是立法机关灵活应对复杂形势的一种理智选择，体现了合理配置司法资源、提高案件质量与效率的价值追求。还应立足于诉讼进程全局，特别是着眼于侦查、起诉环节的分流机制构建。因而，速裁程序的试点为真正意义上的繁简分流提供了难得的"试验田"。作为试点地区之一，天津市检察机关应当做到科学统筹，探索建立对轻微刑事案件快速办理的程序机制，对刑事诉讼效率的提升有所贡献。

三是以内外监督为抓手。检察机关履行法律监督职责，首先要自觉接受外部的监督。因而，务必要拓宽人民群众有序参与检察工作的渠道，强化对检察权特别是职务犯罪侦查权行使的社会监督。为此，有必要进一步改革人民监督员选任和管理方式，完善人民监督员监督程序，推动人民监督员法制化。此外，随着案件管理部门在我市检察机关的全面建立，各级检察机关应当以案管中心为枢纽，细化程序审查流程，探索建立信息化节点监控、程序风险预警等机制，确保案件办理的同步监督，避免"人情案"、"关系案"等司法"毒瘤"。内外监督机制的不断完善，是检察机关强化法律监督职能的坚实基础，对于提升诉讼品质大有裨益。

四是以规则完善为目标。无论是刑事诉讼法还是《刑事诉讼规则》，都只为程序的运行划定了基本框架，立法意图的实现还有赖于检察工作机制的不断创新、完善。例如，通过对司法实践的充分调研分析，加强与公安机关法院的沟通联系，进一步明确非法证据排除的程序和标准，制定并会签实施细则，着力解决目前的"不愿排、不想排、不能排"难题。再如，为应对证据制度的新变化，应当严格规范取证工作机制，确保办案人员全面收集、移送证明犯罪嫌疑人、被告人有罪或无罪、犯罪情节轻重的各种证据。而健全预防刑讯逼供、体罚虐待的工作机制，细化讯问职务犯罪嫌疑人全程同步录音录像操作标准，是今后继续落实"尊重和保障人权"、"不得强迫自证其罪"等原则的必然要求。上述举措的摸索改进，有助于形成符合司法规律的错案防范机制，进一步消除阻碍刑事诉讼法落实的限制性因素，实现执法活动质与量的高度统一。对于执法规则的完善，必须摒弃"保家守业"、"推着走"、"等等看"的陈旧观念，结合天津市司法实际，充分论证、大胆尝试，营造出精密、严谨的程序法治氛围。

三、结语

综上，经过一年多的时间，天津市检察机关稳步推进修改后刑事诉讼法的贯彻执行，已经取得初步成效，顺利度过了"磨合期"。广大检察干警也逐步适应了新法的基本要求，并积极探索与之相适应的办案模式，无论从执法理念上还是从办案规范上都有了显著的提升。下一步，应当抓住贯彻四中全会精神、深化司法体制机制改革的历史契机，在执法办案中牢固树立程序与实体并重的理念，勇于创新，提升法律监督水平，推进全市各项检察工作的水平。

检察引导侦查机制的反思与重构[*]

于　昆　任文松^{**}

检察引导侦查，一般是指检察机关依侦查机关的申请或者主动介入侦查机关刑事案件的侦查活动，对侦查机关证据的收集、提取、固定等提出意见和建议，同时对侦查活动进行法律监督的一种工作机制。"检察引导侦查"的称谓从提出之初就一直存在争议。就"检察"而言，是指侦查监督部门、公诉部门抑或检察机关一直没有定论；就"引导"而言，引导的案件范围、引导的程度、引导的效力等也莫衷一是；就"侦查"而言，根据我国刑事诉讼法的规定，公安机关、国家安全机关、检察机关的侦查部门、军队保卫部门以及监狱等均有一定范围的侦查权，检察引导侦查中的"侦查"应指这些机关或者部门，但从已有著述来看并未对此进行清晰的划分。从制度实际运行的总体情况来看，检察引导侦查的对象主要是指公安机关，其他侦查机关或部门可参照检察机关引导公安机关侦查的机制，为便于论述本文所论侦查机关仅指公安机关。

一、检察引导侦查机制的问题源起

我国检察引导侦查机制最早可追溯到 20 世纪 80 年代，那时我国检察机关提出了检察机关"提前介入"，当时主要着眼于侦诉形成合力，加大打击犯罪的力度，从而满足了当时从快从重打击犯罪的刑事政策的要求①。1997 年生效的《刑事诉讼法》第 66 条规定："……必要的时候，人民检察院可以派人参加侦查机关对于重大案件的讨论。"第 107 条规定："人民检察院审查案件的时候，对侦查机关的勘验、检查，认为需要复验、复查时，可以要求侦查机关

---

*　原文发表于《河南社会科学》2014 年第 12 期。

**　作者单位：辽宁省人民检察院。

①　付凤、杨宗辉：《检察引导侦查与公诉引导侦查合理性辨析》，载《中国人民公安大学学报（社会科学版）》2013 年第 3 期。

复验、复查，并且可以派检察人员参加。"同年，最高人民检察院制定的《人民检察院实施刑事诉讼法规则（试行）》第332条规定："人民检察院根据需要，可以派员参加侦查机关对重大案件的讨论和其他侦查活动，发现违法情况，应当及时通知纠正。"以上法律及司法解释通常被视为检察引导侦查机制的实定法依据。

1999年，河南周口市人民检察院在办理检察机关自侦案件中探索开展检察引导侦查的工作机制，批捕和起诉部门除对侦查活动是否合法开展监督外，还对证据的收集、固定和完善从审查逮捕和出庭公诉的角度提出自己的建议和参考性意见，对适用法律提出指导性意见①。2000年8月最高人民检察院召开的"全国检察机关公诉改革会议"以及9月召开的"全国检察机关侦查监督工作会议"不仅对检察引导侦查的工作机制进行了肯定，还对进一步开展好此项工作进行了部署。2002年3月《最高人民检察院工作报告》中再次强调，要"深化侦查监督和公诉工作改革，建立和规范适时介入侦查、引导侦查取证、强化侦查监督的工作机制"。在最高人民检察院的认可和推动下，检察引导侦查工作机制逐步在全国推广实施。在各地取得实践经验的基础上，2008年10月最高人民检察院颁布的《人民检察院公诉工作操作规程》中规定："公诉部门应当加强与侦查机关（部门）的联系和配合，完善相互协调机制，保证案件质量。根据办案工作需要，应侦查机关（部门）要求，经检察长批准，可以派员提前介入侦查活动，引导侦查取证。"

实际上，检察引导侦查工作机制的推行和实施并不顺利，学术界对该项工作机制的质疑之声始终不断，例如有的学者指出："在现行立法框架下提倡引导侦查或强调警检一体化，势必会打破已有的法律平衡，而对犯罪嫌疑人或被告人人权保障而言，警检一体化可能导致打破法律平衡后的灾难后果。"② 也有学者以检察与侦查思维方式不同为理由指出，"检察引导侦查和侦查在揭露客观事实上的天然反差也势必会影响检察引导侦查的发展运行"。③ 司法实践中，即使是检察引导侦查机制的基本要素，比如引导的主体，被引导的客体，引导的程序、引导的内容，这些最基本的要素，尚存在较大的争议，各地都在

---

① 陈泽宪：《周口市人民检察院"检察指导侦查"研讨会观点摘编》，载《国家检察官学院学报》2002年第5期。

② 郭嗣彦、许娟：《检察引导侦查的价值评价》，载《甘肃社会科学》2008年第3期。

③ 董邦俊等：《检察引导侦查之应然方向》，载《法学》2010年第4期。

分散地探索①。在立法上，2011 年 8 月 30 日由十一届全国人大常委会第二十二次会议审议的《刑事诉讼法修正案（草案）》新增的第 113 条规定："对于公安机关立案侦查的故意杀人等重大案件，人民检察院可以对侦查取证活动提出意见和建议。"但修改后刑事诉讼法的正式文本却删除了该条款。刑事诉讼法关于检察引导侦查机制的条款先增后删，不仅使该项工作机制失去了得到立法确认的良机，更使得这项机制的未来发展前景变得不甚明朗，这需要我们认真反思导致这一局面的深层次原因。

二、检察引导侦查机制的理论基础

检察引导侦查机制没有得到理论界的广泛认可，在司法实践中的形同虚设，在刑事诉讼立法上的增删反复，表明检察引导侦查的理论基础尚不稳固。我们认为，检察引导侦查机制具有坚实的理论基础，可以从以下方面进行探究。

（一）法律监督机关的定位

我国宪法和人民检察院组织法均规定，检察机关是国家的法律监督机关，承担对审判机关和行政机关的监督职责，为了保障检察权不被滥用，检察权被设置为程序性权力。这样的权力体系设计既可以防止审判权、行政权的滥用，又不会导致检察权的过分膨胀②。检察机关作为专门的法律监督机关，监督侦查机关的侦查活动，是检察机关作为法律监督机关的题中之义和具体践行。虽然我国刑事诉讼法明确规定了检察机关有权监督公安机关的侦查活动，但长期以来检察机关对侦查机关刑事案件侦查活动的监督，主要是通过对侦查机关移送的证据材料进行审查，决定是否批准逮捕或提起公诉，对立案进行监督，对侦查程序是否合法进行监督等形式实行的，而这些监督都是针对侦查机关侦查到一定阶段或已经侦查终结的案件实施的事后性、被动式监督，检察机关对于整个侦查过程的动态监督，始终未能落实到位③。检察引导侦查能够避免事后监督、被动监督的弊端，使检察机关把侦查的全过程纳入视野，能够改变检察机关对侦查活动法律监督的滞后性和被动性，有效弥补当前检察机关对侦查活

---

① 宋鹏举：《完善检察引导侦查机制的思考》，载《河北法学》2011 年第 9 期。

② 任文松、王晓：《法律监督权研究——以法律监督权的发展历程为主线》，知识产权出版社 2009 年版，第 73 页。

③ 周腾：《现实诉讼模式、司法体制与审前诉讼运作机制诌议》，载王少峰主编：《刑法问题思索与研究》，中国检察出版社 2005 年版，第 37 页。

动事前监督、全程动态监督的空白，及时预防和纠正侦查活动中的违法行为，进一步保障犯罪嫌疑人及有关公民的合法权益①。可见，检察机关通过对公安机关的侦查活动进行引导，能够改变原来静态式的监督模式，是落实检察机关法律监督机关宪法定位的有效方式。

（二）检察官的客观义务

检察官的客观义务源起于 19 世纪的德国，并很快得到其他大陆法系国家立法上的认可和肯定。需要指出的是，英美法系国家并没有因为法系和传统的不同拒绝吸收和借鉴检察官的客观义务。以美国为例，"尽管检察官在抗辩制规定的范围内运作，但检察官保护无辜和宣判有罪者，保护被指控者的权利和维护公众的权利的责任却是基本的，检察官不是争议的普通一方当事人的代表，而是主权的代表，他负有履行职务的义务，但同时也必须公正地行使职权。所以，他在刑事诉讼中的利益不是赢取案件，而是保证司法的公正"。②可见，美国检察官并非一味地追诉犯罪，同时也负有客观义务。联合国《关于检察官作用的准则》第 13 条第 2 款确立了这项国际标准，即检察官应始终一贯迅速而公平地依法行事，尊重和保护人的尊严，维护人权从而有助于确保法定诉讼程序和刑事司法系统的职能顺利地运行，不偏不倚地履行其职能；保证公众利益，按照客观标准行使，适当考虑到嫌疑犯和受害者的立场，并注意到一切有关的情况，无论是否对嫌疑犯有利或不利。检察官的客观义务要求检察官不偏袒、公正地采取行动；全面地侦查事实真相，并不得单纯谋求证明被告人有罪③。我国的检察官法规定，检察官的职责除了代表国家公诉外，还依法履行法律监督职责，可见我国的检察官也负有客观义务④。检察机关引导侦查机关的侦查活动，不仅与检察官的客观义务理论相契合，同时也是检察官履行客观义务的必然要求。

（三）侦查权的本质属性

在我国的权力体系构架下，侦查权属行政权，具有天然的扩张性。正如孟

---

① 刘妍：《侦查监督机制的构建与完善》，载《中国刑事法杂志》2009 年第 5 期。

② ［美］爱伦·豪切斯泰勒·斯黛丽·南希·弗兰克：《美国刑事法院诉讼程序》，陈卫东、徐美君译，中国人民大学出版社 2002 年版，第 230 页。

③ 1990 年第八届联合国预防犯罪和罪犯待遇大会通过。

④ 《中华人民共和国检察官法》第 6 条规定，检察官的职责：（一）依法进行法律监督工作；（二）代表国家进行公诉；（三）对法律规定由人民检察院直接受理的犯罪案件进行侦查；（四）法律规定的其他职责。

德斯鸠所言，一切有权力的人都容易滥用权力，这是万古不易的一条经验，有权力的人们使用权力一直到有界限的地方才休止①。"法治的基本要求是限制权力的滥用。"② 设检察官制度的一个重要功能，在于以受严格法律训练和法律拘束的公正客观的官署控制警察活动的合法性，摆脱警察国家的梦魇③。长期以来，我国刑事诉讼奉行"侦查中心主义"，导致侦查权在刑事诉讼特别是审前程序中权力过大，而缺乏有效的监督和制约，容易对公民合法权利造成侵害。"如果没有审前程序中对限制人身自由权、财产权等基本人权的强制措施的司法审查制度，就不可能有最终的公正审判制度。"④。为贯彻尊重和保障人权的宪法原则，作为"动态宪法"⑤ 的修改后刑事诉讼法首次将尊重和保障人权作为刑事诉讼的主要任务进行规定，并在程序设置和具体规定中进行贯彻落实。但就监督侦查权以有效保障人权而言，刑事诉讼的规定仍有进一步完善的空间。强有力的外部监督机制的运行既可以直接对侦查权的行使起到制约、提醒、纠错、反思的作用，同时也可以促使规制侦查权行使的侦查程序和侦查制度的功能得以更有效的发挥，从而内外结合达到防止侦查权被滥用的目的⑥。西方国家为保障人权，对侦查机关采取的逮捕、搜查、监听等强制措施进行司法审查，这些强制措施只有得到法院的许可后才能实施。我国没有采取西方国家关于侦查活动的司法审查程序，而是通过检察机关监督侦查活动的方式防止侦查权的滥用，进而有效保障人权。因此，建立检察引导侦查机制，强化检察机关对侦查机关的监督，无疑是在当前诉讼制度模式下保障人权的理想选择。

（四）打击犯罪的共同目标

一般而言，侦查机关更侧重于揭露犯罪，通过不断收集与案件相关的证据进而侦破案件打击犯罪；检察机关基于法律监督机关的宪法定位，在刑事诉讼中不仅要关注犯罪嫌疑人有罪的证据以有效打击犯罪，还要关注犯罪嫌疑人罪轻和无罪的证据，保障当事人的人权，以维护法律的统一和正确实施。作为《刑事诉讼法》实施主体的检察机关与公安机关，虽然分工不同、职责有异，但均负有准确、及时地查明犯罪事实，正确应用法律，惩罚犯罪分子，保护公

---

① ［法］孟德斯鸠：《论法的精神》，张雁深译，商务印书馆 1961 年版，第 154 页。

② 龚祥瑞：《比较宪法与行政法》，法律出版社 1985 年版，第 74 页。

③ 林钰雄：《刑事诉讼法》，中国人民大学出版社 2005 年版，第 16 ~ 17 页。

④ 龙宗智：《强制侦查司法审查制度的完善》，载《中国法学》2011 年第 6 期。

⑤ 陈瑞华：《问题与主义之间》，中国人民大学出版社 2003 年版，第 662 页。

⑥ 何秉群等：《我国检察机关侦查监督模式的问题及完善路径》，载《中国刑事法杂志》2013 年第 10 期。

民的人身权利、财产权利、民主权利和其他权利，保障社会主义建设事业的顺利进行的责任。自 1997 年 6 月全国公安机关进行刑侦体制改革后，由于缺少了预审部门的把关，一些地方提请批捕的案件质量下降，具体表现在现在有的侦查人员对该提取的证据没有发现提取，或收集程序不合法，有的提请批捕应当具备的材料不具备；对于审查批捕、提请公诉的要求，一些侦查人员不了解，导致不捕、不诉比例增大，影响了对犯罪的打击力度。要提高办案质量，降低不捕、不诉比例，检察机关与公安机关必须加强配合，共同努力解决存在的问题①。检察引导侦查主要是基于公安机关的侦查活动与检察机关的起诉和批捕具有关联性，公安机关侦查的质量直接影响检察机关办案的效果。所以，在检察机关被动性的间接侦查权和自主侦查权之间，应存在一个机动空间，这就是设立检察机关主动性的间接侦查权机制即引导侦查权②。检察机关引导侦查机关的侦查活动，能够在侦查初期为案件的批捕、起诉打下良好的证据基础，进而提高侦查办案质量，更好地实现打击犯罪的共同目标。

（五）检警关系模式的选择

从法系的视角观察，目前世界各国主要有检警一体和检警分立两种模式。大陆法系的国家基本上实行检警一体模式，例如《德国刑事诉讼法》规定，检察院一旦通过刑事告诉或其他任何途径意识到有犯罪发生的嫌疑时，就应当对该事件进行调查，以决定是否提起公诉。随着侦查法官的衰落，法律已经赋予了检察官"组织实施"审前侦查的任务③。大陆法系国家的检警模式使得检察引导侦查成为"检警一体化"的应有之义。英美法系国家检察机关与警察机关相对独立，检察官只负责提起公诉，侦查则由警察机关负责，形成了检警分立的关系模式。在检警分立关系的模式下，并不意味着检察官与警察机关完全隔离，实际上英美法系国家的检察官对警察机关的侦查权也有相当程度的影响力。正如美国联邦检察官贝尔金（Belkin）指出的："事实上，我们的检察官在侦查犯罪的活动中的作用很大，可以指挥警察在这儿侦查或在那儿侦查，甚至是开始侦查或停止侦查，我们的检察官可以指挥 FBI。"④ 需要注意的是，

---

① 李文艳：《建立检察引导侦查取证机制的探讨》，载《学术论坛》2007 年第 12 期。

② 陈云龙、彭志刚：《检察机关侦查指引权及其实现机制》，载《中国刑事法杂志》2009 年第 9 期。

③ ［德］托马斯·魏根特：《检察官作用之比较研究》，张万顺译，载《中国刑事法杂志》2013 年第 12 期。

④ 叶青、黄一超主编：《中国检察制度研究》，上海社会科学研究院出版社 2003 年版，第 329 页。

尽管美国一些行业规范上就检察官对警方侦查活动使用 "direct" 一词，但该词并不完全等同于汉语语境下的 "指挥"，检察官并不能命令警方做任何事，警察对检察官之发号施令理论上有拒绝之权①。可见，无论是大陆法系国家还是英美法系国家，检察机关均有引导侦查机关的权力。我国检察机关的宪法定位决定了其不仅是刑事案件的检控机关，也是监督刑事诉讼活动的专门机关，这也决定了我国检察机关与侦查机关之间的关系既不能选择简单地复制英美法系国家的检警分立模式，更不能选择大陆法系国家的检警合一模式。根据我国刑事诉讼法的规定，检察机关与公安机关分工负责、相互配合、相互制约，这决定了我国检警关系的模式，即在分立前提下分工，在监督基础上配合，检察引导侦查机制就是中国特色检警关系模式的生动体现。

三、检察引导侦查机制的具体设计

检察机关应在现有法律制度和诉讼模式下，在充分吸收和借鉴司法实践经验的基础上，从以下六个方面着手，建构检察引导侦查相对合理的制度体系。

（一）检察引导侦查的引导主体

目前，关于检察引导侦查的引导主体尚有争议。有的学者认为，逮捕是保证侦查活动顺利进行的强制措施，审查公安机关提请批捕的案件，是检察院把握罪与非罪的第一关，基于此法律规定审查批捕部门在必要时可提前介入公安机关的侦查活动，并对侦查活动是否合法进行监督，而在实践中，有时因集中公诉、公审的需要，人民检察院审查起诉部门、人民法院刑事审判部门都要提前介入，影响了执法的严肃性②。也有学者指出，固然侦查程序的直接目的是侦破案件、查获犯罪嫌疑人，但其深层目的仍然是衔接起诉，提升公诉质量和效果，其本质仍然是指控犯罪，并且绝大多数的侦查案件不能自行终结，须过渡到公诉部门才可以达到程序和实体上的双重消灭，侦查程序与公诉程序在制度上存在紧密的承继关系，因此侦查机关的工作将直接影响到公诉部门工作的质量，客观的需要决定由公诉部门负责对侦查进行引导③。司法实践中，检察机关的侦查监督部门及公诉部门都参与引导侦查活动，两部门引导的阶段不

---

① 张鸿巍：《美国检察机关立案侦查阶段之职权探析》，载《中国刑事法杂志》2012年第4期。

② 杜春江、刘相义：《检察机关介入引导侦查对策》，载《人民检察》2009年第14期。

③ 宋鹏举：《完善检察引导侦查机制的思考》，载《河北法学》2011年第9期。

同，侦查监督部门在提请批准逮捕阶段进行引导，而公诉部门则在案件移送起诉阶段进行引导，但是两者引导内容的界限尚不明确。实际上，无论是侦查监督部门还是公诉部门，都是检察机关的内设部门，均不能成为法律意义上的主体，而只有检察机关才能成为检察引导侦查的引导主体。检察机关应当根据自身情况成立独立或者临时性的引导侦查机构，以检察机关的名义开展引导侦查工作，如此可以实现侦查监督与公诉程序中对引导侦查工作的无缝衔接，有效防止侦查监督部门或者公诉部门因沟通不畅导致引导意见相左情况的发生，保障检察引导侦查制度的严肃性。

（二）检察引导侦查的启动方式

司法实践中，检察引导侦查的启动方式主要有两种：一是依申请引导。侦查机关在侦查案件的过程中，认为案件存在重大、疑难或者有较大社会影响等情形的，主动要求检察机关介入并引导案件的侦查。二是依职权引导。侦查机关虽然没有向检察机关提出引导侦查要求，但检察机关认为案件需要进行引导侦查的，主动介入案件并引导侦查机关的侦查活动。我们赞同实践中广泛采用的这两种检察引导侦查的启动方式，但需要注意以下两个问题：第一，引导侦查是检察机关的一项权力。引导侦查是检察机关法律监督权的延伸，因此检察机关享有引导侦查的自主权，可以根据案件的具体情况，决定是否开展引导侦查工作。第二，检察机关应有获取引导侦查案件信息的渠道。通常情况下，侦查机关对案件的侦查是相对封闭的。因此，检察机关引导侦查，需要享有相应案件信息的知情权，否则引导侦查特别是依职权引导侦查将无从开展。我们认为，检察机关与侦查机关应当建立案件信息报送机制，侦查机关在立案后，应将与引导侦查相关的案件信息及时报送至检察机关，如此检察机关可以根据案件的具体情况决定是否引导侦查，以及确定引导侦查的主要内容。

（三）检察引导侦查的介入阶段

法律监督虽然是一种主动的法律行为，但这种权能的启动是有严格限制的，在没有出现法律规定的情形时进行所谓事前监督，应被视为是对其他国家权力或公民权利的不当干涉[①]。就检察权行使的起点而言，所有的监督都是事后开始的，检察引导侦查也不例外。在侦查机关刑事立案前，由于缺乏确认案件事实的事实条件以及需要追究刑事责任的法律条件，检察机关引导侦查的内容无从谈起，如果此时要求检察机关开展引导侦查工作，将会干预侦查机关的

---

① 孙谦：《中国的检察改革》，载《中国法学》2003 年第 6 期。

侦查活动，削弱其侦查案件的积极性和主动性。因此，检察引导侦查应当坚持事后引导的原则，所谓事后引导是指侦查行为已经存在包括尚在继续状态之中，检察机关根据不同的诉讼程序，相应的引导阶段也有所不同。侦查机关立案侦查后，检察机关可以就侦查机关收集的证据是否符合逮捕的条件以及侦查行为是否合法进行引导；当侦查机关采取强制措施后，检察机关可以就侦查机关收集的证据是否符合公诉条件以及侦查行为是否合法开展引导工作。至于检察机关何时介入侦查开展引导工作，则要根据案件的具体情况由检察机关决定。

（四）检察引导侦查的案件范围

检察机关引导侦查应当秉持谦抑的权力行使原则，也就是说检察引导侦查的案件范围应有一定的限度，并非所有的刑事案件均需要进行检察引导侦查。主要理由有：一是检察资源的有限性。检察机关受限于人力、物力、财力资源的制约，不可能对所有侦查案件进行引导，如果对所有案件进行引导无疑将导致检察监督的成本激增，检察机关也无法承受由此带来的沉重负担。二是侦查权的主动性。侦查权的目的是揭露犯罪，因此其相对于司法权而言具有主动性的特征，如果检察机关过度引导侦查，必将导致侦查机关过度依赖检察机关而最终导致侦查权的主动性和积极性受到影响。三是引导案件的必要性。检察引导侦查机制的构建，并不意味着检察机关的能力强于侦查机关。司法实践已经证明，侦查机关能够顺利侦结大部分刑事案件，只有较少一部分案件需要通过检察引导侦查的方式进行协作配合。我们认为，检察引导侦查案件的范围应当作出概括加列举式的规定，即原则上只包括重大、疑难、复杂案件和本地区有较大影响的案件。同时为了给检察引导侦查机制预留开展空间，还应当规定兜底条款即其他有必要引导侦查的案件。

（五）检察引导侦查的具体内容

我们认为，检察引导侦查的内容主要包括三个方面：一是监督纠正侦查机关的违法行为。检察机关引导侦查的重要目的就是防止侦查机关因滥用侦查权而侵害当事人的人权。基于此，检察机关在引导侦查过程中应重点监督侦查机关的侦查行为，不能因为引导而放弃监督。二是提出固定和完善已收集证据的建议。引导并非指导更非领导，因此检察机关在引导侦查活动中应当坚持"参与而不干预，引导而不领导，讨论而不定论"的原则，重点针对侦查机关收集的证据提出固定和完善建议，进而相互配合共同打击刑事犯罪。需要注意的是，检察机关的引导侦查权是检察权的拓展，必然具有检察权的程序权力属性，否则检察引导侦查机制就将处于虚设状态。三是促进侦查与检察环节的程序衔接。侦查与检察分立的原因在于防止控方权力过大无制而导致滥用，最终侵害当事人的合法权益。侦查机关与检察机关在分立的模式下，为了实现打击犯罪的共同目标可以进行有限度的协作与配合，检察引导侦查就是这样的机制。因此，检察机关不应以监督机关自居，而应当在法律监督的制度模式下，在法律文书送达、强制措施采取、当事人权利保障等方面加强与侦查机关的协作与配合。

（六）检察引导侦查的法律效力

"没有强制力的法律是一把不燃烧的火，一缕不发亮的光。"[①] 如果没有检察引导侦查法律效力上的保障，该项机制运行的效果则将完全取决于检察机关与侦查机关之间关系的融洽程度，此项机制的制度性和严肃性也将无从谈起。检察引导侦查作为检察机关的一项权力，在权力性质上属于建议权。根据检察引导侦查内容的不同，其法律效力也有所区别。在检察机关提出固定和完善证据的建议方面，侦查机关可以根据具体案件的办理情况决定是否采纳，与此相对应的是无论侦查机关采纳建议的结果如何，均不影响侦查机关法律责任的相应承担。原因在于检察引导侦查，并不改变侦查机关在诉前的法律地位，检察机关所提出的固定和完善证据的引导意见只是建议权，并没有改变侦查机关的最终决定权。需要指出的是检察机关这一方面的建议权，侦查机关并非可以熟视无睹，因为侦查机关需要面临检察机关审查逮捕和审查起诉的后续程序制约。在检察机关提出监督纠正侦查机关违法行为方面，检察机关引导侦查的法律效力主要体现在侦查机关必须在规定的时间内予以回复，如果不回复检察机关有权督促其回复；如果侦查机关不采纳其意见，检察机关有权将纠正违法文书报送上级检察机关，由上级检察机关向同级侦查机关提出纠正意见。

四、结语

检察引导侦查没有改变我国检警关系的基本模式，相反是在现行法律框架下对检警关系进行的相对合理调整，是对"分工负责、互相配合、互相制约"刑事诉讼原则的具体落实。检察引导侦查既有利于充分发挥检察机关与公安机关打击犯罪的合力，也有利于拓展监督侦查活动的广度和深度，同时也有利于更为周延地保护当事人的人权。检察引导侦查机制尽管经过十多年的实践探

---

① ［美］E. 博登海默：《法理学、法律哲学与法律方法》，邓正来译，中国政法大学出版社 1999 年版，第 110 页。

索，但相关制度的构建既不规范也不健全，这直接影响了其在实践中的作用发挥。但"法律的发展被认识具有一种内在的逻辑变化，不仅是旧对新的适应，而且也是变化形式的一部分。变化过程受某种规律的支配，并且至少在事后认识到，这种过程反映一种内在的需要"。① 检察引导侦查机制也正沿着这一规律逐步渐进向前发展。从立法上明确规定检察引导侦查机制无疑是解决这一问题的根本途径，检察机关与侦查机关应当继续进行实践探索，不断反思和解决其中存在的问题，循序渐进地完善相关制度，为将来立法上的确认提供坚实的实践基础。

---

① ［美］哈罗德·伯尔曼：《法律与革命西力法律传统的形成》，贺卫方等译，中国大百科全书出版社 1993 年版，第 11 页。

流动人口取保候审问题研究[*]

林　静　饶明党[**]

在经济较为发达的地区，流动人口的犯罪数量正在不断上升，已成为影响社会发展、稳定的一个重要因素。流动人口是在中国当前户籍制度下的产物，主要是指离开户籍所在地的县、市到其他地区居住，且尚未取得居住地户籍的人口。

在我国司法实践中，取保候审的适用比例很低，流动人口涉嫌犯罪的，被取保候审的比例更低。因检察机关不予批准逮捕而取保候审的无外乎三种类型：证据不足不予批准逮捕而取保候审、不构成犯罪不批准逮捕而取保候审[①]、无逮捕必要不予批准逮捕而取保候审。前两种类型取保候审的原因在于实体证据问题，与犯罪嫌疑人是否为流动人口，以及取保候审制度本身并无关系，因此，流动人口取保候审问题的研究，主要是针对无逮捕必要不予批准逮捕而取保候审的情形。本文拟以北京市某区人民检察院（以下简称某院）2010 年至 2013 年侦查监督部门审查逮捕的流动人口犯罪案件为调查样本，尝试通过区域性的调查结果来透视流动人口取保候审制度的运行现状及特点，进而分析这一现象的原因，并对如何改革与完善我国现行的流动人口取保候审制度提出建议。

一、流动人口适用取保候审的现状

2010 年至 2013 年，某院共受理各类审查逮捕案件 17815 人，其中流动人口犯罪案件 16561 人，具体分布详见表 1。

---

　* 原文发表在《国家检察官学院学报》2014 年 3 月第 22 卷第 2 期。

　** 作者单位：北京市海淀区人民检察院。

　① 对检察机关以不构成犯罪为由而不批准逮捕的案件，公安机关能否对犯罪嫌疑人取保候审，存在较大的争议，但实践中不乏此种做法。

表1 流动人口犯罪情况

年度（年）	流动人口犯罪人数（人）	审查逮捕人数（人）	比例
2010	5199	5589	93.0%
2011	4347	4663	93.2%
2012	3941	4274	92.2%
2013	3074	3289	93.5 %
合计	16561	17815	93.0%

2010年至2013年，某院以无逮捕必要为由不予批准逮捕流动人口犯罪嫌疑人1582人，流动人口取保候审比例一直在低位运行，具体情况详见表2。

表2 流动人口取保候审情况

年度（年）	取保候审人数（人）	流动人口犯罪人数（人）	比例
2010	327	5199	6.3 %
2011	300	4347	6.9 %
2012	447	3941	11.3%
2013	508	3074	16.5 %
合计	1582	16561	9.6%

2010年至2013年，某院以无逮捕必要为由不予批准逮捕非流动人口犯罪嫌疑人208人，非流动人口取保候审比例逐年大幅度上升，具体情况详见表3

表3 非流动人口取保候审情况

年度（年）	取保候审人数（人）	非流动人口犯罪人数（人）	比例
2010	50	390	12.8%
2011	39	292	13.4%
2012	72	333	21.6%
2013	47	215	21.9%
合计	208	1230	16.9%

整体来看，某区流动人口取保候审呈现出了以下特点：

第一，从纵向上看，流动人口犯罪人数持续在高位徘徊，取保候审比例偏低，但呈逐年上升趋势。2010年以来，流动人口犯罪人数占总犯罪人数的比例均超过90％，与此同时，流动人口犯罪后取保候审比例持续偏低，但是逐年上升，尤其是2013年修改后刑事诉讼法实施以来上升得更为明显，从2010年的6.3％增长至2013年的16.5％，之所以出现这一现象，原因主要有两方面：一方面，修改后刑事诉讼法将"尊重和保障人权"增加为刑事诉讼法的任务之一，进一步强调了在注重打击犯罪的同时，也要强化对犯罪嫌疑人人权的保护。

在审查逮捕阶段，对嫌疑人人权保护的核心体现在对逮捕措施的谨慎适用上，侦查监督部门保障人权理念的提升在同等情况下必然带来取保候审比例的提高，流动人口取保候审比例也随之得以提升。另一方面，修改后刑事诉讼法对逮捕必要性标准予以了进一步细化，将"尚不足以防止社会危险性发生"细化为具体判断社会危险性的五项情形，使得逮捕条件的可操作性进一步增强，流动人口取保候审比例得以大幅上涨。

第二，从横向上看，流动人口犯罪后取保候审比例低于同期非流动人口取保候审比例，但差距呈缩小趋势。一方面，从绝对数字上看，流动人口取保候审的人数远高于非流动人口取保候审的人数，但是，与非流动人口取保候审比例逐年大幅度上升相较，流动人口取保候审比例虽然也逐年上升，但仍较大幅度低于非流动人口取保候审比例。另一方面，流动人口取保候审比例与同期非流动人口取保候审比例之间的差距在逐步缩小，如2010年二者之间相差6.5个百分点，但2013年，流动人口取保候审比例仅比同期非流动人口取保候审比例低5.4个百分点。流动人口取保候审比例总体仍然低于非流动人口，这反映出非流动人口较流动人口犯罪嫌疑人更有机会被取保候审，由此导致了流动人口与非流动人口犯罪嫌疑人在适用取保候审这一强制措施上存在严重的不平等。这一不平等现象在未成年犯罪群体中体现得更为明显。有学者调研发现，在某市2003年、2004年未成年人案件中，外省人适用取保候审的比率分别为3.9％，4.6％，而本地人适用取保候审的比例分别为92％，88.7％，相差悬殊。[1]

第三，从取保候审的执行方式看，无论是流动人口，还是非流动人口犯罪嫌疑人，北京市公安机关无一例外对其采取"人保"的担保方式。根据刑事诉讼法的规定，取保候审的执行方式有"人保"和"财保"两种方式。但是，

---

[1] 参见宋英辉：《关于取保候审适用具体问题的调研分析》，载《法学》2008年第6期。

由于收取保证金手续过于烦琐①，且在需要退还保证金时，还常碰到犯罪嫌疑人、保证人下落不明的情况，以及可能产生"花钱放人"的负面影响，公安机关在实践中均采取"人保"的执行方式。从表面上看，对流动人口和非流动人口而言，采用"人保"这一相同的执行方式似乎是平等的，但非流动人口更难提供保证人，由此导致了流动人口与非流动人口在执行方式方面实质上的不平等。

第四，从法院判决结果来看，如不出现犯罪嫌疑人脱保、发现新罪或漏罪、犯罪嫌疑人翻供拒不认罪等情况，法院均对取保候审的犯罪嫌疑人判处三年以下刑罚，并宣告缓刑，而不论犯罪嫌疑人是流动人口，还是非流动人口。与此同时，对于被批准逮捕，且证据情况无重大变化的犯罪嫌疑人，法院绝大部分在作出有罪判决的同时，对犯罪嫌疑人判处有期徒刑以上刑罚的实刑，而无流动人口与非流动人口的区别。逮捕和取保候审在性质上都是强制措施的一种，本不应当对犯罪嫌疑人的具体量刑产生实质性影响，影响犯罪嫌疑人所判刑罚的因素应当是其具体犯罪事实和量刑情节，但实践中，作为强制措施的逮捕或取保候审却异化为审判机关决定判处实刑还是缓刑的决定性因素。这一特点反映出，非流动人口在更有机会被取保候审的同时，也更有机会获得缓刑的判决，由此导致了流动人口与非流动人口在适用刑罚上的不平等。

二、流动人口取保候审现状的成因

实践中，取保候审比例一直较低，而不论犯罪嫌疑人是流动人口，还是非流动人口，导致这一现象的原因是多方面的：在观念层面，执法观念过于保守，而社会民众往往将取保候审误解为无罪，容易引发不必要的争议；在立法层面，取保候审的法律规定过于原则，对违反取保候审义务者的制裁措施缺乏操作性；在司法层面，取保候审审批程序过于烦琐，取保候审前难以准确评估风险等②，与此同时，基于流动人口本身的特性，流动人口取保候审比例较低还有其独特的原因。

---

① 如公安机关收取保证金后，需要县级公安机关负责人审批、登记、备案、开专用单据、交到指定银行，程序复杂、手续烦琐，而一旦需退还保证金时，还常碰到犯罪嫌疑人、保证人下落不明的情况，导致保证金后继处理困难。

② 参见刘中发等：《取保候审制度运行现状调查》，载《国家检察官学院学报》2008年第4期。

（一）流动人口取保候审风险评估机制的缺失，与取保候审适用条件的模糊规定不相适应

根据《刑事诉讼法》第 65 条的规定，取保候审的适用包括四种情形：（1）可能判处管制、拘役或者独立适用附加刑的；（2）可能判处有期徒刑以上刑罚，采取取保候审不致发生社会危险性的；（3）患有严重疾病、生活不能自理，怀孕或者正在哺乳自己婴儿的妇女，采取取保候审不致发生社会危险性的；（4）羁押期限届满，案件尚未办结，需要采取取保候审的。上述（1）、（3）、（4）种情形规定得较为明确，实践中对取保候审判断不会产生太大争议，且符合上述三种情形而被取保候审的比例也较小，实践中大部分是因为符合第（2）种情形而被取保候审。在第（2）种情形中，采取取保候审不致发生社会危险性是取保候审的条件之一，而"社会危险性"也是确定有无逮捕必要的基础，当然也是确定流动人口犯罪嫌疑人是否可以被采取非羁押措施的依据。

在"社会危险性"的判断上，对于非流动人口而言，因其在犯罪地有固定的户籍，往往也有固定的住所，还能提供合适的保证人，其风险评估相对简单，通过司法机关工作人员的自由裁量基本就可以解决，使得对非流动人口取保候审的风险评估机制的需求并不迫切。但是，对于流动人口而言，其在犯罪地既无固定住所，也无固定工作，甚至提供不出合适的保证人，无力支付保证金，仅凭司法人员的自由裁量是很难判定社会危险性的，更谈不上对可能发生的社会危险性的预防和控制，而必须建立一套合法合理的风险评估机制。只有对流动人口犯罪嫌疑人的各方面情况进行综合的考量，才能评价其社会危险性的高低。实践中，流动人口犯罪风险评估机制的缺乏，导致无法有效地判定流动人口犯罪嫌疑人的社会危险性，而只能依靠司法人员的自由裁量。但是，司法人员由于考核机制的压力，又很难冒着被取保候审犯罪嫌疑人脱保的风险去充分行使自由裁量权，从而影响了对流动人口取保候审的适用。由此可能导致的结果是，对于犯罪情节相对较轻，社会危险性相对较小的流动人口犯罪嫌疑人，因无法判定其社会危险性而被"构罪即捕"[①]，基本不考虑取保候审；对于情节、社会危险性相当，甚至更为严重的非流动人口犯罪嫌疑人，却可以获得取保候审的权利。

[①] 甚至有人通过对逮捕的实证分析，得出了实践中将"有证据证明有犯罪事实"作为逮捕的唯一条件的结论。参见王维志、詹新红：《逮捕强制措施普遍化的实证分析》，载《中国检察官》2006 年第 9 期；常艳、周冬梅：《对审查批捕中逮捕条件的把握》，载《人民检察》2006 年第 12 期。

（二）流动人口的社会经济条件差与取保候审的执行方式不相适应

根据《刑事诉讼法》第66条的规定，人民法院、人民检察院和公安机关决定对犯罪嫌疑人、被告人取保候审，应当责令犯罪嫌疑人、被告人提出保证人或者交纳保证金。在保证方式上，取保候审有"人保"和"财保"两种方式，同时对同一犯罪嫌疑人，两种保证方式只能择一，而不能并用。

从"人保"这一取保候审的执行方式看，它需要犯罪嫌疑人提供合适的保证人，保证人必须具备四项条件：（1）与本案无牵连；（2）有能力履行保证义务；（3）享有政治权利，人身自由未受到限制；（4）有固定的住处和收入。但是，对流动人口犯罪嫌疑人来说，其本身系离开户籍地到异地务工，在犯罪地既没有固定住所，也没有符合保证人条件的近亲属。流动人口所接触的朋友圈更多限于老乡、务工同事等与其自身层次相当的人员，这些朋友本身也属于流动人口，不符合保证人的条件。因此，流动人口犯罪嫌疑人在社会条件上的劣势，导致无法提供出有履行能力的人担任保证人，从而丧失了获得取保候审的机会。

从"财保"这一取保候审的执行方式看，保证金的起点数额为1000元，保证金的具体数额根据犯罪嫌疑人的社会危险性、犯罪地的经济发展水平等因素确定。但是，流动人口大部分是从经济条件落后的农村来到城市务工，进城打工的主要目的就是获得经济收益，本身的经济条件大多较为贫穷。流动人口在城市中从事的工作大部分是"苦、累、脏、毒、危"等工作，收入较低且无劳动保障，还有一部分根本就找不到稳定工作，常处于失业或半失业状态，甚至是社会上的无业闲散人员，他们的经济条件普遍不富裕，甚至生活困难，也可能连最低的1000元的保证金也无力支付，甚至部分犯罪嫌疑人因担心保证金被没收，宁可选择被羁押，也不交纳保证金。另外，法律仅规定了保证金的下限是1000元，而没有规定上限，司法机关往往为了防止犯罪嫌疑人取保候审后脱保，而要求犯罪嫌疑人缴纳高额的保证金，甚至可能为了达到不让犯罪嫌疑人被取保候审的目的，而要求犯罪嫌疑人缴纳巨额的保证金。因此，流动人口在经济方面的拮据，也导致其无法交纳足额的保证金来获得取保候审的机会。

（三）流动人口的流动性强与取保候审的监管机制不相适应

流动性是流动人口最本质的特征，这种流动性体现在四个方面：一是人口与户籍的实际分离，即现有暂住地并非户籍所在地；二是生长地与工作地的分离，即流动人口离开了其熟悉的出生地到一个较为陌生的地方工作；三是流动距离较远，往往体现为跨市、县或者跨省的流动；四是流动时间较长，流动人口一年之中往往仅在其户籍地作一两次的短暂停留。流动人口的流动性特征，为取保候审的监管增加了困难。

取保候审的执行机关是公安机关，实践中一般为犯罪嫌疑人、被告人犯罪地或居住地的公安派出所。但是，公安派出所作为公安系统的基层组织，担负着户政管理、治安管理、社区警务管理、刑事案件侦查等多重任务，警力资源极为紧缺，根本没有多余的力量去履行对被取保候审人的监督工作。对涉嫌犯罪的流动人口而言，其户籍地不在居住地，且在当地不一定有经常居住地，往往是在租赁屋生活，居住地也不固定。而我国法律尚未规定取保候审的异地执行制度，将流动人口交回户籍所在地派出所进行取保候审的执行工作，这一做法没有法律依据，户籍所在地的公安派出所往往也没有动力去履行监管职责。如果将流动人口交由犯罪地所辖派出所执行，由于犯罪嫌疑人的居住地与犯罪地可能并不同一，而在犯罪地以外的其他区域，犯罪地的公安派出所也难以对被取保候审人实现有效的监督。如果将流动人口交由其现居住地派出所执行，则在管理上比较方便，但是负责执行的派出所与负责侦查的机关可能在辖区上存在分离，不利于发现案件线索、开展侦查工作，而且可能因与执行监管的派出所没有直接的利害关系，以致监管形同虚设。因此，现行的对流动人口被取保候审人的监管工作无法得到有效实施，以致无法达到保障刑事诉讼活动顺利进行的目的，使得公安机关尽量减少对流动人口取保候审。

（四）流动人口的法律意识淡薄，"脱保"现象严重，与取保候审的目的不相适应

在一般社会公众的法律意识中，羁押与定罪判刑往往是联系在一起的，羁押本身就是一种处罚，他们经常朴素地认为，如果犯罪嫌疑人被羁押，那么犯罪嫌疑人就有罪；如果未被羁押，则是无罪的。涉嫌犯罪的流动人口大部分是进城打工的农民工，他们的文化程度普遍不高，大部分人的法律意识往往还不如一般社会公众，这对取保候审的适用可能产生两方面影响：一是流动人口犯罪嫌疑人被羁押后，由于经济原因而无力聘请辩护律师，而他们自己本身可能不知道自己享有申请取保候审的权利，更不知道如何去行使这一权利；二是流动人口犯罪嫌疑人在被取保候审后，不理解自己应承担的义务，甚至简单地认为自己已经"没事了"，因此常常在不通知公安机关的情况下随意变更联系方式、前往其他城市务工或回老家等，出现无意识的脱保行为。

流动人口犯罪嫌疑人在被取保候审后脱保现象严重的这一事实，严重妨碍了诉讼活动的顺利进行，不符合取保候审制度设立的目的。被取保候审的犯罪

嫌疑人一旦脱保，正在进行中的刑事诉讼程序将不得不中止，公安机关只能对犯罪嫌疑人采取网上追逃等方式，重新进行抓捕、重新提请逮捕、重新起诉，以及重新审判等。同一案件的诉讼程序因犯罪嫌疑人的脱保而不得不重新进行，既影响了司法机关的办案效率，也是对司法资源的浪费。这些都使得司法机关在对流动人口适用取保候审时更为慎重。

三、流动人口取保候审的完善措施

提高取保候审比例，尤其是提高流动人口犯罪取保候审比例，不仅取决于取保候审制度本身的完善，如完善取保候审的条件、明确取保候审的适用范围、加大对被取保候审犯罪嫌疑人违法处罚的力度、完善取保候审的救济途径等，更要从流动人口本身的特性出发，有针对性地进一步完善流动人口取保候审的相关规定和措施。

（一）建立流动人口取保候审风险评估机制，合理评估流动人口的社会危险性

关于社会危险性的具体含义，修改后《刑事诉讼法》第79条有明确规定，包括五个方面：（1）可能实施新的犯罪的；（2）有危害国家安全、公共安全或者社会秩序的现实危险的；（3）可能毁灭、伪造证据，干扰证人作证或者串供的；（4）可能对被害人、举报人、控告人实施打击报复的；（5）企图自杀或者逃跑的。上述规定对社会危险性的含义做了更进一步的说明，与修改前的刑事诉讼法相比，也更具有可操作性，但是，这一规定的可操作性仍有待进一步增强，如对行为人是否可能实施新的犯罪、是否企图自杀或者逃跑等，只能由司法机关根据实际情况自己把握。因此，今后立法或制定司法解释时，有必要从犯罪嫌疑人所犯罪行的严重程度、可能判处刑罚的轻重、继续危害社会的可能性以及是否为累犯、惯犯、犯罪集团的首要分子、是否有前科劣迹等方面对社会危害性的判断提供更具有可操作性的依据。

另外，修改后《刑事诉讼法》第79条规定的社会危险性，适用于所有犯罪嫌疑人的社会危险性判断，不区分流动人口还是非流动人口，无法体现流动人口专有的一些特征，因此有必要针对流动人口制定专门的风险评估机制。所谓流动人口取保候审风险评估机制，是对申请取保候审人的社会危险性进行评价的制度。社会危险性是对他人未来行为的一种预测，这一性质决定了对社会危险性的判断只能是一种推断，而这种推断是对未来不确定行为进行预测，虽然这种预测不可能完全准确，但社会危险性在一定程度上仍然是可以把握的，人的日常生活的行为也可以看作是社会危险性的表征之一。因此，通过对犯罪

嫌疑人的平常表现的分析和归纳来确定他的社会危险性大小，是相对合理和科学的，即通过对犯罪嫌疑人的品行进行调查，可以推出其社会危险性的大小。为此，我们可以借鉴修改后刑事诉讼法规定的未成年人刑事案件社会调查制度，通过对行为人的平常表现的分析和归纳，确定他的社会危险性大小。

具体而言，就是对准备采取取保候审的犯罪嫌疑人，除掌握其涉嫌的犯罪情况外，还应当对其家庭情况、学习情况、工作情况、成长经历、社会关系、性格特征等进行调查，为正确做出是否取保候审的决定提供依据。当然，在具体的操作中，应严格设计评估表格，使评估方式程序化、评估指标定量化、评估内容全面化等。也有学者提出了与此相类似的做法，建议建立取保候审前的全面调查制度，即案件承办人对准备采取取保候审的犯罪嫌疑人，除掌握其涉嫌的犯罪情况外，还应当对其家庭情况、学习情况、工作情况、成长经历、社会关系、性格特征等资料进行全面的调查，为正确做出是否取保候审的决定做好准备[①]。需要说明的是，审查逮捕阶段时限过短，仅有七天时间，在这七天之内启动对流动人口社会危险性的调查制度，时间过于紧张，可操作的空间不大。因此，对可能无逮捕必要不予批准逮捕的流动人口，其社会危险性判断有必要提前至侦查阶段，由侦查机关在侦查案件事实的同时，尤其要注重调取判断犯罪嫌疑人社会危险性的相关材料，并在提请审查逮捕时随卷移送至检察机关。这一精神在相关规定中也有所体现，如《公安机关办理刑事案件程序规定》第129条规定，公安机关在提请人民检察院审查批准逮捕时，应当对犯罪嫌疑人具有社会危险性说明理由。只是由于流动人口犯罪的流动性这一特点，在调取社会危险性材料时，公安机关需要尤其注意而已。

（二）丰富流动人口取保候审的保证方式

与我国取保候审的保证方式只有"人保"和"财保"两类不同，英美法系等国保释制度中的保释方式更为灵活多样，可以由法官根据个案情况决定对某一被追诉人具体适用的保释方式，如美国的审前释放制度包括具结保释、全额现金保释、定金保释、职业保释、保证人保证等多种形式[②]。

另外，保释虽然是由司法官决定的，但允许积极探索各种可能的社会力量参与并发挥作用。如在加拿大，保释中的社会机构主要是指"保释监管与变

---

① 参见刘立霞等：《品格证据在刑事案件中的运用》，中国检察出版社2008年版，第110页。

② ［美］爱伦·豪切斯等：《美国刑事法院诉讼程序》，陈卫东、徐美君译，中国人民大学出版社2002年版，第339~345页。

更项目"。这一项目设立的初衷在于，许多被逮捕的犯罪嫌疑人在其被逮捕到案件作出处理决定的期间并不会对社会产生潜在的威胁，但由于种种原因，他们不能提供保证金或者保证人，因此，加拿大安大略省在很多地区都建立了保释项目，为那些不能够提供保证金或者保证人，但又具备其他保释条件的犯罪嫌疑人提供保释担保①。对我国而言，完善取保候审的保证方式，尤其是增加流动人员取保候审的保证方式更有必要，具体可从以下方面进行完善：

首先，增加单位保证人，扩大保证人的范围。犯罪地的某个企业可以以企业的名义担任保证人，被取保候审人既可以是该企业的员工，也可以不是该企业的员工，由企业及其相关负责人来承担保证人的责任。比如，某些愿意承担社会责任或者具有帮教条件的单位、流动人口犯罪前工作的建筑公司、餐厅等，即使该单位的老板不具有当地户籍，没有固定住所，也可以以餐厅的名义担任保证人。增加单位作为犯罪嫌疑人的保证人，一方面，单位的领导、同事等对犯罪嫌疑人的具体情况比较熟悉，更方便了解其在取保候审期间的表现情况，从而更有利于对犯罪嫌疑人采取有针对性的、更为合适的帮教措施；另一方面，犯罪嫌疑人可以在单位继续工作，继续获得生活来源，甚至可以攒钱用于赔偿被害人，而且由于犯罪嫌疑人仍然在岗，而不是失业，也不会与社会脱节，更不至于为了生活而被迫流动至其他区县，以致违反取保候审规定，导致脱保的后果。

其次，明确保证金的最高数额，扩大担保财产的范围。现有的"财保"仅为交纳现金，但是对于绝大多数流动人口来说难以在短时间内筹集到办案机关要求的数额，更何况我国对保证金又没有最高额的限制。因此，应该在《刑事诉讼法》中明确规定保证金的指导数额，以避免办案机关借收取高额保证金来拒绝犯罪嫌疑人、被告人取保候审；同时，将担保财产扩大为现金、房地产抵押、有价证券等，这样可以使无法支付现金的流动人口通过抵押在老家的房产或者是其他物品而获得取保候审。甚至在条件允许的情况下，可以试点分期支付保证金的制度，即对于在取保候审期间有固定工作及收入来源的流动人口犯罪嫌疑人，可以要求其每月支付收入的一定比例，作为保证金，从而使因无法一次性支付保证金的流动人口犯罪嫌疑人获得取保候审的机会。

最后，增加取保候审的保证方式。对于无法提供保证人和保证金的流动人口犯罪嫌疑人，也可以适用"具结保证"这一保证方式，即犯罪嫌疑人只需要通过在保证书上签字承诺遵守取保候审的义务就可以获得取保候审的机会，

---

① 参见宋英辉、李哲：《我国取保候审适用现状与改革对策研究——以取保候审方式及附加义务为视角》，载《人民检察》2007年第12期。

而不附加其他任何保证条件。但是，由于具结保证不像"财保"那样用犯罪嫌疑人的保证金作为"抵押"，也不像"人保"那样由相关保证人进行担保，更多的仅具有形式上的保证功能，而没有其他约束性的措施，主要依靠犯罪嫌疑人的自觉遵守。因此，在具体适用具结保证这一方式时，应严格控制适用对象，即具结保证只能适用于既无法提供保证人又无法提供保证金的犯罪嫌疑人，而且犯罪嫌疑人能够在取保候审期间完全靠自觉履行取保候审义务。在具体适用对象的挑选上，适用具结保证取保候审的犯罪嫌疑人的条件应比适用"人保"或"财保"等保证方式的犯罪嫌疑人更为严格，这种严格性不仅体现在犯罪情节较轻、可能判处的刑罚较轻等，更应体现在犯罪嫌疑人的认罪、悔罪的态度更好等方面。

（三）完善流动人口取保候审的监管方式

实践中，流动人口取保候审的监管主要由犯罪地或居住地的公安派出所负责，由于前文所述的种种原因，这种单一的监管方式使得对取保候审的监管基本形同虚设，更多地取决于犯罪嫌疑人的自觉，而这也是流动人口取保候审后脱保的主要原因之一。具体而言，完善取保候审的监管机制，缓解公安机关的监管压力，强化对流动人口取保候审的监管力度，可采取以下几种方式：

首先，将派出所监管与社区矫正的发展相结合，发挥社区在监管中的积极作用。对于流动人口取保候审的监管，应充分利用社区的资源，开展法制教育、技能培训等。既要充分发挥现有社区矫正工作人员的作用，也要针对不同的被取保候审人指定具体的监管人员，如社区志愿者等，为被取保候审人提供生活、工作、法制教育等各方面的帮助，使他们能够更好地接受监管。

其次，调动企业等社会组织的社会责任感，发挥企业在监管中的作用。让企业参与到对流动人口涉嫌犯罪后取保候审期间的监管中，既可以保证流动人口在经济上损失程度最小，也可以利用企业与流动人口的这种工作联系来加强对于流动人口的监管。当然，对于参与流动人口取保候审的企业等社会组织，应该设立相应的激励机制，以使得企业等能有动力承担这种社会责任。

再次，引入电子监控技术，加强对无固定住所和工作的流动人员的监管。流动人口有固定住所的，可以充分发挥其所居住社区的作用进行监管；流动人口有固定工作的，可以依靠其工作单位进行监管。当流动人口既无固定住所，又无固定工作时，则应引入电子监控技术，依靠科技进行监管。电子监控技术监管被取保候审人是国外对于被保释人进行监管的一种方式。如"法官将决定被告穿戴一种围绕着其脚踝的传感器的持续时间，并决定被告工作和训练的一周时间表。这个时间表精确规定了被告必须在哪些时间待在家里，也就是规定了被告离家的时间，试验人家里的接收器将显示出试验人是否在家①。"

最后，更新监管理念，采取被动监管与主动汇报相结合的监管方式。目前，被取保候审人在取保候审期间承担的义务均为"被动义务"，即被动接受公安机关等机构的监管。但是，由于现在基层公安机关负担着各种治安管理职责，在一定程度上对被取保候审人的监管不能完全落实到位或者有效执行监管职责，致使犯罪嫌疑人、被告人游离在监管之外。如果在被动监管的同时，增加被取保候审人主动汇报义务，即被取保候审人主动定期向基层公安机关、基层管理组织报告其情况，未定期向基层公安机关、基层管理组织报告的视为逃避监管或者以违反相关法律加以处罚。这样既能有效提高对犯罪嫌疑人的监管力度，又能减轻基层公安机关、基层管理组织因此增加的工作负担，更好地履行对流动人口取保候审的监管职责。

（四）强化流动人口取保候审人的法律意识，减少"无意识"的脱保行为

如上文所述，流动人口法律意识较一般社会公众更为薄弱，也是影响流动人口取保候审适用的重要因素之一。司法机关在讯问犯罪嫌疑人时，应充分、全面告知犯罪嫌疑人享有申请取保候审等权利，在犯罪嫌疑人提出聘请辩护律师的要求时，应迅速、如实地将其要求转达给犯罪嫌疑人的法定代理人、亲戚、朋友等，符合申请法律援助的，则应依法为犯罪嫌疑人提供法律援助。

犯罪嫌疑人取保候审后脱保的，既可能是为了逃避法律追究的有意脱保行为，也可能是一种无意识的脱保行为，即根本不知道自己取保候审期间所应承担的义务，也不知道脱保带来的法律后果。对于有意的脱保行为，源头在于对不宜取保候审的犯罪嫌疑人适用了取保候审措施，实践中很难完全避免，但对于无意识的脱保行为，大部分发生于流动人口取保候审犯罪嫌疑人之中，只要措施得当，是完全可以避免的，也是不应当发生的。这种"无意识"的脱保行为，既损害了被取保候审人自身的利益，如再次到案后不能再次被取保候审、可能被法院判处实刑而不是缓刑等，也增加了司法机关负担，浪费了司法资源，如司法机关需要中断已经进行的诉讼程序，再次对脱保犯罪嫌疑人采取抓捕措施，待犯罪嫌疑人到案后再次启动诉讼程序。要避免这种脱保行为，要求司法机关在对嫌疑人取保候审时，充分履行权利义务告知义务，也要求保证

---

① 参见沃尔夫厄姆·谢德勒：《德国刑事诉讼法的保释与其他非尖锐性措施条款》，载陈光中等：《中德强制措施国际研讨会论文集》，中国人民公安大学出版社2003年版，第159页。

人切实履行其法律责任。一方面，司法机关工作人员在对流动人口涉罪人员取保候审时，应当口头详细向其讲解取保候审的法律规定，明确告知其被取保候审后的权利义务，同时制作简明的《取保候审知识手册》，将取保候审的相关内容收录在内，与取保候审决定书一起发放给被取保候审人。另一方面，承担保证责任的保证人、社区组织和企业单位，也应担负起对流动人口进行法律教育的重任，时刻提醒被取保候审人应承担的权利义务，避免"无意识"脱保行为的出现。

论捕后羁押必要性审查工作机制的完善[*]

常凤琳[**]

2012 年修订后的《刑事诉讼法》第 93 条规定："犯罪嫌疑人、被告人被逮捕后，人民检察院仍应当对羁押的必要性进行审查。对不需要继续羁押的，应当建议予以释放或者变更强制措施。有关机关应当在十日以内将处理情况通知人民检察院。"此外，最高人民检察院颁布的《人民检察院刑事诉讼规则（试行）》（以下简称《刑事诉讼规则》）第 616 条至第 621 条也细化了逮捕后实行羁押必要性审查的具体操作程序和要求，构建了羁押必要性审查制度的基本框架。捕后羁押必要性审查制度的设立，体现了中国法治进程中更加注重保障犯罪嫌疑人、被告人合法权利的精神，具有进步意义。

一、羁押与羁押必要性审查制度的理论

（一）我国的羁押与逮捕制度

刑事诉讼意义上的"羁押"，是指以国家强制力将犯罪嫌疑人、被告人限制在一定的活动范围之内，剥夺其人身自由的措施[①]。广义的羁押与监禁同义，既包括审前的羁押，也包括审判过程中的羁押和审判后自由刑执行中的羁押[②]。我国实行的是捕押合一的立法模式，一旦犯罪嫌疑人、被告人被逮捕，没有特殊情况出现而进行强制措施的变更，在案件的侦查、审查起诉乃至法院的审理阶段就一直处于被羁押的状态。在制度设计上，一方面羁押依附于逮捕和拘留。在我国的刑事诉讼程序中，羁押并不是一种独立设置的强制措施，而

　＊　原文发表在《河南社会科学》2014 年第 9 期，标题有所改动。

　＊＊　作者单位：河南省安阳市人民检察院。

　①　樊崇义主编：《刑事诉讼法学》（第二版），中央广播电视大学出版社 2013 年版，第 38 页。

　②　彭婷：《捕后"羁押必要性"审查机制的构建》，载《上海公安高等专科学校学报》2012 年第 6 期。

是适用刑事拘留和逮捕措施的必然结果，是一种持续限制被拘留人和被逮捕人人身自由的当然状态，羁押的程序和理由都依附于逮捕①。2012 年刑事诉讼法修改之前，逮捕不仅是一种强制犯罪嫌疑人、被告人到案的措施，而且还会导致持续剥夺犯罪嫌疑人、被告人人身自由的后果。从程序上看，公安机关逮捕犯罪嫌疑人、被告人需经检察院批准或法院决定，强制犯罪嫌疑人、被告人到案后即予以羁押，没有对是否有羁押必要再行审查的程序。另一方面没有完善的羁押替代措施②。我国刑事诉讼法中也规定了取保候审、监视居住措施，对符合条件、变更措施更为适宜、不致发生社会危险性的可以变更强制措施，但对适用取保候审、监视居住的范围进行了限制性规定，加上传统的"重羁押轻变更"执法思想在办案人员中还普遍存在，一定程度上影响了捕后变更强制措施的适用。

我国逮捕与羁押合一的制度设计，有效预防了再次犯罪的产生和其他重大社会危险性，保障了诉讼程序的顺利进行，为判决生效后刑罚的执行做了充分准备。但是，捕押一体的体制在办案实践中逐步暴露出越来越多的问题，集中表现在：没有规定羁押的时限，羁押的延长随着案件的进展由不同的司法机关和部门决定，当事人没有参与权；当事人如果不服羁押决定的，没有相应的羁押必要性审查机制，缺少司法救济手段；取保候审、监视居住替代措施适用较少，羁押后很少变更强制措施，往往是一押到底；由于羁押时间过长，往往导致一些轻微刑事案件本来可以适用缓刑或管制、拘役，由于一直在押，法院判决时只有判处与羁押时间相当的短期徒刑了事③。

这些问题的存在，导致我国刑事诉讼中羁押率过高，羁押成为常态，"构罪即捕"、"一押到底"、"久押不决"等现象大量存在④。分析其中原因，一方面是办案人员为了获取口供的方便和保障案件的顺利办理，往往依赖和习惯于犯罪嫌疑人、被告人处于羁押状态；另一方面是重视对犯罪的打击和惩罚，对人权的保护意识和力度不够，尤其是对犯罪嫌疑人、被告人的合法权利保护意识不强。

---

① 姚莉、邵劲：《论捕后羁押必要性审查——以新〈刑事诉讼法〉第九十三条为出发点》，《法律科学〈西北政法大学学报〉》2013 年第 5 期。

② 卢乐云：《论刑事检察理念的更新》，载《中国刑事法杂志》2013 年第 12 期。

③ 韩成军：《检察权配置的制度环境探析》，载《河南大学学报（社会科学版）》2012 年第 6 期。

④ 路志强：《检察工作效果管理机制的构建》，载《中国刑事法杂志》2013 年第 9 期。

（二）羁押必要性审查与羁押救济之间的关系

羁押一定程度上是对犯罪嫌疑人、被告人人身权利的剥夺，是最为严厉的刑事措施状态，因而相对应的必须有一定的救济程序，以防止不当羁押、无限期羁押等现象的产生①。羁押救济制度，其实质就是使被羁押的人有机会对羁押的合理性和必要性重新提交司法机关进行审查，并在一定情形下做出有利于被羁押人的变更，从而尽快得到释放。羁押必要性审查制度的实质在于对是否有继续羁押的必要进行司法审查，其功能归结起来有：一方面尊重人权，保障犯罪嫌疑人、被告人的诉讼权利，防止国家权力的滥用，遏制公权力仅凭诉讼需要就以强制措施的方式对公民人身自由的任意侵犯②。另一方面加强法律监督，促进社会监督③。比较羁押必要性审查与羁押救济的功能，我们可以看出，羁押必要性审查与羁押救济在本质上是一致的。无论是检察机关依职权还是依相关人员申请启动羁押必要性审查，均是对被羁押人员的权利救济，对羁押状态提供救济机会和途径。但是，羁押必要性审查并不完全等同于羁押救济，对羁押救济的方式应是多样化、多角度、多途径的，需要各方配合，以保持权利救济的畅通，并不仅仅局限于检察机关对羁押必要性审查这一种手段。但是，羁押必要性审查也是其中最为重要的一种救济措施，应引起足够重视。

（三）中国特色的捕后羁押必要性审查制度

随着去犯罪化、轻刑化等思潮的兴起和传播，以及对尊重和保障人权的重视，羁押措施的使用也趋于更加审慎，纵览世界各主要国家刑事诉讼立法，均采取了相应的措施从羁押事实和羁押理由等方面对羁押必要性进行审查④，以减少羁押的比例。在这些国家，羁押与逮捕大多分离，羁押必要性审查是由控、辩、审三方共同完成的，该程序的启动很多时候是被羁押人的权利，无论是在审前还是庭审过程中都可以进行羁押必要性审查⑤。

在考虑一个国家刑事诉讼制度设计的完善性时，应首先立足本国国情，以

---

① 戚进松、刘丽娜：《公诉环节羁押必要性审查的制度构建》，载《中国刑事法杂志》2013 年第 6 期。

② 张泽涛：《中西司法与民主关系之比较》，载《河南社会科学》2012 年第 9 期。

③ 江国华：《走向中庸主义的司法偏好》，载《当代法学》2013 年第 4 期。

④ 杨宇冠：《羁押必要性审查制度刍议》，载《中共青岛市委党校青岛行政学院学报》2012 年第 5 期。

⑤ 施鹏鹏、王晨辰：《法国不当羁押赔偿制度述评》，载《中国刑事法杂志》2013 年第 11 期。

现行法律为依据。首先，要对我国的捕后羁押必要性审查制度有清醒的认识。我国刑事诉讼法修改以前，并没有明确的羁押必要性审查概念，对是否符合逮捕条件的判断是检察机关侦监、公诉等部门职权范围的一部分，而且更多是集中于捕前审查。至于逮捕以后，案件事实、证据、社会危险性或其他条件发生变化，被羁押人是否还有羁押的必要，采取其他措施是否更为合适，显然在长期的司法实践中没有引起足够重视。

修订后的刑事诉讼法颁布实施后，明确确立了捕后羁押必要性审查制度。在此次的制度设计中，人民检察院作为羁押必要性审查的主体，赋予其依职权主动启动和依相关人员申请被动启动两种审查方式。若是依职权主动启动，《刑事诉讼规则》明确了八种情形下可以向有关机关提出予以释放或者变更强制措施的书面建议；若是依申请启动，申请人申请时应当说明不需要继续羁押的理由，并提供相关证据和有关材料。人民检察院经审查认为不需要继续羁押的，应当建议有关机关予以释放或者变更强制措施。案件在不同的诉讼阶段，羁押必要性审查由检察机关不同部门行使。其中，侦查阶段由侦查监督部门负责，审判阶段由公诉部门负责，监所检察部门在监所检察工作中发现不需要继续羁押的，可以提出释放被羁押人的建议或提出变更强制措施的建议。在审查方式上，规范了羁押必要性评估、听取相关人员意见、查阅有关证明材料等方式，在借鉴国外立法成果、结合我国司法实践的基础上，初步构建了我国的羁押必要性审查制度，进一步完善了我国被羁押人司法权利救济制度。

二、捕后羁押必要性审查工作机制的完善

（一）审查的启动方式

一是依职权主动启动审查。主动启动审查是检察机关从保障被羁押人权利的角度，依照法定职权主动开展羁押必要性审查活动[①]。即人民检察院对已经作出逮捕决定的案件定期进行主动审查，根据案件情况变化及时变更或者撤销羁押措施。随着案件的不断进展，被羁押人的羁押理由也会随着案情发生变化。因此，人民检察院应当对犯罪嫌疑人的羁押情况进行动态跟踪，定期启动羁押必要性审查[②]。如何设定审查的频次和间隔期限，目前我国法律并未明确

① 孙谦：《人民检察院刑事诉讼规则（试行）理解与适用》，中国检察出版社 2012 年版，第 86 页。

② 彭婷：《捕后"羁押必要性"审查机制的构建》，载《上海公安高等专科学校学报》2012 年第 6 期。

规定。笔者认为，间隔时间的设定，既要有利于及时变更逮捕措施，保障被羁押人的合法权利，又要符合司法机关办案规律和人力资源现状，如果间隔过短、频次过多，案情还没有新进展，审查就失去了意义，检察机关也无力承受①，因此，笔者认为，在侦查环节，检察机关批准或决定逮捕后，侦查机关即使在不延期的情况下，也至少有两个月以上的羁押期限，建议检察机关可以在逮捕一个月后启动羁押必要性审查，此后每隔两个月再进行一次审查。在延长侦查羁押期限或中止、重新计算办案期限的同时，检察机关也应进行羁押必要性审查。对法院决定逮捕的，是检察机关行使监督职能的难点，检察机关在法院决定逮捕时就应进行审查，此后应每隔一个月再进行一次审查。

二是依申请被动启动审查。被动启动审查是检察机关根据犯罪嫌疑人、被告人及其法定代理人、近亲属或者辩护人的申请而启动。修改后的《刑事诉讼法》第 95 条赋予了被羁押人及其相关人员向办案机关申请变更强制措施的权利，人民法院、人民检察院和公安机关收到申请后，应当在三日内作出决定；不同意变更强制措施的，应当告知申请人，并说明不同意的理由。申请人有权利再依据修改后的《刑事诉讼法》第 93 条之规定，申请人民检察院进行羁押必要性审查，因此，应当将申请审查的这一权利告知犯罪嫌疑人及其近亲属。上述人员在提出申请时，应当说明不需要继续羁押的理由，并提供相关证据和材料。笔者认为，对于依申请启动的，申请主体有权随时申请审查，审查后未做出变更的，若无其他理由，在一定期限内应不允许其再申请。

从办案实践看，检察机关对所有案件进行全程跟踪显然不太现实，这就有必要探索建立行之有效的程序性跟踪审查工作机制。笔者认为，可以推行"逮捕原因释明"制度和"一案一表"制度。即对作出逮捕决定的案件，由侦监部门填制"羁押必要性跟踪审查表"，详细列举决定逮捕的原因并进行必要的释明；同时，采用列举加概括的方式详细注明逮捕条件变化因素，一案一表，随案移送②。在案件办理过程中，当原逮捕原因发生变化时，办案部门只需对变化因素予以标注，就可以将该表和相关材料移送检察机关相应的部门进行审查。审查结束后，检察机关应将审查结果在该表上予以填写，将相关材料退回原移送机关，并由移送机关执行检察机关的审查建议。案件办结后，应将有关案表返回相应部门备案。

---

① 陈山、蔡鹤：《罪刑法定原则、罪刑相均衡原则与法条适合之特别关系》，载《中国刑事法杂志》2013 年第 2 期。

② 张国圣：《捕后羁押必要性审查的思考》，载《江苏法制报》2012 年 6 月 2 日。

（二）审查标准和内容

目前，对于捕后羁押必要性审查的标准存在较大争议，观点也较多①。修改后的刑事诉讼法分三个层面规定了逮捕条件：一是一般逮捕条件，二是径行逮捕条件，三是违反取保候审、监视居住的转捕条件。我们判断是否具有继续羁押的必要性，还主要应当比照一般逮捕的条件，即在审查中发现原逮捕条件发生了变化，犯罪嫌疑人或被告人不再符合逮捕的一般条件，那么我们就可以认为其不再具有被继续羁押的必要性，可以建议释放或变更强制措施；如果被羁押人原来的逮捕条件没有发生改变，则应认为具有羁押的必要性仍应当继续羁押，并以此为基础，细化具体条目，结合犯罪嫌疑人主体状况、在押期间表现、帮教条件等情况，综合评判个案具体情况，并作出是否继续羁押的判断。

《刑事诉讼规则》第 619 条从证据变化情况、案件事实情节、被羁押人社会危险性、悔罪态度情况、有无超期羁押、被羁押人身体状况是否适宜继续羁押等方面明确规定了八种可以向有关机关提出予以释放或者变更强制措施的情形，使羁押必要性审查在司法实践中更具可操作性。需要说明的是，《刑事诉讼规则》列举的八种情形是对检察机关办案实践的经验总结，是可能会导致羁押必要性发生变化的情形，但是否需要继续羁押还应根据羁押条件、案件具体情况全面审查判断。如果出现上述所列内容之外的情况而导致羁押必要性条件发生变化的，也可以认为无继续羁押的必要，适用"其他不需要继续羁押犯罪嫌疑人、被告人的情形"的兜底条款②。

（三）审查的案件范围

逮捕后羁押必要性审查的对象是被逮捕的犯罪嫌疑人、被告人，但并不是说不区分情况，对所有案件都要启动羁押必要性审查机制，而是应当对适用对象进行一定的限制，否则会浪费司法资源，使得该工作机制沦为形式。鉴于修改后刑事诉讼法对逮捕的条件进行了较大的调整，对有证据证明有犯罪事实，可能判处十年有期徒刑以上刑罚的，或者有证据证明有犯罪事实，可能判处徒刑以上刑罚，曾经故意犯罪或者身份不明的，应当予以逮捕。因此，以上情形因其符合应当逮捕的条件而应排除在捕后羁押必要性审查的范围之外，羁押必要性审查的对象应限定为可能判处十年以下徒刑的刑事案件。这类犯罪主要有：数额不大的侵财类犯罪、轻伤害犯罪，或系初犯、偶犯、过失犯罪，未成

---

① 万春、刘辰：《羁押必要性审查制度的思考》，载《人民检察》2012 年第 16 期。

② 黄海波、黄学昌：《刑事司法的惯性》，载《当代法学》2012 年第 4 期。

年人犯罪、老年人犯罪，或是共同犯罪中作用较小危害不大的犯罪、刑事责任能力受限制的人的犯罪，该类犯罪主观恶性较小、犯罪情节轻微、社会危害性不大，同时，该类犯罪可能判处十年以下有期徒刑，具有取保候审或监视居住的条件。值得注意的是，启动羁押必要性审查应排除以下对象：累犯、惯犯、曾经故意犯罪或者身份不明的；危害国家安全犯罪、恐怖活动犯罪、危害公共安全的故意犯罪且情节恶劣的，涉黑犯罪的组织、领导者以及主犯；情节恶劣的故意杀人、强奸、抢劫、绑架等恶性犯罪案件；重大经济犯罪等，以上情形的犯罪嫌疑人、被告人原则上不应适用羁押必要性审查机制。

（四）审查方式

借鉴此次刑事诉讼法修改逮捕条件的精神，进一步强化羁押必要性审查的司法属性。检察机关在进行羁押必要性审查时应当指定专人负责，注重听取犯罪嫌疑人、被告人及其辩护律师意见，必要时可以听取被害人或者其他有关人员的意见。特别是犯罪嫌疑人、被告人申请审查的案件，检察机关对可能引发争议的案件，可以考虑启动听证程序，围绕羁押的必要性，由有关各方充分表达意见①，保证审查程序的中立性和公正性。在条件允许的情况下尽可能采取书面审查和听证审查相结合的方式，为侦查机关和在押犯罪嫌疑人提供充分表达意见的机会，有利于广泛地收集证据和发现事实，且能通过相互对质查明证据和事实的真伪，从而有助于负责审查的检察人员作出理性的裁判。

从目前的办案实践看，为了使审查更全面客观，在以书面审查为主的基础上，必要时应辅以言辞审查。《刑事诉讼规则》第620条规定了人民检察院进行羁押必要性审查的方式，羁押必要性审查可以通过对犯罪嫌疑人、被告人进行羁押必要性评估，向侦查机关了解侦查取证的进展情况，听取有关办案机关、办案人员的意见，听取犯罪嫌疑人、被告人及其法定代理人、近亲属、辩护人的意见，听取被害人及其诉讼代理人或者其他有关人员的意见，调查核实犯罪嫌疑人、被告人的身体健康情况，查阅有关案卷材料，审查有关人员提供的证明不需要继续羁押的证明材料等方式进行。参照"承办人审查、集体讨论、检察长决定"的审查逮捕程序，如检察机关通过主动审查发现的，应注意全面收集相关材料，及时提出审查意见报检察长决定；如相关人员提出申请，包括监管机关提出建议的，均应附相关证据和材料，由检察机关在五日内审查完毕并提出审查意见，报检察长决定。如经审查认为不符合改变强制措施

---

① 王伟、戚进松：《羁押必要性审查制度的具体构建》，载《检察日报》2012 年 7 月 6 日。

或者释放标准的，应及时向申请人或提出建议方作出答复并说明理由①。

（五）审查结果的处理

对羁押必要性审查的结果，有两种情形：一是不需要继续羁押。符合释放条件的要予以释放，没有继续羁押必要的，要依法变更为取保候审或者监视居住。二是不符合变更强制措施标准的，要继续予以羁押。法律规定，检察机关羁押必要性审查结果处理为"建议"，这意味着检察机关对羁押必要性审查结果的处理仅为建议权，是否采纳由被建议机关决定，检察机关不能超越职权直接决定。对待检察机关的建议，《刑事诉讼规则》规定"有关机关应当在十日以内将处理情况通知人民检察院"。检察院作出的处理决定仅为建议权，而不具有强制执行的效力，这在一定程度上削弱了捕后羁押必要性审查工作的效果。

笔者认为，虽然检察机关的建议为非强制性的，但立法机关的学理解释认为，检察机关是依法提出的具有法律效力的监督意见，其他机关应当本着认真负责的态度，对建议的要求及所根据的事实、证据等进行研究，从而全面就羁押必要性进行审查，及时作出正确决定②。因此，对于检察机关的建议，其他机关应本着平等保护案件当事人合法权利的态度，对建议进行全面研究和考量，按期书面回复，对于没有采纳检察机关建议的，应当具体说明理由和依据。同时，笔者建议，检察院可以通过向有关机关发检察建议的形式，阐明羁押必要性审查结果和变更理由，对有关机关十日内拒绝建议、不予答复的，可呈报上级检察机关，由上级检察机关通知同级侦查机关或者审判机关予以处理，以保证建议的刚性。

三、捕后羁押必要性审查与相关制度的衔接

（一）与刑事和解制度的衔接

犯罪行为不仅严重侵犯了社会关系和社会秩序，而且也侵害了被害人的合法权益③。对犯罪行为的惩处，也应当考虑对被害人合法权益的修复和保护，对被害人进行精神安抚和财产赔偿，最大限度地修复被侵害的社会关系。刑事

---

① 李形、葛普然：《浅析新〈刑事诉讼法〉中逮捕后羁押的必要性审查》，载《西部时报》2013 年 1 月 1 日。

② 郎胜：《〈中华人民共和国刑事诉讼法〉释义》，法律出版社 2012 年版，第 186 页。

③ 孙谦：《走中国特色社会主义法治道路》，载《中国刑法法杂志》2013 年第 3 期。

和解制度不仅能保障国家刑罚权的实现，而且能够最大限度地保护被害人的合法权益，在缓解被告人、被害人之间矛盾，减轻诉讼压力等方面起到了重要的作用。在捕后羁押必要性审查工作中进行刑事和解，不仅能够保护被害人的合法权益，而且能在和解过程中考察犯罪嫌疑人、被告人的态度，从而为最终作出是否继续羁押的决定提供重要的参考①。一般来讲，犯罪嫌疑人是否真诚悔罪、愿意赔偿，被害人是否同意达成谅解，是判断犯罪嫌疑人是否主观恶性减小、双方关系得以修复、不再具有危害刑事诉讼顺利进行风险的重要因素。在司法实践中，应将案件当事人是否刑事和解作为有无羁押必要性的重要依据，即便是当事人未能最终达成和解协议，犯罪嫌疑人在和解过程中的表现也应纳入羁押必要性审查的范围。

（二）与未成年人犯罪处理制度的衔接

《刑事诉讼法》第 269 条规定，对于未成年犯罪嫌疑人、被告人，应当严格限制适用逮捕措施。在对未成年人犯罪案件进行羁押必要性审查过程中，要以未成年人是否具有妨碍诉讼进行或再次犯罪的社会危险性作为审查的程序性条件，将是否具备家庭监护、社会帮教条件作为羁押必要性审查的关键因素，落实听取未成年犯罪嫌疑人及其法定代理人意见制度，落实法律援助制度和社会调查制度。对羁押必要性事实的证明要求可以低于实体性事实，证据形式可以相对放宽，例如社会调查报告、心理测试报告等，均可以在羁押必要性审查时作为证据使用。证明标准可以放宽，采用优势证明标准即可，无须排除合理怀疑②。建立未成年人羁押必要性评估机制，对未成年人羁押必要性审查要从案件事实、犯罪情节、主观恶性、以往表现、家庭监护情况、社会帮教条件等多方面进行综合评估，并将这一机制前置到公安侦查阶段。在办理未成年人犯罪案件的各个环节，都要重视落实未成年人社会调查制度，着重对未成年犯罪嫌疑人成长经历、犯罪原因、监护教育等情况进行调查，注意收集、调取、固定有关羁押必要性审查的证据，为检察机关准确把握羁押必要性条件打好基础，减少对未成年犯罪嫌疑人的不当羁押，更有效地保护未成年人合法权益③。

---

① 林强：《羁押必要性审查制度机制的构建》，载《第八届国家高级检察官论坛论文集：强制措施制度的修改及执行》，2012 年 11 月 21 日。

② 吴燕：《未成年人审前羁押审查还需有配套措施》，载《检察日报》2012 年 5 月 9 日。

③ 马志龙：《政法干警核心价值观简析》，载《当代法学》2012 年第 4 期。

（三）　与非羁押诉讼刑事政策的衔接

近年，为了贯彻宽严相济刑事司法政策，河南省在郑州、濮阳等市司法机关试行了非羁押诉讼刑事政策。2011 年 6 月，河南省高级法院、省检察院、省公安厅联合出台了《关于在办理刑事案件中实行非羁押诉讼若干问题的规定（试行）》（以下简称《规定》）。《规定》对非羁押诉讼概念进行了明确：非羁押诉讼，是指河南省各级公安机关、人民检察院、人民法院在刑事诉讼活动中，依照法律规定和个案具体情况，对罪行较轻的犯罪嫌疑人、被告人，在不采取刑事拘留、逮捕强制措施的情况下进行立案侦查、审查逮捕、审查起诉、审理裁判的诉讼方式。据统计，2013 年全省检察机关共批准逮捕各类刑事犯罪嫌疑人 47190 人，提起公诉 87099 人①，由此可见采取非羁押措施不捕直诉的占到了 45.8％，非羁押刑事政策在河南省司法机关得到了较好的贯彻实施。

对比捕后羁押必要性审查的案件范围，主要应界定为可能判处十年以下徒刑的刑事案件，涵盖了非羁押诉讼刑事政策适用的三年以下轻刑案件，因此在捕后羁押必要性审查工作中，也要深入贯彻宽严相济刑事司法政策，充分体现非羁押诉讼的法治人文关怀的理念，对下列符合非羁押诉讼的案件，在审查逮捕、审查起诉、延长侦查期限、中止或重新计算办案期限时要重点予以审查：一是特殊群体，指未成年人、在校学生或 60 周岁以上的老年人，尚未完全丧失辨认或者控制自己行为能力的精神病人，盲聋哑人或者不适合羁押的残疾人，严重疾病患者和正在怀孕或者哺乳自己婴儿的妇女；二是具有法定从轻或减轻处罚情节是指防卫或紧急避险过当的，犯罪预备、中止或未遂的，从犯或胁从犯，自首或立功的；三是具有酌定从轻处罚情节，系初犯、偶犯，且主观恶性较小、积极退赃、有效控制损失或积极赔偿的，过失犯罪能有效控制损失、防止危害结果继续扩大的，因民间纠纷引起的轻伤害等案件，取得被害人谅解，达成刑事和解协议的。

该《规定》还明确指出不能适用非羁押诉讼的情形：涉嫌危害国家安全犯罪、恐怖活动犯罪、黑社会性质组织犯罪、严重暴力犯罪、累犯、主观恶性大、无悔罪表现等其他不宜适用非羁押诉讼的。与捕后羁押必要性审查应排除适用的案件基本一致，在工作中要注意依法审查排除。

---

① 蔡宁：《河南省人民检察院工作报告》，2014 年 1 月 20 日通过。

刑事诉讼翻译活动的现实与规制

天津市人民检察院课题组[*]

在刑事诉讼中，翻译活动是沟通诉讼各方、保证诉讼程序正常进行的重要环节，对提高诉讼效率、查清案件事实、维护诉讼当事人合法权利具有重要作用。刑事诉讼翻译制度是体现司法理念、彰显程序正义的重要法治形式，从刑事诉讼翻译活动的实然状态可以窥见一个国家的法治发展阶段。基于此，我们需要对刑事诉讼翻译制度进行理论探讨，在检视司法实践的基础上推动刑事诉讼翻译活动的规范。

一、刑事诉讼翻译制度的理论廓清

刑事诉讼翻译活动是指在刑事诉讼中，当诉讼各主体之间出现语言沟通障碍时，为保证诉讼的公平正义而进行的语言文字转换活动。

（一）刑事诉讼翻译制度的法律定位

法律是社会关系的规范，法律的运行与实现都需要以语言为载体，可以说如果法律一旦离开语言，在无言的世界中法律的规范性将无从体现[①]。法同语言的密切关系决定了刑事诉讼与语言权利的密切关系，失去了语言权利，诉讼参与人的其他诉讼权利将无从谈起。以自己熟悉的语言参与诉讼，是一个公民当然的法律权利。语言权利是宪法规定的基本权利，基本权利是每个人之所以为人应从公权力处得到的起码正义[②]。在刑事诉讼中，被追诉人有权利了解知悉案情，获得公平对待，需要通过充分的诉讼参与维护个人权利，对抗与防御

---

[*] 课题组成员及所在单位：韩庆祥、于新民、金晓慧、马青春，天津市人民检察院；朱桐辉，南开大学法学院。执笔人：马青春。负责人：韩庆祥。

[①] 王国龙：《从语言追问法律的意义》，载《边缘法学论坛》2006年第1期。

[②] 李念祖：《从中文语法言说基本权利的本义》，载《清华法律评论》第6卷第1辑。

国家公权力的指控。这些权利的实现前提是其能够使用自己通晓的语言并以此表达与提出个人权利主张，进行诉讼抗辩。而被追诉人之外的诉讼参与人，其在刑事诉讼中也有相应的权利，承担着一定的诉讼责任与义务，其参与的诉讼活动对他人权利会形成影响，为保证其诉讼参与的真实与有效，也同样需要语言权利的保障。

刑事诉讼中的语言权利包括两项基本内涵：一是有权选择、使用自己熟悉的民族语言参与刑事诉讼活动，二是在刑事诉讼中有权获得翻译帮助，相对而言公安司法机关有义务提供翻译帮助。这两方面的内容体现了刑事诉讼语言权利的保障性、防御性的特质，具有程序和实体的双重意义，是诉讼活动的基本原则之一。它是程序正义的体现，也关切到诉讼当事人实体权利的保护和实现。这一原则在现代法治国家已基本形成共识，《世界语言权宣言》第20条、联合国《公民权利和政治权利国际公约》第14条第3款都有规定。有"人权小宪章"之称的刑事诉讼法当然不能忽视语言权利的平等保护，因此，刑事诉讼翻译制度建构的基本支点就在于为包括被追诉人在内的诉讼参与人的语言权利提供保障。

（二）刑事诉讼翻译活动的形式与特征

刑事诉讼翻译活动①按照形式可区分为同步口译和书面翻译两种。同步口译是指在刑事诉讼活动中通过语言、手势或者其他表现形式进行的即时同步地翻译活动，例如讯问、庭审中的翻译、手语翻译等；书面翻译是指对刑事诉讼活动中的文书、书面证据材料等进行的文字翻译活动，相对而言书面翻译较口语翻译更加有迹可寻，即时性不强，但承载着重要的证据功能。两种翻译形式在某种情况下存在相互转化的关系，例如口语翻译需要进行记录，形成文字材料，而书面翻译有时也需要口头宣读，因此两者之间的区分并非绝对。

刑事诉讼翻译活动有这样几点特征：

1. 知识专业性。翻译活动是语言之间的信息转换，讲究准确、严谨与等效性。翻译人员不仅要通晓所译语言、熟谙翻译规则，还要具备一定的法律知识。例如，把"逮捕"、"追诉"、"上诉"、"抗诉"等术语翻译为聋哑手语，翻译人员首先需要对这些术语有所了解，然后借助手势体态等为聋哑人翻译，这是非常困难的，所以更考验翻译人员的专业性。

2. 主体独立性。翻译人员凭借自身语言知识技能参与诉讼活动，其并不

---

① 本文所讨论的问题，主要是根据同步口语翻译的特征引出，部分也涉及了书面翻译，特此补充交代。

隶属于公安司法机关，主体上具有与鉴定人、专家证人等类似的独立性。如果翻译人员主体上隶属于公安司法机关，翻译行为不能独立自主，那么翻译结果有可能形成对公安司法机关的偏向，影响到诉讼参与人真实意思的表达。相反，如果翻译人员倾向于犯罪嫌疑人、被告人，那么其很可能利用翻译活动操纵案件，干扰诉讼正常进行。翻译人员的角色是多面性的，因此，翻译人员立场应是客观中立，不偏不倚，遵循独立意志利用语言知识进行翻译活动。

3. 活动依附性。翻译活动是语言之间的转换，翻译人员的存在就是为了促成"源语言"向"目的语言"的转换。这也就决定着翻译活动对"源语言"有着根本性的依赖，翻译活动要完全参照"源语言"来进行。所以，翻译活动能否取得预期效果，还依赖于翻译对象的呈现样态。在刑事诉讼翻译活动中，被翻译者的语言表达的清晰度、统一性，甚至被翻译者的面相神情、体态姿势等都应当成为翻译人员的重要参考。因此，翻译活动具有依附性，这也是其区别于鉴定活动的重要一点。

基于刑事诉讼翻译活动的概念内涵与形式特征，我们可以如此界定：刑事诉讼翻译人员是具备专业知识技能、具有独立的诉讼地位、持客观中立立场通过语言翻译协助刑事诉讼进行的诉讼参与人。翻译人员是公安司法机关的协助者，也是包括犯罪嫌疑人、被告人在内的诉讼参与人的协助者，在诉讼制度中该角色存在的价值在于消除妨害诉讼进行的语言障碍，进而确保司法运作得以查明事实和保障人权。

（三）刑事诉讼翻译活动中公安司法机关的角色厘清

从法律的规定看，公安司法机关在遇到不通晓当地通用语言的诉讼参与人时，"应当"为其聘请翻译。"应当"的字眼反映着义务性的要求，这种义务分配与刑事诉讼整体构造以及现代司法理念是相契合的。聘请翻译人员的义务一则是源于公安司法机关保障人权的要求，二则基于法律对公安司法机关事实查明职责的分配，是控辩审诉讼格局的应然体现。需要强调的是，这种义务是法定义务，不同于可选择性的权力运用，它具有强制性，而不是可以"见机行事"的替代措施。此外，即使司法人员不通晓所翻译语言，在翻译活动尤其是口译进行时，司法人员也必须在场，事后要进行认真审查。法治水平的高低直接取决于表达并传播法律语言的优劣，取决于法律人对法律语言驾驭能力的高低。从这个意义上讲，刑事诉讼翻译活动中，公安司法机关不仅承担着义务角色，而且应是在场监督者与积极参与者。

二、刑事诉讼翻译活动的问题解析

我国现行法律对刑事诉讼翻译活动进行了原则性的规定，如《宪法》第134条、《刑事诉讼法》第9条等。这些法律规定为刑事诉讼翻译制度奠定了法律依据，但是失之笼统，缺乏实施细则，可操作性不足，立法粗放一定程度上也导致了司法实践的随意。

一是翻译活动程序不规范。表现在案件标准不统一、翻译人员权利义务不明、程序约束不足等方面。按照法律理解，当诉讼参与人不通晓当地通用语言时就应当为其聘请翻译，而司法实践中则存在偏差，体现在：聘请翻译的情形大多仅仅局限在当犯罪嫌疑人、被告人语言不通的情形，很少涉及被害人，更少涉及证人等其他诉讼参与人；对"不通晓当地通用语言"的标准把握不当，当诉讼参与人在对当地通用语言一知半解时，有的公安司法机关出于对办案效率的考虑，便不再为其聘请翻译；只会讲地方方言而不会讲普通话的诉讼参与人获得翻译的机会相对更少，但实际上这种语言障碍同样影响着权利表达和诉讼参与。

司法办案人员在遇到需要聘请翻译的案件时，不告知需要翻译的诉讼参与人相关权利与义务，很多诉讼参与人不知晓自己的诉讼权利所在，很难提出聘请翻译或者对翻译表达异议的主张。翻译人员在进行翻译活动时不够客观中立，翻译人员多以"付出劳务，获得报酬"的雇佣心态参与刑事诉讼活动，不自觉地站在公安司法机关一方，有时会背离语境做出有利于公安司法机关的翻译。这样会造成诉讼失衡，不利于查明案件事实，也有损犯罪嫌疑人、被告人权利。此外翻译活动的程序不够规范，如翻译人员的回避、翻译材料的留存、诉讼笔录的签名盖章等，这些问题影响着案件翻译的质效，进而影响到刑事诉讼的顺利进行。

二是翻译活动的监督、救济程序不完善。一方面，翻译活动尤其是口译与手语翻译活动，都具有即时性的特点，翻译现场稍纵即逝很难留下痕迹。而司法人员大多不懂所翻译的语言，即便在现场，也很难对翻译人员的翻译质量进行实质监督，对翻译的结果也不能向鉴定结论那样进行审查判断，所以对翻译过程的监督有限。在缺少监督和自律的情况下，出于案外多种因素，翻译人员可能会与相关当事人背地串通，如暗中接受当事人许诺，指使改变供述、证言内容，在翻译关键字句时暗中做手脚等，这些行为会严重干扰诉讼活动，造成不良社会影响，而一旦出现这些问题，通常又很难追责。另一方面，翻译活动救济程序严重缺失。在"一手托两家"的翻译活动中，被翻译对象的异议权是最好的监督。在现行法律下，没有明确规定翻译活动的救济程序，实践中诉讼参与人尤其是犯罪嫌疑人、被告人几乎没有对翻译活动表达异议的渠道和获得救济的途径。翻译人员资质参差不齐，诉讼过程中又缺乏对翻译活动的监督，相关救济程序也不完善，当出现误译或者漏译时，很可能影响到案件最终的定罪量刑。

三是翻译人员的选聘、评价制度不完善。主要表现在聘请渠道不通畅、准入门槛无标准、翻译人员素质参差不齐等。随着国家开放程度和人员流动程度的加大，刑事诉讼中需要聘请翻译的情形在增加。但与之相对，掌握翻译技能、具备一定法律知识、且能接受司法机关聘请参与刑事诉讼的翻译人员数量却并未增长。有些公安司法机关遇到需要聘请翻译的案件后，却发现没有可以聘请的翻译人员，很多办案时间浪费在寻找翻译的工作上，造成案件期限不必要的延长。在刑事诉讼法修改后，外国人犯罪案件管辖权下移，基层检察院需要聘请翻译的案件增长较快，面临着翻译人员资源有限，聘请渠道缺乏的窘境，严重影响了办案效率。

公安司法机关在聘请翻译时，也存在聘请随意、把关不严等现象。翻译人员的来源渠道五花八门，有的是高校的学生、教师，有的来自商业翻译公司，有的是普通群众，还有的是公安司法人员，甚至有的是犯罪嫌疑人的同乡。公安司法机关选任翻译的程序也是各行其是，大多是熟悉人员的推介、内部找人替代、沿用上一环节聘请，等等。在选任之前没有对翻译人员的资格资质的审查评价机制，司法机关无法确认翻译人员的水准是否达到了法律所规定的"通晓"的标准，很多翻译人员应当回避的情形也未得到严格执行，很多翻译不具有法律专业的素养，翻译人员素质参差不齐，造成刑事诉讼翻译质量整体不高。

三、刑事诉讼翻译的制度完善

（一）翻译人员参与刑事诉讼的程序规范

1. 关于应当聘请翻译的案件范围。在司法实践中，应当聘请翻译的案件范围通常限定在外国人、少数民族人员、聋哑人犯罪的情况。但是这种惯例实际上缩小了刑事诉讼法保护的语言权利覆盖范围。笔者认为，只要具备"不通晓当地通用的语言文字"的要件，客观上存在语言不通和交流的障碍，包括只会讲地方方言的诉讼参与人，公安司法机关都应当为其聘请翻译。当然，因为权利是一种可为可不为的能力，所以应当允许其拒绝或者自行聘请翻译。当诉讼当事人拒绝他人翻译的，应当由其本人出具书面声明。对此，2012 年《最高人民法院关于执行〈中华人民共和国刑事诉讼法〉若干问题的解释》第

401条对涉外刑事案件作出了明确规定，可以扩大适用于其他应当聘请翻译的案件。

2. 关于获得翻译帮助的权利告知。权利告知是司法文明的体现，也为犯罪嫌疑人、被告人的权利保障提供了具体途径。但是，在现实中很多诉讼参与人并不知晓自己的权利，很少主动提出主张。因此，为了强化人权保障，在司法人员对语言不通的被追诉人进行讯问时，或者有需要聘请翻译的诉讼参与人参与诉讼时，司法人员应当告知其有使用本民族语言文字参与诉讼的权利，有获得翻译帮助的权利，聘请翻译人员后，应当明确告知为其聘请翻译人员的身份信息及其申请回避、提出异议的诉讼权利，相关告知情况应当形成书面材料。

3. 关于翻译人员的回避问题。翻译人员作为刑事诉讼过程的参与人，理应受刑事诉讼程序的约束。根据《刑事诉讼法》第31条，关于回避的规定同样适用于翻译人员。现实中争议较大的有两个问题：（1）同一翻译人员能否参与同一案件的不同诉讼阶段；（2）同一翻译人员能否为同一案件两名以上诉讼当事人翻译，尤其是同一名翻译人员是否可以为共同犯罪案件中的不同犯罪嫌疑人、被告人担任翻译。一种观点认为，翻译人员所提供的翻译只是一种语言交流工具，其主要职责在于转换语言信息，与案件实体处理关系不大。而翻译人员更加熟悉案情，可以减少翻译难度，提高翻译的准确性。另一种观点认为，翻译人员应以客观中立为原则进行翻译活动，而翻译活动本身也具有一定的主观创造色彩。翻译人员在不同诉讼阶段担任翻译，容易形成先入为主的观念，进行"有罪推定"，翻译活动的客观性、公信力会大打折扣，同一翻译人员为同一案件两名以上诉讼当事人翻译容易导致串供等妨害诉讼活动发生，增加监督难度。而不同诉讼阶段、不同诉讼当事人使用不同翻译人员，翻译结果可以形成比对，实际上在翻译人员之间增加了某种监督与制约，有利于翻译活动的规范。比较以上观点，笔者更倾向于后一种观点，同一名翻译人员贯穿案件的不同诉讼阶段，或者为共同犯罪案件中的多名犯罪嫌疑人、被告人担任翻译，容易滋生不规范问题。虽然可以提升诉讼效率，但在某种程度上突破了程序隔离、牺牲了程序正义，不利于案件事实的查明与诉讼权利的保障。因此，在理想状态下，对于以上两种情况应当严格适用回避制度，但是考虑到现实中翻译资源的缺乏以及诉讼成本的高昂，可以原则上提倡同一案件的不同诉讼阶段、同一案件诉讼当事人由不同翻译人员担任翻译。如未能适用回避，则应当对翻译活动全程同步录音录像并随卷保存，以备核查。这种折中方式兼顾了现实可操作性，增加了对翻译活动的监督，可以有效留存证据还原现场，为日后的救济也预留了备查途径。

4. 关于翻译过程的审查与记录。如前所述，翻译活动尤其是口译、手语翻译活动，具有即时性的特点，因此要注意对翻译活动的审查与记录。对翻译活动的审查包括对翻译人员主体的审查，也包括在翻译活动进行时司法人员的参与。在翻译活动开始前，司法人员应当核查翻译人员的身份证明材料，明确告知翻译人员权利义务和法律责任，翻译人员应当在权利义务告知书和保密协议书上签字。有翻译参与的笔录记录方式也应有别于一般的笔录，可以尝试将翻译的内容用双语一并记录①，当然这可能会影响办案效率，需要翻译人员的积极参与，但可以提升诉讼程序的规范性。在案卷材料中，应当详细记录翻译人员参与刑事诉讼活动的情况，包括翻译人员主体情况、翻译活动时间地点、翻译形式、翻译内容、翻译进程等。翻译活动的记录应当忠实反映翻译活动的进行，这种材料可以作为对翻译异议救济的核查材料，也可以作为经翻译形成证据材料的备份说明。除此之外，由翻译人员参与形成的证据材料，如询问、讯问、庭审笔录等，应当经翻译人员审核确认并签字或盖章，以保证证据材料获得完整的证明能力，经得起各诉讼阶段的证据审查。

（二）刑事诉讼翻译活动监督与救济的机制规范

"无救济则无权利。"翻译活动的专业性客观上形成了一定的封闭场域，各诉讼主体包括公安司法机关，甚至翻译人员都有自身的利益诉求，如果没有相应的监督、救济机制，各方利益的博弈很可能出现无序失衡，"打击犯罪、保障人权"的刑事诉讼功能将会歪曲。因此，刑事诉讼翻译活动监督与救济的机制规范是健全刑事诉讼翻译制度的重要一环。

1. 翻译人员权利义务的告知。知悉规则是遵守规则的前提，翻译人员对自身权利义务的明晰程度也会影响到其翻译行为。司法实践中，翻译人员在进行翻译活动时立场不够客观、懈怠敷衍、责任心不强等都与其对自身角色认知不清、权利义务不明有关。基于我国目前没有专业法务翻译的现实，在聘请翻译人员进行翻译活动时，司法人员应当告知翻译人员权利义务，使其明晰自身职责所在。现代法治国家在翻译人员进行翻译前通常会设置某种仪式，类似于证人出庭作证，例如《法国刑事诉讼法》第 344 条就规定了翻译人员的宣誓

---

① 在日本，"外语译文的笔录中有供述者的签名，而且在日语和外语两种笔录上有翻译人的签名，才可以认为是由签名或盖章的供述笔录"。参见［日］松尾浩：《日本刑事诉讼法》（下卷），张凌译，中国人民大学出版社 2005 年版，第 99 ~ 100 页。

制度①。在翻译活动开始前，明确告知翻译人员的权利义务和法律责任，并要求翻译人员在权利义务告知书和保密协议书上签字，这种仪式或者程序会强化翻译人员对自身权利义务的认知，一定程度上保证其在进行翻译活动时能够自我约束。

2. 翻译活动全程同步录音录像。对翻译活动的记录既是规范程序、固化证据的方式，也是强化监督的重要途径。实行同步录音录像制度并配合公安司法人员参与机制，可以增强对刑事诉讼翻译活动监督的动态性、完整性和有效性，可以促进翻译人员在参与刑事诉讼时恪尽职守，正确履行翻译职责，也可以有效排除公安司法机关对翻译活动的干涉，消除公安司法机关基于部门利益对案件的非正常影响。同时还能够有效固定证据，客观全面地再现翻译现场，为诉讼当事人的权利救济提供客观的材料，为事后监督提供依据。我国司法机关在执法办案过程中同步录音录像已具备一定的实践基础。早在 2005 年检察机关就已出台规定②在职务犯罪侦查中实行全程同步录音录像，相关技术已较为成熟。因此，完全有条件将该制度引入翻译人员参与刑事诉讼的案件中。在特定条件下还可以适用双人翻译机制，对于重大疑难案件聘请两名以上的翻译人员以加强制约，提升翻译的准确度。

3. 司法人员应参与翻译过程。在刑事诉讼翻译活动中，司法人员不是旁观者，相反应是主导者，因为翻译活动是为诉讼活动服务，而刑事诉讼的进行基本上是由公安司法机关主导。例如在讯问犯罪嫌疑人时，讯问的进程、节奏、方式等都应由司法人员把握，而不能因为语言不通放任由翻译人员来主导。在翻译人员进行翻译活动时，司法人员不能只将精力放在记录上，对翻译过程也应给予积极关注与整体把控。要密切关注犯罪嫌疑人以及翻译人员的身体语言、脸部表情、音调和手势等，如发现有异常情况应及时处理。在笔译活动中，司法人员也要对笔译结果进行比对审查，以防止出现漏译、误译情况。在翻译活动中司法人员的积极参与，可以将因语言不通而不得已借助翻译的间接交流的负面影响减至最小，可以避免司法人员作用的虚化，加大对犯罪嫌疑人的威慑力度，促进案件事实的查明。另外，这也是强化刑事诉讼翻译活动监

---

① 余叔通、谢朝华译：《法国刑事诉讼法典》，中国政法大学出版社 1997 年版，第 130 页。

② 2005 年最高人民检察院出台了《人民检察院讯问职务犯罪嫌疑人实行全程同步录音录像的规定（试行）》，明确规定同步录音录像的案件范围、程序、如何制作、封存等各个环节，2012 年刑事诉讼法修改扩大了应当同步录音录像的案件范围，2014 年最高人民检察院对该规定重新作出修订。

督不可或缺的环节，促使翻译人员客观、准确地进行翻译，使诉讼程序顺利进行。

4. 翻译活动中的权利救济保障。按照程序正义原则，诉讼当事人在诉讼活动中应有足够的程序参与，这样诉讼活动才可能是正义的。在刑事诉讼翻译活动中，诉讼当事人不是被动的客体对象，应当具有相应保障权利，从而形成对翻译活动的监督。诉讼当事人尤其是犯罪嫌疑人、被告人对翻译人员的选择应当具有知情权和意见权。翻译人员能力的高低、翻译工作质量的好坏，甚至翻译人员的态度都直接决定证据的内容，而这些内容将直接影响到当事者的切身利益，因此必须设置相应的程序，允许当事人对翻译人员的选定提出异议。在公安司法机关指定翻译人员的情况下，诉讼当事人应有权了解翻译人员的身份情况、资质水平等；当翻译人员具有法定回避情节的，诉讼当事人有权提出回避申请。诉讼当事人可以拒绝指定翻译，自行聘请翻译人员。诉讼当事人有权利对公安司法机关选定的翻译人员提出更换要求，尤其是当事人自身有能力鉴别翻译人员能力的，如果对翻译人员的翻译能力提出合理质疑，公安司法机关应当及时予以更换。在翻译活动中，诉讼当事人有权对翻译行为、翻译过程、翻译结果等提出异议，如果理由合法合理，公安司法机关应当予以支持，如果是轻微错误，可以在翻译当场纠正，如错误较为严重，应另行聘请翻译人员重新翻译。当诉讼程序结束后，当事人有权对翻译人员的翻译工作进行申诉，如存在违背当事人意志、影响案件事实查明的漏译、误译等情形，公安司法机关应当予以补正。

四、天津市检察机关规范刑事诉讼翻译活动的探索与反思

为规范刑事诉讼翻译活动，2013 年天津市检察机关根据区域特点，统一了翻译人员的准入标准、选聘管理程序，建立了检务翻译人才库①，辖区内各级检察机关在执法办案过程中需要聘请翻译的从中随机选聘。天津市检务翻译人才库名录共有 35 名检务翻译，常见语种基本实现全覆盖。2013 年 8 月，检务翻译人才库开始运行。截至 2014 年 6 月，共计聘请翻译 197 人次，其中维语 135 人次，外国人 26 人次，聋哑人 36 人次。在上述案件中有 117 人次使用检务翻译，80 人次使用检务翻译之外的翻译人员。

---

① 《检察日报》、《正义网》、《天津政法报》等多家媒体对此进行了报道。可参见《天津首批聘任 35 名检务翻译》，载《检察日报》2013 年 8 月 27 日；《检务翻译让人明明白白打官司》，载《检察日报》2013 年 12 月 16 日。据了解，上海检察机关继天津市之后也成立了检务翻译人才库。

总结一年以来的运行情况，取得了一些成效：首先是在程序规范方面成效较为显著。通过制发规范性文件对聘请翻译的案件范围、翻译人员的权利义务、翻译人员的回避问题、翻译过程中的权利义务告知、翻译活动审查与记录、翻译活动的监督与救济等进行明确规定。天津市各级检察院对刑事诉讼翻译活动重视程度普遍提升，执法办案中聘请、使用翻译更为规范化，诉讼当事人的相关权利保障得到强化。其次是参与刑事诉讼翻译活动的翻译人员素质有所提升。天津市检察机关对参与刑事诉讼翻译人员的资格条件进行了规定，要求要具备互译能力，熟悉特定法律术语，具有参加翻译活动的条件等，同时还规定了禁止性的条款，如受过刑事处罚的、受过开除公职处分的、被撤销翻译资格或者同等职称的等情形，不得被聘为翻译人员。这样既提高了刑事诉讼翻译人员的准入门槛，也为翻译活动的高质量进行奠定了基础。最后是翻译资源紧张和聘请翻译人员渠道不畅的问题得到缓解。天津市检察机关统一聘请了一批具有翻译资质的检务翻译人员，建立检务翻译人才库的，提供了一定数量的翻译资源，天津市各级检察院在遇到需要聘请翻译的案件时不必再费时寻找渠道，可以从人才库中随机选聘，节省了办案时间。这种统一翻译人员选聘模式，一则适应检察一体化趋势，有利于集约化管理，降低司法成本，提高办案效率；二则有利于避免实践中"熟人找熟人"式的不规范情形，减少翻译中的倾向性，充分实现程序正义。

检视上述机制探索，也存在一些问题：一是人才库所集中的检务翻译资源有限，人员数量和语言种类还不能完全满足司法需求。例如，调研中有47%的检察干警曾由于无相关语种的检务翻译、翻译成本高、程序复杂等原因没有从人才库中聘请翻译。又如，2013年8月至2014年8月期间天津市检察机关所审理的需要聘请维语翻译的案件是135人次，而目前人才库中仅有4名维语翻译，翻译人员明显供不应求。如果再把被害人、证人等其他诉讼参与人需要聘请翻译的案件计算其中，现有人才库的翻译资源将更为紧张。很多基层院遇到的案件，人才库中没有相关语种的检务翻译，仍不得不通过其他渠道聘请翻译人员。二是区域差异也影响到规范机制的统一执行。有的单位一年中需要聘请翻译的案件可达50余件，而有的单位则只有几件甚至一件也没有。案件量不同，各地的程序规范程度也相应不同。翻译人员的酬劳费用以及相关规范执行的司法成本在不同区域之间存在较大差异。而这仅是在天津市内，如果视角扩展至全国，各地差异将会更大。三是规范机制仅囿于检察系统，范围还有待于拓展。天津市检务翻译人才库对诉讼活动的影响也局限在检察环节，监督救济只限于上下级检察机关之间，无法推广到侦查与审判环节。另外，这种翻译人才库由检察机关建立、管理与使用，仍然无法解决翻译人员客观中立性保障不足的问题，外界容易质疑翻译人员仍依附检察机关。

反思天津市检察机关的实践探索，笔者认为仅凭司法机关内部机制虽可解一时之急，但很难完全解决刑事诉讼翻译中的现实问题。规范刑事诉讼翻译活动，根本上需要丰富职业的法务翻译资源，而这仰赖于高素质翻译人员的生成、培养、评价、管理机制，以促成法务翻译的行业化管理。一方面为法务翻译人员维护权利提供组织保障，另一方面也为规范法务翻译行为形成行业自律机制。规范机制要延伸至刑事诉讼各环节，也需要在省域范围乃至全国范围的建章立制。总之，公安司法机关是翻译资源的使用者，理想状态下应当与翻译人员的培养、管理等形成适当隔离，因此规范刑事诉讼翻译活动还需国家的有效投入、社会资源的整合与支持。

破解渎职侵权犯罪案件侦查困境对策[*]

马　辉　刘晓祥　何小平[**]

近年来，渎职侵权犯罪嫌疑人规避责任和反侦查意识不断增强，渎职侵权类犯罪也越来越多地呈现出以发展地方经济为幌子，实则规避党和国家法律、政策束缚的趋势，逐步成为阻碍地方经济、社会发展的一只无形的黑手，严重影响着党和政府在人民心中的形象。

一、渎职侵权犯罪案件侦查面临的困境

（一）传统观念和"官本位"思想根深蒂固，是渎职侵权犯罪侦查面临的思想观念困境

我国历史上两千多年的封建统治，使得封建统治阶级形成了一系列特权，古人"一人升天，仙及鸡犬"的形象比喻，正是对"官本位"思想和传统观念固化的有力讽刺。受传统观念和"官本位"思想的影响，渎职侵权犯罪往往能够得到社会和国家工作人员的普遍同情和袒护，这给本来就捉襟见肘的渎职侵权犯罪案件查办带来很大阻力。

（二）相关法律、司法解释不完善，量刑规定普遍偏轻，是渎职侵权犯罪侦查面临的司法实践困境

一方面渎职侵权犯罪量刑规定普遍偏轻，刑法规定的渎职侵权犯罪的最高刑期为十年。从立法的角度看，渎职侵权犯罪如果规定过于严格，量刑过高，将会对国家工作人员灵活履行职责，创新工作方式方法产生负面影响，阻碍上层建筑对经济基础的灵活调控。另一方面渎职侵权犯罪的法律、司法解释不完善，实践当中很难把握。如检察机关开展的查办涉农惠农专项资金领域渎职侵权犯罪专项工作中，侦查部门与法院甚至公诉部门对《刑法》第397条滥用

* 原文发表在《人民检察》2014年2月第4期。
** 作者单位：宁夏固原市人民检察院。

职权和玩忽职守罪中规定的"致使公共财产、国家和人民利益遭受重大损失"分歧意见较大。法院、公诉部门认为将专项资金用于国家或公共其他领域，这种"大公"用于"小公"的情况，国家和人民利益并未遭受实际损失，不能认定为《刑法》第397条规定的"致使公共财产、国家和人民利益遭受重大损失"，而侦查部门认为将专项资金用于国家或公共其他领域，致使国家利益、专项财产的正确使用遭受了实际损失，实际上已经侵害了国家或是老百姓的实际利益，应当认定为《刑法》第397条规定的"致使公共财产、国家和人民利益遭受重大损失"，也符合立法精神。由此造成了认识不一、相互扯皮，无法及时立案的窘境。这类案件全国其他地区均存在不同程度的认识问题。因此，法律作为上层建筑（统治阶级）的执政工具，如何更好地在灵活执政和有力打击渎职侵权犯罪两方面进行平衡，设计出更加符合司法实践和打击犯罪的现实体制，更好地解决当前渎职侵权犯罪"门槛高""轻刑化"的问题，是渎职侵权犯罪当前面临的司法实践困境。

（三）社会各界普遍忽视反渎职侵权部门的作用，是渎职侵权犯罪侦查面临的执法基础困境

当前，传统文化思维和现代社会管理理念需求之间存在较大矛盾，传统文化和现代管理理念之间不但没有进行有效地融合，反而在融合的过程中使一些优秀的民族传统被逐步地丢弃。这使得人们一旦发生重大事故或合法权益受到侵害，更多的是自认倒霉，私下与执法机关以财物进行处理或者上访，相当一部分渎职侵权案件被容忍、被谅解，而不是找法律监督机关维护自身权益。加之部分地方领导对渎职侵权犯罪的严重危害性、惩治渎职侵权犯罪的重要性和必要性的认知程度还不够高，一旦发生事情就尽力封锁消息，极力挽回，不敢担当、不愿担当，怕丢官，影响自己的升迁，忽视了正视问题；应用法律管理干部队伍、发展地方经济和治理社会的作用。有的地方甚至没有设立反渎职侵权部门，而且设立反渎职侵权部门的检察机关，为反渎部门配备的人员很少，年龄偏大，甚至有些案件较多的检察院以反渎部门案件少为由，长时间抽调反渎职部门干警办理反贪、公诉等部门的案件。反渎职侵权部门的作用被普遍忽视，是渎职侵权犯罪查办面临的执法基础困境。

（四）渎职侵权犯罪的复杂性、多样性、隐蔽性，是渎职侵权犯罪侦查面临的调查取证困境

反渎职侵权部门涉及的罪名中，有的罪名适用于所有国家机关工作人员，如玩忽职守、滥用职权罪；有的罪名适用于某一领域特定的国家机关工作人

员，这些机关行业性、专业性、技术性很强，涉及各种权力的运行和职权的行使。随着社会的不断发展，犯罪嫌疑人的法律意识、规避责任意识、反侦查意识也在不断地增强，渎职侵权犯罪逐步呈现出复杂性、多样性、隐蔽性的特点。相反，检察机关专业技术人才、设备和机构配备不能很好地适应时代的发展，反渎部门没有涉及相关行业的专业技术人才。反渎职侵权部门在侦查取证时往往要依靠相关部门的技术鉴定资料或判决结果，这不仅使反渎部门错过了调查取证的最佳时机，也给犯罪嫌疑人留下了可乘之机，间接地促使犯罪嫌疑人的法律意识、规避责任意识、反侦查意识不断提高，给渎职侵权犯罪侦查带来很多困难。

二、渎职侵权犯罪侦查困境对策

（一）加大渎职侵权犯罪案件查办力度，扩大反渎职侵权部门的社会影响力

只有充分发挥反渎职侵权部门的职能，加大渎职侵权犯罪案件查办力度，才能更好地体现反渎职侵权部门法律监督、社会管理和维护社会稳定的作用，扩大反渎职侵权部门的影响力，促使人民群众转变观念，提高认识；促使国家机关工作人员加强工作责任心，改进工作模式，更好地服务人民；促使地方经济、社会健康有序发展。根据最高人民检察院的统一部署定期开展查办涉农惠农专项资金领域渎职侵权犯罪专项工作，对发现专项资金在使用过程中的突出问题和一些案件线索，形成了专题工作报告，通过及时整改，促使地方规范使用专项资金，保护干部安全，转变工作作风，维护人民群众合法权益。

（二）在各省级检察院设立反渎职侵权技术侦查机构，提高反渎职侵权部门的技术侦查水平

渎职侵权罪所涉及的罪名针对的是各行、各业的国家机关工作人员，专业性、技术性很强，给渎职侵权犯罪带来了极大的困难。因此，针对渎职侵权犯罪的不同罪名，建议在各省级检察院设立专门的技术侦查机构，招收和培养一批精通各行各业业务工作的专业技术人才，指导和参与辖区内的技术含量高，专业性强的案件，使其成为今后检察机关推动渎职侵权犯罪侦查水平提高，完善渎职侵权犯罪侦查机制，促进渎职侵权犯罪侦查模式转变的重要改革方向。

（三）创新渎职侵权犯罪侦查模式，联合纪委监察部门建立线索举报预警中心，以适应经济、社会发展的新要求

目前反渎职侵权部门传统的侦查模式是由举报中心收集线索，然后将线索

转反渎职侵权部门办理，反渎职侵权部门收到线索后，再进行受理、摸底侦查，这种侦查模式具有很强的被动性，不能很好地适应经济社会发展的新要求。如果联合纪委监察部门，在其派驻机构设立渎职侵权犯罪举报预警中心，不但可以预防渎职侵权犯罪的发生，而且可以大大提高渎职侵权犯罪侦查的主动性，使渎职侵权犯罪侦查模式由单一、呆板的被动侦查向双重、灵活的主动预防和惩治渎职侵权犯罪相结合的工作模式转变，从而提升渎职侵权犯罪的工作效率。

（四）联合地方党委、政府制定出台政府部门规范执法的制约性文件，推动法律、司法解释的进一步完善

在我国以经济发展为中心，"摸着石头过河"的大背景下，过度的司法干涉会影响到决策者灵活执政，大胆创新，进而阻碍地方经济建设的发展。联合地方党委、政府制定出台一些平衡性的监督制约文件规范，降低渎职侵权犯罪法律、司法解释不够具体给经济建设带来的全国性、大规模的负面影响，推动法律、司法解释进一步完善。

（五）健全机构，加强队伍素能培养，提高反渎职侵权部门干警专业化、年轻化水平

认真贯彻落实习近平总书记在中央政法工作会议上的重要讲话精神，提高认识，转变观念，争取地方党委、政府支持，健全反渎职侵权部门，根据当地实际情况配备一定数量的人员。加大反渎职侵权部门干警素能培养力度，提高干警专业化、年轻化水平，积极参与社会管理，维护社会公平正义和人民群众的切身利益，严厉打击渎职侵权犯罪，维护社会和谐稳定。坚持党的领导和党管干部的原则不动摇，努力提高反渎职侵权部门干警的党性修养和各领域知识水平，解放思想、实事求是，为地方经济建设发展大局保驾护航。

刑事错案的成因及预防

王冠军　丁海涛　李　艳[*]

近年来，连续曝光的刑事错案在一定程度上引发了社会公众对司法公信力的质疑。司法工作是试图还原已发生事实的一个过程，由于记忆的偏差、侦查水平、能力以及客观条件有限，司法者们还原的法律事实不可避免地与客观事实之间存在一定误差，当本不应承担刑事责任的人被错误地追责时，刑事错案就产生了。从中外司法实践来看，一定数量刑事错案的存在虽符合司法规律，但其数量多寡及性质严重程度与一个国家的司法文明程度也不无关系。就个案而言，每一起刑事错案的产生有其具体原因，但研究问题应更多关注其共性因素，如执法理念、水平、社会环境等，如果仅仅着眼于"头疼医头、脚疼医脚"的个案救济，难免会陷入不断分析研究、错案连续出现的逻辑怪象，只有深入分析刑事错案的共性成因和特点，探索其形成和被发现的内在规律，研究建立有效防范错案的体制机制，才能达到标本兼治的目的。

一、刑事错案的成因及特点探讨——以近年来 30 起刑事错案为样本的分析

我们根据掌握的资料，结合 2000 年以来平面、网络主流媒体的报道，选取了 30 件典型的刑事错案——即无辜者被错误定罪判决的案件作为样本。在选取案例的过程中，我们主要考虑了以下几个方面的问题：一是主流媒体广泛关注，相关案件信息的披露充分，研究的基础条件好。二是案件性质严重。所选择的案件大都是生效判决为无期徒刑或者死刑的案件，原审判决所认定的犯罪行为具有严重的社会危害性，相应地，案件处理错误也给蒙冤者带来了灾难性后果。三是社会影响较大。这些案件在一段时期内一度成为媒体持续报道的热点，客观来讲，也在一定程度上推动了司法进步和法治改革，如样本案例中的杜培武案、孙万刚案等对规范侦查行为，《关于办理死刑案件审查判断证据若干问题的规定》和《关于办理刑事案件排除非法证据若干问题的规定》（以

---

* 作者单位：江苏省人民检察院。

下简称"两个证据规定"）的出台，起到了一定的促进作用。

本报告选取的案件目录如下：

被告人姓名	案由	媒体
王学义	故意杀人	《平凉日报》2003.9.17
许政伟、莫子开、谭光盛	故意杀人	《光明日报》2005.8.5
王洪武、王洪学	故意杀人	《新京报》2005.6.10
杨云忠	故意杀人	《法律与生活》2001年第10期
杨宗发	故意杀人	东方网，2007年9月8日
邓立强	故意杀人	《天府早报》，2004.8.1
高宏亮	故意杀人	《民主与法制时报》2006.2.13
杨有康	故意杀人	《法律教育网站》
丁志权	故意杀人	《新京报》2003.12.19
李春兴	故意杀人	《中国青年报》2005.12.17
黄爱斌	故意杀人	《楚天都市报》2006.10.22
杜培武	故意杀人	《中国青年报》2001.7.20
王坤	故意杀人	《中国青年报》2005.5.10
李志平	故意杀人	《民主与法制》2006.12.13
贾付元	故意杀人	《中国青年报》2000.3.2
佘祥林	故意杀人	《新京报》2005.4.5
呼格吉勒图	故意杀人	《法律与生活》2006年第18期
孙万刚	故意杀人	《中国青年报》2004.3.5
李化伟	故意杀人	《法制晚报》2005.4.18
姜自然	故意杀人	载中国法律服务网站
兰永奎、覃俊虎	抢劫、故意杀人	载新华网
陈世江	故意杀人	《法制晚报》2006.7.3
范家父子三人	故意杀人	《江南时报》2004.7.31
刘日太	故意杀人	《南方都市报》2004.1.29
何家标	故意杀人	《人民法院报》2005.9.23
秦艳红	故意杀人	《法制早报》2005.1.19

被告人姓名	案由	媒体
王兰甫、周培林	故意杀人	《民主与法制》2001 年第 22 期
李久明	故意杀人	《法制日报》2005 年 1 月 25 日
赵新建	强奸、故意杀人	《检察日报》2006.11.6
张高平、张辉	故意杀人	载凤凰网

（一）刑事错案的特点

1. 大多数错案纠正时长在 3 至 10 年之间

从选取的样本来看，有 4 件以上案件纠正时长在 10 年以上，如呼格吉勒图案，历经 18 年后于 2014 年 12 月 16 日宣告无罪。有 12 件案件纠正时长在 3 年以下（含 3 年），有 14 件案件纠正时长在 3 至 10 年之间，对于那些含冤入狱的人而言，错案纠正的过程是漫长而又痛苦的。在我们所选取的样本案件中，有的被告人由于被无端地怀疑为犯罪嫌疑人，失去了参加高考的资格，人生被彻底改变；还有一些极端的个案，虽然人已被释放，但对于曾经的被告人而言，正义并没有来临，他们还走在漫长的申诉途中。例如秦艳红案，被羁押近 4 年的秦艳红于 2002 年以取保候审的名义离开了看守所，当地专门成立了"秦艳红事件"的善后工作处理小组，给秦艳红及其家人 29 万元的"封口费"，并提出了秦本人和其家属不得再议论此事的条件，秦艳红如同秋菊一样走上了讨要"说法"的申诉之路，但至今没有任何媒体报道秦艳红讨到了自己想要的说法。

2. 刑讯逼供普遍存在但鲜有人问责

陈兴良教授曾经指出，"每一起刑事错案背后，基本上都有刑讯逼供的黑影"，在我们随机选取的这 30 起刑事错案中，也处处可见刑讯逼供的阴影。李久明故意杀人案中，刑讯方法残忍，刑讯强度之高，令人触目惊心。李久明案发前系某监狱二支队的政治部主任、二级督察，在侦查过程中，李久明不仅遭受了通常意义上的体罚和精神折磨——拳打脚踢、不让睡觉，更经历了诸如电击，被灌矿泉水、辣椒水、芥末油和辣椒面，用打火机烧等惨无人道的折磨手段，历时长达 10 余天，直至侦查人员取得他们满意的口供后，才停止对他的折磨。刑讯逼供普遍存在，但行为人却鲜有被问责。在 30 起样本案例中，只有 4 起案件对刑讯逼供的责任人追究了责任，错案数量和因刑讯逼供追责人员数量对比关系异常，反映出对刑讯逼供缺乏追责的机制漏洞。

3. 有打击、迫害证人现象

在样本案例中，有 5 起案件因为证人出具了犯罪嫌疑人、被告人不在犯罪现场，不是犯罪行为实施者的证言后遭到了侦查机关打击、迫害。如佘祥林案件中，上诉审期间，邻村党支部副书记出具了一份证明，证实曾有 4 名村民在案发后看到过 1 名妇女，神情状态与佘祥林之母反映的基本一样，这一原本可以早日澄清佘祥林不白之冤的证据非但没有引起司法机关的重视，作出证明的 4 人反而以涉嫌"包庇"等罪名被羁押和监视居住。

4. 体制内监督制约机制作用不明显

从对样本案例的分析来看，公检法等不同司法机关之间的监督制约作用发挥得不明显，上一级法、检两院的业务指导作用发挥得也非常有限。30 起样本案例中，15 起案件在程序内得到纠正，即通过发回重审使案件得到改判，15 起案件由于真凶出现、领导关注等原因得到纠正。但是需要注意的是，程序内纠正的错案，一般都经历了多次上诉发回——同样判决——上诉后再发回——同样的判决等繁复程序，李化伟故意杀人案曾 4 次退回补充侦查，经历了 5 次合议庭讨论、3 次审委会讨论、3 次向上级法院请示，最终还是作出了有罪判决。对那些原判决事实不清或者证据不足的案件，高级人民法院亦甚少在查清事实后改判，大都撤销原判、发回重审，上级人民法院对下级人民法院的业务指导功能未能有效发挥，案件发回原审法院后，由于受原有各种因素、压力的影响，改判的可能性很小，以致发回重审制度一次次被滥用，错案无法在程序内被纠正，直到真凶自首、"亡者"归来或领导关注才能沉冤得雪。

5. 检察机关的监督作用有待进一步发挥

从 30 件样本案例来看，检察机关发挥监督作用的案件仅有 2 件，如范家父子三人故意杀人案，原审被告人分别被判处死刑、十年有期徒刑后上诉，原审法院将案件退回市检察院，市检察院将案件退回公安机关补充侦查。补充侦查完毕又移送起诉后，市检察院认为，警方在侦破过程中有失职行为，放过了有价值的侦查线索，并且经公安机关重新鉴定后推翻了原鉴定意见，该案证据不足，不符合起诉条件，撤回起诉后作不起诉处理。但是在其余的 28 件案件中，我们遗憾地看到，检察机关更多地是在履行追诉职责而疏忽了监督职责。比如杜培武案中，杜培武将《刑讯逼供控告书》交给驻所检察官，该检察官也在上百名在押犯罪嫌疑人和管教干部面前，为杜培武拍下 4 张伤情照片，但是在开庭审理过程中，公诉人却称，照片找不到了。当然杜培武案的发生与特定时期严打、重刑的司法背景不无关系，但是一些地区检察机关在刑事诉讼中的自我定位却值得我们深思，如果检察机关仅以追诉为己责，仅以追求有罪判决为目标，刑事错案的发生将难以避免。

（二）刑事错案的成因分析

从样本案例来看，刑事错案一般是多因素导致的结果，有些案件由于侦查开始偏离了方向，取证水平不高导致证据先天不足，侦查人员只能通过刑讯逼供获取有罪供述增强内心确信；有些案件公诉人未能及时发现案件疑点，或者发现了但简单地将疑点作为指控犯罪的障碍；还有些案件由于定案与否都难下决心，于是审判机关将案件"挂起来"拖延不判，我们对30件刑事错案进行了梳理、分析，样本案例错误成因及所占比例如下表所示：

	错误成因	存在该成因的错案分布	数量（件）	比例
侦查机关	刑讯逼供	王学义案、许政伟案、王氏兄弟案、杨云忠案、杨宗发案、邓立强案、高宏亮案、杨有康案、丁志权案、李春兴案、黄爱斌案、杜培武案、王坤案、李志平案、佘祥林案、呼格吉勒图案、孙万刚案、李化伟案、姜自然案、兰永奎案、陈世江案、范家父子案、刘日太案、何家标案、秦艳红案、王兰甫案、李久明案、赵新建案	28	93.33%
	证据收集、保管不力	陈世江案、兰永奎案、范家父子案、李久明案、杨有康案、邓立强案、高宏亮案、杨有康案、李春兴案、陈世江案、兰永奎案、何家标案、	12	40%
	打击、迫害证人	丁志权案、李化伟案、刘日太案、佘祥林案、杨云忠案	5	16.67%
	忽视无罪证据	丁志权案、王学义案、杨云忠案、佘祥林案、李化伟案、李志平案、姜自然案、张氏叔侄案	8	26.67%
	未进行鉴定	佘祥林案	1	3.33%
	鉴定意见造假	杜培武案、李志平案、贾付元案	3	10%
	没有证明力的鉴定意见	呼格吉勒图案、孙万刚案	2	6.67%

	错误成因	存在该成因的错案分布	数量（件）	比例
检察机关	未达到起诉标准	王学义案、许政伟案、杨忠发案、王氏兄弟案、佘祥林案、范家父子案、刘日太案、秦艳红案、王兰甫案、赵新建案、孙万刚案、李久明案、李春兴案、王坤案、刘日太案、何家标案、黄爱斌案、杜培武案、李志平案、呼格吉勒图案、孙万刚案、兰永奎案、陈世江案、张氏叔侄案	24	80%
	忽视无罪证据	丁志权案、王学义案、杨云忠案、佘祥林案、李化伟案、李志平案、姜自然案、张氏叔侄案	8	26.67%
	忽视证据资格	邓立强案、高宏亮案、杨有康案、杜培武案	4	13.33%
审判机关	不符合证明标准	王学义案、许政伟案、杨忠发案、王氏兄弟案、佘祥林案、范家父子案、刘日太案、秦艳红案、赵新建案、孙万刚案、李久明案、李春兴案、王坤案、何家标案、王兰甫案、黄爱斌案、杜培武案、李志平案、呼格吉勒图案、孙万刚案、兰永奎案、陈世江案、张氏叔侄案	24	80%
	忽视无罪证据	丁志权案、王学义案、杨云忠案、佘祥林案、李化伟案、李志平案、姜自然案、张氏叔侄案	8	26.67%
	忽视证据资格	邓立强案、高宏亮案、杨有康案、杜培武案	4	13.33%
其他	政法委协调定案	佘祥林案	1	3.33%
	屈从舆论压力	赵新建案	1	3.33%

1. 侦查阶段错案成因分析

（1）有罪推定是产生刑事错案的思想根源。在我国刑事诉讼构造中，长期以来侦查机关都居于主导地位，"有足够的理由和依据怀疑某某是犯罪嫌疑人"成为了侦查工作的逻辑起点，在有罪推定思路的指引下，犯罪嫌疑人、被告人为自己开脱的任何理由在侦查人员看来都是以逃避刑罚惩罚为目的，犯罪嫌疑人、被告人、辩护人无罪或罪轻的辩解被视为查清真相的障碍，干扰和阻碍了侦查活动的顺利进行，也正因如此才会有样本案例中诸多打击辩方证人的现象。在有罪推定理念的指引下，侦查人员以追求实体正义为己任，忽视程序正义和被告人权益保障，与尊重和保障人权的任务背道而驰。

（2）取证手段不充分、取证水平不高是产生刑事错案的技术原因。司法的过程是回溯性再现法律事实的过程，由于时间的不可逆性，侦查、勘验人员只有尽可能多地提取和处理现场发现的痕迹、物证，提取足够的信息要素，才能为再现事实的法律论证提供足够的证据基础，尤其是现场勘查工作，应当紧紧围绕中心现场进行，同时要高度关注外围现场和关联现场，以达到痕迹物证发现和提取的最大化，为案件诉讼提供可靠的关联证据。但长期以来，司法人员严重依赖犯罪嫌疑人、被告人供述形成内心确信的工作模式已然固化，有些同志认为，只要有被告人有罪供述，客观性证据差一点也不要紧。这在一定程度上引导一些侦查人员"走捷径"，愿意更多地在获取犯罪嫌疑人、被告人供述的环节下大力气，而惰于在依法取证上下功夫，刑讯逼供成为提高诉讼效率、突破案件的必然选择，为刑事错案的产生埋下隐患。

（3）侦查工作密闭性的特点是产生刑事错案的制度原因。我国侦查工作一直具有高度密闭性的特点，1996年刑事诉讼法规定，犯罪嫌疑人在被侦查机关第一次讯问后或者采取强制措施之日起，可以聘请律师为其提供法律咨询、代理申诉、控告。犯罪嫌疑人被逮捕的，聘请的律师可以为其申请取保候审。2012年修正后的刑事诉讼法出台，延续了这一内容，实现了律师、辩护人在侦查阶段的更多介入。从刑事诉讼法及司法部出台的律师执业规范的相关司法解释来看，律师介入侦查的手段主要体现为会见、提供咨询、申请取保候审、代理申诉和控告等，这些规定在很大程度上体现的是事后救济特征，无法实现介入的及时性和保护的有效性。检察机关具有监督侦查行为合法性的法定义务，但从目前制度的设计来看，检察机关介入的空间和手段还都很有限，检察介入侦查引导取证机制尚未真正建立，就实践探索来看，当前检察介入侦查引导取证还仅仅停留在研究取证方向上，对于刑讯逼供及暴力取证等问题，仍然没有有效遏制的制度保证。

2. 审查起诉阶段的刑事错案成因分析

（1）过分依赖侦查机关的证据收集工作。从样本案例来看，一些刑事错案在审查起诉、审判阶段都经历了退回补充侦查程序，这原本是可以查清案件事实的绝好机会，但是大多数错案并没有在此环节"拨乱反正"，补充侦查的制度设计并没有如立法者初衷，发挥其把关案件质量的作用，个别案件中，检察机关对取证工作的引导仅止步于提出补证提纲，当侦查机关表示补证难以到位时，检方往往不了了之，公诉人较少亲自调取证据或核实情况。一些案件中侦查人员隐匿证据、瞒报取证，公诉人也不进行相应核查，"问题"案件毫无阻拦地流向下一环节。

（2）以案卷为中心的书面审查方式难以发现证据问题。从案件审查方式来看，目前检察、审判机关仍然以书面审查方式为主，这种审查方式过于形式化，将审查重点放在了证据体系上，证据与证据之间是否相互印证上，虽然能够发现证据体系的缺陷，但却无法发现隐匿证据、人为制造证据等问题，对于使用刑讯逼供方法指供、诱供、逼取口供等问题，也不能有效发现和证明。部分公诉人由于社会经验和办案经验的欠缺，对于证据的综合审查判断能力不强，也不能及时识别技术性证据反映出的证据间的问题，这在一定程度上影响了案件质量。

（3）检察机关监督手段、制约措施不足。从样本案例来看，虽然大部分案件检察机关在审查过程中发现了"事实不清、证据不足"的问题，但是最终这些案件都被"带病起诉"，究其原因，除了"重配合、轻监督"的观念作祟外，法律赋予检察机关的监督手段不充分也是重要因素。2012年修改后的刑事诉讼法强调了检察机关的法律监督属性，如第47条规定了人民检察院对阻碍诉讼代理人、辩护人依法行使诉讼权利的申诉、控告的调查核实权；第55条规定了人民检察院发现侦查人员以非法方法收集证据的，应当调查核实等内容。从上述条文的内容来看，赋予权力的重点在于调查核实，却没有明确检察机关对事件的处置权力，监督制度的设计中"责、权"并不配套，影响了监督权威。

3. 审判阶段错案成因分析

（1）以庭审为中心的刑事诉讼格局尚未形成。我国长期以来的审判实践都是重在庭后审查书面材料，庭审活动流于形式，审判人员通过书面阅卷形成内心确信，开庭过程中，证据往往也难以有效质证，辩护人的聘请率不高，辩护制约公权力的功能难以实现，加之当前办案中盛行的印证证明模式，有不少法官认为，只要证据之间能够相互印证，就能够办成"铁案"。在我们选取的样本案例中，一些案件从书面审查来看，有被告人的有罪供述，其供述内容在一定程度上也能得到一些物证的印证，于是认为认定犯罪没有问题。但样本案例给我们的教训是，与勘查笔录一致的供述可能是通过种种非正常手段，由犯罪嫌疑人在非自愿情况下作出的。形式上的审判和书面审查无法扭转错案，检察官、法官只有深入实地复核复勘证据，排查案件中的疑点，在庭审过程中有效落实举证、质证、辩论，证人、鉴定人、侦查人员出庭等制度，刑事错案才能得到有效纠正。

（2）案外因素的不当干预。从样本案例来看，舆情因素、政法委协调干预也是审判阶段形成刑事错案的重要原因。如佘祥林案，该案历经一审、上诉、发回重审，经过长期、多次反复补充侦查，处于证据不足，办不下去也无法销案的状态，市政法委后来召开了关于佘祥林案件的协调会，出炉了对佘祥林案的处理办法，案件降格由县级司法机关办理，后佘祥林被县法院以故意杀人罪判处有期徒刑 15 年，佘祥林上诉后，市中级人民法院维持原判。对个案的协调处理是许多刑事错案形成的原因，这种处理方式在被告人、辩护人未到场的情况下，决定了被告人的命运，在公检法三家已经达成一致意见的情况下，使得犯罪嫌疑人、被告人救济无望，同时造成错案责任泛化，无法追究到具体的人或环节。

除了不当协调外，审判机关屈从于舆情、民意的压力，无视案件的证据矛盾违心判决也是刑事错案的重要成因。如在赵新建强奸、故意杀人案中，被害人的奶奶邢吕氏数次到北京、合肥告状，给当地司法机关造成了压力，最后市检察院撤销了不批准逮捕决定书。控、审不分的现实导致承办人不敢下决心依靠证据定案，虽然能发现证据瑕疵，但一旦考虑到上访、闹访等因素，就只能寻求案件"妥善处理"。

二、刑事错案致错因素在江苏司法实践中的具体体现——以审查起诉环节为中心

虽然江苏迄今没有发生类似刑事错案，但这并不代表执法水平毫无瑕疵。从全省检察机关办理的刑事案件来看，由于现代司法理念尚未完全树立，取证不规范的问题还不同程度存在，给案件质量造成隐患，我们称之为"问题案件"。这些问题案件和刑事错案之间并非泾渭分明，如果对问题案件中的疑点不去排查，对瑕疵证据不补正，对非法证据不排除，那么问题案件就有可能演变成刑事错案，从当前的司法实践来看，刑事错案的致错因素具体表现在以下几个方面：

（一）重有罪证据，轻无罪、罪轻证据收集的现象依然存在

在司法实践中，注重调查收集证明犯罪嫌疑人、被告人有罪和罪重的证据，但对于犯罪嫌疑人、被告人无罪和罪轻的辩解查实的动力不足。如徐某某故意杀人案中，公安机关以杀人现场留有徐某某烟蒂、血迹、手上有伤等线索将报案人徐某某锁定为杀人凶手随后展开侦查，但对被害人生前与徐某某长期交往，被害人部分伤情与徐某某有罪供述中的作案手段不完全吻合，徐某某关于手部损伤系与他人搬东西时造成的等无罪辩解及线索没有重视，对应当鉴定

的相关痕迹也没有鉴定，造成该案被二审发回重审。在发回重审后，公安机关补充侦查发现该案可能系其他人所为，徐某某后被释放。

（二）重言词证据，轻客观性证据收集的现象依然存在

习惯于通过有罪供述形成内心确信的刑事诉讼证明模式，觉得"只要有有罪供述，客观性证据差一点也无关紧要"，只要拿下了有罪供述，就忽视了收集银行账户交易汇票、宾馆住宿记录及监控录像、乘坐航班的记录、银行ATM机监控记录等客观性证据，这些证据往往时效性很强，一旦时过境迁很难再补充。

（三）重定罪证据的收集，忽视量刑情节证据收集现象依然存在

在侦查过程中，注重收集、审查犯罪构成要件事实，忽视对量刑有重大影响的自首、立功、被害人过错等量刑情节证据。如杨某某故意杀人案中，杨某某供述稳定，因被害人其同居女友付某与第三者吴某某有不正当关系使其产生杀人之念，并对付某与吴某某通话情况有详细说明，但公安机关仅对吴某某作简单询问，在吴某某否认后就没有再进一步调查，上诉后二审法院要求补查相关情况，以对被告人作出公正判决。

（四）重实体、轻程序的问题依然存在

有些案件提取物证没有制作搜查笔录或扣押清单导致物证无法使用。如徐某某等人伪造国家机关印章案，侦查机关提取了四块电脑硬盘，其中检查出大量印章、证书图片。但对此四块硬盘的来源没有搜查笔录或者扣押物品清单，无法证实系从被告人处查获。还有一些案件现场勘验、检查、搜查无见证人或见证人不适格。讯问、询问未成年人无监护人、法定代理人在场。

三、刑事错案预防与纠正的制度性思考——以案件审查方式改革和机制健全为着眼点

近年来，江苏省检察机关一直将案件质量视为执法办案工作的生命线，强化证据审查，强化规范执法，在提高办案质量方面作了很多工作，也取得了一定的成效，但是我们也应清醒地认识到，过去的经验和成绩，可以促使我们更好地解决和应对当前案件质量中存在的问题，但不能成为我们故步自封和骄傲自满的理由。从"问题案件"可以看出，"重实体、轻程序"，"重配合、轻监督"等观念难以在短时间内转变，以案卷为中心的书面审查方式不能及时地防止和纠正司法错误，因此在今后的工作中，我们应切实转变司法理念，进一

步改革完善案件审查方式，建立健全防范冤假错案的有效工作机制。

（一）改革完善案件审查机制

无论从证据理论还是司法实践来看，在证据审查过程中，突出对证据的客观性审查至关重要。加强证据的客观性审查就是改革传统的以案卷为中心、"坐堂办案"的审查方式，要综合多种手段，判断、鉴别侦查机关提供的证据是否客观、真实，强化对在案证据的复核复查复勘工作，通过实地调查，证明案件在卷证据的真实性，及时发现并排除在案证据之间的矛盾。具体来说，当前的案件审查方式应作以下改革：

1. 强化对证据资格审查

从对证据来源、取证主体、程序、方式等四个方面入手来判断证据的客观性。一是审查证据的来源是否合法。证据如何形成的，由谁提供的，如何收集的，重点审查有关人员是否出于某种动机故意提供虚假证据；有关人员是否会因生理上、心理上、认识上、表达上等方面的原因，提供了不真实或不完全真实的证据；照片、复印件在制作过程中是否发生偏差导致与原物、原件不同等。二是审查取证主体是否适格。注重审查取证主体人数、取证主体资格是否符合法律要求等。三是审查取证程序是否规范。主要包括取证手段、过程、制作等是否符合程序法规定。如在收集证据的过程中有没有刑讯逼供、诱供、骗供、威胁等非法情况。对当事人、证人等的陈述记录是否客观、全面等。四是审查证据收集方式是否科学。对于需要鉴定的物证收集方式是否规范，是否会影响鉴定意见的准确性。

2. 运用复核复勘复验手段

对一些存在疑点或专业性较强，仅靠书面审查难以辨别真伪的证据，还要开展复核工作予以调查核实。一是要将提讯与审查同步录音录像相结合。在重大刑事案件中，对口供真实性有疑问的，除了要提讯外，还要通过审查同步录音录像来检验口供的真实性。二是要将书面审查与亲历调查相结合。注重采用实物查看、到案发现场核实证据等方法，增强对物证、案发现场的直观感受，避免因侦查机关取证不规范甚至伪造证据而导致误判。三是要将在案证据审查与主动发现证据相结合。对一些有重大疑问的案件，除了审查侦查机关移送的在案所有证据外，还要主动了解、查看侦查机关是否还有未移送的相关证据材料。四是要将一般审查与专业审查相结合。对于一些专业性较强的证据，除了从法律专业的角度认真审查形式要件外，还要委托专业技术人员补充审查，从专业的视角对证据进行评价。

3. 改变定案模式

长期以来的刑事司法工作模式是围绕被告人口供组织案件证据体系，言词证据具有主观性、易变性等特点，容易造成质量隐患，物证、书证等客观性证据具有稳定性、可靠性较强的特点，受人为因素干扰少。我们应将审查模式从倚重被告人口供等言词证据转变到以物证、书证等客观性证据为核心的审查模式，注重发挥客观证据可靠性、稳定性的优势，注重挖掘客观证据和案件事实之间的内在逻辑联系，也通过我们审查模式的改革，倒逼侦查机关从依靠口供定案转变为依靠客观证据定案。

4. 综合全案证据体系客观评判

有时单独一个证据难以判断其真伪，需要把案件各种证据材料联系起来，综合分析、对照、研究、鉴别，方能判明真伪，得出正确结论。一是横向比较法。针对同一证明事实的不同类证据进行对比，如犯罪嫌疑人的供述和辩解与勘验、检查笔录的综合分析；犯罪嫌疑人的供述和辩解与证人证言、被害人陈述进行对比分析等。二是纵向比较法。对同一类证据前后的变化进行对比分析，如对犯罪嫌疑人在几次讯问中的不同供述，被害人在不同情况下不同时间段的陈述进行对比分析等。三是印证法。将若干证据反映的事实联系起来进行考察，确定它们之间是否相互呼应、协调一致，从而辨别证据的真伪。

（二）进一步完善介入侦查引导取证机制

从目前来看，捕后诉前阶段是侦查取证最主要的阶段，但这也是侦查环节封闭性最强的一个阶段，检察机关对侦查活动的监督只能通过书面审查结果来进行，无法及时发现违法侦查行为；在重大命案发生时，检察机关也会派员提前介入，但介入的方式以参加案件讨论居多，而通过案件讨论来了解侦查工作情况、提出引导取证意见并对侦查活动进行监督的方式已经远远不能适应实际的需要，建议进一步规范、完善命案等重大案件介入侦查引导取证工作机制，通过指派业务骨干介入现场勘查、介入侦查机关第一次讯问、参加案件讨论等方式，提出对侦查取证的意见和建议，引导侦查人员按照出庭公诉的要求收集、固定证据，促使侦查人员提高发现、收集、固定客观性证据的能力，实现侦查工作由"抓人破案"向"证据定案"的转变。

（三）检察机关要在预防和纠正刑事错案中发挥积极作用

检察机关要充分行使公诉权，通过严格把握审查起诉质量，积极履行监督职能，有效防止和纠正刑事错案。要拓宽非法证据的发现渠道，注重听取犯罪嫌疑人及辩护人意见，在公诉环节全面落实对每一名犯罪嫌疑人的非法证据排除权利告知义务，通过当面讯问听取其供述和辩解，及时发现侦查中可能存在的违法情形。规范检察环节排除非法证据的程序，探索建立非法证据排除公开审查制度、非法证据听证制度、排除决定双向反馈制度等程序。对于供证不一、证词不一的案件，通过询问被害人和主要证人，进行重点核查，及时排除疑点。对于命案以及在有必要的情况下，承办人必须到案发现场实地查看，以增强内心确信，及时发现可能存在的问题。对于涉嫌违法的侦查人员，公诉部门应及时向侦查机关的纪检、监察部门通报或建议更换办案人员，在审查中发现涉嫌犯罪的线索，要及时移送自侦部门；检察机关可就起诉证据的收集情况、判决情况、补充侦查的执行情况、判决情况，建立侦查质量通报机制，杜绝侦查违法行为，从侦查源头上优化证据质量。

（四）强化以庭审为中心的刑事诉讼模式

解决"看卷宗定案"的突出问题，有效落实"以庭审为中心"的刑事诉讼模式，实现"事实证据调查在法庭，定罪量刑辩论在法庭，裁判结果形成于法庭"。在庭审中逐步落实好直接言辞原则、辩论原则的各项要求，让庭审参与各方充分提交证据、发表意见，并使证据和意见在对被告人的定罪量刑中发挥实质作用。在政法委牵头组织下，就落实好证人出庭作证的保护、补助，侦查人员出庭作证等工作机制形成制度性文件。

（五）依法保障辩护人在刑事诉讼中的相关权利

辩护律师是维护犯罪嫌疑人合法权益，有效防止冤假错案的重要力量，司法机关在刑事诉讼中应当依法保障辩护律师的会见、阅卷、取证、辩护等各项诉讼权利，尤其要注意听取辩护律师的意见。对于辩护律师提出的不构成犯罪、无社会危险性、不适宜羁押、侦查活动有违法犯罪情形等意见的，办案人员必须进行审查，并说明是否采纳的情况和理由。进一步规范命案指定辩护的工作机制，条件成熟的地方，应要求有丰富刑事辩护经验的律师适当承担法律援助义务，进一步提升辩护效率，切实保障犯罪嫌疑人、被告人的权益。

（六）完善司法机关上级对下级的业务监督指导制度

进一步规范上下级人民法院、检察院之间的业务监督指导关系，法院应有效贯彻落实《关于规范上下级人民法院审判业务关系的若干意见》，明确监督指导的范围，确保不因审判机关的内部请示程序虚置检察机关的抗诉职能；检察机关要强化上下级之间业务部门的内部监督制约机制，上级公诉部门应通过组织案件复查，诉前请示、报告制度等保障公诉权的公平公正适用。省级司法机关可通过召开研讨会、联席会议等方式，加强对类案证明标准、证据采信方法的研究，通过出台实施意见等方式，统一认识，提高办案效率。

当前职务犯罪判处缓免刑
比例过高现象的原因分析[*]

李若昆　李晓红　李　凌^{**}

通过对云南省数据分析和调研地区缓免刑案件逐件审查、与办案人员座谈，笔者认为，云南省贪污贿赂案件缓免刑比例过高，虽然有现行立法不够完善以及云南省经济发展水平相对落后、涉案金额较低的案件比例较高等客观因素影响，但主要原因还是思想认识不到位、司法环节执法不严格、不规范等主观因素造成的。

一、思想认识存在偏差

职务犯罪与侵犯公民人身权利、财产权利等犯罪不同，没有直接的被害人，特别是与其他恶性暴力犯罪相比，不会对社会公众的生活安宁和安全感造成直接影响。正因为如此，社会公众、部分执法办案人员甚至个别执法机关对职务犯罪特别是对渎职侵权犯罪的社会危害性和严惩必要性认识不足，对我国目前反腐败面临的严峻局面和正在大力推进反腐败工作的形势缺乏全面、深刻的认识，对国家坚持严厉打击、高压惩治腐败的政策不够理解，不能较好地贯彻落实党中央严厉打击职务犯罪的方针，不能全面评估职务犯罪分子轻缓化处理的恶劣社会影响。调研反映，少数执法办案人员对职务犯罪分子抱有同情心理，认为对职务犯罪分子剥夺其再犯可能就是最大的惩戒，不必再苛求施以重刑，判处刑罚时自然是能轻就轻。特别是判处实刑会导致职务犯罪官员被开除公职的情况下，大量适用缓免刑，导致缓免刑比例居高不下。如楚雄州楚雄市院办理的王野受贿案，一审判处免刑，案件存在诉判不一、自首认定错误等问题，但判决审查意见中承办人给出了"鉴于其年龄较大，失去工作将影响社会稳定，建议不予抗诉"的审查意见。另外，部分渎职犯罪涉案单位的上级

---

　* 摘自作者的《云南省职务犯罪判处缓免刑情况研究》，标题有所改动。

　** 作者单位：云南省人民检察院。

领导和同事认为渎职犯罪分子是偶然性工作疏忽或者好心办坏事，主观恶性不大，积极帮助说情。如2012年红河州某检察院办理的一件尚未判决的渎职犯罪案件，单位为犯罪嫌疑人缴纳取保候审金，并出钱为犯罪嫌疑人聘请律师，单位的所有职工联名请求不予查处，给办案工作带来一定难度，同时也为渎职犯罪轻刑化创造了条件。

二、司法环节执法不严格、不规范

职务犯罪案件司法环节执法是否严格、规范，是决定能否准确定罪量刑、有力打击贪污贿赂犯罪的基础。从调卷审查的缓免刑案件情况看，司法环节导致缓免刑比例过高的因素主要有以下几个方面：

（一）对犯罪事实、犯罪金额的认定随意性较大

从审查起诉环节看，有的公诉部门在审查起诉时已发现侦查部门移送审查的罪名认定不当，但出于绩效考核全院"一盘棋"的考虑，仍按照侦查部门认定的错误罪名起诉，降低了起诉质量，无形中加大了判处缓免刑的概率。有的公诉部门对案件中认定犯罪事实的证据审查把关不严，未及时发现并要求侦查部门补充和完善相关证据，导致部分犯罪事实因证据不符合要求而难以认定，案件只能降格处理判处缓免刑。有的公诉部门对共同犯罪或涉及多起犯罪事实应当并案处理的案件，对侦查部门拆分立案的做法未及时进行监督纠正，本部门也未严格按照规定并案起诉，导致共同犯罪金额被拆分缩减、自首难以查明等问题，造成案件处理整体偏轻、共犯被拆分后量刑失衡。如昭通市多个基层院办理的案件均未按照规定并案处理。有的公诉部门缺乏证据补强意识，将收集证据视为侦查部门的责任，对侦查部门移送审查的证据达不到其要求的犯罪事实和犯罪金额，不是自行或退回补充侦查补强和完善证据，而是直接不予认定，导致很多案件起诉的犯罪金额都远远小于侦查部门移送审查起诉的犯罪金额，为缓免刑判决提供了条件，有的案件中甚至出现起诉时未认定的犯罪金额最后被法院判决认定的情况。如昭阳区院办理的潘绍祥、蔡明毅受贿案，公诉人在法庭上当庭表示放弃一笔与案中其他受贿事实行为方式一致且有行贿人证实的指控事实，导致该笔1.56万元的受贿犯罪事实未被法院认定。

从审判环节看，由于职务犯罪案件的证据多以主观证据为主，定罪量刑对言词证据的依赖程度很高，而言词证据本身不确定性比较大，随着控辩双方对抗程度的增强，犯罪金额、具体行为、量刑情节等问题在控辩博弈过程中往往呈现出反复、模糊等特点，导致案件事实认定在审判阶段发生变化的可能性比较大，客观上为职务犯罪案件处理提供了较大裁量空间，而法官为降低错案风

险，对案件关键事实、情节的居中认定往往持谨慎态度，对职务犯罪案件有作轻缓化处理的倾向。第一种情况是共同犯罪中，检察机关以共犯参与的全部金额认定并起诉，而部分法院却只以被告人实际分得的赃款认定其犯罪金额，导致案件因指控的犯罪金额被拆分，或犯罪事实被人为割裂后部分犯罪指控不能成立，最终案件被降格处理，因难以达到判处实刑的档次而判处缓免刑。对该问题，最高人民法院早在 2003 年下发的《全国法院审理经济犯罪案件工作会谈纪要》就明确，"犯罪金额以共同参与的认定，而不能以个人实际分得的赃款数额来认定"，但法院分割认定共犯金额从而降低处理档次的混乱状态仍大量存在。如保山市施甸县院办理的李凤权等四人共同贪污 6.35 万元一案，法院判决按照个人分得金额计算，均判处了免刑。第二种情况是个别法官为达到轻缓化处理的目的，对检察机关指控的有充分证据证实的犯罪金额，从款项最终去向、款项性质等方面寻找各种理由进行扣减，导致判决金额下降，量刑幅度降低。如威信县院办理的任家财受贿案，被告人 2013 年因驾驶公车交通肇事而用受贿所得款项以个人名义赔偿被害人 22 万元，法院判决认定该笔 22 万元属于"受贿款的交公"而进行了扣减，而不顾受贿犯罪已既遂，个人赔款与受贿赃款清退之间无因果关系的事实，导致案件最终判处缓免刑。

（二）自首等量刑情节的证据收集和认定较为随意

证据收集上，调卷审查情况反映，侦查部门对量刑情节的证据收集很不规范、随意性较大，导致实践中很多案件的量刑情节，特别是自首情节认定不当。有的侦查部门在侦查环节采集证据时对案件线索来源、犯罪嫌疑人到案情况等证据材料疏于收集或收集不全面，当提出被告人属于自首的辩解时，法院一般会从有利于被告人原则认定自首，而公诉部门没有充分的证据予以反驳。如保山市隆阳区办理的何元春行贿案，有证据反映其到案是通过技侦手段定位，由检察人员进行抓捕归案，但相关的证据材料不足，时过境迁又难以补正，导致律师提出的自首观点被法院采纳。有的侦查部门立案前违规羁押犯罪嫌疑人，事后为避免暴露违规办案问题或是出于安抚犯罪嫌疑人等目的，为其出具了自首的证明材料。如迪庆州院办理的李凤鸣挪用公款案，首次交代的笔录时间为 9 月 7 日，而正式立案的时间为 9 月 11 日，后该人被认定为自首。有的侦查部门因侦查水平不高和侦查手段限制，为了获得犯罪嫌疑人的配合，有效突破案件，出于辩诉交易考虑或是为了保证有罪供述的稳定性，违规出具了自首的证明材料。如保山市腾冲县院办理的唐荣军介绍贿赂案，案件中原本没有翔实的证据材料证实其自首，为便于后续案件的侦办，侦查部门出具了自首认定材料，后该情节被公诉部门否定。

情节认定上，公诉机关和法院对自首等量刑情节的审查、认定比较随意。在调卷审查曲靖、保山、铁检、迪庆、临沧、楚雄、昭通七州市贪污贿赂案件判处缓免刑的 365 人中，判决认定被告人具备法定从轻或减轻情节的占 69.86%，其中认定自首、立功情节 234 人，比例高达 64.11%，认定其他从轻情节的占 66.84%，存在同一被告人具有多个法定或酌定从轻、减轻情节的情况。特别是楚雄州，2013 年判处缓免刑的贪污受贿案件中，认定退赃情节达 100%，认定自首情节占 82.35%。调卷审查情况反映，有的案件仅仅依据纪委出具的自首情况说明或侦查部门出具的自首材料，未对犯罪嫌疑人到案情况、第一次供述情况、同案人交代的时间、线索举报材料等证据材料进行相应的调查核实就认定自首，对侦查部门认定职务犯罪自首的审查流于形式，认定失之过宽。如麒麟区院办理的陆国良贪污、滥用职权案，公诉部门仅依据纪委出具的自首情况说明认定了该情节，但该人是否属于主动投案、纪委是否掌握线索等情况不明。有的案件检察机关未认定被告人自首等情节，卷内也没有相应的证据材料，法院在无证据证实的情况下，依然认定自首等情节并进行轻缓化处理。如曲靖市富源县院办理的黎晓梅挪用公款案，法院在没有任何卷内证据材料证实的情况下，直接认定被告人具有自首情节，且判决中未对认定依据予以说明。另外，对于立功和退赃、悔罪、坦白等酌定从轻情节的审查也未高度重视，如有的案件犯罪嫌疑人已出现全面或部分翻供仍然认定坦白，有的案件将侦查机关依职权追赃认定为积极退赃，导致被告人被不当轻缓化处理。在渎职侵权案件中，绝大多数被告人也都被认定了积极退赃、悔罪表现好等从轻、减轻情节，从而在原本不高的刑期上得到进一步宽免。如 2011 年以来保山市渎职侵权案件判处缓免刑的 26 名被告人中，有自首情节的 16 人，有立功表现的 2 人，从犯 1 人。

刑罚裁量上，部分法院对自首等量刑情节在考量从轻或减轻处罚的幅度时把握尺度过大，很少区分法律规定的"可以"和"应当"之间的区别，呈现酌定情节法定化①的轻缓倾向。同时模糊"从轻"、"减轻"和"免除"处罚之间适用条件的界限，对法律规定从轻处罚的减轻处罚或免除处罚，法律规定降低一个量刑档次减轻处罚与降低多个量刑档次减轻处罚或免除处罚，导致职

---

① 我国刑法总则规定的免除、减轻、从轻处罚等法定量刑情节，适用于所有犯罪，而其中并没有规定"有悔改表现，积极退赃的"可以减轻处罚或者免除处罚。但《刑法》第 383 条、第 386 条规定，"个人贪污（受贿）数额在五千元以上不满一万元，犯罪后有悔改表现、积极退赃的，可以减轻处罚或者免予刑事处罚"。这是对贪污、受贿罪的特例规定，是对贪污、受贿犯罪的网开一面，直接导致酌定量刑情节的法定化。

务犯罪案件缓免刑的大量适用。如昭通市昭阳区院办理的漆莹共同受贿 22.9 万元一案，仅因其具有自首情节，就违背减轻处罚必须在下一个量刑幅度处罚的规定，判处免刑。

自首、立功等情节的认定和适用比例过高，是导致云南省职务犯罪案件缓免刑比例过高的主要因素，也是导致云南省涉案金额较大案件缓免刑比例异常的关键原因。2013 年云南省贪污贿赂案件涉案金额 5 万元以下、5 至 10 万元、10 万元以上缓免刑案件占全部缓免刑案件的比例分别为 32.66%、28.01%、42.91%，比例最高的是 10 万元以上的案件；全省 10 万元以上案件判处缓免刑的比例高达 60.10%，其中保山、楚雄、迪庆这一比例甚至超过 75%。从渎职侵权案件来看，重特大案件适用缓免刑情况也比较突出，如 2011 年以来，楚雄州检察机关查办的渎职侵权案件中生效判决有 93 件 100 人，被判处缓刑或免刑 91 件 98 人，其中重大案件 25 件，特大案件 33 件，重特大案件占判处缓免刑案件件数的 63.74%。

（三）刑罚的自由裁量权行使不规范

因自由裁量权不规范行使而导致的量刑不均衡问题比较突出。云南省各州市之间在办理职务犯罪案件上存在明显的差别，昆明、玉溪等经济社会发展水平相对较高的地区，不管是案件数量还是犯罪金额，整体上都要超过迪庆、怒江等经济社会发展水平相对较低的地区，法院在量刑时掌握的标准也明显要高一些，尺度要更宽一些。此外，同一地区的法院甚至是同一个审判组织，在执法尺度的把握上也会存在差别，对相同案件作出结果迥异的判决，或对差别极大的案件作出结果相同的判决，导致量刑失衡，个别法院还存在选择性执法的情况，对不同身份的被告人适用不同的量刑标准，行贿比贪污、受贿判决重且免刑率低，基层组织人员比公务员判决重且免刑率低，导致量刑严重不公平。如昭通市昭阳区法院办理的秦文礼行贿公积金中心主任 30 万元与杨有光行贿城管队长 3 万元两案中，前案法院对被抓获归案的被告人不当认定自首，而对其判一缓一，而后案被告人系受贿人案发主动到检察机关投案自首，却被判三缓四，从两案的犯罪金额、情节上判断，判决量刑是严重失衡的。

另外，按"两高"司法解释的规定，犯有数个职务犯罪依法实行并罚或以一罪处理的，一般不得判处缓免刑。云南省有的法院对涉及多个职务犯罪罪名需要数罪并罚的案件，分别对各罪判处缓免刑，最终合并执行缓免刑。如昭通市威信县院办理的余大勇贪污、挪用公款案，法院对两罪分别判处免刑，最后合并执行免刑。对司法解释规定一般不适用缓免刑的其他八种情况，笔者发现法院判决中适用缓免刑的也占一定比例，未体现对职务犯罪案件缓免刑严格适用的要求。

（四）不诉权的运用更趋保守

近年来，受绩效考核的影响，云南省职务犯罪案件不起诉率一直保持较低的水平，2011 年至 2013 年的不起诉率仅为 2.54%，远低于最高人民检察院对职务犯罪不起诉率 12% 的预警水平，也低于 2013 年全国 5.15% 的平均水平。这与法院近年来判处缓免刑案件数量逐年增多形成明显的反向对照。

从法律适用角度分析，相对不起诉案件与缓免刑案件非常相似，均为罪行不严重、犯罪情节较轻的案件，刑罚适用条件有一定的重合性，对相对不起诉的严格管控在很大程度上意味着缓免刑案件比例的提高，二者往往呈现此消彼长的状态①。随着云南省反腐败工作力度的不断加大，不仅职务犯罪案件的总量会越来越大，犯罪金额较小、罪行不严重的案件比例也会越来越高，而在"凡立必诉"、"控制捕后不诉"、"控制职务犯罪相对不诉"等因素的影响下，公诉环节运用不诉权，分流处理情节轻微案件的方式受到严格限制，这些案件移转到法院审理环节消化，特别是在涉案金额普遍偏低、自首等从轻减轻情节认定比例较高的情况下，出于证据、执法效果等方面考虑，法院作出轻缓化处理几乎成为必然。

（五）侦办案件中涉案金额低的案件比例较高

近年来，随着社会经济的发展和党中央反腐工作力度加大，全国范围内越来越多的贪污腐败大案被查处，涉案金额也越来越大，几千万甚至上亿元的案件已不鲜见。但从最终一些案件的处理结果看，由于法律规定所限，判处的刑罚无法随着涉案金额的扩大而水涨船高，几千万乃至上亿元的案件也可能只判处死缓刑或无期徒刑。云南省作为经济相对落后的边疆地区，职务犯罪形势与内地发达地区相比存在明显差异，涉案金额相对较小的案件占的比例比较高，2012 年全国判决的贪污贿赂缓免刑案件中起诉金额 5 万元以上的占 82.30%，而云南省仅为 59.74%。可见，因云南省经济发展水平相对落后、案源本身条件的影响，云南省职务犯罪案件缓免刑比例较高有一定的客观因素（见表 1）。

---

① 贺恒扬、张飞：《论职务犯罪不起诉裁量权的合理控制》，载《人民检察》2007年第 2 期。

表1：2013年度主要罪名犯罪金额情况分布

罪名	不满5万元 （法定刑1~7年， 可缓免刑）	5~10万元，不含10万 （法定刑5~10年， 应判处实刑）	10万元以上 （法定刑10年以上， 应判处实刑）
贪污	实刑23人，缓免刑108人	实刑22人，缓免刑73人	实刑102人，缓免刑100人
受贿	实刑4人，缓免刑99人	实刑14人，缓免刑85人	实刑107人，缓免刑51人
罪名	不满10万元 （法定刑5年以下， 可缓免刑）	10~50万元，不含50万 （法定刑5~10年， 应判处实刑）	50万元以上 （法定刑5~10年，若具 备其他规定情节， 10年以上，应判处实刑）
行贿	实刑8人，缓免刑91人	实刑5人，缓免刑76人	实刑1人，缓免刑11人
罪名	不满15万元 （法定刑5年以下， 可缓免刑）	15~20万元，不含20万元 （法定刑5~10年， 应判处实刑）	20万以上 （法定刑5~10年，若不归还， 10年以上，应判处实刑）
挪用公款	实刑3人， 缓免刑32人	实刑3人， 缓免刑7人	实刑10人， 缓免刑15人

然而，涉案金额低也有部分侦查部门受绩效考评的影响而主观上积极追求影响。云南省职务犯罪案件办理数从2009年受案1345人连年增长，到2013年受案1623人，上升幅度高达20.67%，反贪部门办案压力逐年加大。在办案数量、质量要求不断提高，但人手吃紧的情况下，有的侦查部门为了增加办案数量，在"有案即可，超5万属大案即可"的思路指导下，往往会采取"短平快"的方式，重点立办一些涉案金额较小、案情比较简单的案件。如迪庆州2013年办理的案件中，近70%为5万元以下的小案。而对时间跨度长、涉及多起犯罪事实的重大、复杂案件，由于侦查取证难度较大、办案力量不足等原因，部分侦查部门往往只满足于"立得起、诉得出"的要求，深挖犯罪的意识不强，特别是对大案、复杂案件的深入侦查、扎实取证的意识不强。如龙陵县院办理的陈述传贪污案，被告人采取同样手段贪污的43.2万元，已有账务资料、司法会计鉴定、证人证言及被告人供述等在案证据予以证实，仅因转出款项尚未作平账处理，侦查部门就未将该笔贪污金额作为犯罪移送审查起诉，导致一个连续的行为被人为割裂开来，公诉阶段因被告人翻供，加之前期取证缺陷，本应按82.2万元起诉的贪污大案变成了39万元的小案件。另外，还存在案件拆分，大案变小案，导致轻缓处理的情况。有的案件本为共同贪

污、受贿，拆分后，往往导致法院对犯罪金额以个人分得的认定，使得危害更为严重的共同犯罪反而因此判处了缓免刑。如楚雄市人民检察院办理的徐思宏等人贪污案，共同犯罪涉及金额 25 余万元，分案处理后法院按照徐思宏个人分得的 3 万元判处该人免刑；曹建国、曹建新共同行贿案，侦查机关将案件分别立案，后由公诉部门并案。而昭通市人民检察院办理的秦明坤等人受贿、徇私舞弊减刑假释的窝案中，拆分案件后，因一人降格判处缓刑，后续涉案人员也均作出缓免刑处理。

同时，实践中这种经济发展方面的客观差别容易被人为放大，过分强调地域差异、案值偏低等因素，忽视案件办理社会效果。很多执法机关在处理职务犯罪案件时，单纯用涉案金额的绝对数与发达地区比较，量刑上片面强调与发达地区的平衡，对涉案金额不高的案件大量适用缓免刑。以云南省 2013 年曲靖、保山、铁检、迪庆办理的案件为例，涉案金额 5 万元以下的均被判处缓免刑，而全省此项比例高达 90.73%。从社会危害性角度分析，对于经济落后地区，贪污贿赂犯罪的涉案金额虽较小，但其社会危害性并不比发达地区更小，特别是一些涉及优抚、扶贫、征地拆迁补偿等民生民利的案件。如曲靖市办理的村主任陈家林贪污学校校舍维修加固款，村民小组长冯所祥侵吞困难户危房改造补助等一系列社会影响恶劣的案件均被判处了缓免刑，社会效果不好。

（六）审判监督工作不到位

首先，量刑建议工作相对滞后。量刑建议是检察机关监督法院规范行使自由裁量权的一个重要方式，虽然云南省检察机关从量刑纳入庭审程序改革以来，量刑建议工作大力推进，但由于"两高"和云南省都没有专门出台针对职务犯罪案件的具体量刑指导意见，云南省职务犯罪案件提出量刑建议的比例较低，被调研单位中仅保山市隆阳区院、铁路检察院等公诉部门对全部案件提出量刑建议。有的即便提出了量刑建议，也存在审批过程不规范、建议幅度过于随意等问题，法院的采纳率不高。如曲靖市陆良县人民检察院在张林聪受贿案中，直接按照法定刑 1～7 年有期徒刑的幅度提出量刑建议，失去了建议的意义，而迪庆州德钦县院的五件缓免刑案件的建议均为"建议从轻处罚"。量刑建议比例较低导致法院量刑得不到有效监督，而提出量刑建议的质量不高不仅难以发挥约束法院不当轻缓判决的作用，还会严重损害检察机关的监督权威。

其次，判决审查流于形式。部分公诉部门片面追求有罪判决这一最低目标，只要案件不判无罪，就不再关注法院改变起诉罪名是否正确、判处缓免刑是否适当，承办人对判决审查敷衍了事，即使是诉判不一、量刑畸轻的案件，也简单签署"同意法院判决",科室负责人、分管领导乃至上级公诉部门对此也不严格把关,而签署"同意"意见。如保山市2013年对量刑提出抗诉的4件职务犯罪案件,基层院审查一审判决时均未提出异议,均由市院在职务犯罪同步审查中发现并指令抗诉。当然,还存在基层院因量刑畸轻提出抗诉,上级院因种种原因指令不予抗诉的情况,导致同步审查不仅没有发挥上级监督的合力,反而削弱了监督的效果。如保山市龙陵县人民检察院办理的杨正波贪污案,基层院认为判决免除属量刑畸轻,在同步审查中提出抗诉的意见,但上级院不同意,后此案未予抗诉。

最后,对职务犯罪的抗诉力度不够。调研发现,2013年贪污贿赂案件的抗诉比例为3.07%,虽高于普通刑事案件0.96%的提抗比例,但低于全国3.3%的平均值。对诉判不一的案件,特别是违法减轻处罚的案件,因为职务犯罪缓免刑监督法律依据不充分,改判难度较大,公诉机关普遍存在畏难情绪,较少提出抗诉,更缺乏通过再审程序一抗到底的勇气。如楚雄市人民检察院办理的毕绍华受贿10.4万元的案件,仅具备自首的减轻情节,法院违反刑法第63条的规定减轻两档量刑,判处有期徒刑三年缓期五年,但检察机关未抗诉。

(七) 羁押措施适用不严格

虽然与侵犯公民人身权利等犯罪相比,职务犯罪案件的犯罪嫌疑人人身危险性不高,羁押必要性相对较低,但对职务犯罪案件过分强调慎用羁押方式,不仅容易出现犯罪嫌疑人之间的串供,影响侦查阶段收集和补强证据,深挖犯罪,扩大战果,而且过低的审前羁押率,会导致法院在需要对非羁押的被告人判处实刑时,必须自行决定逮捕,客观上增加了工作负担,并使办案可能引发的矛盾更多地集中在法官身上,加大法官的执法风险,从而促使法官在考量对未羁押被告人判处实刑还是缓刑时,更倾向于适用风险较小、工作更方便的缓刑或免刑。据法院方面反映,职务犯罪案件审前是否羁押,是法院判处缓免刑的重要考量因素。但从全省统计数据以及基层院反映的情况看,侦查人员在办案过程中采用拘留、逮捕强制措施的比例并不高,调卷审查的365名贪污贿赂犯罪嫌疑人中,未予羁押的有351人,占92.6%,采取逮捕措施的只有12人、监视居住2人,仅占总数的3.82%。侦查部门对涉案金额高达几十万元的犯罪嫌疑人适用取保候审措施的案件比比皆是。如曲靖市陆良县人民检察院办理的花双明受贿12万元的案件,其在检察院办案期间一直被取保候审,审判环节由法院决定逮捕。而2010年至2013年全省查办的渎职侵权案件中,对犯罪嫌疑人进行拘留或逮捕的人数为295人,仅占立案人数的19.31%。即使是查办重特大案件，对犯罪嫌疑人采取拘留、逮捕措施的也偏少，2013 年全省查办重特大渎职侵权案件 199 件 238 人，其中只有 65 人被拘留或逮捕，仅占 27.31%。

（八）部分地区侦办案件方向、案件处理方式存在偏差

部分地区侦查部门侦办案件存在侦查视野的偏差，特别是对党委、政府指令交办的基层组织人员侵害群众利益的案件，有不属于检察机关立案管辖的情况，这类案件往往金额小，涉及罪名法定刑轻，最终判处缓免刑概率较高。如曲靖市麒麟区人民检察院 2013 年办理的案件中，有 84.65% 属于当地党委、政府交办而超越管辖办理，起诉后均被法院改变定性为非国家工作人员职务犯罪，并大量适用缓免刑。部分地区的侦查部门在发现案源后未及时立案查处，导致案件查办效果不佳，法院基于案件处理的社会效果等方面的考虑宣告缓刑。如迪庆州香格里拉县人民检察院办理的和志芳挪用公款案，事发时其所在单位纪委已经作出处理，检察机关为增加案件两年后又将其立案查处，当事人及单位意见较大，后法院基于此判处该人缓刑。

三、立法不完善

我国现行刑事法律和司法解释中对职务犯罪规定的滞后和不完善，是导致职务犯罪案件缓免刑比例过高的客观因素。

（一）对职务犯罪金额的规定明显落后于我国经济发展实际

1997 年刑法修订时，规定贪污贿赂犯罪金额达到 5000 元或虽未达到 5000 元但情节严重的，都应当立案追究刑事责任，并根据犯罪金额大小，划分了 5000 元至 5 万元、5 万元至 10 万元、10 万元以上三个量刑档次，10 万元以上的案件已属于重大案件，应当在十年有期徒刑以上的刑罚量刑，情节特别严重的可以判处死刑。这是根据我国当时的经济社会发展情况作出的规定，符合我国当时情况下打击贪污贿赂犯罪的需要。但是，从 1997 年到现在，我国经济社会经历一个高速发展的时期①，贪污贿赂犯罪的形势也出现了巨大的变化，在 20 世纪 90 年代末期，几十万元的案件还比较少见，作为重大案件打击理所应当，但近年来，我国查办的职务犯罪案件犯罪金额动辄百万元，几千万元甚至上亿元的案件频频经常出现，同样金额的贪污贿赂犯罪对国家和社会的危害

---

① 根据国家统计局发布的数据，1997 年城镇居民人均可支配收入为 5160 元，农村居民人均纯收入 2090 元，2012 年两项收入分别增长 4.6 倍与 3.7 倍。

性早已不能同日而语了。

因此，1997 年刑法规定的定罪量刑标准已明显滞后，已不能满足司法实践中打击贪污腐败犯罪的需要，该定罪量刑标准随着贪污贿赂犯罪金额的整体攀升，设置犯罪金额低而量刑高、量刑档次之间金额差异小的弊病已显露无遗①，如果仍严格按照该标准来办理职务犯罪案件，法院对大量犯罪金额在 10 万元以上的案件因为缺乏具体明确的量刑标准而只能运用自由裁量权估堆量刑，必然导致 10 万元以上的案件量刑整体走向轻缓化，而与 10 万元以下的案件量刑界限模糊，从而导致司法实践中法院为了尽量避免量刑上的严重失衡和不公正而加强自行调控，主动通过构建法定减轻事由、不当拆分、削减金额等变通执行的方式，对大量 10 万元以下的案件判处缓免刑。

（二）部分职务犯罪罪名法定刑设置较低

在贪污腐败犯罪的法律规定中，既有贪污罪、受贿罪等最高可判处死刑的重罪，也有介绍贿赂罪、对单位行贿罪等部分法定刑设置较低的轻罪，这些轻罪名本身的法定刑就符合缓免刑的适用范围，若案件中再具有自首等从轻、减轻量刑情节，从罪行相适应的角度出发，轻罪轻判，在法律允许的范围内宣告缓免刑并无明显不当，判处缓免刑的比例偏高也无可厚非。如介绍贿赂罪，该罪法定最高刑为三年有期徒刑，2013 年云南省因该罪判处缓免刑 12 人，占该罪判决人数的 92.31%。同时，我国刑事法律对利用影响力受贿罪等罪名虽然规定了较重的法定刑档次，但适用较重法定刑档次的条件和标准并不明确，为司法实践中降格适用缓免刑提供了较大的自由裁量空间。如利用影响力受贿罪法定刑分为三年以下、三至七年有期徒刑两档，但司法解释仅规定了该罪的立案标准，对何种情况适用较重的量刑档次未作出明确规定，由于缺乏明确的犯罪金额标准，法官一般情况也不会贸然适用较重的量刑档次处刑。另外，对于法定刑设置较高的行贿罪，由于云南省涉案金额一般都达不到十年以上刑格的标准，加之法律规定"行贿人在被追诉前主动交代行贿行为的，可以减轻处罚或者免除处罚"，侦查部门为了突破案件往往会利用该规定与犯罪嫌疑人进行辩诉交易，司法实践中判处缓免刑的也较多。如云南省 2013 年行贿罪缓免刑判决人数比例高达 91.5%，因行贿罪判处缓免刑人数的占全部缓免刑人数的 20.7%。

---

① 熊红文：《职务犯罪轻刑化是个伪命题》，载《公诉人》2014 年 7 月下半月刊（总第 286 期）。

（三）缓免刑适用的法律规定宽泛、不具体

对于免刑问题，我国《刑法》第 17 条规定：对于犯罪情节轻微不需要判处刑罚的，可以免予刑事处罚。但对什么是"犯罪情节轻微"，什么情况下不需要判处刑罚，"两高"2012 年《关于办理职务犯罪案件严格适用缓刑、免予刑事处罚若干问题的意见》第 3 条只重申了《刑法》第 383 条第 1 款第（三）项的规定，对贪污、受贿金额在五千元以上不满一万元的可以适用免刑。除此之外，法律和司法解释没有规定明确、具有可操作性的禁止条款，导致难以判断免刑判决是否恰当。对于缓刑适用问题，"两高"2012 年《关于办理职务犯罪案件严格适用缓刑、免予刑事处罚若干问题的意见》中规定了一般不适用缓免刑的九种情形，本意是控制职务犯罪缓免刑适用，但该规定的适用原则是"不得或一般不得"，这种弹性规定本身就给法院留有巨大的自由裁量空间。加之该司法解释第五条明确规定：对于此九种情形，法院认为确有必要时，经审委会讨论决定也可以适用缓免刑。因此，在轻缓处理需要推动下，上述规定容易被误读为不禁止适用缓免刑，从而导致缓免刑适用的扩大化。

司法实践中，法院不仅根据条文规定，对依法判处三年有期徒刑以下刑罚，符合刑法规定的缓刑适用条件的贪污、受贿犯罪分子适用缓刑，而且将犯罪金额在 5 万元以下、原本法定刑幅度为七年以下有期徒刑的贪污、贿赂案件，直接视为可判处三年有期徒刑以下刑罚的案件并适用缓刑，甚至对一些法定刑档次在十年以上的案件，只要具备法定减轻处罚情节，就大幅降低量刑档次直至适用缓刑。对此，检察机关往往因缺乏明确的法律依据而难以提出抗诉或抗诉后得不到上级检察院和法院的支持。

（四）司法解释的规定引发争议

主要体现在自首、立功等量刑情节认定方面，2009 年"两高"出台的《关于办理职务犯罪案件认定自首、立功等量刑情节若干问题的意见》第 1 条明确规定：对没有自动投案，在办案调查谈话、讯问、采取调查措施或者强制措施期间，犯罪分子如实交代办案机关掌握线索所针对事实的，不能认定为自首。而最高人民法院 2010 年出台的《关于处理自首和立功若干具体问题的意见》则规定：对于尚在一般性排查询问时主动交代的，也可认定为主动投案。

实践中，对于如何适用这两个存在明显冲突的司法解释，司法机关内部存在较大争议，有的认为职务犯罪应当适用 2009 年的《关于办理职务犯罪案件认定自首、立功等量刑情节若干问题的意见》，而有的认为 2010 年的《关于处理自首和立功若干具体问题的意见》属于新解释，且有利于被告人，应根

据从新兼从轻的原则优先适用。特别是在认定主动归案的问题上，从不同司法解释出发，有的认为即便掌握线索在纪委查办期间主动交代的就应当认定为自首，有的则认为只要掌握犯罪线索，即便在纪委调查谈话时主动交代也不能构成自首。

四、案外因素的影响

案外因素对职务犯罪缓免刑的影响主要表现在两个方面：一是来自被告人亲友及领导的不当干预。根据 2007 年 6 月 1 日国务院颁布的《行政机关公务员处分条例》第 17 条第 2 款规定，行政机关公务员一旦被判处免予刑事处分以外的刑罚，就会被开除公职。因此，涉嫌职务犯罪的公务人员一旦案发，其本人及亲友往往会利用其在职时建立和形成的各种人脉和工作关系，通过各种途径和方式找办案单位领导或办案人员疏通关系，千方百计地争取缓免刑等从轻处理结果以保住公职。涉嫌犯罪的公务人员原工作单位或工作地区的个别上级领导，也会出于保护涉嫌犯罪公务人员等多种目的，主动利用职权和各种关系，通过给办案单位领导或办案人员打招呼、批条子等方式来为犯罪官员说情。这些不当干预往往会对依法办案工作形成强大的工作压力，导致缓免刑比例上升。

二是受当地经济和社会发展的客观状况影响。近年来，由于反腐败工作力度不断加大，查处的窝案、串案比例也明显上升，涉及人员范围越来越广。而对某一特定地区而言，一定条件下的公共人力资源是有限的，特别是具有专业技能的人员，国家或集体不仅要花费大量公共资源而且要耗费相当长的时间周期来培养这些人员，更新的时间成本和资源成本都非常高，如果严格按照法律规定全面打击，将会导致这些地区特定领域的工作出现无师之校、无医之院等真空和严重断档，影响当地经济社会的全面协调可持续发展。对此，当地或上级党委、政府往往会对案件办理作出相关指示，要求司法机关对相关涉嫌犯罪的公务人员从轻处理。如陆良县人民检察院办理的县中医院 11 名医生受贿案，多个科室从科室主任到业务骨干均涉嫌受贿犯罪，而该院为当地的主要医疗机构，若全部涉案医生均判处缓刑以上刑罚，不仅医生丧失职业资格，医院也会因无法及时补充到合格医生而无法运营，为此，该县有关部门与司法机关进行协调，对相关人员均判处了免刑。

职务犯罪初查中的司法查询实证分析[*]

司智虎　师　索[**]

一、问题的提出

不同的犯罪对应着不同的侦查方法，职务犯罪侦查相对于一般刑事侦查的最大区别就在于证案之前的初查活动：1983 年最高人民检察院《人民检察院直接受理自行侦查刑事案件的办案程序（暂行规定）》第 6 条首次规定初查雏形。1990 年 5 月最高人民检察院印发的《关于加强贪污、贿赂案件初查工作的意见》中将初查界定为"对贪污贿赂案件线索立案前的审查"，1995 年最高人民检察院通过的《关于要案线索备案、初查的规定》明确了初查的性质，即"人民检察院在立案前对要案线索材料进行审查的司法活动"：尽管有学者认为"如果立案活动属于诉讼活动，那么决定是否立案的初查也应该属于刑事诉讼活动"[①]，但不断修改的刑事诉讼法却多次将初查遗忘，使得初查始终无法成为名副其实的刑事司法程序。总之，初查虽不具正式的法律授权，但却是职务犯罪侦查中不可或缺的具有司法性质的调查活动。

在修改后刑事诉讼法确立了律师以辩护人身份介入侦查、非法证据排除、证人及侦查人员出庭作证等诉讼制度之后，传统侦查模式与新法之间的碰撞与对接必然使得职侦工作出现"阵痛期"，这意味着职务犯罪侦查在新的法律环境下必须作出调整和转型，要求整个职务犯罪侦查的重心必须前移到初查阶段，初查工作不能沿袭过去那样草草走访、简单谈话后就即刻立案的粗放机制，而是必须通过规范化、精细化与信息化的初查，加强初查阶段收集证据的力度，在律师介入侦查之前厘清案件的证据体系，以初查阶段收集的证据，来促使犯罪嫌疑人供述，降低非法证据出现的概率。因此，初查工作的质量高低就直接决定了立案后的侦查走势是否顺利。

---

　*　原文发表在《国家检察官学院学报》2014 年第 4 期。

　**　作者单位：重庆市南岸区人民检察院。

　①　孙长永：《论刑事立案前的初查》，载《河北法学》2006 年第 1 期。

高质量的初查工作必须充分发挥印证事实、扩宽线索、推进案情等必要功能，这就需要侦查部门在银行、证券、保险、工商、房管、物业、公安、通讯等相关部门获取与被调查人有关的情报信息。这些与案件有关的信息由于并不被检察机关所管理，其获取信息的过程必然要通过询问、查询、查阅、调取、借阅、复制等方式才能完成。这在《人民检察院刑事诉讼规则（试行）》第173条可找到依据："在初查过程中，可以采取询问、查询、勘验、鉴定、调取证据材料等不限制初查对象人身、财产权利的措施。"鉴于初查的性质以及表述的统一，笔者尝试性地将这些活动定义为"职务犯罪初查中的司法查询"。通过司法查询，侦查机关能够掌握被调查人的个人家庭信息、社会交际网络、财产（股票、保险、存款）金额及动向、车辆、房产拥置、工商注册登记等重要资料，被调查对象的初步轮廓与行为轨迹将逐步浮出水面。司法查询也成为整个初查措施体系中使用频率最高、地位最为重要的调查方式。

职务犯罪侦查的质量很大程度上取决于初查质量，而初查质量又取决于司法查询的质量。并且，在立案后的侦查过程中，司法查询对于新线索的发现、新证据的获取也至关重要。然而，司法查询在侦查实践中并没有达到理想中的查询效果，反而面临着查询进度慢、查询成本高、查询精度低、查询密级差等亟待解决的困境，严重影响了整个职务犯罪侦查的质量。这本是应受到足够重视却又长期被侦查部门所忽视的问题，但修改后刑事诉讼法所塑造的法律环境已迫使侦查部门必须要面对并解决这个问题。更为重要的是，司法查询作为检察机关与社会接触面最广、探及度最深的侦查环节，其困境背后的问题绝不仅是查询制度本身所能控制和解决的。

因此，本文拟从 C 市 N 区基层人民检察院司法查询的运行现状入手，对重点查询的 30 家协查单位①的实践情况进行实证分析，并对困境的原因作出法理分析后提出解决对策，以期为实践提供参考。

---

① 总共参考对象数目30个，包括：17家主要协查银行——中国工商银行、中国建设银行、中国银行、中国农业银行、中国交通银行、重庆农村商业银行、中国邮政储蓄银行、中国民生银行、招商银行、光大银行、中信银行、兴业银行、重庆银行、平安银行、浦发银行、华夏银行、三峡银行；5家证券公司——银河证券、西南证券、国泰君安、申银万国、平安证券；3家通讯公司——中国移动、中国联通、中国电信；3家保险公司：平安保险、人寿保险、人民财产保险；1个房管局——C 市 N 区房管局；1个公安局——C 市 N 区公安分局。

二、司法查询的现实困境

（一）查询进度慢

初查不能无限期进行，时间跨度越长，惊动被查对象的可能性就越大。因此，侦查机关会拟定初查计划，规定初查时限。在实践中，初查实际完成时间通常会比计划时间多出 8~10 天。多出的时间由查询账目明细和获取交易凭证造成。一些必须相互印证才能还原案件事实的关键数据由于司法查询进度缓慢而影响着整个案件的推进。

1. 查询账目明细

被调查对象的银行账目明细可以清晰地反映出其在特定时间内的经济运行轨迹。非法和异常的明细对于印证举报事实、推进侦查发挥着巨大作用。账目明细的查询进度慢主要有以下几点原因：

第一，部分单位接受查询业务量大，但人手配置少，查询周期长。

第二，部分单位采取定期查询制度，只在每周或每月的固定时间进行统一查询，其余时间概不接受查询。①

第三，部分单位工作人员政治、法律素质较低，办事拖沓，以"无查询义务、不接受基层检察院查询、只能查该网点资料"等各种借口阻碍、拖延、搁置查询。

第四，部分单位内部制度规定司法查询需要层层审批，耗费大量初查时间。从实际统计来看，只有 56.6% 的协查单位能在两天内给出查询结果。需要说明的是，并不是每一家单位的查询时间都是固定不变的，这里的数量值只能反映出现实中查询时间的分布区间。每次查询，总会有单位能够迅速给出结果，但也总会有不特定的少数单位拖延很长时间，这也说明协查单位在配合司法查询的制度上非常不完善，具有较大的随意性②。

---

① 定期查询对于侦查机关来说最不容易把握，比如部分协查单位将查询时间定在每周周五统一查询，即便侦查机关周一发出协查通知，也只能在一个星期后拿到查询结果。

② 随意性和个人主观性表现在协查单位配合查询的不稳定。比如我们在某银行查询期间发现，查询岗在三年期间换了三个人。每个人给出的查询结果并不一样。第一个人把所有在 C 市开户的账号明细全部查询完毕。第二个人只查询 N 区内开户的账号，其他区开户的账号需到该区支行查询。第三个人只查询在该支行营业部开户的账号，即便是在 N 区其他网点开户的账号也拒绝查询，必须到开户网点查询。另一家银行则是换了领导后拒绝在该支行查询所有开户账号信息，要求我们分别去开户网点查询。由此可见，查询人员变更，领导意见不同都可能给司法查询造成不可预期性。

2. 获取交易凭证

侦查机关从账目明细中发现与案件有关的具有重大嫌疑的交易时，就需要从相关单位（主要发生在银行）调取交易凭证。但获取交易凭证是极其耗时和琐碎的过程。原因有以下几点：第一，部分单位交易凭证未统一放置，需要在交易发生地调取。若交易地点分散，则极为耗时。第二，部分单位虽然统一放置，却一般选择放在主城区之外的区县统一管理。第三，部分单位对凭证发生年限进行分级、分地管理，分界年之前的凭证需到特定档案室调取，之后的凭证又需到交易地点获取。第四，部分单位对调取凭证层层审批，耗费大量初查时间。

（二）查询成本高

整个职侦司法查询的运行无法避免地涉及司法成本，除开隐性的机会成本，现实成本主要包括机动车燃油费、维修费、保养费，侦查人员的食宿差旅费以及保障查询工作的其他费用，其中耗费最大的就是机动车的运行费用。在司法查询中，由于诸多制度性障碍，不可能所有的查询都在本区内进行，有时需要在其他区域查询，甚至需要跨越多个区域才能完成查询，所以司法成本相对于其他检察业务来说非常高。

1. 查询账目明细的成本

各协查单位的查询地点均不一样，所耗成本也不一样。就银行查询来说，有在网点查询的，也有在分行、总行查询的；有在对账中心查询的，也有在监察部门查询的；有在一般业务人员处查询的，也有在业务领导处查询的。就房产查询而言，由于各区之间的房产信息并未联网，往往需要他区查询或多区查询。从实际统计来看，他区查询与多区查询的比例达到了53.3%，基本与本区查询所占比例持平，但所耗成本明显高于本区查询。

2. 获取交易凭证的成本

获取交易凭证的过程并非像查询账目明细那样具有规律可循，获取交易凭证的成本更具随机性。就不同的案件来说，既可能所有有价值的凭证都在主城区，那么这时与查询账目明细时的成本差别不大；也有可能这些交易凭证大部分发生在周边区县，这时的查询行程往返可能在数百公里。但总的来说，由于多数查询单位并未设置统一获取凭证的机构，而是分散化地管理凭证，获取交易凭证的成本平均高于查询明细所需成本。

（三）查询精度低

所谓查询精度，就是侦查机关在司法查询中获取信息数据的完整度与查询效率。目前在司法实践中，基层检察院面临着查询精度低的困境，初次查询的信息范围非常狭窄、数据相对残缺，需要进行多次查询或者通过单位之间的沟通协调才能进一步提升精度。查询精度问题在各个协助查询的行业中均存在。

（四）查询密级差

司法查询的密级，就是侦查机关在和协查单位进行互动过程中相关信息的保密程度。对于侦查机关来说，查询过程、查询结果必须高度保密，绝不能向第三方机构或者个人透露。影响密级的因素可分为可控因素与不可控因素，可控因素包括查询环境和查询点的物理环境，即可以通过短期制度完善予以控制的因素。具体表现在：设置了专门查询点的机构要好于分散查询的机构；能够与外界隔离的查询点密级高于开放式的查询点。从数据分析来看，专设查询点的比例为 56.7%，完全隔离查询①的比例仅为 20%，若两者取交集，在可控物理环境中能保证查询密级的绝对比例仅为 11.34%，情况很不乐观。

不可控因素则较为复杂。就协查单位的类型而言，工商、公安、房管等行政单位的保密性要高于金融单位；在金融机构中，利益关系牵连越紧，保密性则越差。银行的保密性相对较好，保险公司的保密性相对较差。由于查询人员的政治素养不同，在机关查询的密级高于网点查询。从地区差异来看，城市面积越大，人口流动度越高、关系网稀疏的地区（陌生人社会）的查询保密性要高于城市面积小，人口流动度低、关系网紧密的周边区县（熟人社会）②，但是协查单位的保密程度高低都不是绝对的，在人情、友情、亲戚关系、上下级关系、师生关系等随机变量无法排除的情形下，无论哪个级别的检察机关办案，泄密的可能性都是全方位存在的。

---

① 完全隔离查询是指协查单位专门为司法查询设置查询岗位，由专人负责查询，并与其他业务部门分开，只接待政法部门的工作人员，不办理其他业务。相对隔离是指查询也有专门的人负责，但这些人员同时也会办理其他业务，比如银行的对公岗位，查询点通常对外有物理隔离。开放查询是指没有专人查询、也没有物理隔离措施，查询岗面向所有公众，侦查机关的查询文书其他人也可以看见，甚至有些群众看见文书抬头是某检察机关，更会激发其一探究竟的好奇心，因此开放查询的泄密性大于前两者。

② 在同 C 市周边以及较为偏远检察机关交流中，该院同志反映在该区县内查询银行、保险、公安等信息时，基本没有保密性可言。当地的官员大多数都是土生土长的本地居民，在本地关系极为复杂。所以他们会选择去相邻区县查询，以降低泄密的可能性。由此可见，查询密级的提升将不可避免地要增加查询成本，拖延查询进度。

三、司法查询困境的生成

（一）协查单位以内部规范对抗国家法律

上述在职侦司法查询具体运行中出现的种种困境，可以简单总结为几个为什么：为什么可以当场出数据的查询要被搁置数天甚至数十天？为什么可在一个地点统一查完的工作却要花费数天、奔波数地才能完成？为什么所需数据会被通过设置查询权限等诸多障碍而导致残缺？为什么大部分犯罪嫌疑人都知道检察机关已开始对其秘密调查？这些均可总结为协查单位的内部制度规范所导致。这些"看似无心插柳，实则有心栽花"的内部规范构建了他们内部系统有序运行的逻辑起点和制度根基，但却为司法查询设置了重重障碍，也为协查单位为自身利益而规避查询提供了依据。相反，职务犯罪侦查中的司法查询行为的依据则非检察机关内部制度而是国家法律，《刑事诉讼法》第 142 条规定："人民检察院、公安机关根据侦查犯罪的需要，可以依照规定查询、冻结犯罪嫌疑人的存款、汇款、债券、股票、基金份额等财产。有关单位和个人应当配合。"

但在实践中，"应当配合"却演变成"可以配合"。查询的接待制度可能导致省级分支机构不接待基层检察院；数据分类制度可能导致查询时间被大幅拖长、查询成本陡增；信息保存制度可能导致查询精度偏低；客户隐私管理制度可能导致查询泄密可能性大增，更有部分协查人员以"我们没有义务为你提供数据"为由拒绝查询。这些情况对于全球清廉指数排名前列的国家来说是不可思议的。比如《新加坡刑事诉讼法》第 18 条规定："经检察官以命令授权，CPIB 可以行使调查任何银行账目、股份账目、购买账目、开支账目和其他账目以及任何银行中的保险寄存箱等特别调查权，并有充分的权力要求任何人披露和提供被要求提供的所有或任何一种信息、账目或物品，任何人如果不向 CPIB 披露此种信息或不提供此种账目、文件、物品的，即构成犯罪，应处 2000 新元以下的罚金，或者 1 年以下的有期徒刑，或者两罚并处。"[①]

从法律适用来说，协查单位的内部规定显然无法作为对抗刑事诉讼法所授职权的合理事由。内部规范既不属于立法法中的部门规章，更不属于地方性法规。从信息的产权归属来说，协查单位对于侦查机关所需信息并不具备所有权，而仅是负责对数以万计的发生信息进行汇总和管理。因此，职侦部门只需具备查询的形式要件，协查部门就必须依法配合有权部门进行查询。但是，从

---

① 贾学胜：《新加坡反贪刑事法治的特色》，载《东南亚研究》2009 年第 2 期。

观念上来说，很多职侦部门还在将这种法定的权利义务关系退解到"有求于人"的道德调控范畴上。"以和为贵"的传统文化观念也让检察机关更趋向于构建和谐的氛围，只要查询结果还勉强可用，案件侦查能达到基本成效，就不愿意为此约谈相关单位负责人，更不愿动用法律强制力。因此，在多数时候，正是职侦部门默许了这些内部规范对司法查询的阻抗。不过，这种妥协的背后必然还隐藏着更深层次的原因。

（二）社会的转型与利益网络的博弈

新中国成立以来，受到外部国际环境的严重制约和自身资源开发能力的局限，国家明确了以国家为主导的自主型工业化道路。城乡二元体制和人民公社制度有效地发挥了为城市工业化提供资本积累的作用①；另外，长时间的集体化道路，公共权力延伸到社会各个层级，导致了市场运行、行政权力与国家利益紧密捆绑在一起，政府拥有资源配置的绝对处置权，行政权的运行主导着经济运行，而真正意义上的市场主体并未形成。改革开放以来，我国迎来了通过市场改革而获取全面发展的历史机遇，各种产业资本以各种形态渗入中国，经济活力逐步得到恢复，国力也开始迅猛复苏。20世纪90年代，具有中国特色的社会主义市场经济体制正式建立，政府开始有序地按照一定经济发展规律逐步退出经济领域，角色由"划桨人"演变成"掌舵人"。尤其是近些年来政府向社会购买公共服务等制度的兴起更是在划分行政与市场的同时强化了市场主体及其意识的培育。

与此同时，依法治国，建设具有中国特色社会主义法治国家的进程亦已经启动，这就意味着传统的"权威型统治"在悄然向"法理型统治"转变，政府行为的逻辑起点不再是强硬的行政命令，而是逐步构建起来必须遵守的法治秩序。传统的国家为主干、单位为组织架构的利益决定与协调机制遭到了来自市场化的巨大冲击，利益结构呈现节点化与分散化趋势，国家与经济社会共同主导着有限的市场资源，过去那种自上而下的冲突解决机制逐渐被协商化、谈判化的机制所取代。最终，来自国家与市场主体之间的冲突也在所难免。随着资本的社会控制能力无限接近甚至超越集体道德的控制，职务犯罪侦查机关和协查单位之间这一场没有硝烟的暗战还将持续。

从资本主义国家的发展来看，市场主体的利益在于实现资本对社会的控制并进一步扩充资本。协查单位从社会职能来讲可以分为经济类协查单位和行政类协查单位。对于经济类协查单位来说，司法查询既有可能损坏了协查单位的

---

① 邓正来：《当代中国基层制度个案研究》，复旦大学出版社2011年版，第5页。

短期利益，比如查询和冻结大客户账号会影响到整个单位存款金额和市场竞争力，也有可能会破坏协查单位基于传统人情所建立起来的关系网络等长期利益。我国的"官员经济"特征十分明显，围绕着核心官员进行的招商引资、进出口贸易、城市基础设施建设等经济活动更是牵动着诸多行业与诸多人员的直接经济利益。对于行政类协查单位来说，司法查询可能会破坏行政体系内部一些约定俗成的关系网络，甚至会对控制社会的大局把控产生干扰。司法查询由此遇到阻抗也在情理之中。因此，司法查询阻抗的背后正是国家权力意志与经济社会之间利益冲突的直接体现。

（三）检察机关的社会融合度低

司法查询作为为侦查讯问、侦查指挥提供动力的基础性工作，其现状在很大程度上可映射出整个职侦工作与社会的融合度，社会融合度高低也反过来决定着司法查询是否顺畅。从上述实证分析来看，仅有 26.6% 的机构为检察机关设置了专门查询点，仅有 17% 的机构在查询过程中能够做好严格保密，仅有 57% 的机构能在两个工作日内给出查询结果，查询效果受到非制度因素的干扰非常强烈，这些都说明检察机关的社会融合度不高，表现在以下几个方面：

一是总体职能定位下的社会利益关联薄弱。检察机关的总体职能定位决定了职务犯罪侦查部门的社会融合度与公安机关、法院相比明显偏低。我国《宪法》第 129 条规定："中华人民共和国人民检察院是国家的法律监督机关。"法定的监督职能定位就意味着检察机关不能对绝大多数法律关系的形成、变更与最终归属发生决定性的作用。在多数时候，检察机关处于整个法律关系形成的中间地带，比如多数行政、刑事法律关系的生成是由公安机关启动，多数上访事件的原始起点并不在检察机关，检察机关更多发挥着推进法律关系进行的作用。近年来为检察机关所逐步重视的检察建议与职务犯罪预防工作也都不具备实体权利的强制处分权。因此，检察机关与社会各职能部门之间也就不会形成具有利益捆绑关系的网络节点。举例说，银行监控视频的保留时限在 1 个月，这个时限由公安机关和银行衔接沟通后确立为 6 个月，因为一般刑事案件发案必然为社会和公众所广泛感知而具有一定社会影响，保存 6 个月对于公安机关侦破案件给予了相当充分的时间保证。但是由于职务犯罪的发案周期通常都在数年之久，银行视频的保留时间对于检察机关来说意义已经不大。这个现象足以说明公安机关和银行之间的利益关联明显高于检察机关。银行的日常安保、金库安全、消防安全、案件侦破均要依赖于公安机关，而对检察机关则没有硬性依赖。

二是社会意识层面的公共认同乏力。一方面，诸多的法律限权设置让检察机关查处贪腐的难度骤增，在重大案件上错失了很多良机。重大腐败案件由纪委打头的惯例让检察机关出现在公众聚光灯下的最好时机已经贻误。检察机关由此处于社会公共认同的模糊地带，即社会大体认同检察机关的合法存在，但就部门所产生的效用和因此而获得权威认同而言，检察机关不如纪委和公安机关，职侦部门也未能被提升到应有的社会地位。另一方面，检察机关内部之间由于缺乏自身的情报信息系统，各地检察院之间的联系不紧密，未形成诸如公安机关那样的内部网络联络机制。检察机关外出办案查询时一般需携带司法警察，因为各地检察机关工作证件并不统一，当地协查单位只敢认同全国统一的警官证，而不敢认同与其当地检察机关不同的工作证件，这也说明检察机关内部制度建设不统一亦在一定程度上影响了其整体的社会融合度。

三是社会分工导致的知识隔阂加深。现代社会已然演变为分工社会，分工之后的社会生产力大幅提升，但分工之后的知识结构却呈现节点化分布，形成了"隔行如隔山"的格局，各行业、各部门在各自的知识圈子内形成了围绕知识生产的运行逻辑。因此，侦查部门与社会其他职能部门之间的融合度本身就存在天然的知识壁垒，不可能最大程度的实现如涂尔干所言的"有机团结"，而只能停留在"机械团结"层面，这也是职侦部门与协查单位长期以来未能形成健全查询机制的重要原因。

四、司法查询困境的突破

（一）三步建制：逐步完善检察机关自身情报体系建设

检察机关的侦查部门由于历史原因，到现阶段只剩查办职务犯罪的法律职能。这在很大程度上阻碍了检察机关自身情报信息系统的建设。职务犯罪侦查所需要的情报信息呈分散化、碎片状态势，客观上需要职侦部门去将这些零碎的信息进行整合后转变为侦查情报。在情报信息引导侦查的大背景下，职侦部门远未实现公安机关搜集利用情报信息所能达到的便捷程度。因此，检察机关应尽快着手建立自身的情报搜集体系。

第一步，尽快和相关协查单位协调，在每个协查单位设立统一的查询中心，统一受理查询业务，避免侦查机关大范围奔走，尽可能提高查询效率。第二步，须由省一级人民检察院和省级人民银行进行协调，由人民银行定期向检察院派驻查询人员，或者在人民银行内部设置查询岗，以便进行事先的预查，必要时和银联等信息管理部门协调，直接锁定被查对象的行为痕迹，避免大海捞针般的普查。第三步，可以尝试在各个检察机关设立查询终端，将各种分散的情报资源管理体系以终端形式固定在检察机关内部，只赋予分管职侦的副检察长和职侦局长查询权限。为保护公民的合法隐私，查询时间只能在启动初查之后的特定侦查时限内，并将相关文书附件移送协查单位备案，实现足不出户就可快速实现查询，这将极大地削减司法查询所消耗的巨大司法成本，也将大幅度提升查询的保密性。当前，江苏、河南等地检察机关已经开始借助于计算机网络以及办案信息系统来实现在办公室即可完成初查工作，即网上初查[①]，但就全国范围来看，绝大多数检察机关还不具备这样的条件。

（二） 内外兼修：提升检察机关社会融合度

由上述分析可知，司法查询的困境既有客观形势的束缚，也有检察机关自身的主体因素。两个变量互为制约，但同时也互为促进，也就是说，积极提升检察机关的社会融合度也可以在很大程度上缓解来自客观环境中的不信任和阻力。一方面，要从检察机关积极创新社会管理入手，强化检察机关与社会层面的外在关联。从公安机关实施社会控制的成功经验来看，检察机关要建立稳定可控的社会关联，必须着手建立针对相关部门实体权利的处分权制度，即将过去只能通过检察建议发出的建议权通过立法逐步演进为强制权，从过去以实施职务犯罪侦查来实施控制相关人员转变为针对相关部门日常运行的关联控制，这样就建立并强化了检察机关与其他单位的利益关联，那么日后进行司法查询的阻力也就相应减少。

另一方面，既然阻抗可以来自协查单位的内部规范，同样也可通过内部规范的调整得以解决，尤其是查询精度和密级问题必须在规范层面上得以消释和固定。由于个体理性与集体理性的冲突决定了在合作中必须依靠更高的第三方权威来进行协调，并且，第三方权威部门的协调可以尽可能降低部门间的冲突发生率。因此，当基层检察院长期遭遇查询精度问题时，应及时上报至省级人民检察院，由省级人民检察院与同级的相关协查单位尽快出台合作协议，将司法查询中的阻抗通过内部规范的形式逐步化解。与此同时，积极的沟通交流也能缓解协查单位对检察机关的陌生感和不信任，多在协查单位开展职务犯罪预防讲座，在节气上组织单位之间的职工联谊，对于积极配合检察机关完成司法查询的协查单位可以通过发出感谢信，对于该单位查询岗的工作人员发送纪念性质的小礼品，或者上报省级检察机关，由省级检察机关建议同级协查部门予以内部表彰来激发配合积极性等形式，都能消除彼此之间的隔阂。

---

① 　陈波：《反贪精细化初查实战运作》，中国检察出版社 2013 年版，第 78 页。

（三）完善法律：完善程序保障与司法制裁

司法查询大量集中在职务犯罪侦查的初查阶段。因此问题也随之而来，一方面一些行政类的协查单位，比如公安机关，在协助查询被调查对象的特殊隐私信息（如微博、微信、QQ 记录等）时要求检察机关提供立案决定书方才启动程序，而检察机关又必须综合初查所获信息研判后再决定是否立案，若检察机关提前立案又将会压缩初查时间，进而将整个侦查置于两难的风险决策中。另一方面，对于直接或者变相阻碍司法查询的相关人员，不能建立起相应的程序性制裁机制，更不能从治安管理法或者刑法中关于妨害公务行为、为嫌疑人通风报信等惩戒性条款去寻求法律支持，这也妨碍了检察机关在相关协查单位培养法律意识和铁血权威。香港廉政公署在这方面的强硬就保证了良好的反腐效果。《廉政公署条例》和《防止贿赂条例》共规定了四个罪名，包括不协助调查罪、妨碍或抗拒廉署人员搜查罪、抗拒或妨碍廉署人员调查罪以及向廉署人员作虚假报告罪，触犯这四个罪名均会被处以监禁和罚款①。这样的立法难免有些"不讲人权"，但却体现出国家法益与个人法益在腐败犯罪与一般刑事犯罪上的比例差异。一般刑事犯罪上侧重保护个人法益，而腐败犯罪则是国家法益优于个人法益，其原理在于腐败犯罪将社会绝大多数财富聚集在极少数人手中，形成了极大多数人竞争极少财富的恶性循环，是引发底层社会犯罪的隐性风险源，并将逐步造成社会解组②。

因此，应当尽快将初查程序纳入刑事诉讼法律程序，真正将协助初查作为协查单位的法定义务，改变过去尽管有银行法、刑事诉讼法等法律的相关规定，却始终将协查作为道德义务的做法。

在侦查程序合法化、规范化的前提下，对于外部形成的对侦查程序的阻抗有必要形成反制措施，对于阻碍查询的行为更应"零容忍"。这样的制裁措施体系既能在很大程度上消除影响查询密级的不可控因素，也能保证职务犯罪侦查权的排他性和整个检察机关的司法权威。

五、结语

尽管司法查询在职务犯罪侦查中遭遇了种种困境，但辩证地看，这种困境

---

① 最高人民检察院反贪污贿赂总局：《香港廉政公署反腐制度评价》，载《反贪工作指导》2010 年第 4 期。

② 师索：《历史·范式·结构：犯罪学中的风险开示》，载《西南政法大学学报》2013 年第 1 期。

并非绝对不可扭转，其既是当下经济社会各种利益关系体之间深度博弈的结果和反映，同时也为检察机关完善自身制度建设打开了新的窗口。另外，司法查询作为宏大反腐工程中的基础性措施之一所遭遇的困境，也深刻地折射出我国反腐进程中理想与现实的强烈反差。破解司法查询困境的过程，也必将是检察机关创新社会管理、深度融入社会、提升司法权威与推进法治建设多管齐下的过程，更是以小见大，逐步化解反腐进程中诸多本应得到高度重视却又长期被忽视的问题的过程。

检察机关适用指定居所监视居住的实证考察与完善措施[*]

山西省太原市人民检察院课题组[**]

一、指定居所监视居住制度概述

作为一项具有中国刑事司法政策特色的强制措施制度，"监视居住"的提法最早出现在 1954 年施行的《中华人民共和国拘留逮捕条例》之中。[①] 1963 年《中华人民共和国刑事诉讼法草案（初稿）》吸收并进一步发展了这项制度规范，成为指定居所监视居住制度的最早立法渊源。1979 年制定的《刑事诉讼法》第 38 条规定，人民法院、人民检察院和公安机关根据案件情况，对被告人可以拘传、取保候审或者监视居住。被监视居住的被告人不得离开指定的区域。监视居住由当地公安派出所执行，或者由受委托的人民公社、被告人的所在单位执行。同时，在该条文中同时规定"被监视居住的被告人不得离开指定的区域"，这是以法律禁止的语言形式，提出了对被监视居住的犯罪嫌疑人和被告人的强制措施"指定一定的区域"，同时也成为"指定居所监视居住"的制度雏形。[②] 在 1996 年刑事诉讼法修改过程中，理论界主张废除监视居住制度。但是，司法实践中对于大量的犯罪嫌疑人、被告人符合逮捕条件，因为案件的特殊情况以及办理案件的需要不适宜采取逮捕措施的情形，缺乏必

---

*　收入时，标题有所改动。

**　课题组负责人及所在单位：周茂玉，山西省太原市人民检察院；课题组成员及所在单位：韩少峰、李麒、马秀娟，山西大学法学院；吴杨泽、王金华、李晓燕、陈丽丽、陈兰、孙寅平、张卫民、褚尔康、苏兴庆、杨丽等也为课题组成员。

①　该《中华人民共和国拘留逮捕条例》的第 2 条第 2 款规定，对应当逮捕的人犯，如果是有严重疾病的人，或者是正在怀孕哺乳自己婴儿的妇女，可以改用取保候审或者监视居住的办法。

②　顾昂然：《关于刑事诉讼法修改情况和主要内容》，1996 年 1 月 15 日在刑事诉讼法修改座谈会上的讲话，载顾昂然：《新中国改革开放三十年的立法见证》，法律出版社 2008 年版，第 440～441 页。

要的替代措施。因此，作为非羁押性强制措施的监视居住制度在一定程度上具有减少与替代羁押的功能，出于案件侦查需要，以及对逮捕羁押强制措施的替代性功能，在立法上仍然采取了保留加完善的立法策略。[1] 并在 1979 年刑事诉讼法规定的基础上，进一步细化了有关监视居住的规定，增加了被监视居住人的义务及违反义务的法律后果、监视居住期限以及变更等内容。第 57 条中规定"被监视居住的犯罪嫌疑人……未经执行机关批准，不得离开住处，无固定住处的，未经批准不得离开指定的居所"。这一规定表明监视居住的执行可以有两种形式，即"住所监视居住"和"指定居所监视居住"。[2]

在司法实践中，由于取保候审作为强制措施的实际约束力明显不足，监视居住制度事实上成为取保候审的替补性措施。但是随着传统户籍制度形成稳定的城乡二元结构被打破，与之相伴的是大量的流动人口没有固定的居住场所，基于这一社会现实，司法实践中大量使用了指定的居所进行监视居住。因此，在 2012 年刑事诉讼法修改过程中，在 1979 年和 1996 年两部刑事诉讼法基础上，对指定居所监视居住的适用范围、适用条件、适用主体、执行场所、法律效果等方面进一步规范和完善，并从执行场所、通知义务、法律监督等方面对指定居所监视居住的适用进行了严格的规制。[3] 修改后的《刑事诉讼法》第 73 条规定，监视居住应当在犯罪嫌疑人、被告人的住处执行；无固定住处的，可以在指定的居所执行。对于涉嫌危害国家安全犯罪、恐怖活动犯罪、特别重大贿赂犯罪，在住处执行可能有碍侦查的，经上一级人民检察院或者公安机关批准，也可以在指定的居所执行。这一规定细化了相关的概念和程序，也为检察机关适用指定居所监视居住提供了明确的操作规范。根据这一规定，指定居所监视居住的适用包括了两种情形，即因被监视居住人无固定住处适用指定居所监视居住和涉嫌危害国家安全犯罪、恐怖活动犯罪、特别重大贿赂犯罪而适用的。这就从立法层面增强了对监视居住执行方式与执行场所的限制，有利于保障刑事被追诉人的合法权利。而且修改后刑事诉讼法对指定居所监视居住增设了一系列的具体规则规范其适用，在决定适用之后检察机关需要对适用的必要性进行检察监督，根据具体情况变更或者解除监视居住强制措施，从而避免了指定监所居住制度被错误定位成一种新的变相羁押措施。根据刑事诉讼法立法精神，在相关具体司法解释中，进一步对"指定居所监视居

① 徐静村、潘金贵：《我国刑事强制措施制度改革的基本构想》，载《甘肃社会科学》2006 年第 2 期。

② 孙长永：《比较法视野中的刑事强制措施》，载《法学研究》2005 年第 1 期。

③ 潘金贵：《监视居住保留论：反思与出路》，载《人民检察》2007 年第 14 期。

住"措施实施中具体事项进行了进一步细化，在一定程度上增强了"指定居所监视居住"措施的可操作性。为了确保修改后刑事诉讼法的"指定居所监视居住"措施在司法实践中得到正确的贯彻和落实，2012 年 10 月 16 日最高人民检察院通过了《人民检察院刑事诉讼规则（试行）》（以下简称《刑事诉讼规则》），11 月 5 日最高人民法院通过了《最高人民法院关于适用〈中华人民共和国刑事诉讼法〉的解释》，公安部全面修订了《公安机关办理刑事案件程序规定》，最高人民法院、最高人民检察院、公安部、国家安全部、司法部、全国人大常委会法制工作委员会修订和公布了《关于实施刑事诉讼法若干问题的规定》。

二、指定居所监视居住制度的实证考察

我们先后考察了东部沿海和中西部 S、J、Y 省三个代表性地区检察机关适用指定居所监视居住的情形，执行过程中发现存在的突出问题是：

（一）比重不高，各地适用不均匀

以 S 省为例，截止到 9 月底，全省检察机关适用指监的自侦案件为 18 件，占同期贪贿案件总数的 2.26%。在适用的数量上，各地均有意加以控制，原因有四个方面：一是新制度，很多地方还在探索经验，没有全面推开；二是担心出现安全事故，不敢用；三是都认为指监措施是"双刃剑"，适用过多可能会侵犯人权，最后导致立法取消检察机关的指监权，这不利于检察事业长远发展；四是指监措施具有负面作用，在修改后刑事诉讼法实施之前，J 省 A 市院曾经大规模适用指监措施，结果发现侦查人员离开了指监措施就不会办案，严重阻碍了侦查能力的建设，因此该院有意压缩指监案件的数量，今年控制在 10% 以内。

（二）犯罪性质主要是贿赂犯罪

S 省检察机关所办理的 18 起指监案件，其中 17 起包括贿赂犯罪，只有 1 起是贪污犯罪。在考察中，各地检察人员普遍反映，贿赂犯罪的证据多数属于一对一，为了取得口供，必须要保证必要的时间投入。J 省一基层院的干警甚至认为，指监措施主要是用来办理贿赂案件，因此，让不让使用指监措施是一个导向，人为控制指监措施就是人为控制贿赂案件查办数量。在考察过程中，各地检察人员均表示，采取指监的目的就是取得犯罪嫌疑人的口供。正如某地检察机关在情况说明中承认，"在初查时，该案系纪委移送，证据不足，但案情重大，根据当时紧急情况，需立即控制住犯罪嫌疑人以做进一步侦查……"

J 省监视措施主要适用于两种情况，一是案情复杂，核证难度大、短时间拿不下来的案件；二是要深挖窝案、串案的重大案件。采取指定居所的时间，也是因案而异，S 省案件最短的仅 1 天，最长的达到 108 天，每案平均用时 22.8 天，也有检察人员统计修改后刑事诉讼法之前，当地的指监期限一般不超过 15 天。①

（三）案件措施成本因素考量

以 S 省某市办理的 12 起指监案件为例，其中贿赂数额超过 50 万以上的有 2 起，犯罪嫌疑人在当地无住所的有 3 起，其余 7 起均为异地管辖。在指监地点的选择上，Y 省有的利用纪委的办案点，有的在宾馆，有的在度假村，有的在专门的检察机关办案基地。在执行过程中，所有的案件基本都采用专人、全程看护的方式，辅助以电子监控的手段；关于监视主体，有的以公安人员为主，有的以检察人员为主，仅有个别案件是公安机关单独执行。在人力成本投入方面，1 名犯罪嫌疑人需要投入 10 名以上的办案人手，主要是用于全天候看护犯罪嫌疑人，防止发生安全事故，除此之外，还包括食宿、设备等各种费用，因此，采用指监时间短的案件成本就小，时间长的案件成本就大。在此过程中，是否在专门的办案基地，是影响成本的重要因素之一。以 Y 省为例，由于实行集约化管理，在该院的办案基地适用指监措施，每案的平均成本是 1.5 万元，相反，没有专门办案基地的检察机关，适用指监案件的成本在每案 10 万～20 万元左右，两者相差较大。昂贵的办案费用成为一些地方使用措施的主要障碍，一些检察长坦言自己用不起。

三、指定居所监视居住措施适用中存在的问题

（一）侦查一体化机制导致部分法律规定被规避

根据刑事诉讼法规定，检察机关在办理特别重大贿赂犯罪的过程中，如果适用指监措施，需要上一级检察机关批准。实践中，部分检察机关采用侦查一体化机制，广泛采取指定管辖、提办、交办、参办等各种方式领导指挥下级院办案。同时，有的地方还采取异地交叉办案的模式开展工作。② 这些机制虽然

---

① 李钟、刘浪：《监视居住制度评析——以 2011 年〈刑事诉讼法修正案（草案）〉为视角》，载《法学杂志》2012 年第 1 期，第 17 页。

② 张龙、王军和：《积极推行异地交叉办案机制》，载《检察日报》2012 年 3 月 21 日第 2 版。武威市检察院采取指定管辖，跨区域办案模式，提高了查办案件的成功率。自 2009 年以来，有 85% 的案件都是通过异地交叉办案成功查处的。

对查办案件十分有利，但却导致指监措施的部分法律规定被规避，有的检察机关初查后，为了采取指监措施而有意将案件指定到下级院管辖，然后自己再批准下级院采取指监措施，这变相地规避了刑事诉讼法的规定，使上级院监督下级院的立法目的落空。

（二）监督机制不完善，实效不明显

《刑事诉讼规则》第118条规定："对于下级人民检察院报请指定居所监视居住的案件，由上一级人民检察院侦查监督部门依法对决定是否合法进行监督。"第120条规定："人民检察院监所检察部门依法对指定居所监视居住的执行活动是否合法实行监督。"但实践中，由于监督机制不健全，信息流通不及时、不平衡，再加上对侦查保密等方面的顾虑、领导对侦查破案的高度重视，这些因素都导致侦查监督部门和监所检察部门很难及时参与到对指监措施的监督过程中，往往是听侦查部门的一家之言，检察机关内部机构之间的监督沦为形式，效果不明显。

（三）犯罪嫌疑人被执行的实际状况和立法精神不符

根据法律规定，监视居住是介于取保候审和拘留、逮捕等羁押措施之间的一种强制措施，被指定居所监视居住人虽然人身自由受到限制，但显然没有被完全剥夺，他应当享有一定的人身自由权，最低限度是要保证其在生活所必须的区域、在衣食住行方面有自由选择、自由活动的空间。但在实际执行过程中，为了尽最大可能保障犯罪嫌疑人的人身安全，防止出现安全事故，所有案件都采用的是贴身看护的方式，一般两人一组、三班倒不间断地看护犯罪嫌疑人，在这种情况下，别说犯罪嫌疑人的私密空间，就连睡觉也有人看护，不能关灯。在J省检察机关的办案基地，由于生活设施经过专门改造，消除了安全隐患，犯罪嫌疑人可以洗澡，生活条件相对较好。在其他地方，由于场所限制，犯罪嫌疑人基本上处于羁押状态，这种情况和立法目的显然不相符合。

（四）制度执行过程中具体做法不统一

对法律条款的理解不统一。比如对于"特别重大贿赂犯罪50万"的规定，有的认为是确定性标准，必须要掌握足够的数额；有的认为是可能性标准，经过侦查达到50万就可以了；在一案多人的情况下，有的认为每个犯罪嫌疑人都必须达到这个数额，有的认为全案达到这个数额就可以了。又如，对于"有重大社会影响的"、"涉及国家重大利益的"内容，有的认为应该依据行业而论，有的认为应该依据犯罪主体的身份而论，还有的认为要一案一论。

由于认识不统一，导致适用不统一，司法解释的规定并没有起到约束效果。执行地点不统一。修改后的《刑事诉讼法》第73条规定，指监措施"不得在羁押场所、专门的办案场所执行"。实践中，有的选择在宾馆，有的选择租住在烂尾楼里，有的在纪委办案点，还有的在检察机关的办案点。由于考虑办案的安全性，这些地方均会进行安全改造。特别要提到 J 省检察机关的办案基地，由于刑事诉讼法做了明文禁止，这些办案点也相应进行了改造：被监视居住人的生活场所和办案场所进行了物理隔离，生活场所类似于普通宾馆，办案场所类似于检察机关的办案工作区。没有专门办案点的检察机关，在执行过程中则没有这么规范。执行主体、方式不统一。《刑事诉讼规则》第115条规定，人民检察院应当制作监视居住执行通知书，将有关法律文书和案由、犯罪嫌疑人基本情况材料，送交监视居住地的公安机关执行，必要时人民检察院可以协助公安机关执行。实践中公安机关因为警力有限或者其他原因，并不一定能够及时承担执行任务，但是案件办理又具有紧迫性和时效性，此时由检察机关协助执行就显得非常必要。实践中，为了达到合法执行的目的，有的采取由公安机关委托检察机关执行的方式，签订委托执行书；有的邀请公安机关在办案点设置警务室，需要时邀请公安机关参与；有的与公安机关签订协议，以支付报酬的方式购买公安机关执行指监措施这种"服务"。

四、完善检察机关自侦案件指定居所监视居住制度的思考

（一）进一步明确指定居所监视居住的适用原则

在指定居所监视居住具体适用中既要保障人权，又要防止放纵犯罪或造成社会不安定因素，应在两者之间的权衡、博弈中，准确把握其平衡点。针对具体的司法实践中存在的检察机关出于种种顾虑，对于符合法定条件且有必要适用指定居所监视居住的情形，不敢或不愿适用的现象，以及存在的简化适用条件、甚至借助侦查一体化人为制造"无固定住处"的条件来适用指定居所监视居住的问题，指定居所监视居住的适用要在"完善人权司法保障制度。国家尊重和保障人权"的指导思想下，遵循打击犯罪与保障人权相统一这一普遍原则，坚持必要性原则。必要性原则的实质是最少侵害性和不可替代性。即在能达成法律目的诸方式中，应选择对人民权利最小侵害的方式，而且没有其他能给人民造成更小侵害而又能达到目的的措施能够取代该项措施。检察机关在适用指定居所监视居住强制措施时，要基于控制犯罪、保证刑事诉讼活动顺利进行与保障人权的客观需要，充分考虑犯罪嫌疑人、被告人涉嫌犯罪的轻重程度和人身危险性程度等因素，尽可能地做到谨慎适用和适度适用，对有必要

适用该措施的要规范其适用程序和执行方式，尽可能地减少和避免对当事人合法权益直接造成不利影响。

（二）进一步严格指定居所监视居住的适用条件

明确"特别重大贿赂犯罪"这一条件。刑事诉讼法规定的"三种"适用情形中，检察机关指定居所监视居住主要发生在对特别重大贿赂犯罪案件的侦查中。为防止在实践中"借鸡生蛋"，有必要进一步明确这一必备条件。即犯罪嫌疑人涉嫌包括贿赂犯罪等多项罪名的，在适用指定居所监视居住前，部分贿赂犯罪事实已经有证据证明且符合特别重大标准。同时，要明确特别重大贿赂犯罪的内涵。刑事诉讼规则已经从涉案金额和犯罪情节（50万元以上，犯罪情节恶劣的）、嫌疑人级别（县处级以上）予以了明确；但对其他"有重大社会影响"的情形并没有细化，给司法实践带来一些不便，也给随意扩大范围适用留下了一定空间。将"发生在重要领域"、"涉及重点工程"、"社会关注度高"、"涉及群体性利益"等情形明确出来，符合我国社会当前实际，也为司法实践活动指明了方向。

（三）明确指定居所监视居住的执行场所

关于指定居所的执行场所，修改后刑事诉讼法和《刑事诉讼规则》都采取了否定式方法予以规定，即"不得在羁押场所、专门的办案场所执行"，"不得在看守所、拘留所、监狱等羁押、监管场所以及留置室、讯问室等专门的办案场所、办公区域执行"。中央政法委《关于加强办案安全防范工作防止涉案人员非正常死亡的规定》第3条明确规定："严禁在办案场所、办公场所或者宾馆、酒店、招待所等其他场所执行监视居住措施。"排除上述地点，在充分研究和借鉴检察机关经验的基础上，我们认为，可以考虑建立专门的执行场所。建设中应当注重把握以下问题：一是应当有较好的生活和休息条件，但建设规模不宜过大。较好的生活条件更能体现人文关怀和文明办案。限制建设规模符合当前例行从简节约的宗旨，更能有效抵制浪费司法资源的责难。二是应当十分注重保障犯罪嫌疑人的合法权益。具体表现在监控方法上，严格遵守法律规定的"两个方法"："电子监控"的全天候是符合法律规定的，"随时检查"频率的加大也不违反法律规定。对犯罪嫌疑人通信进行监控的，要特别注意不要剥夺其通信权。三是严格区分监视居住场所和办案场所，讯问嫌疑人应传唤到办案工作区进行，监视居住场所就是监视和居住，不做任何办案工作。客观上可能会增大司法警察和办案人员压力，但这样的付出是值得的。四是具体建设中注意资源优化和方便办案，总体原则是一定辖区内建立统一的执行场所，而不能搞"小而全"所有的检察院都建，同时还不能离办案工作区过远，造成不便和安全隐患。

五、切实强化指定居所监视居住的监督制约机制

对于指定居所监视居住措施的决定，侦查监督部门应当介入。具体到程序的运行中，上级院侦查部门在收到下级院提请指定居所监视居住报告的同时，应将副本抄送本院侦查监督部门。侦查监督部门应及时向检察长报送意见，使审批与监督同步进行，切实增强监督的实效。在执行环节，应建立指定居所监视居住案件动态跟踪机制。检察机关应积极地行使监督权，通过案件动态跟踪机制了解情况。应该定期地进行检查，通过查阅卷宗、走访现场、倾听被监视居住人的意见等方式，了解监视居住的执行情况。

贯彻未成年人刑事
检察政策应注意的问题[*]

苗生明　程晓璐^{**}

在当前形势下，如何更加有效地贯彻未成年人刑事检察政策的各项要求，促进未成年人刑事检察工作健康科学发展成为摆在检察机关未检部门面前的重大课题。笔者认为，应当注意以下几个方面的问题：

一、未成年人刑事检察政策应当在一定时期内保持相对稳定

未成年人刑事检察政策的具体内容往往需要从中央政法委、最高人民检察院一些领导的讲话精神中总结和提炼，其具体工作成效也往往与高层领导的重视程度密切相关。在最高人民检察院只在公诉厅内设未成年人犯罪检察工作指导处，而未成年人刑事检察工作和普通刑事检察工作在理念、工作方法、职能设置、制度规范、干部素质的要求等方面都存在巨大差异的情况下，未成年人刑事检察政策一旦确定，就必须在一定时期内保持稳定，不能重视一时，热闹一时，而必须常抓常新，从国家和民族未来的高度重视未成年人犯罪问题，充分认识未检工作的重要意义。

同时，未成年人刑事检察政策总体上应实现福利性和惩戒性相结合，防止未成年人刑事检察工作走极端。未成年人刑事政策奉行儿童利益最大化、国家亲权的少年司法理念，注重的是对罪错少年康复的需要，而不是追求定罪量刑的准确性。因此，未成年人刑事政策具有一定的福利属性，但并不否定对未成年人犯罪行为施以惩罚手段，只是强调惩罚应当作为最后手段，对于那些行为危害性较大，主观恶性较重，用教育、感化、挽救的方法仍不能拯救的涉罪未成年人，应果断施加刑罚。这并不违背未成年人刑事政策的基本要求，相反却

＊ 摘自苗生明、程晓璐：《中国未成年人刑事检察政策》，载《国家检察官学院学报》2014 年第 6 期，标题有所改动。

＊＊ 作者单位：北京市人民检察院。

使未成年人刑事政策保持了必要的刚性，但也不能因为涉罪未成年人的犯罪性质较为严重，主观恶性、人身危险性较大，就背离"教育、感化、挽救"、"教育为主、惩罚为辅"的总体政策精神。要注意的是，对部分主观恶性大、矫正难度较大的涉罪未成年人依法提起公诉，"该依法判监禁刑乃至重刑的仍应依法建议判监禁刑和重刑。但这也是为了教育、挽救而不是单纯的打击"。①即便要加以刑罚处罚，也应注意对未成年人的量刑仍然要区别于成年人。

二、充分认识和妥善处理检察官在办理未成年人刑事案件中的角色冲突

传统刑事诉讼观念认为，检察机关主要是犯罪的追诉机关，检察官则是国家公诉人，因此检察机关看到的只是需要追诉的犯罪嫌疑人，而不是需要教育、感化和挽救的未成年人，更不会对未成年人的权益保护施以特别关注。但未成年人刑事检察工作 20 多年的发展表明，未成年人检察机构和检察官应当逐渐淡化其追诉犯罪的国家公诉人身份，而应突出其作为触法未成年人及其他受侵害未成年人的保护者、教育者的角色。实践中，触法少年不是被少年司法制度所感化，而是被具体办案的检察官所折服。但必须指出的是，检察官需要淡化的只是其公诉人身份，而非淡化检察职能。而且，"淡化"不等于不履行。在一个未成年人刑事案件中，检察官不可避免地面临着"国家公诉人"与"国家监护人"的角色冲突，如何妥善处理这种角色冲突，考验着未成年人案件检察官的智慧和能力。

基于国家公诉人的身份，未成年人案件检察官要做到以下三点：第一，恪守客观公正义务。全面收集分析、研判证据，查明案件事实，既要注意有利于涉罪未成年人的证据、事实和法律，又要注意不利于涉罪未成年人的证据、事实和法律，不偏不倚地处理案件。第二，确保未成年犯罪嫌疑人获得正当法律程序的保障。包括获得法律援助、律师帮助、充分行使辩护权、法庭阶段举证质证、法庭辩论等正当法律程序的权利，并对侵犯未成年人合法权益的违法诉讼行为和错误判决、裁定进行监督和纠正。第三，作为国家公共利益的代言人，必须在保护少年利益的同时，也要保护社会的利益。将确保社区及被害人之安全及福利作为检察官主要关注点，检察官在不与前者过度妥协前提下亦应尽可能考虑涉罪少年之特殊利益及需要。而基于"国家监护人"的身份，检察官应承担起保护者和教育者的角色，遵循国家亲权原则和儿童利益最大化的

---

① 朱孝清：《关于未成年人刑事检察工作的几个问题》，载《预防青少年犯罪研究》2012 年第 6 期。

理念。即以"保护"优于"刑罚"的立场来处理问题少年之犯罪与偏差问题，尽可能不提交正式的法庭审判，而更多地采用审前分流措施，同时应提供有效的抚育、教导及矫正等措施。在具体案件处理上，要坚持寓教于审，针对每一个涉罪未成年人制定帮教方案，加强与他们的沟通交流，耐心实施有针对性的帮助教育和心理矫正。要营造平等、温馨的诉讼环境，借助社会支持体系，力所能及地帮助他们解决生活、学习、工作上的困难。

三、用好用足附条件不起诉制度，充分实现案件分流

正如前文所述，在部分国家和地区，享有先议权的少年法院可以对未成年人案件进行分流。在我国，修改后刑事诉讼法设立的附条件不起诉制度则使检察机关实际上拥有了部分少年案件的先议权。有学者就认为，"附条件不起诉制度实质是给检察机关审查起诉工作增加了矫治失足未成年人的新职能。这项职能的产生在整个刑事诉讼法理论上是一个重大变化——将执行中的改造罪犯的矫治功能提前到了起诉阶段"。① 可见，附条件不起诉制度的设立对检察机关未检部门来说既是机遇也是挑战，能否用好用足附条件不起诉制度关系到"慎诉"这一政策能否得以有效贯彻。检察机关应进一步解放思想，建立健全附条件不起诉监督考察工作机制，完善观护帮教制度，充分发挥检察机关在"教育、感化、挽救"未成年人方面的作用。这不仅关系到检察机关在未成年人刑事司法领域中的作为空间，更直接反映了未成年人刑事检察政策对实践的指导力度。

四、处理好检察官主导帮教和专业社会力量参与帮教之间的关系

当检察机关有关未检办案机制和诉讼程序的实践探索上升为规范性要求后，一些原来可做可不做的探索工作就变成一项项应当履行的法定义务，检察官不能再有选择性地进行帮教，也不可能对所有案件都开展帮教工作。同时，涉罪未成年人的教育和矫正更需要专业力量的介入，只有法律背景的检察官难以胜任，必须引入司法社工、心理咨询师等专业社会力量开展社会调查、心理干预、行为矫治等帮教工作。《关于进一步加强未成年人刑事检察工作的决定》就规定："有条件的地方要积极建议、促进建立健全社工制度、观护帮教制度等机制，引入社会力量参与对被不批捕、不起诉的未成年人进行帮教。"

----

① 陈瑞华：《刑事诉讼法修改对检察工作的影响》，载《国家检察官学院学报》2012年第4期。

由此导致的问题是检察官还要不要帮教以及如何帮教。实践中有人认为，既然目前要求检察机关推动帮教社会化，由社工等专业力量对涉罪未成年人进行考察帮教，检察官只要做好转介服务工作，帮助寻求社会支持体系解决涉罪未成年人的困难，不必亲自参与帮教。这就导致一些检察官在履行完告知诉讼权利、取保候审手续、讯问完犯罪嫌疑人、打完审查报告后，就将案件束之高阁，极少和涉罪未成年人及其监护人联系，只在案件快到期时催促司法社工或心理咨询师出具调查或帮教报告，对于嫌疑人的家庭及个体状况反而一无所知。笔者认为，在帮教过程中，社会力量只是参与，而非主导。检察官应当主导帮教过程，而非做甩手掌柜，将帮教活动完全交由社会力量开展。

引入专业社会力量进行帮教的意义在于发挥社工、心理咨询师的专业优势，运用科学专业的方法对涉罪少年的犯罪原因进行深刻分析，并开展心理和行为矫正，引导其作出积极回归社会的有益行动。而检察官应当从国家监护人的身份出发，通过（告）训诫式教育让涉罪少年明确触犯法律所应当承担的责任，并接受适当的惩罚。检察官的（告）训诫教育应当与社会力量的专业帮教相结合，发挥各自优势和特点，实现帮教效果的最大化。

五、妥善解决贯彻未成年人刑事检察政策的配套制度，完善不捕不诉相配套的社会化帮教预防体系和绩效考评体系，积极推动政府在儿童福利上的主导作用

少年司法具有一定的福利属性，在一些少年司法制度比较完善的国家，少年司法制度与儿童福利制度几乎同步发展，互为补充。近年来，非犯罪化、非机构化、正当程序化及分流处理已成为欧美少年司法改革的重要动向，和我国少捕、慎诉、少监禁的政策有契合之处。但这些国家之所以在未成年人犯罪案件中推动不捕、不诉、不判时未面临社会较大负面反应，实则是因为儿童福利政策的落实对实现这些目标所起到的重要保障作用。可见，对未成年人犯罪的特殊处理不单单只是检察机关或者刑事司法机关的责任，因为检察机关的司法职能不可能无限度延伸，涉罪未成年人早晚要重返社会，政府的社会管理及福利职能必须及时全程跟进，不能缺位。比如，检察机关对未成年犯罪嫌疑人决定不捕、不诉时，除了考量其犯罪情节、人身危险性及脱逃等因素外，还要考虑是否具备监护或帮教条件等。同时，检察机关还要科学设定不捕不诉的绩效考评机制，不能鼓励各院单纯追求降低批捕率、起诉率、监禁率，关键要考量检察机关是否落实不捕、不诉后的帮教措施，观护单位是否起到观护、帮教责任，不捕、不诉期间是否出现脱逃、妨害作证、报复他人的情况，等等。倘若在儿童福利配套机制、绩效考评机制尚不健全的情况下一味追求对未成年人犯

罪批捕率、起诉率的降低，不但有违背司法规律之嫌，亦可能揠苗助长、欲速不达，甚至可能会促发司法作假及司法腐败①。因此，检察机关必须积极主动加强与教育等相关职能部门和社会组织的联系与衔接，推动政府及有关部门在建立、完善预防帮教社会化体系建设方面发挥作用，共同构筑未成年人犯罪的综合防控和教育挽救体系。

---

① 张鸿巍：《刑事诉讼法修订后的未成年人刑事政策》，载《预防青少年犯罪研究》2012 年第 5 期。

查办职务犯罪应实现四个思维转变[*]

喻春江[**]

十八大以来，党中央一直坚持有腐必反、有贪必肃，不断加大反腐败斗争的力度，反腐成效赢得群众赞许。但是，当前滋生腐败土壤依然存在，反腐形势仍严峻复杂。站在反腐一线的检察人员，能否在"打虎拍蝇"的斗争中"打得准、拍得实"，不仅关系到反腐败斗争的成效，更加关系到检察机关在人民群众心中的公信，面对新的形势与任务，检察机关必须在实践中不断总结和反思，在反腐败斗争中进一步突出法治思维和法治方式，认真办好每一起职务犯罪案件，推进落实新一轮惩防腐败体系建设规划，担当起惩贪肃腐的重任。从白山地区的实际情况出发，结合办案实践深入思考，笔者认为，新形势下查办职务犯罪案件，关键要在办案思维上实现"四个转变"。具体而言，在案件线索问题上，要实现由"等案上门"向"主动寻找"的思维转变；在侦查方式上，要实现由"传统侦查"向"科技侦查"的思维转变；在规范执法上，要实现由"重打击"向"打击与保障人权并重"的思维转变；在案件效果上，要实现由"就案办案"向"人性化办案"的思维转变。

一、注重走群众路线，树立主动寻找案源的思维

邓小平曾讲"群众是我们力量的源泉"，深入推进反腐败斗争，同样要走群众路线，这正是我们进行反腐败斗争的政治优势所在。在以往的侦查实践中，检察机关办案大都是"等案上门"，缺乏主动发现职务犯罪线索的意识，影响了检察机关惩治腐败犯罪的效果。要想改变这种局面就要在思维上实现根本转变、不等不靠、主动作为，依靠群众发现案件线索。有了群众的支持，检察机关就如同长了顺风耳、千里眼，从根本上提高发现案件线索的能力。

---

* 原文发表于《人民检察》2014 年第 11 期。

** 作者单位：吉林省白山市人民检察院。

（一）在走访群众中发现线索

近年来，不仅群众自发举报腐败案件的数量在上升，而且实名举报的比例也在上升。可以说，当前的反腐局势正面临"民心可用，民气可求"的难得机遇。检察机关应当主动深入基层，广泛了解社情民意，在践行群众路线的过程中彻底改变等靠群众举报线索的旧模式。要深入联系点，与老百姓闲话家常，鼓励和发动群众提供职务犯罪案件线索。要定期走访案件多发部门，建立信访回访制度，审视一切"异常"情况、关注重大事件、倾听坊间言论、关注网络媒体。从走访中发现案件线索、从群众言谈中发现案件线索。

（二）在群众的信任中得到线索

通过开展涉农惠民专项治理、抓好群众帮扶工作、进行下访巡访等贴近群众的工作方式，赢得人民群众的信任与支持，使人民群众主动向检察机关提供线索。同时要及时畅通民意诉求渠道，构建来信、来访、电话、网络"四位一体"的举报体系，通过开通检察微博、检察民生服务热线、设立举报奖励基金、设置检察长接待日等多种方式，方便群众反映诉求和提供举报线索。

（三）在向群众宣传中培养线索

当前，在反腐败的热点领域和热点事件中，群众参与度、社会舆论关注度始终很高。要深化检务公开，提高群众对检察工作的认知度，激发群众的举报热情，调动群众参与反腐斗争的积极性。一是定期开展举报宣传周活动，利用覆盖面大、有影响力的广播、电视、报刊等媒介向社会传播反腐斗争讯息，以唤起广大群众的积极性。二是适时开展反腐倡廉成果展，通过展示图片、案例、赃款赃物、介绍反腐斗争成果激励广大群众与职务犯罪作斗争的信心和决心，提高他们举报犯罪线索的积极性与责任感。三是有针对性地到重点行业、部门、单位和地区进行法律宣讲，利用已经查处的典型案例，激发群众法制意识和反腐意识，鼓励群众深入揭发检举职务犯罪线索。

二、注重运用科技手段，实现侦查方式的战略转变

科技强侦是检察机关落实科技强检战略的重要组成部分，要想赢得现代化条件下反腐败斗争的胜利，就必须站到信息装备现代化的前沿，全面强化侦查信息化、装备现代化建设，不断增强侦查工作的科技含量，使科技手段及时转化为侦查工作的战斗力。通过实现侦查方式战略转变，着力增强运用现代科技装备发现犯罪、侦破案件、取证固证、追逃追赃等能力。

（一）强化侦查基础建设的科技水平

"工欲善其事，必先利其器"，要抓好"侦查信息化"、"侦查装备现代化"这"两化"建设，按照上级要求配齐配全先进的侦查设备；切实建立案件线索管理、分析、评估系统；建立公共信息共享平台，共享通信信息、公安户籍信息、计生人口信息、人大代表政协委员信息、社保信息、房产信息、车辆登记信息、家庭水电气信息、银行金融信息等，为科技化办案提供基础保障。

（二）树立"大数据"思维

当前大数据思维已经渗透到各个领域，2014年的全国人民代表大会上，大部分问题都是通过大数据的分析办法得出的。大数据思维的战略意义不在于掌握庞大的数据信息，而在于对这些含有意义的数据进行专业化处理。因此建立在"两化"建设的基础上的"大数据"思维是查办职务犯罪案件最奏效的侦查思维。用大数据的思维方法拓展线索来源、用大数据的思维方法制定侦查决策、用大数据的思维方法巩固完善证据，这样能够节省大量的司法成本，大大提高案件成案率和办案质量。

（三）充分运用技术侦查手段

修改后刑事诉讼法首次赋予检察机关技术侦查的权力，这对提高自侦部门的侦查能力具有积极意义。从对侦查措施的需要讲，检察机关侦查的职务犯罪同公安、安全等机关侦查的普通犯罪和危害国家安全犯罪相比，其隐秘性和侦查难度更大，更需要技术侦查措施。随着技术手段的愈发成熟，技术侦查措施将在当今的侦查工作中逐渐发挥出重要、不可替代的作用。许多大案要案将借由技侦手段才能得以迅速侦破。

三、注重规范执法，强化人权思维

党的十八届三中全会鲜明地提出"完善人权司法保障制度"的改革目标，检察机关如何在强化办案的同时更好地尊重和保护人权，已经成为社会普遍关注的问题。应当认识到，加强对犯罪嫌疑人诉讼权利的保障不是为查办案件设置障碍，而是有助于促进刑罚权在一个更加公正公平的条件下正确规范严格地实现。只有在充分保障人权、规范执法行为的前提下，查办职务犯罪才能取得法律效果与社会效果的统一。

（一）保证犯罪嫌疑人应有的权利

检察机关应在进一步加强取证能力的前提下，改变以侦查为中心，不当限制犯罪嫌疑人权利的做法，讯问期间要保证犯罪嫌疑人的饮食和必要的休息。同时，要逐渐摆脱对口供的依赖，加强对犯罪嫌疑人辩护权的保障，扭转侦查机关为了取得口供而限制犯罪嫌疑人权利的现象。

（二）落实同步录音录像制度

要规范侦查讯问活动，自觉提高禁绝违法审讯的执法意识，预防非法取证行为的发生。讯问语言要合法化、规范化，强化在同步录音录像条件下"阳光讯问"的能力。遵守"全面、全部、全程"的要求，使同步录音录像在法庭调查中能够充分发挥对证据合法性的直接证明作用。

（三）落实非法证据排除制度

建立健全证据审查和补正的"预审制度"，及时排除非法证据，确保公诉、审判环节不出现非法证据排除情形。职务犯罪侦查部门要设置专门预审人员，在移送审查起诉前，对全案证据进行审查把关，及时发现案件证据中存在的瑕疵和漏洞，及时采取相应措施，能够补正的及时补正；不能补正的，按照法定程序重新收集。

四、注重化解社会矛盾，凸显公正执法中的人文关怀

从本质上讲，刑事司法的目的不仅是为惩罚犯罪，更重要的在于修复被犯罪行为破坏了的社会秩序。职务犯罪案件对社会和当事人家庭的影响较大，检察人员在办案中应当具备人文思维，既要坚持严格依法办案，又要注重人文关怀，追求执法办案效果的最佳化。要克服机械办案的思想，充分考虑到犯罪嫌疑人及其家庭、社会环境等诸多主客观因素的影响，及时化解社会矛盾，防止社会对抗和再生矛盾发生。

（一）把人文关怀融入办案之中

尽量减少和避免传唤和取证给当事人带来的负面影响；搜查中不扣押与案件无关的物品，为其家属保留必要的生活费；在法律允许的范围内，在加强法治教育，促其悔罪的同时，对工作能力较强、有培养前途的犯罪嫌疑人给出路、给希望，从而感化犯罪嫌疑人，促使其尽快认罪伏法，主动交代犯罪事实。

（二） 把人文关怀延伸到案件之外

查办案件时要充分考虑犯罪嫌疑人家庭状况是否存在影响社会稳定的隐患。例如，是否有老人、孩子无人抚养照料问题。要对犯罪嫌疑人家庭状况进行考量，避免出现"打击犯罪"的问题解决了，又引发出一些新的社会问题。

（三） 加强办案信访风险预测能力

办案人员在初查阶段要有较强的办案信访风险预测能力，要准确掌握犯罪嫌疑人的心理脉络，初查措施得当，不埋下信访隐患。对于实名举报案件，不符合立案条件的要注重办案说理，对举报人答复到位，提前消除信访隐患。以此减少诉讼羁绊，努力实现零上访、零事故、零投诉，全力维护社会和谐稳定。

职务犯罪轻刑化对反腐败工作的影响

崔胜实[*]

2014 年 3 月全国"两会"期间，有代表、委员对职务犯罪处理上的轻刑化提出意见，引起检察机关的高度重视。所谓职务犯罪轻刑化是指对于职务犯罪案件判处免予刑事处罚或者适用缓刑的比例较高的倾向。职务犯罪轻刑化问题，不仅是法律界的热点，更是检察机关面临的监督难点。近年来，尤其是十八大以来，检察机关严肃查办并积极预防职务犯罪，促进反腐倡廉建设，职务犯罪查处工作取得较大进展，查处力度加大，处罚却出现了轻刑化的倾向，因此解决职务犯罪轻刑化问题，既是司法工作的需要，也是民众的期待。

一、职务犯罪查处情况

全国检察机关 2012 年立案侦查职务犯罪案件 34326 件 47338 人，2013 年立案侦查职务犯罪案件 37551 件 51306 人，分别上升约 9.4% 和 8.4%。[①] 根据某市职务犯罪案件起诉判决情况统计，2012 年，该市两级检察院共立案侦查渎职犯罪案件 41 件 79 人（原案 8 人，管辖案件 71 人），其中 59 人被免予刑事处罚，占立案总人数的 74.7%；1 人被单处罚金，占立案总人数的 0.2%；13 人被判处拘役或者有期徒刑缓刑，占立案总人数的 16.5%；6 人被判处实体刑，占立案总人数的 8.6%；立案侦查贪污贿赂犯罪案件 111 人，34 人免予刑事处罚，占立案总人数的 30.6%；44 人被判处缓刑，占立案总人数的 39.6%；33 人被判处实体刑，占立案总人数的 29.8%。2012 年检察机关对职务犯罪案件抗诉为 2 件 2 人。

2013 年，该市两级检察院立案侦查渎职犯罪案件 46 件 90 人（原案 11 人，管辖案件 79 人），已判决的 86 人中，69 人被免予刑事处罚，占立案总人数的 76.7%；1 人被单处罚金，占立案总人数的 1.1%；15 人被判处拘役或者

有期徒刑缓刑，占立案总人数的 16.7%；1 人判处实体刑，占立案总人数的 1.1%；立案侦查贪污贿赂犯罪案件 135 人，已判决 130 人，其中 60 人免予刑事处罚，占立案总人数的 44.4%；1 人单处罚金，占立案总人数的 0.7%；45 人被判处缓刑，占立案总人数的 33.3%；24 人判处实体刑，占立案总人数的 17.8%。2013 年检察机关对职务犯罪案件抗诉为 1 件 4 人。

职务犯罪案件犯罪嫌疑人、被告人适用逮捕等羁押性强制措施的情况也相对较少，2012 年职务犯罪案件采取逮捕强制措施的为 28 件 41 人，其余 149 人被取保候审，逮捕人数占查处人数的 21.58%。2013 年职务犯罪案件采取逮捕强制措施的为 16 件 23 人，其余 202 人被取保候审，逮捕人数仅占查处人数的 10.22%。

从上述统计情况看，第一，判处免予刑事处罚比例较高。2012 年和 2013 年，职务犯罪案件判处免予刑事处罚人数占立案总数百分比高出了判处缓刑人数占立案总数百分比分别为 18.9% 和 31.9%，还远远超过判处实刑人数占立案总数百分比 28.4% 和 48.1%。第二，渎职犯罪案件轻刑率高于贪污贿赂案件。在判处免予刑事处罚、单处罚金和缓刑的轻刑案件类型来看，渎职犯罪案件两年来的轻刑比例分别 92.4% 和 98.84%，贪污贿赂案件两年来的轻刑比例分别是 70.27% 和 81.53%，渎职犯罪案件比贪污贿赂案件的轻刑比例分别高出 22.13 和 17.31 个百分点。第三，职务犯罪案件抗诉率低。该地区 2012 年和 2013 年提起抗诉案件分别是 17 件和 15 件，职务犯罪抗诉案件占抗诉案件总数的 11.8% 和 6.7%。从案件的具体情况来看，有些案件判处轻缓刑罚确实定性准确，量刑适当，但也有一部分案件的处理不同程度存在轻刑化的问题。由于主客观条件限制，笔者不可能对每个轻刑案件逐一分析论证，只能从宏观上予以把握，希望能从这些案件的表象找出其所反映的职务犯罪轻刑化的原因，并提出相应对策。

二、职务犯罪轻刑化的原因

职务犯罪判决轻刑化的特点尤为突出，分析这一现状产生的原因，对于今后防止和减少职务犯罪轻刑化具有重要意义。

（一）职务犯罪案件侦查取证遇到的问题为轻刑化埋下伏笔

职务犯罪尤其是贪污贿赂犯罪隐蔽性较高，前期调查取证困难，如果保密工作做得不好，消息一出，人还未到案，说情摆事的人已经排起了队。如果职务犯罪行为人身居要职或者对当地经济发展有一定贡献，更会有人干预立案，为检察机关办案设置重重阻碍。案件调查时间过长强制措施适用不及时还会导致职务犯罪行为人翻供、串供，给犯罪事实和情节的认定带来困难。在目前职务犯罪证据中尤其是受贿类型的职务犯罪，认定犯罪事实的证据主要是言词证据，犯罪嫌疑人的口供仍然是"证据之王"。如果在判决前犯罪嫌疑人不断的翻供、串供，在法庭最后认定犯罪数额采信证据方面就会异常慎重，导致犯罪数额认定上的"就低不就高"，为轻刑处理埋下伏笔。

（二）自首等"可以"从轻处罚的情节法律适用不严格，酌定处罚情节法定化

检察机关办理职务犯罪案件时，尤其是办理纪检部门移送的案件时，自首认定不严格。司法实践中，自首实质性要件掌握不严，认定随意。对自首的法律后果不加区分，不考虑自动投案的动机、阶段，交代事实的完整性、稳定性以及对于社会的危害程度等其他犯罪情节。再者，把自首的"可以型"情节当作"应当型"情节，也不区分"从轻"、"减轻"、"免除"之分，在量刑时不是依照情节把控从轻、减轻、免除，把可以从轻、减轻处罚演变成应当减轻、免除处罚。[①] 自首是可以从轻、减轻处罚的情节，可遇到职务犯罪案件，如果自首一旦认定，即成为"应当"从轻、减轻处罚。很多时候，只要职务犯罪行为人在判决前认罪，即使之前认罪态度不好，审判时通常认可自首情节，从而轻判。

我们在判决书的最后经常会看见"被告人在庭审中认罪态度较好"、"确有悔罪表现"、"积极退赃"这样的表述，据此作为对被告人从轻处罚的情节。但是我们应该知道，"认罪态度较好"、"确有悔罪表现"、"积极退赃"只是一种酌定可以从轻处罚情节，而非法定的应当或者可以从轻、减轻处罚的情节，是否从轻处罚，还应结合案件情况、事实情节以及整个诉讼过程中的认罪态度和悔罪表现和是否主动退赃等方面综合考虑，否则给职务犯罪的被告人形成一种心理暗示，认为只要最后认罪了，也能获得从轻处罚，不利于职务犯罪预防和惩治工作的开展。

（三）关于职务犯罪法律规定的缺陷

我国刑法中关于贪污受贿和渎职犯罪的规定还存在不完善之处，《刑法》第383条规定了贪污受贿数额及处罚，自从1997年《刑法》以来从未变过，近几年来司法实践中且不说是否有按照"情节较重的"处理过的贪污案件，

---

① 兰志伟、郑东：《职务犯罪轻刑化问题研究》，载《河北法学》2011年第12期，第192页。

通过调查判决情况看，没有五千元以下因为情节较重被立案的，也没有贪污或受贿十多万元就判处无期的情况。1997 年《刑法》以来，不管社会形势如何变化，贪污、受贿的数额始终没有修改，体现了法律的滞后性，也使得实践中的法官为了保证量刑上的同一性，对犯罪数额 10 多万的被告人表现得十分宽容，其目的是保证涉案百万、千万的职务犯罪行为人判决量刑适当。因此，法律规定滞后也是轻刑化的原因。①

（四）法律规定公务员禁业条件的影响

我国《公务员法》第 24 条规定下列人员不得录用为公务员，第一项即为曾因犯罪受过刑事处罚的。反之，免予刑事处罚可以保留国家公职人员的身份。因此职务犯罪行为人或其家属主观上就会通过种种渠道争取免予刑事处罚的结果。另外，受传统"铁饭碗"来之不易观点的影响，部分法官在判决时，会想着尽量给被告人保留公职，在双重原因的作用下，导致职务犯罪被告人尤其是渎职犯罪案件被告人被判处免予刑事处罚的比例较高。

三、职务犯罪轻刑化对反腐败的影响

职务犯罪包括贪污贿赂犯罪和渎职犯罪，因其侵犯了双重社会关系，社会危害性程度较大。放纵职务犯罪，会加大了反腐败工作的难度，不利于和谐社会的构建。

（一）不利于法律面前人人平等的刑法基本原则的实现

现阶段，社会经济飞速发展，各种社会矛盾凸显，打击职务犯罪，加大反腐败力度是民心所向，如果任由职务犯罪轻刑化发展，是对民众意志的公然挑衅。可以说，自古及今，社会对贪污腐败始终抱有一种敌视、憎恨又无可奈何的心理②，如果再大幅度的从轻处理职务犯罪，会给民众留下司法不公的印象，认为"官老爷"有特权，进而加重一些人的"仇官"情绪，抵触法律的适用和执行，不利于法律面前人人平等原则的实现。

（二）不利于刑法对国家工作人员的教育和震慑作用的发挥

职务犯罪案件判决上的轻缓刑趋势，对于职务犯罪的行为人来说，没有起

---

① 樊华中：《职务犯罪判决轻刑化混沌原因分析》，载《西南政法大学学报》2013 年第 1 期，第 105 页。

② 张兆凯：《朱元璋重典惩贪得失新论》，载《求索》2002 年第 4 期，第 164 页。

到惩罚作用，就会存在侥幸心理，认为是"职务"让其有了特权，特别在保留公职情况下，无法实现再犯罪预防；对于其他从事公务的人来说，判决的轻刑化没有起到教育目的和震慑作用，仍会有人为了私利铤而走险，或者心存侥幸不履行或者不认真履行职责。大量的职务犯罪案件判处轻缓刑罚，潜在的破坏了应有的社会秩序和法律规则。

（三）不利于司法公信力的建立

职务犯罪案件同其他普通刑事案件一样，判决本身不应成为一种问题，但问题在于实践中部分职务犯罪的判决结果违反了"事实清楚，证据确实充分，依法判决"的法定要求，判决的依据和理由缺乏必要的证据以及法理、情理支撑，甚至有人为故意作轻刑处理的可能。[①] 这时，职务犯罪判决与社会公众的期待相差太大，使职务犯罪判决成为一种社会问题，引起了公众的广泛关注。职务犯罪轻刑化，损害了法律在公众心中的权威，让公众产生官官相护的想法，进而对司法机关不信任，会损害了司法公信力，阻碍了社会主义民主法治进程。

（四）不利于维护党和政府的形象

任何一个国家或者政府都会发生职务犯罪案件，这尚不足以称之为国家之羞。但如果党和政府对职务犯罪案件无原则的放纵、从宽处理，就会损害党和政府的形象。不当的职务犯罪轻刑化，既不利于国家反腐败斗争的开展，也是司法机关不能抵制各种干扰的乱作为或不作为的表现，在损害人民利益的同时，还给人以党和政府反腐败言行不一、知行脱节的印象[②]，损害了党和政府的权威。

四、职务犯罪轻刑化对策分析

职务犯罪侵犯的双重法益，其中贪污贿赂犯罪既侵犯了国家工作人员职务行为的廉洁性和不可收买性，又侵犯了公私财产的所有权；而渎职类犯罪既妨害了国家机关正常公务活动，又使国家和人民的人身或者财产权益遭受重大损失。职务犯罪明显具有较为严重的法益侵害性，与同性质的普通犯罪相比，对

[①] 周平：《职务犯罪案件判决轻刑化问题调研报告》，安徽大学 2012 年硕士学位论文。

[②] 方工：《选择性办案对反腐斗争极为不利》，载《检察日报》2014 年 3 月 25 日第 7 版。

职务犯罪从严惩处，这正是罪刑相适应原则的体现。[①] 职务犯罪轻刑化不符合我国当前反腐败斗争的形势，违背了刑法的基本原则，损害了法律的权威，给职务犯罪的查处和预防工作带来不利的局面，因此检察机关必须采取措施，遏制职务犯罪轻刑化趋势的进一步发展。

（一）检察机关自侦部门要进一步提高办案质量

自侦部门的办案人员要增强发现线索和初查的能力，对初查的线索做好保密工作的同时全面收集固定犯罪证据，确保证据收集的合法性、有效性和及时性，保证证据之间形成一个完整的链条，为准确定罪量刑打下坚实的基础。做好侦监、公诉提前介入引导侦查工作，自侦部门注重与侦监、公诉的配合，听取意见，从决定逮捕和提起公诉的证据要求角度办理职务犯罪案件，确保案件质量。

（二）检察机关公诉部门要做好职务犯罪量刑建议工作

对于普通刑事案件的量刑建议工作，检察机关开展得比较好，采纳率也比较高；但对于职务犯罪案件，有的地区只是针对没有争议的案件提出幅度较大的量刑建议，有的地区甚至避讳对职务犯罪提出量刑建议。《最高人民法院关于常见犯罪的量刑指导意见（2014）》中也未提及具体的职务犯罪量刑。为保证检察机关正确履行法律监督职能，公诉部门应继续深入探索推广对职务犯罪案件的量刑建议工作，根据职务犯罪的犯罪嫌疑人、被告人的犯罪事实、情节，尽可能准确的提出量刑建议，为法院判决提供参考。检察院和法院也可以召开联席会议的形式依法就办理职务犯罪案件相关问题形成参考性意见，为保证同案同判奠定基础；或者检、法公布办理职务犯罪案件典型案例的方式，为本地区办理职务犯罪案件提供参考，提高办理职务犯罪案件质量，确保司法公正。

（三）检察机关要加强职务犯罪案件判决的审查

办案人收到判决要及时审查判决内容和判决结果，对事实认定和法律适用是否与检察机关认定一致，量刑建议是否采纳，未认定事实、情节和未采纳量刑建议的原因是否说明，解释是否符合法律规定等方面进行审查，如存在争议，应提出具体意见，报部门负责人和主管检察长决定，必要时，报请检察长或者提交检察委员会讨论决定。对职务犯罪案件不合理合法轻判的不能"睁

---

① 李权良：《我国现阶段职务犯罪量刑研究》，西南政法大学 2012 年硕士学位论文。

一只眼闭一只眼"。实践中，从表面上看来法院的判决都有理有据，都在法定刑内从轻处理，没有严重判决错误的都不予抗诉。从笔者调研的情况来看，该市两年来职务犯罪案件也仅有3件6人提起抗诉。

（四）认真执行刑法、刑事诉讼法以及相关司法解释的规定

《刑事诉讼法》166条规定，人民检察院侦查终结的案件，应当作出提起公诉、不起诉或者撤销案件的决定。《刑事诉讼法》173条规定，对于犯罪情节轻微，依照刑法规定不需要判处刑罚或者免除刑罚的，人民检察院可以作出不起诉决定。《刑法》第37条规定，对于犯罪情节轻微不需要判处刑罚的，可以免予刑事处罚。由此可见，对于法院判处免予刑事处罚的案件，如果事实清楚，证据确实充分，适用法律适当，检察机关在公诉环节可以作不起诉处理，避免司法资源的浪费。

（五）加强法律监督，限制法官的自由裁量权

对于职务犯罪行为人自首的认定问题，应严格根据最高人民法院、最高人民检察院《关于办理职务犯罪案件认定自首、立功等量刑情节若干问题的意见》规定办理，行为人没有主动投案，在办案机关调查谈话、询问、采取调查措施或者强制措施期间，犯罪分子如实交代办案机关掌握的线索所针对的事实的，不能认定为自首。对于将酌定从轻处罚情节法定化的情况，检察机关也要加强监督，在庭审过程充分说明职务犯罪行为人法定、酌定从轻、减轻、从重处罚的情节，并阐述能否抵消的情况。对可能适用缓刑或者免予刑事处罚的职务犯罪案件，在判决前，如需要提交审委会决定的，建议邀请检察机关办案人、主管领导或部门负责人列席审判委员会，听取意见，再作出是否适用缓刑或者免予刑事处罚的判决。

（六）建议修改完善相关法律规定

清末法学家沈家本曾说过："法久弊生，不能不变；变而不善，其弊益滋。"因此，要解决职务犯罪轻刑化的问题，应修改完善现行法律。首先，建议修改现行《刑法》，参考盗窃罪的定罪量刑方法，法律中不再规定具体数额，只通过司法解释的方式规定构成犯罪以及情节严重和情节特别严重的幅度数额和情节，具体犯罪数额可根据各地实际情况予以规定。根据社会发展，拉大犯罪数额差距，降低职务犯罪的起刑数额，并适当提高法定刑，把职务犯罪的犯罪数额，犯罪情节的具体量化，并对刑期作出有层次的分解，才能更好的

打击职务犯罪。① 其次，修改我国《公务员法》和《行政机关公务员处分条例》，建议规定只要因职务犯罪行为被法院认定有罪的，无论是否判处刑罚，都应予以开除处分，解除与原单位的人事关系，不得再担任公务员职务，也不得再考取公务员。

职务犯罪轻刑化是社会、政治和法律等方面原因长期作用的结果，它不是某个省市独有的问题，而是全国检察机关办理职务犯罪案件面临的普遍问题。因此解决职务犯罪轻刑化问题也不能一蹴而就，我们要针对职务犯罪轻刑化的原因，不断探索有效的解决方案，多措并举，加大力度惩治腐败，坚持不懈的同腐败现象做斗争，才能更好的解决职务犯罪轻刑化问题。坚持中国特色的反腐倡廉道路，是实现中华民族伟大复兴"中国梦"的重要保障。相信随着社会主义民主政治建设的进一步发展和完善，职务犯罪轻刑化问题会得到很好解决，腐败现象也会得到有效遏制，我们定会迎来一个干部清正、政府清廉、政治清明的美好社会。

---

① 隋光伟：《惩办职务犯罪适用从重原则与刑法平等原则之关系研究》，载《国家检察官学院学报》2002 年第 6 期，第 32 页。

上级院不批捕决定
对下级院应具有整体约束力[*]

吕天奇^{**}

根据宪法和人民检察院组织法规定，最高人民检察院领导地方各级检察院和专门检察院的工作，上级检察机关领导下级检察机关的工作，由此确立了检察机关的上下级领导体制。但是，检察机关的这种领导体制在运行实践中仍然存在诸多问题。具体到逮捕措施适用上，上下级检察机关基于对罪与非罪认识不一致而产生的是否决定逮捕不一致时，诉讼程序应该如何进行，存在不同的理解并导致不同的案件处理结论。本文拟就上下级检察机关对是否决定逮捕认识不一致，从而引发案件不同处理方式在实践中蕴含的认识问题作一梳理，并提出解决思路。

一、存在的问题

（一）上级检察机关侦监部门认为不构成犯罪的观点能否约束下级检察机关公诉部门

根据《人民检察院刑事诉讼规则（试行）》（以下简称《刑事诉讼规则》）第 327 条，省级以下（不含省级）人民检察院直接受理立案侦查的案件，需要逮捕犯罪嫌疑人的，应当报请上一级人民检察院审查决定。这种"上提一级"的逮捕机制运行实践中，会出现上级检察机关认为不构成犯罪，而下级检察机关认为构成犯罪的情形。这种情形下的不逮捕案件，对下级院能否直接移送审查起诉，则产生了分歧。一种观点认为，上级院不批准逮捕决定明确了不逮捕理由是不构成犯罪，既然不构成犯罪，就应当根据《刑事诉讼法》第15 条、第 161 条的规定，依法作出撤销案件决定，当然也就不能作出起诉的

* 原文发表在《人民检察》2014 年第 5 期。
** 作者单位：四川省人民检察院。

决定。另一种观点认为，不能机械的理解检察机关上下级领导关系，在上级院作出不批准逮捕决定但没有明确告知下级检察机关不起诉的时候，基层检察院可以独立作出起诉决定。

尽管不批准逮捕的决定是以上级检察院的单位名义作出，但是上级院具体承办的是侦查监督部门，因此两种观点分歧的背后，涉及上级侦查监督部门认为不构成犯罪的决定能否约束下级检察机关的公诉部门。例如，某省会城市基层检察院反贪局在立案侦查一起受贿案件时，认为犯罪嫌疑人已经构成受贿罪并予以刑事拘留。基层检察院依照规定提请市检察院批准逮捕，但市检察院认为不构成犯罪因而作出不批准逮捕的决定。基层检察院不服该决定，提请省检察院复核，省检察院仍然认为不构成犯罪因而不予批准逮捕。基层检察院据此对犯罪嫌疑人做出取保候审的决定。侦查终结后，基层检察院在原有证据的基础上认为构成犯罪，并经审查后准备起诉到基层人民法院。该案件的处理程序引发了检察系统内的反思。部分同志认为，基层检察院违反上下级领导关系、处理失当，属于违法起诉；另一部分同志认为，基层检察院遵守上下级领导关系，对犯罪嫌疑人作出了取保候审的决定，在上级检察机关并未书面告知下级检察机关不起诉的时候，基层检察院有权作出起诉决定。机械的理解检察机关上下级领导关系，在省检察院维持不批准逮捕决定后，基层检察院对犯罪嫌疑人作出取保候审决定，在上级检察机关没有明确告知下级检察机关不起诉的时候，基层检察院似乎确实可以独立作出起诉决定。但是，市检察院和省检察院不批准逮捕决定明确其理由是不构成犯罪，既然不构成犯罪，就应当根据《刑事诉讼法》第15条、第161条的规定，依法作出撤销案件或不起诉决定。值得思考的是，尽管不批准逮捕的决定是以上级检察院的单位名义作出，但是具体承办的是侦查监督部门，侦查监督部门认为不构成犯罪的决定能否约束下级检察机关的公诉部门呢？笔者认为，上级检察院侦查监督部门作出的批准逮捕决定书或者不批准逮捕决定书都盖有单位公章，从形式和实体来说，上级检察院侦查监督部门的决定是单位整体意志的表现，下级检察院应当遵守。据此，前文所述案例中基层检察院的做法违反了检察机关上下级领导体制。

（二）上下级检察机关对罪与非罪认识不一致，如何启动上级检察机关的领导程序

最高人民检察院《关于加强上级人民检察院对下级人民检察院工作领导的意见》规定，上级人民检察院认为下级人民检察院作出的决定确有错误的，应当指令下级人民检察院纠正或者依法直接予以撤销或变更；发现下级人民检察院已办结的案件有错误，或者正在进行的执法活动违反法律、司法解释以及

上级人民检察院有关规定的，应当指令下级人民检察院纠正；发现下级人民检察院制定的关于业务工作的规范性文件存在超越法定权限，与法律、司法解释或上级人民检察院规定相抵触，或者有其他不适当情形的，应当及时向下级人民检察院提出纠正意见或者指令撤销。该规定看似很明确，但也存在如何启动该程序的问题：一是下级检察机关认为上级检察机关侦监部门的决定不能约束下级检察机关公诉部门，因而其不可能主动向上级检察机关报告；二是侦监部门作出不批准逮捕的决定以后，认为自身职责已经完成，下级检察机关也作出了取保候审的决定，因而也不会主动要求下级检察机关公诉部门向本部门上报处理结果；三是司法实践中，犯罪嫌疑人及其辩护人在审查起诉阶段往往难以获得不批准逮捕决定书，即使获得不批准逮捕决定书，司法实践中侦监部门出具的不批准逮捕决定书的理由往往比较模糊，一般多数不明确指出是否构成犯罪，更多是以事实不清、证据不足为由不批准逮捕，导致犯罪嫌疑人及其辩护人很难通过申诉引发上级检察机关的领导程序；四是由于不懂法、经济条件比较困难而未聘请辩护人的犯罪嫌疑人，如何通过维权行为引发上级检察机关的领导程序，实践中更是个难题。

二、问题的解决

事实上，当上下级检察机关对是否决定逮捕认识不一致，而引发案件不同处理方式时，仅仅依靠下级检察机关的自觉行为、主动纠正行为来实现上级检察机关的领导机制，往往很难实现。笔者认为，要解决上述问题，可以有如下思路：

（一）上级检察机关不批准逮捕决定书对下级检察机关具有整体约束力

上下级检察机关虽然是领导关系，但是并不是上级检察机关的每一个工作人员都可以领导下级检察机关，甚或上级检察机关的部门负责人也很难说可以领导下级检察机关对应部门，检察一体，准确地讲只能说是上级检察首长才能指挥命令下级检察首长，下级检察首长再对自己所属检察官发号施令。据此，上级检察机关的部门负责人肯定不能"领导"下级检察院。上级检察机关工作人员的意见，对下级检察机关仅有参考意义而无实际约束力。上级检察机关对下级检察机关的领导应当是单位对单位的领导，而不是上级检察机关个别领导对下级检察机关的领导。在笔者看来，上级检察机关对下级检察机关的领导主要有如下途径：（1）检察长的决定和命令。我国检察机关实行检察长负责制，检察长对本院的所有工作负总责。因此，检察长的决定和命令代表检察机关的整体意志，上级检察机关检察长对下级检察机关的工作有权发布决定和命令；（2）检察委员会的决定。根据我国人民检察院组织法和《人民检察院检察委员会组织条例》的规定，检察委员会是检察长领导下的集体决策机关。检察委员会作为一个集体决策机构，其决定代表所属检察院的集体意志，具有法律效力。具体案件处理中，尽管承办批捕事项的是上级检察院的侦查监督部门，但是，不批准逮捕决定书并非是以侦查监督部门的部门名义作出，而是由上级检察院的名义作出。据此，不批准逮捕决定或者批准逮捕决定是检察院整体意志的体现，而非侦监部门意志的体现。根据宪法、人民检察院组织法，上下级检察机关是领导关系，下级检察机关必须执行上级检察机关的决定。据此应当区分为两种情形讨论：一是上级检察机关已经作出不批准逮捕的决定，而且是绝对不捕（不构成犯罪不捕）的情形，这种情形，上级检察机关已经对案件事实进行了定性，即不构成犯罪，那么，下级检察院就不得起诉；二是上级检察机关作出的不批准逮捕是证据不足不予逮捕，那么，下级检察机关有新证据后，可以请示上级院，经上级院审查认定后才能依法起诉。下级检察机关在没有新证据的情况下作出起诉决定是错误的，应当予以纠正。

（二）将上级检察机关不批准逮捕的案件列入"重大复杂疑难案件"，并纳入下级检察机关请示报告的范围

1. 上级检察机关不批准逮捕的理由是"事实不清、证据不足"的情形

侦查机关提请批准逮捕时，是在刑事拘留后的较短时期内，在这段时间内侦查机关搜集的证据往往还不全面。侦监部门根据已经搜集到的证据，认为事实不清、证据不足，不构成犯罪，因而作出不批准逮捕的决定。如果侦查部门在上级检察院作出不批准逮捕以后又搜集到新的证据，侦查终结后移送公诉部门审查起诉时，如何处理不批准逮捕决定书与审查起诉之间的关系？笔者认为，应当明确规定，下级检察机关在作出起诉决定之前，应当向上级检察机关报告，由上级检察机关决定起诉与否。因为所谓的新证据，到底能否弥补提请批准逮捕时证据不足的问题，是一个检察机关自由裁量的问题，新证据与原有证据结合起来，能否形成证据锁链，尚需进行准确的判断和裁量。还有一个原因，就是自侦案件的批捕权已经上提一级，如果上级院已经作出了不批准逮捕决定，又允许下级院以新证据为由坚持起诉，可能导致上级院的批捕权被架空。因为，下级院完全可以任意以所谓新证据为由，绕过上级院的不捕决定而强行起诉，如此一来，则司法改革将自侦案件批捕权上提一级的改革目的即落空。下级检察机关自行决定是否起诉，很有可能导致下级检察机关的意志违背上级检察机关的意志，进而破坏上下级检察机关之间的领导关系。对此，虽然

没有法律的明确规定，但是最高人民检察院关于《关于加强上级人民检察院对下级人民检察院工作领导的意见》在"坚持和完善请示报告制度"第5条明确规定："地方各级人民检察院对检察工作中的重大事项和办理的重大疑难复杂案件，需要向上级人民检察院请示的，应当严格按照报送公文和请示件的有关规定办理。上级人民检察院要认真研究，及时办理并提出书面答复意见。"因此，完全可以将上级检察机关认为事实不清、证据不足因而不批准逮捕的案件明确规定为"重大复杂疑难案件"，进而列入请示报告的范围。

2. 上级检察机关不批准逮捕的理由是适用法律错误、不构成犯罪的情形

如果上级检察机关在审查下级检察机关提请批准逮捕的案件时，认为该案适用法律错误，该案不应认定为犯罪，并据此作出不批准逮捕决定书。那么该不批准逮捕决定书代表了上级检察机关的整体意志，下级检察机关不仅应该及时将犯罪嫌疑人释放，而且应该根据《刑事诉讼法》第161条"在侦查过程中，发现不应对犯罪嫌疑人追究刑事责任的，应当撤销案件"的规定撤销案件，而不能继续侦查，并进而提起公诉。

（三）尊重与保障犯罪嫌疑人及其辩护律师的权利，及时将上级检察机关不批准逮捕决定书送达犯罪嫌疑人及其辩护人

根据刑事诉讼法及相关司法解释的规定，人民检察院作出不批准逮捕决定以后，对于不批准逮捕的，应当说明理由，需要补充侦查的，应当同时通知侦查机关。对于人民检察院决定不批准逮捕的，侦查机关在收到不批准逮捕决定书后，应当立即释放在押的犯罪嫌疑人或者变更强制措施，并将执行回执在收到不批准逮捕决定书后的3日以内送达作出不批准逮捕决定的人民检察院。可见，不批准逮捕决定书并不需要送达犯罪嫌疑人、被告人及其辩护人，仅仅是侦查机关与侦监机关之间的送达而已。

笔者认为，这种规定不完全妥当。如果人民检察院作出的是批准逮捕决定，基于侦查机关的破案能力，侦查机关必然迅速执行；但是如果上级检察机关作出的是不批准逮捕决定，侦查机关在懊恼之余，一方面急于执行不逮捕决定；另一方面，犯罪嫌疑人、被告人及其辩护人如果不能得到不逮捕决定书，就难以明白不逮捕的理由到底是什么。究竟是事实不清、证据不足，不认为是犯罪呢，还是符合可以取保候审的条件而决定不予逮捕。这里笔者认为似乎应该总结出：据此上级检察机关作出的不逮捕决定书，应当将其副本送达犯罪嫌疑人、被告人及其辩护人，这样就便于犯罪嫌疑人维护自身合法权益，犯罪嫌疑人及其辩护人在审查起诉阶段就能获得充分的信息并进而提出适当的辩护意见。

综上，笔者认为，法律的权威源自被执行，上下级检察机关基于对罪与非罪认识不一致而产生的是否决定逮捕不一致时，应当严格执行上级检察机关领导机制。当上级检察机关明确以犯罪嫌疑人不构成犯罪为由，而作出不逮捕决定的情形，下级检察院应当在侦查过程中没有发现新证据的基础上作出撤销案件的处理，而不应作出起诉决定。已经起诉的，应当向人民法院申请撤回起诉，以维护检察机关上下级领导关系的体制。

情报信息主导职务犯罪侦查模式探讨

——应对修改后刑事诉讼法对职务犯罪侦查挑战的思考[*]

游巳春　王亚明[**]

2013 年 1 月 1 日，修改后刑事诉讼法已正式实施，如何在修改后刑事诉讼法构造下更好、更有效地开展职务犯罪侦查工作，将是未来一个时期面临的重要难题。笔者认为，突出职务犯罪情报信息基础建设，积极探索建立职务犯罪情报信息机制，构建情报信息主导侦查模式，将是拓展案源线索，发现犯罪，指导办案，提高决策水平，破解修改后《刑事诉讼法》规定难题，促进职务犯罪侦查工作走向科学发展的有效路径。

一、职务犯罪情报信息主导侦查模式的概念辨析

在探讨职务犯罪情报信息主导侦查模式的概念之前，我们首先讨论情报信息主导侦查模式的概念。这一概念在学术研究中有多种称呼，有的称情报信息主导侦查模式，或情报主导侦查模式，或信息主导侦查模式，或情报信息引导侦查模式，或情报导侦侦查模式等，本文基于行文方便，统称为情报信息主导侦查模式。

对于这一概念的定义，理论中也有多种表述。有观点认为，情报信息主导侦查是指侦查部门以刑事犯罪情报信息为核心，以刑事犯罪情报信息工作为基础，依靠对情报信息准确的研判，合理配置侦查资源，以积极主动预防犯罪、精确打击犯罪、网上侦查等为主要手段，实现侦查工作主动性、针对性、有效

　＊　原文发表在《人民检察》2014 年第 4 期，标题有所改动。

＊＊　作者单位：游巳春，江苏省人民检察院；王亚明，江苏省常州市人民检察院。

性的一种侦查机制。① 有的认为情报主导侦查模式是指借助先进的公安网络系统，突出犯罪情报在侦破中的主导作用，形成"主动出击，行动在前，精确打击"的新型侦查工作模式。② 有的认为，信息主导侦查是侦查人员借助现代信息传输网络和计算机技术，根据侦查需要，将在现场勘验、调查中发现的信息与公安机关采集的各种案件、人员、物品信息，以及其他社会信息进行综合关联查询、比对、挖掘和分析研判，从而发现和锁定犯罪嫌疑人，为案件侦查提供线索和证据的一种侦查模式。③

还有观点认为情报主导侦查是指侦查部门以刑事犯罪情报信息为核心，以刑事犯罪情报信息工作为基础，通过侦查工作内容信息化、侦查信息应用化等途径，实现侦查工作的主动性、针对性和有效性的一种侦查理念和模式，是侦查工作的一项战略性变革。④ 有的认为情报导侦侦查模式是指以信息网络知识、技术为载体，以各种刑事犯罪情报信息的收集、整合、分析研判和利用为内容，所构建的现代刑事侦查的信息化运行方式和工作模式，以提高侦查决策的正确性、提高警力资源使用效率，其强调对犯罪行为的早期预警和干预。⑤ 更有观点认为，信息主导侦查就是通过综合性的收集、分析和使用情报与信息，以提高侦查决策的重要性，并提高警力资源的使用效率，以达到预防和打击犯罪、维护社会秩序目的的侦查模式。⑥

对情报主导侦查模式的概念，由于篇幅所限，不再一一列举。但是，上述概念的共同点就是始终强调以刑事犯罪情报信息为基础和核心，强调情报信息在侦查中的地位和作用，并强调情报信息主导侦查模式是一种全新的侦查方式。但是笔者认为，上述各种概念都有失全面。有的概念只强调情报信息对侦查的作用，有的只强调对犯罪行为的早期预警和干预，有的只强调通过情报信息的研判为侦查提供线索和证据，而忽视了对侦查决策和效率的影响等。因此，笔者认为，情报信息主导侦查模式是指以信息网络知识、技术为载体，以各种刑事犯罪情报信息的收集、整合、分析研判和利用为内容，以提高案件线

---

① 李润华：《情报信息主导侦查机制的构成要素》，载《河北公安警察职业学院学报》2008年6月。

② 王秋杰：《对情报主导侦查的认识》，载《武汉公安干部学院学报》2008年第4期。

③ 钱伟：《信息主导侦查的理论和实践探讨》，载《侦查论坛》（第5卷）。

④ 马忠红：《情报主导侦查》，中国人民公安大学出版社2006年版。

⑤ 王睿、周萍：《论情报导侦侦查模式与传统侦查模式的结合》，载《法治时空·时代人物》2008年10月。

⑥ 郑永红、邹德文、王志军：《情报主导侦查模式研究》，载《湖北警官学院学报》2005年第7期。

索发现能力、证据收集能力、侦查决策水平、侦查资源使用效率等为目标，强调对犯罪行为的打击预防为一体所构建的现代刑事侦查的信息化运行方式和工作模式。

据此，我们认为，职务犯罪情报信息主导侦查模式是指检察机关职务犯罪侦查部门以信息网络知识、技术为载体，以各种情报信息的收集、整合、分析研判和利用为内容，以提高职务犯罪案件线索发现能力、证据收集能力、侦查决策水平、侦查资源使用效率等为目标，强调对职务犯罪打击预防为一体所构建的现代刑事侦查的信息化运行方式和工作模式。

二、职务犯罪情报信息主导侦查模式的特点

上文我们探讨和定义了职务犯罪情报信息主导侦查模式的概念，下面我们将要对这一模式的特点进行详细讨论，以真正阐释其概念本质。笔者认为，要准确描述情报信息主导侦查模式的特点和本质，必须仔细分析这一概念的三个关键环节：一是情报信息，二是主导，三是侦查，然而综合这三个环节进行综合性表述。

首先，职务犯罪情报信息主导侦查模式是一种全新的、具有战略意义的现代侦查模式。相对于其他侦查模式，情报信息主导侦查模式只有 20 余年的历史，而职务犯罪侦查部门采用这一侦查方式，也只有十几年的时间，且正在不断的探索和变化之中，称之为全新的侦查模式可谓恰如其分。然而，尽管历史不甚长久，但是这一模式却是随着现代科学技术的发展而诞生的，没有现代科学技术尤其是网络、计算机和数据库技术的全面发展和普及，侦查方式就不可能向这一模式转变。同时，也正是由于这一转变，才致使侦查方式尤其是职务犯罪侦查部门的侦查方式不至于脱离社会和现代技术，才能够跟得上时代发展的脉搏。因此，情报信息主导侦查模式，既是全新的侦查模式，也是具有战略意义的现代化侦查模式。

其次，职务犯罪情报信息主导侦查模式是一种主动性的侦查模式。这种侦查模式的主动性，主要表现在以下几方面：一是强调侦查部门对情报信息主动进行收集、分析和研判，要积极收集与侦查有关的各种情报和信息；二是情报信息的收集部门要主动为侦查部门服务，即在情报信息的收集过程中，要有一种主动为侦查部门提供线索和证据的意识；三是通过对情报信息的收集、分析和研判，主动研究易发、高发犯罪的人群、领域或行业等，主动为侦查提供方向；四是可以主动启动侦查程序，相对于传统的控告、举报等案件线索来源路径，职务犯罪情报信息主导侦查模式可以通过已办案件线索分析、网上侦查等途径，主动启动侦查程序。

再次，职务犯罪情报信息主导侦查模式是一种单方秘密的侦查模式。在这种侦查模式下，对情报信息的收集不以立案为前提，直接进入各种现有数据库或通过其他有效途径进行收集，且不必经过与犯罪嫌疑人的正面接触，因此它是一种在犯罪嫌疑人几乎不知晓情况下的单方秘密的侦查方式。同时，这种侦查方式也更加符合职务犯罪尤其是贪污贿赂犯罪方式手段隐秘、调查取证不易的行为特征，更容易让职务犯罪侦查部门在不惊动犯罪嫌疑人的情况下收集线索和证据，有利于职务犯罪案件的突破和掌控，也有利于防止各种案外因素对职务犯罪案件查处的阻碍和干扰。此外，这种侦查方式的秘密性还表现在情报信息收集的常规和海量方面。由于形成了一种不针对特定对象的、常规性的情报信息收集方式，且收集的情报信息范围广、数量大，不容易引起涉嫌犯罪对象的警觉和重视，从而更好地保护了侦查的秘密性。

最后，职务犯罪情报信息主导侦查模式是一种综合高效的侦查模式。相对于传统的侦查模式，它既有从人到案、从案到人的模式，也有从案到案、从人到人的侦查模式，可以说，它是各种侦查模式的集大成者。因为，这种侦查模式情报信息的收集，既可以来自已经侦破的案件或已经抓获的犯罪嫌疑人，也可以来源于社会上的一般信息或与案件无关的人员。同时，由于是一种综合性的模式，侦查部门在采取侦查方式时便可以根据侦查的实际需要有多种选择路径，从而更有效地侦破案件。此外，由于情报信息来源广、信息量大，可以使侦查少走弯路，提高效率。

三、构建职务犯罪情报信息主导侦查模式的现实要求

采用职务犯罪情报信息主导侦查模式，可以使我们的职务犯罪侦查工作走上可持续发展的道路，也能够使职务犯罪侦查更为科学有效，因此，构建这一模式便是当下职务犯罪侦查工作的一项重要内容。然而，构建这一模式，需要遵循以下原则要求：

（一）加强情报信息收集、分析、研判的主动性和及时性

职务犯罪情报信息主导侦查模式与传统侦查模式的一个主要区别就是强调对各种情报信息的主动收集、分析和研判。首先，该种侦查模式要求通过各种途径对情报信息主动收集，并主动有序的建立起一个"海量"的情报信息数据库，而不论这种情报信息是否能够成为职务犯罪案件的线索或者证据；有时候，收集到的情报信息可能很多年也没有用途，但是，在一旦需要的时候，能够立刻从已有的信息库中获取相关需要的情报信息。其次，是要求情报信息的收集部门或人员能够主动分析收集到的情报信息，要求情报信息收集人员不仅

仅成为数据库的操作工，还要成为分析员和把关者，能够对收集到的情报信息进行有效的筛选、过滤及科学分类，并在此基础上进行富有洞察力的分析研究，以期能够主动归纳出一类情报信息的规律和特征，为刑事犯罪的预防和打击构造良好的基础。最后，情报信息主导侦查模式的主动性还要求在对已有情报信息主动分析研究的基础上，要主动地进行犯罪风险研判，对贪污贿赂等职务犯罪易发、高发的行业、领域、地域、年龄、身份等特殊现象进行挖掘归类，主动提供给领导进行战略决策，并为侦查提供正确的方向和指引。

同时，对于正在侦查或初查的职务犯罪案件，除了要求加强情报信息收集、分析和研判的主动性之外，还要求加强收集、分析和研判的及时性。因为对于这类已经成案或即将成案的案件，必然要求有效地整合资源，提高侦破案件的效率，而只有对案件涉及的相关人员、财产等各类情报信息的及时收集、分析和研判，使侦查决策人员能够掌握大量的相关信息，才能够及时有效地作出正确决策，才能够提高侦查的效率和水平。

（二）加强情报信息收集的广泛性和完整性

在职务犯罪情报信息主导侦查模式下，情报信息收集人员在收集情报信息时，不能局限于狭窄的领域或人员，也不能只考虑对案件的侦查是否立刻产生效用，而是要作长远的战略打算，注重情报信息收集的广泛性和完整性。其收集到的情报信息，不仅要包括战略意义的情报信息，也要包括战术意义的情报信息；不仅包括线索型情报信息，也应该包括预测型和资料型情报信息；不仅包括可以采用公开途径收集的情报信息，也包括可以通过秘密途径收集的情报信息；不仅要包括与刑事犯罪直接相关的情报信息，例如犯罪现场信息、犯罪嫌疑人个人和家庭成员的情报信息等，也要包括其他可能有助于侦查破案的社会情报信息，例如企业注册信息、旅馆登记资料、车辆购买信息等与刑事犯罪间接相关联的情报信息，还要包括涉及案件之外的一些基础情报信息等。

同时，检察机关职务犯罪侦查部门在努力构建自己的情报信息数据库之外，也要注意与其他司法和执法机关的联系配合，充分利用其他机关的现有信息库，通过数据链接的方式使其为自己服务，以利用有限的时间和资源而达到事半功倍的良好效果。如可以利用检察机关侦查监督部门普遍建立的行政执法和刑事司法相衔接机制、监所部门与监狱的信息共享机制等，为职务犯罪侦查部门更好地收集和利用情报信息拓展更广阔的渠道。

（三）着重强调情报信息对侦查的服务功能

在职务犯罪情报信息主导侦查的模式中，必须摒除那种以情报信息为核心的错误观念①，而应该始终坚持以侦查为核心。主要理由如下：

首先，情报信息主导侦查模式尽管是一种现代化的科学侦查模式，尽管其突出强调了情报信息在现代刑事侦查中的地位和作用，但是其从根本上来说仍然只是一种侦查的模式，离开了侦查的目的，情报信息的收集、分析和研判将不再具备任何意义，因此，情报信息的收集必须坚持以侦查为核心，强调对侦查的服务功能。

其次，情报信息主导侦查模式中的"主导"，对其深层次含义的探求不能望文生义，它并非是指情报信息在该侦查模式中居于主导地位，其本质的含义是指情报信息主动引导侦查。换言之，该模式与传统侦查模式在立案侦查后再逆向、被动收集、分析情报信息的方式相比，其强调收集情报信息的主动性，并强调在收集情报信息的基础上再进行主动性的分析、研判，以便更好地为侦查和初查指明方向，提高侦查人员发现线索和突破案件的能力和水平。而侦查是指侦查机关在办理刑事案件过程中，为了揭露和证实犯罪嫌疑和刑事责任的有无，收集证据、查缉犯罪嫌疑人，依照法定程序而采用特定侦查手段等活动的总称。② 从这个角度来说，情报信息的收集有时只能成为一种侦查的辅助手段，其必然为侦查服务。

（四）注重情报信息分析、研判与侦查的双方互动

在职务犯罪情报信息主导侦查模式中，尽管侦查居于核心地位，情报信息的收集、分析和研判主要是为了侦查服务，但是，为了提高情报信息收集的针对性和有效性，以及情报信息分析和研判的合理性、深刻性和引导力，我们有必要在强调情报信息对侦查服务的同时，高度关注情报信息在侦查决策和侦查活动开展过程中的作用和效果，以及情报信息对它们的影响程度。也就是说，要在情报信息和侦查决策、侦查活动的相互影响和反馈过程中，形成双方良性互动的态势，以进一步促进该模式的良性发展。这就需要我们对职务犯罪情报信息主导侦查模式下"情报信息收集→归类整理→科学分析评估→通过研判提出意见→侦查决策→开展侦查→再行情报信息收集→比对总结→突破案件→整理反馈"的过程进行长期、动态地跟踪，以便更好、更真实地掌握第一手资料，认真研究良性发展的途径，最终促进这一模式的深入推广和科学发展。

---

① 李亮：《情报信息主导侦查若干问题研究》，载《湖南公安高等专科学校学报》2008 年 4 月。

② 程宗璋：《"侦查"概念质疑》，载《浙江公安高等专科学校学报》1999 年第 6 期。

（五）及时转变侦查理念，强化情报信息主导侦查意识

无论怎样科学有效的侦查模式，要想取得真正的成果和实效，都离不开高素质的侦查人员。人始终是第一位的因素，离开了人这一主体要素，任何有效的侦查都难以开展。如果侦查人员素质不高或者是对更科学的侦查方式方法重视程度不够，甚至是不重视，即使开展了侦查也无法取得令人满意的效果。因此，如果要使职务犯罪情报信息主导侦查模式在实践中取得应有的理想效果，则必须加强对侦查人员素质和意识的培养，使其从内心深处认识到新的侦查方式方法的科学性、有效性和前瞻性，真正主动去转变侦查理念，在侦查工作中自觉意识到情报信息的重要性，并主动将情报信息和侦查工作有效衔接。

人权保障视野下的
羁押期限与办案期限探析[*]

李 新 彭 辉 王 莉[**]

羁押期限是指国家司法机关对涉嫌犯罪但未经法院判决的人采取剥夺其人身自由的时间，对犯罪嫌疑人或者被告人实施羁押，兼具预防和保障双重功能。办案期限是司法机关进行刑事诉讼活动必须遵守的期限，即侦查、审查起诉、审判以及履行相关通知、告知义务等必须遵守的时间。随着法治的发展，保障犯罪嫌疑人人权的观念已经深入人心，在司法实践中，必须对羁押期限与办案期限中的人权保障问题高度重视。

一、羁押期限与办案期限关系的现状及成因

在刑事诉讼法修改前，羁押期限与办案期限是合二为一的。修改后刑事诉讼法试图通过实务性的操作将这两者部分脱离，以达到惩罚犯罪与保障人权的平衡。但遗憾的是，这种区分更多是从实务的角度来进行操作，并未在统一的法律架构上各自分离。在羁押期限与办案期限合二为一的立法体系下，法律对各种办案期限都规定了弹性乃至模糊的延长条款，但又未规定羁押的最高期限，这导致司法实践中有些案件被无限制地拖延，伴随而来的是对犯罪嫌疑人的长期羁押。这种情形从法条规定来讲并不违法，但从现代人权保障理念来看，则是非常不合理的。

（一）理解误区与违规办案表现

调研表明，实践中许多案件承办人对羁押期限与办案期限之间的关系，以及对修改后刑事诉讼法中有关期限条文的理解存在困惑。例如，司法实务中，对法律规定的审查起诉期限存在两种不同的认识：一种观点认为，该期限为羁

---

 * 原文发表在《人民检察》2014年第18期。

 ** 作者单位：李新、彭辉，最高人民检察院；王莉，河南省荥阳市人民检察院。

押期限。如果羁押期限届满，可以采取取保候审，继续办理案件。另一种观点认为，该期限为办案期限，无论嫌疑人被采取何种措施，必须按照法定期限办理完毕。笔者认为，综合法条规定，探寻立法原意，该期限应该为法定最长羁押期限，同时，一般情况下也是办案期限。所有案件原则上都应该在该期限内审查完毕。只有案情特别复杂时，为考虑现实状况、尊重办案规律，在非羁押状态下可适当延长办案期限。实践中，对于所有案件，把取保候审期限当作办案期限处理，认为取保候审案件只要不超过十二个月结案就行这一做法值得商榷。

（二）落后的执法观念及旧法的消极影响

在司法实践中，一些案件的承办人，出于多种原因，往往将诉讼期限使用到最大限度，期限届满时才做出处理或移送到下一诉讼阶段。例如，犯罪嫌疑人异地作案、流动性强，收集证据困难，同案犯在逃，向上级请示的疑难案件答复较为缓慢，案多人少的矛盾突出等。但我国长期以来形成的强制措施服从于办案需要而不考虑人权保障的执法理念问题也是不容忽视的。

已经废止的 1984 年全国人民代表大会常务委员会《关于刑事案件办案期限的补充规定》中提到，取保候审或者监视居住期间，不计入刑事诉讼法规定的办案期限，但是不能中断对案件的审理。人民检察院审查起诉和人民法院审理的公诉案件，被告人没有被羁押的，不受一个半月和一个月的办案期限限制，但是不能中断对案件的审理。虽然后来随着刑事诉讼法的修改，这些规定逐渐被废除，但由于修改后刑事诉讼法对羁押期限与办案期限的规定一直处于模糊状态，导致案件承办人认为只要在取保候审期间内将案件办结，就不算违法。实践中这种违规办案情况确实存在。一种是利用取保候审、监视居住期限的规定，拖延办案时间，待期限届满时才移送下一个机关或部门处理、作出决定。另一种是超过取保候审的期限，犯罪嫌疑人被释放后才移送检察机关审查起诉。例如公安机关对于取保直诉的案件，往往超过取保候审的期限才送到检察机关，退回补充侦查后又迟迟不移送。检察机关对该情况的做法是发送违法建议书，但收效不大，公安机关认为这种做法并不违反修改后刑事诉讼法规定的办案期限。但事实上，羁押是对犯罪嫌疑人人身自由的剥夺，影响较大，应当缩短办案流程、保障人权。因此，对于司法实践中的违规办案现象应该坚决予以纠正。

（三）羁押状态一定程度普遍化及任意化

司法实践中一直存在未决羁押适用的任意化问题，具体表现为两个方面：

其一，办案中出现的超期羁押、对不需要采取羁押措施的犯罪嫌疑人普遍适用羁押措施等问题。在我国刑事诉讼法中，不仅审前羁押的最长羁押期限没有明确的限定，就连每一个诉讼阶段的羁押期限也缺乏最长羁押期限限定。因此，无论是刑事拘留还是逮捕后的审前羁押期限，都有不少例外延长审前羁押期限的情形。其中，公安机关对拘留期限的延长表现得最为突出。按照法律规定，拘留三日内应当提请检察院审查批准逮捕，特殊情况下，经县级以上公安机关负责人批准可以延长一日至四日。对于流窜、结伙、多次作案的重大嫌疑分子，经县级以上公安机关负责人批准可以延长至三十日。为了侦破案件的需要，拘留的期限经常会呈现出"最大化"倾向。在某些侦查人员的心中，三十七日是拘留的通常期限，而不是特殊情况下的期限。同时，作为审前羁押重要组成部分的逮捕在我国刑事司法活动中的适用率仍然很高。其二，对羁押期限的延长缺乏法律依据，往往随着办案期限而延长。假如嫌疑人被羁押，随着退回补充侦查、重新计算羁押期限等，办案期限相对延长，此时羁押期限也随之延长。侦查阶段对犯罪嫌疑人羁押的法定依据主要是检察机关批准逮捕的决定，在审查起诉阶段以及以后的审判阶段，司法实践中普遍的做法是按照检察机关、一审法院、二审法院等办案所需要的期限决定犯罪嫌疑人、被告人的羁押期限。

二、协调羁押期限与办案期限关系的原则

（一）羁押只具有预防功能与保障功能

本文所指的羁押主要指审理前羁押，或者称未决羁押，即在有罪判决生效之前的羁押。在现行刑事诉讼实践中，未决羁押具有着浓厚的惩罚意味，其与办案期限紧密相连，并随着办案期限的延长而自动顺延。同时，羁押的期限比较长，变更羁押的理由并不全是出于羁押必要性的考量。一些案件承办人认为，有期徒刑或者拘役判决执行以前先行羁押的，羁押一日折抵刑期一日，从而对羁押的时间不断延长，这导致了刑罚惩罚功能的"提前化"兑现。某些案件因为羁押时间太长，造成了判决生效之日便是被告人刑满释放之时的状况。此外，迫于被害人及其家属上访、缠访压力的影响，一些只采取非羁押强制措施便可保障诉讼顺利进行的案件，只因被害人索赔数额巨大无法达成和解，便不得不批准逮捕。对此，西方国家一般在法律中都对羁押的理由作出了明确规定，采取审前羁押的主要目的是程序性而非实体性的，也不具有惩罚性。对于未决羁押中的犯罪嫌疑人，未经法院判决，任何人不得认定为有罪，如果羁押具有惩罚的功能，则违背了刑法的罪刑法定原则。因此，从犯罪嫌疑

人人权保障的角度出发，羁押应当仅具备两种功能：其一是预防功能，对具有人身危险性的犯罪嫌疑人的自由进行剥夺，能够有效防止危害社会行为的再次发生。其二是保障刑事诉讼过程顺利实施的功能。在侦查阶段，将嫌疑人的自由予以剥夺，除了可以防止其串供、逃跑及利用自伤拖延办案期限、逃避法律追究，还可以给嫌疑人心理上造成一定的压力，有利于突破口供，固定证据。

（二）羁押期限与办案期限应该实现分离

在目前的立法体系下，对我国法律规定的羁押期限与办案期限应作如下理解：其一，羁押期限不等于办案期限，办案期限一般长于羁押期限。延长办案期限并不当然意味着延长羁押期限。在审理案件期间，犯罪嫌疑人或者被告人也不是必然被羁押的状态。其二，在不考虑延长及退补的情形下，一个月的审查起诉期限既是办案期限又是最长羁押期限。除非案情极其复杂，在该期限内无法审查完毕时，可以变更强制措施，适当延长办案期限，但应当根据案件可能判处的刑罚作比例性规定，无故拖延或者中断审查的，视为违规办案。鉴于羁押具有剥夺他人人身自由这一特殊性，应当将羁押期限与办案期限分离，分别予以明确规定。首先，羁押应当具有明确的法律授权。依据刑事诉讼法的规定，在提请审查起诉之前对犯罪嫌疑人的羁押均具有法律授权，但这一授权原则并未贯彻到审查起诉和审判等阶段。其次，鉴于我国现行法律制度体系的特点，以及刑事诉讼构造的特殊性，目前并不适宜于将强制到案措施与羁押措施分开，只需要在相关法条中将办案期限与羁押期限分别规定即可。

（三）在羁押制度中引入比例原则

在法治发达国家，法律要求羁押的适用必须遵守比例原则，许多国家都对轻罪和重罪的羁押期限及其延长分别规定，对轻罪的羁押期限及其延长作出更加严格的要求①。但在我国，法律并没有作出这种区分。比例性原则，是指公权力对公民个人权利的剥夺范围、幅度，应最大限度地和行为的违法程度相适应，具体到刑事强制措施的适用，要求国家专门机关在限制或剥夺公民的人身自由时要有一个合理的"度"。这个"度"包括符合客观情况的需要，具有相应的法律依据，强度不能超过必要程度。由此看来，羁押作为剥夺犯罪嫌疑人人身自由的一种状态，也应当遵循比例性原则的要求。首先，羁押期限的确定、延长都需要经过严格的审批及审慎确定。未决羁押至少要有合理的理由、

---

① 参见陈瑞华主编：《未决羁押制度的实证研究》，北京大学出版社2004年版，第49页。

必要的证据、公正的判断程序以及适当的羁押期限及救济途径，这是人权保障的基本要求。其次，要根据刑种及罪名、犯罪主体以及特殊需要，来确定羁押期限的长短。我国从立法上来看，审前羁押实质上没有相应的量刑要求，有悖于国际通行的比例性原则要求，不对其适用范围进行细分，最终必然导致审前羁押权力的滥用①。

三、我国羁押期限与办案期限关系的路径选择

（一）立法及执法规范的修改及完善

在刑事诉讼法中，对羁押期限与办案期限的规定要明确，以免造成司法实践的混乱。首先，要在刑事诉讼法总则中予以规定，人民法院、人民检察院和公安机关进行刑事诉讼，非经法律授权，不得对任何人实行羁押。该规定的目的在于明确羁押的权限来源，非法律授权不得为之，否则便构成违法。其次，规定人民检察院对于公安机关移送起诉的案件，应当在一个月以内作出决定，重大、复杂的案件，可以延长半个月。被羁押的犯罪嫌疑人，期满尚未审查完毕的，应当立即释放，需要继续查证、审查的，可以取保候审或者监视居住。办案期限的延长应当经省、自治区、直辖市人民检察院批准或者决定。同样，对人民法院的审理期限也应当实现羁押与办案的分离。

应进一步严格限制羁押条件和羁押时间，特别是要严格限制各类羁押延长权的适用，降低羁押率，减少羁押时间，确保被羁押者能够尽快被带进法庭。应当在公安机关、检察机关及法院的执法规范中，按照比例性原则要求，对羁押期限作出具体规定：（1）凡是可能单处附加刑、管制、拘役、一年以下有期徒刑的，一般不适用羁押，但身份不明、曾经故意犯罪、恐怖活动犯罪除外；（2）可能被判处十年以下有期徒刑的，羁押期限不超过六个月；（3）可能判处十年以上有期徒刑、无期徒刑或死刑的，羁押期限不得超过一年。一般情况下，羁押期限与刑期成正比，但并非一成不变，根据情节轻重、是否未成年人、是否构成累犯等可以在幅度范围内酌情增减。

（二）司法机关违反期限规定的制裁后果

目前我国规定了羁押必要性审查制度，对公安机关办案期限的督促等，试图在刑事诉讼法中运用比例性原则，实现刑法本质上的公平。种种措施表明，当前现状是监督有余、制约不足。从修改后刑事诉讼法、《人民检察院刑事诉

---

① 参见房国宾：《审前羁押与保释》，法律出版社 2011 年版，第 130 页。

讼规则（试行）》（以下简称《刑事诉讼规则》）的规定中可以看出，对于违反羁押期限或者办案期限的，法律只是规定了检察机关可以通过发送立案监督案件催办函及违法纠正意见的方式进行监督，并未对违反规定的机关有相应刚性约束措施。在美国，联邦政府1974年通过的《联邦迅速审判法案》规定：检察官必须在被告人被逮捕后三十日内对其提出正式指控，并在提出正式指控十日内将指控通知被告人。在将指控通知被告人六十日内，检察官必须将案件提交法庭审判。如果不能在法定时间内交付审判，检察官将丧失对案件的起诉权①。由此可见，这是对违反办案期限的严厉制裁。我国虽然规定了应当对这两种期限进行监督，由谁监督以及如何监督，则缺乏有效的制约机制。

笔者认为，根据案件侦破、办理规律，办案期限不是固定不变的，应当允许适当的幅度变化。但对于大多数案件来讲，应当有一个普遍的期限，而这个期限则是毫无疑问要遵守的，一旦办案机关违反该期限，便应受到法律的制裁。对此，可以在《公安机关办理刑事案件程序规定》及《刑事诉讼规则》等文件中得以体现，并且各地公检法机关可以根据具体情况制定相应的考评机制、实行奖优罚劣。

（三）允许犯罪嫌疑人、被害人遭遇违规办案时获得救济

案件的久拖不决对犯罪嫌疑人会造成巨大压力，对被害人而言，亦迟迟未能给予补偿及心灵安慰，社会秩序无法尽快得到修复。然而，法律并没有赋予相关主体获得救济的权利，这显然是不合理的。应当在执法规范中增加规定，对于案件事实清楚、证据充分的案件，人民法院、人民检察院、公安局拖延办案期限，又无合理解释的，当事人可向有关部门申诉，并要求追究相关人员的责任。

（四）执法人员素质的提高及先进执法理念的普及

目前我国刑事侦查部门案多人少，办案机制陈旧，难以适应社会转型期犯罪高发的现状。刑侦工作的危险性及生活待遇的相对落后也影响了干警的工作积极性。另外，许多地区受经济条件的限制，没有配备必要的技术装备②。警力少、任务重、条件差严重影响了办案效率，导致案件难以在法定的办案期限内完结。应当不断提高基层干警办案水平，增加办案装备，调动其破案及办理

---

① 参见马跃：《美国刑事司法制度》，中国政法大学出版社2004年版，第312页。
② 参见陈瑞华主编：《未决羁押制度的实证研究》，北京大学出版社2004年版，第211页。

案件的积极性。

同时，要加强对公安机关、检察机关、法院等办案部门干警的教育与培训，不断普及人权观念和现代刑事诉讼理念，特别是要加强现有侦查人员、检察人员、审判人员的队伍建设，真正摒弃有罪推定的心理，尊重犯罪嫌疑人和被告人的人权。

完善检务公开机制的若干建议[*]

张雪樵　李忠强^{**}

《中共中央关于全面推进依法治国若干重大问题的决定》明确指出："构建开放、动态、透明、便民的阳光司法机制，推进审判公开、检务公开、警务公开、狱务公开，依法及时公开执法司法依据、程序、流程、结果和生效法律文书，杜绝暗箱操作。加强法律文书释法说理，建立生效法律文书统一上网和公开查询制度。"此规定为检务公开指明了方向，是进一步完善检务公开制度的基本准则。深化检务公开的目标任务是：通过检务公开，让人民群众从检察机关办理的每一起案件中都感受到公平正义；有效保障人民群众对检察工作的知情权、参与权、表达权、监督权；增强检察机关执法公信力、亲和力和人民群众满意度。针对检务公开实践中存在的问题和困难，检察机关应当转变司法理念，不断创新检务公开的方式方法，健全相关工作机制，切实保障人民群众的诉讼权利和其他合法权益。

一、加强指导和培训，提升检务公开工作能力

"有自信才敢公开，无自信则怕公开。"对自身工作能力和水平不能满足当前工作要求，是很多检察院、检察干部不愿、不敢公开检务的重要原因。因此，要推进检务公开，就必须全面提高检察官行使检察权的能力，增强检务公开的自信心，提升检务公开过程中的处理应变能力。首先，要通过业务指导，加强基层检察机关的业务水平，改进工作方法，树立检察形象，让群众信服检察机关的办案能力和处理结果；其次，通过专题业务培训，提高对检务公开重要性的认识，增强检察官开展检务公开工作的能力和自信心；最后，培养检察官应急处置能力，特别是与社会舆论、媒体沟通协调以及应对能力。检察官既

---

* 这是作者的《如何进一步完善检务公开制度——以浙江检察实践为样本》的第三部分，标题有所改动。

** 作者单位：浙江省人民检察院。

要会严格依法办案，也要善于、敢于与社会媒体、老百姓打交道，促使媒体和舆论更加趋于理性，营造良好的司法舆论氛围。

二、建立检务公开清单制度，划定检务公开的范围

检务公开是有边界的，不是越公开越好。因此，要建立检务公开清单制度，科学界定检务公开范围。根据汉语字典的意思，清："明晰、明细、准确、一目了然"；单："按照某种顺序陈列出来的有关条目，如菜单，工资单等。"清单，即记载有关项目的明细单。检务公开清单制度，就是界定检察机关以及每个职能部门、每个岗位的职责与权力边界，明确哪些事项应当公开、哪些事项可以公开、哪些事项不能公开并予以公告，让民众都知晓检察权和检察事务的"家底"，让检务公开事项更清晰、更透明。建立了检务公开清单制度，权力边界清楚了，公开事项明确了，能做什么、不能做什么也就清楚了，一旦有人越界或者不作为，便可依法问责。建立该制度，必须对检察权和检察事项进行清理，就是划定检务公开的范围，这是实务中把握的难点问题。检务公开既不是审判公开的翻版，也不同于政府行政信息的披露。总的原则，要从检察权的权能属性和运行特征出发，来确定检务公开的基本原则和界定检务公开的维度，这样更有利于剥离固习定势的影响，更切合检察工作与社会公众之间的相互关系。具体把握以下原则：

（一）以对审性审查为界点，公开具有司法属性的办案程序

从司法活动的本质特征看，检察机关诸多职权是由检察官直接审查案件来确定事实和法律适用，从而具有司法活动的亲历性、判断性和独立性；检察官审查办案的诸多环节是在三方以上不同诉讼主体的组合中，由检察官客观公正裁决其他主体之间相互对抗的诉讼利益，从而具备了司法活动的对审性和中立性。如审查批准逮捕、审查起诉、诉讼监督等都具备这一鲜明的司法属性。检察机关审查办案只要具有"三方组合"的对审性，就应当相应公开审查的办案程序，来补强其本有的司法属性。

（二）以侦查活动的权利限制效应为界点，公开侦查办案的程序性信息

侦查不公开是重要的工作定律。但是，检察侦查活动的职权之一是依法运用法律手段及时限制犯罪嫌疑人或其他涉案相关人员人身权利或财产权利，依照权责对等原则，检察权本身作为一项公权力有必要宣告或证明其拥有以及行使该项权力的合法性，同时表明涉嫌违法的相关人员受到法律制裁的正当性，

至少能让利益相关主体相信检察权介入的程序正当性以及行使这一权力的主体对行使该项法定权力的责任承担方式，否则，公众和当事人就有理由怀疑检察机关办案过程中执法的正当性。因此，侦查活动中权利限制效应的产生应当是检察权公开运行的一个重要界点，一旦检察机关对涉嫌犯罪的相关人员采取立案侦查的强制措施以及进一步的诉讼措施，就应当将相关法律事由和办案程序性信息告知当事人及其家属或者所在单位。

（三）以独立负责处理司法性审查为界点，公开责任检察官身份

"检察官是以自己的名义并由自己负责来处理分配给自己的检察事务的，这是根据检察官职务的独立性作出的当然结论。"批捕、起诉、抗诉等多项职能已经具备鲜明的司法属性的检察职权应当体现亲历者判断和判断者负责的规律性要求，将责任检察官身份纳入检务公开的范畴，对内有利于各司其职，对外则有利于树立司法公信。

（四）以程序终结性为界点，书面公开终结性法律决定的依据理由

检察机关依据案件事实和法律作出的终结性结论将直接影响诉讼参与人的切身权利，只有充分说理，才能取得当事人的信服和认同；只有公开说理才能让社会判断执法是否公道。因此，对于程序终结性法律决定，检察机关不仅应当向依法存在相互制约关系的执法主体和被监督单位说理，而且应当向案件当事人及其辩护人、代理人或者与案件处理结果有利害关系的单位或人员进行书面公开说理。

（五）以不涉及法律规定的机密为界点，全面公开影响检察公信的行政管理事务

检察行政管理是否公开透明，将直接影响检察执法过程的公开透明。具体来说，与司法公信力相关，有必要公开的检察行政管理事务主要包括以下方面：一是检察工作人员的自身工作、财产情况和近亲属从事律师执业情况，二是检察院的财务运行情况，三是与社会公众交流相关的行政事务。

三、完善配套保障措施，建立检务公开机制体系

检务公开成效的提升有赖于公开措施的落实，即需要有具体、完备的机制建设来保障。

（一）完善终结性法律文书的公开规定

第一，要提高检察官对终结性法律文书上网公开的认识。法律文书上网，接受当事人和社会监督，是检察权与当事人诉权、检察权与公民权的互动和沟通，有利于提升当事人对检察决定接受度，从而有利于提升检察权的公信力。无论是对检察机关，还是承办检察官，都是一种监督和激励，促进提高法律适用水平和语言表达能力的决心。第二，制定《人民检察院公开（上网公布）终结性法律文书的规则》，对相关问题作出统一规定，要明确法律文书公布时间、内容、形式以及风险预警等内容，既要求在法律文书生效的一定时间内予以公开，还要对内容的审查、公开的形式进行规范，对于一些案件要做好网上公开的预警方案，由此全面规范公开操作的程序性。第三，加强公开的终结性法律文书的制作规范。做到三个"强化"，要强化当事人意见记载的全面性，强化法定程序记载的全面性，强化终结性检察决定证据认定、案件事实认定和决定理由论述的充分性。

（二）完善各类案件的公开审查、答复机制

一方面，要扩大公开审查、答复案件范围，以公开审查的方式全面听取当事人的意见建议，有效引导当事人理性参与诉讼，及时化解矛盾纠纷。另一方面，要进一步完善公开审查、答复机制运行的规则，通过网络发布或者接待大厅书面张贴向社会公开有关范围、程序和权利等内容，力求避免选择性公开审查、答复。

（三）全面开展检察工作说理制度

一是强化诉讼权利的告知责任，在诉讼过程中，对于当事人尤其是弱势群体，应当依法告知诉讼权利和诉讼过程，满足当事人的知情权和参与权，以防止当事人耽误权利行使。二是强化法律文书的说理，要在案件事实、证据认定和作出决定的理由方面作出充分论述，对于法律适用和定性作出分析论证，尤其是当事人提出意见没有被采纳的，务必说明不能成立的理由，以最大努力获取当事人和社会的认同。三是加强对法律的释明义务，对于案件所涉及的法律和司法解释的适用有争议或者不同认识的，要给予说明，对于有选择权的，尊重当事人的选择。四是建立对检察决定宣告后的当事人释疑工作机制，及时释法说理、告知救济途径，消除当事人疑虑，减少涉检上访事件发生。

（四）完善检察权运行的社会参与机制

社会参与执法的司法实践由来已久，早有法院的人民陪审员制度，以及独立审核检察侦查权的人民监督员制度。但为什么社会监督的作用却没有取得预期的效果？关键还是在社会监督能否对执法具有实质性的制约手段。司法是一种公权力，可以直接处分相对人或当事人的权利，"而与公权力的服属者的主观权利有所冲突时。此时，权力拥有者只能发布特定种类的命令，或者，具有发布各种命令的权限——除了某些特定种类之外，并且在一定的前提条件下方可发布；唯有如此，所发布的命令才具有正当性与约束力"（德国社会学家韦伯语）。不可否认，社会监督的初衷就是为公权力设定权限，以确保公权力的正当。但社会监督的对象毕竟是公权力，监督对象不仅可以管控监督主体，甚至操着生杀大权。如果社会监督者只具有一般的知情、参与等权利，而不拥有可以对公权力构成实质性制约的"权力"，社会监督者何以斗胆与强大的公权力抗衡或者博弈？高高在上的执法者何以觉醒而临危慎戒、严格司法呢？

因此，一定要使社会力量对检察权的运行构成实质性的"权力"监督：一是检察机关在办理重要案件、制定重要规范性文件时和处理重要检察事务时要建立广泛听取群众意见的机制，也可以通过网上征集意见，或者发放征求意见表，或者召开专题座谈会，广泛听取群众代表意见和建议。二是完善人民监督员制度，注重监督员的代表性，引导重点监督检察机关查办职务犯罪的立案、羁押、扣押冻结财物、起诉等环节的执法活动。三是完善检察官与律师正常交往机制，增强检务公开、接受监督的实效。四是每月固定日期开展"检察开放日"活动，扩大开放范围和场所，使之成为常态，增进社会各界对检察工作的理解和支持。

（五）完善检务公开的新闻发布和舆情应对机制

要规范媒体对案件的报道，防止舆论影响司法公正。首要的前提是，检察机关自身办案工作做到位，必须严格、依法、规范的办案。其次，建立检务公开的新闻发布制度和应对机制，进一步主动畅通民意表达途径，利用媒体加强与社会、群众的沟通、对话。该公开的要主动公开，主动邀请媒体参与、跟踪宣传报道，态度要真诚，互相尊重，有问题要及时沟通。最后，加强专业人才培养，建立网情监管、网评人员队伍，确保检务公开网络安全性，对舆情进行监测并及时作出快速反应。

（六）加强对检务公开工作的管理和监督

一是要加强对检务公开的组织领导，成立专门工作领导小组，明确组织机构和工作责任，负责组织、协调和考核检务公开工作。二是完善检务公开的物质保障机制，对检察官网、对外接待大厅、信息平台等检务公开建设方面提供专门资金给予物质保障。三是完善考核机制，建立科学的检务公开指数评价体系，制定检务公开责任考核管理办法。四是建立检务公开的责任追究机制，对于违法行为，应当主动公开、依申请公开而不公开或者不及时公开，造成严重后果的行为进行查处。五是加强对检务公开的监督力度，由纪检监察、案件管理、检务督察等部门对检察官检务公开情况进行督查，设立专门的电话、信箱和网上受理平台，接受当事人、社会投诉。

四、完善检务公开方式，丰富检民交流渠道

（一）加强各级检察机关门户网建设

要把检察门户网（外网）作为检务公开的主渠道。根据中国互联网络中心发布的《第 34 次中国互联网络发展状况统计报告》，截至 2014 年 6 月，中国网民数量达到 6.32 亿，互联网普及率为 46.9%。另据《第 31 次中国互联网络发展状况统计报告》数据，截至 2012 年 12 月，浙江省的网民普及率已达到 60% 左右。而检察门户官方网站公开信息既有新兴网络媒体的优势又能有效避免微博、微信等新兴媒体的碎片化传播等先天不足。因此，检察门户网无疑是作为检务公开的主渠道和主阵地。检察机关门户网服务对象和功能均有别于检察机关的内网，检察门户网的内容应当是人民群众关心、关注的为主，形式应当是人民群众喜闻乐见的形式，而不是供检察机关工作人员自我欣赏、自我学习。同时新媒体时代下的检察官方网站应以检务公开功能为基础，同时延伸便民服务、检察宣传功能。如浙江省三级检察机关还有 26 个检察院在互联网上找不到其外网，3 个检察院外网链接错误，而大部分检察院的检务公开内容少、更新不及时，且以静态公开为主致使检务外网公开流于形式。需要进一步加强建设，通过增加在线服务内容，增强互动性、便捷性，扩大网络公开的信息，增设网络互动式栏目，开设网络民意沟通渠道，收集社会对检察院的评价信息，及时回应公众的需求和疑问。

（二）加强接待大厅标准化、规范化建设

接待大厅是检务公开的实体场所，应当打造成一站式的服务中心。一是从

功能定位上，要建立综合性的服务中心，是集案件受理、法律咨询、信息查询、信访和检务公开功能于一体的综合性平台，是检察机关与当事人、律师和社会沟通的重要前沿阵地。二是方便性上，要设立统一的外部标示，与办公区域分隔开，利于群众的寻找和进出；为群众提供更多详细的参与检务公开的指引，如张贴、提供详细具体的办案流程和当事人的诉讼权利；增加更多的便民窗口，由专门检察人员负责答疑、接待工作；建设更多的便民设施，设立语音引导受理电话、案件信息查询触摸屏以及电子叫号系统，增加互联无线网络、便民联系卡、法制宣传报刊、资料复印和开水等便民措施，为当事人提供更多人性化便利服务。

（三）提高检务公开的科技化水平，并注重各种平台的整体协调发展

检务公开的平台和形式要跟上时代发展步伐，群众喜欢什么样的信息接收方式，我们就采用什么样的信息公开方式。最高人民检察院和省级院要加强指导和统一规划，统一制定各种检务公开规范，统一协调开发运用检务公开软件，避免重复性、低水平的建设。

上海检察机关实施修改后
刑事诉讼法情况的专题调研[*]

陈辐宽　陶建平　万海富　王　朋　成月华^{**}

刑事诉讼法的修改，在我国刑事诉讼制度发展中具有里程碑式意义。在市院机关业务部门的配合支持下，笔者对上海检察机关实施修改后《刑事诉讼法》的情况进行了一次专项调研。

一、上海检察机关实施修改后刑事诉讼法的基本情况

修改后刑事诉讼法实施后，上海检察机关认真贯彻落实，不断完善协调配合机制，细化办案规则，取得了一定的成效。

（一）不捕率、不诉率有所提高，降低羁押率成效初步显现

修改后刑事诉讼法实施后，上海检察机关按照"打击犯罪与保障人权并重"的司法理念，认真履行职能，坚持宽严相济的刑事政策，少捕慎捕，区别对待，不捕率和不诉率均有所提高。2013 年 1～11 月，全市检察机关不捕率为 13.8%，同比上升 3.5 个百分点；不诉率为 1.9%，同比上升 0.8 个百分点。

（二）监督立案等大幅上升，刑事诉讼监督力度明显增强

上海检察机关强化对刑事诉讼活动的法律监督，效果明显。2013 年 1～11月，全市检察机关受理监督立案 241 件，同比上升 55.5%，监督立案 104 件；纠正漏捕 331 件 444 人，纠正漏诉 356 件 505 人；提出违法侦查活动书面纠正意见 125 件，同比上升 45.3%，已纠正 110 件；提出刑事抗诉 42 件，提出违

　＊　原文发表于《上海法治发展报告（2014）》，标题有所改动。

　＊＊　作者单位：陈辐宽、陶建平、万海富、王朋，上海市人民检察院；成月华，上海市浦东新区人民检察院。

法审判活动书面纠正意见 13 件。

（三）职务犯罪侦查平稳开展，"镜头下"办案能力提升

修改后刑事诉讼法正式实施以来，全市检察机关侦查部门苦练内功、迎接挑战，不断提升"镜头下"办案能力，保持职务犯罪打击力度，截至 2013 年 10 月份，全市共立案侦查渎职侵权案件 24 件 39 人，较去年同期立案人数上升 25.8%。案件质量保持稳定，未因办案难度的提高而受到影响。

（四）认真执行相关规定，切实保障诉讼参与人合法权利

切实维护犯罪嫌疑人、被告人诉讼权利，在当事人权利义务告知书详细列明 16 项诉讼权利，加强法律援助工作，探索实行公开审查、公开听审等审查方式，加强对犯罪嫌疑人延长羁押条件的审查，逐步形成公开审查办案的常态机制，拓宽了审查渠道，丰富了审查方法，提高了检察决定的准确性，维护了当事人合法权益。

注重保障辩护律师执业权利，制定《依法保障律师执业权利的十条意见》，全面保障律师会见权、阅卷权、调查取证权等各项权利，重视听取律师意见。2013 年 1～11 月，在审查批捕和审查起诉阶段听取律师意见 4894 人，采纳律师意见 1923 人，受理申请调取证据 150 件 169 次，调取证据 165 份。

（五）案件管理工作稳步推进，执法办案更加规范

上海检察机关自 2009 年底在全市推行案件管理工作机制改革，修改后刑事诉讼法实施以来，更是不断加强和完善，大力推进案件管理工作，充分发挥了统一管理案件、强化法律监督的作用。2013 年 1～8 月，全市案管部门共受理案件（线索）38684 件，结案移送 34641 件，监管涉案物品 4941 件，发出办案期限预警 4347 次，有效规范了执法办案。

二、修改后刑事诉讼法新增检察职能的履行情况

修改后刑事诉讼法新增检察职能中，上海检察机关除犯罪嫌疑人、被告人逃匿、死亡案件违法所得没收程序目前尚无相关案件外，其他各项职能均有适用。

（一）规范适用特别程序

未成年人刑事案件诉讼：2013 年 1～11 月，所有案件全部落实通知法定代理人或合适成年人到场，涉罪女性未成年人全部由女性检察人员讯（询）

问，未成年人不起诉和犯罪记录全部予以封存，监督纠正可能泄露未成年人犯罪记录行为 12 次。对 1024 名涉罪未成年人开展社会调查。依法对 74 名涉罪未成年人作出附条件不起诉决定，不诉率达到 14.7%，同比上升 4.3 个百分点。

轻微刑事案件检察环节和解：2013 年 1～11 月，上海检察机关共成功推动 404 件刑事案件达成刑事和解。

依法不负责任的精神病人的强制医疗：2013 年 1～11 月，本市检察机关共受理强制医疗案件 31 件，提出强制医疗申请 27 件，目前，法院已决定强制医疗 16 件。

（二）认真履行新增职能

非法证据排除：2013 年 1～11 月，共启动非法证据排除程序 69 件 97 份，作为非法证据排除 36 件 46 份。

羁押必要性审查：2013 年 1～11 月，共受理 1338 件 1817 人，受理后书面建议变更强制措施 465 人。

办理控告阻权类案件：2013 年 1～10 月，全市各级控申检察部门审查办理对阻碍辩护人、诉讼代理人依法行使诉讼权利的控告申诉案件 5 件，侦监部门针对阻碍辩护人、诉讼代理人依法行使权力制发书面纠违 1 份。6 件案件中，4 件经承办单位认真审查办理，督促控告对象及时整改，并向控告人做好答复说理工作后，均取得较好成效，另外 2 件目前尚无办理结果。

指定居所监视居住：对公安机关指定居所监视居住活动开展监督 69 人，建议变更强制措施 1 人。

暂予监外执行、减刑、假释同步监督：2013 年 1～8 月，全市监所检察部门共审查监狱移送减刑 3247 件，假释 1699 件，暂予监外执行 53 件，书面提出纠正意见 118 件，均获采纳。

（三）做好出庭相关工作

简易程序出庭：本市检察机关严格按照修改后刑事诉讼法要求，实现简易程序案件 100% 出庭。

出席庭前会议：2013 年 1～11 月，共参加庭前会议 51 件 53 次，参加人员以辩护人居多，无被害人参加，案件类型主要集中在扰乱市场秩序、侵财、贪污贿赂及毒品类案件，会议内容以证据问题为主，庭前会议总体效果良好。

侦查人员、证人、鉴定人、有专门知识的人出庭：2013 年 1～11 月，侦查人员出庭 11 件 15 人次，证人出庭 15 件 36 人次，鉴定人出庭 12 件 18 人次。

庭审证据审查：2013 年 1～9 月，本市公诉部门办理案件中启动庭审证据合法性调查的案件共 11 件，除 3 件案件尚未作出审查决定，其余 8 件案件的证据经合法性调查中仅有 1 件案件的证据被排除，其余 7 件均为法庭采信。

（四）规范职务犯罪侦查

讯问全程同步录音录像：上海检察机关严格按照"全面、全部、全程"的要求，执行讯问职务犯罪嫌疑人同步录音录像制度，2013 年 1～11 月，讯问时实行全程同步录音录像 2623 次，占讯问总数的 99.96%。

技侦措施适用：据统计，截至 2013 年 8 月，各级院申请市院通过市公安局办理话单查询 2763 次，立案后决定使用技侦措施的共 14 件。

（五）依法办理涉外案件

针对外国人犯罪案件审查逮捕级别管辖的调整，通过实行专人办案、加强信息掌控、开展介入引导、加强办案指导研商等途径，规范案件办理，确保办案质量。2013 年 1～11 月，上海市检察机关基层院共受理外国人犯罪案件 69 件 124 人。

三、检察机关在实施修改后刑事诉讼法过程中遇到的主要难题和挑战

上海检察机关在贯彻实施修改后刑事诉讼法过程中，通过推动司法办案场所建设、推进专业化办案机构建设、试行主任检察官制度等举措为修改后刑事诉讼法实施提供了坚实保障；形成轻微案件专门办理机制及防止和纠正冤假错案的工作机制，有效促进诉讼制度贯彻执行；探索公开审查办案方式及保障律师执业权利方式，实现刑事诉讼监督创新发展。当然，在修改后刑事诉讼法实施过程中，也遇到了许多新情况和新问题。主要是：

（一）执法理念的转变不够及时

有些干警对修改后刑事诉讼法的立法精神未能全面理解和把握。如在"四类人员"出庭方面，态度不够积极，对有"四类人员"出庭的作用和意义认识不够，习惯于公诉人"一力担当"，不习惯通过鉴定人、侦查人员出庭化解疑问和争议，不能充分利用新的诉讼资源回应有关质疑。又如在听取律师意见方面，对听取律师意见的积极作用理解欠深刻，不愿听或者不认真听仍有发

生，工作的自觉性有待加强。

（二）执法方式的转变不够大胆

司法实践中，仍有部分干警执法方式与修改后刑事诉讼法要求不相适应。如在刑事和解的适用方面，由于启动刑事和解程序相较于办理一起普通案件，需要付出更多的精力和时间，特别是在目前刑事和解工作机制尚不够成熟的情况下，势必加剧"人案矛盾"。因此，很多办案部门不愿意进行刑事和解，导致刑事和解的适用率不够高，从而影响修改后刑事诉讼法的有效执行。

（三）执法规定的内容不够明确

职务犯罪侦查缺乏相应规定。技术侦查的具体内容及"以事立案"概念、标准不够明确，严重影响了侦查的效率。据统计，通信查询方式调整之后，2013 年上半年自侦部门通过市公安局申请办理话单查询同比大幅下降，达到 67.5%。

"四类人员"出庭缺乏相应机制。缺乏对证人、鉴定人的人身财产安全及出庭作证费用的有效具体保障措施，一定程度上制约了其出庭作证的积极性。缺乏侦查人员配合出庭机制，对侦查人员必须出庭的情形、程序缺乏规定，容易产生扯皮现象。缺乏"有专门知识的人"的选任资格及权利义务均等的明确规定，不利于实践操作。

强制医疗程序缺乏具体内容。被申请人被强制医疗后的相关程序规定不明确，对强制医疗的期限及该期限与被强制医疗人员所实施行为社会危害性的关系、"不具有人身危险性"的标准及解除强制医疗后如家属未严加看管和医疗致其再次危害社会应如何追究家属责任等无明确规定。被害人诉讼权利不明确，对强制医疗案件的被害人可否申请参与庭审及申请的条件、程序等无明确规定，导致被害人对涉及自身案件的知情权无法保障。对犯罪嫌疑人精神病鉴定期间的监管措施不明确。对疑似精神病人在鉴定未作出前，是作为正常犯罪嫌疑人刑事拘留，还是作为精神病人采取临时性的保护性措施，或者采取其他监管措施，无明确规定。

（四）法律具体适用不尽统一

非法证据排除适用不统一。对非法证据与瑕疵证据在区分上存在混淆，实践中有些认为瑕疵证据与非法证据没有严格的界分，瑕疵证据不能补强就是非法证据，从而有的将瑕疵证据作为非法证据予以排除，有的将证据排除或者不采信等同于非法证据排除。非法证据在诉前、庭前会议和庭审调查中存在重复审查，由于诉前、庭前及庭审中均有对证据收集的合法性进行审查的规定，实践中造成同一份证据经历三次合法性审查，容易造成诉讼资源的浪费。此外，有的辩护人到法院开庭才提出非法证据排除申请，很多证据因为时隔太长已无法获取，更增加了公诉方的证明难度。

对刑事和解的适用条件及证据、执行标准等掌握不统一。对"何为民间纠纷"的理解存在差异，因民间纠纷引起的故意伤害案件，在证据方面有欠缺的情况下，有办案部门从修复受损社会关系的角度出发，对此类证据有瑕疵的案件进行刑事和解，虽然结案效果较好，但可能增加出现冤错案件、量刑失衡的机率与风险。在刑事和解的执行标准上，由于缺乏统一的经济赔偿标准，容易导致同类案件的和解赔偿额出现较大差异。此外，检察机关对达成和解后的案件处理，何种情况下可以不起诉，何种情况下仍然提起公诉标准也不统一，从而影响刑事和解适用的公平正当性。

对庭前会议的功能、程序及效力的认识不统一。有的混淆了庭前会议与工作协调会的概念，有的对庭前会议内容把握不准，将庭前会议演变为庭前开庭。庭前会议的启动程序也不够规范，对在何种情形下应主动建议法院召开庭前会议的标准把握不准。庭前会议的效力不够明确，致使对庭前会议是否可以当场对可以解决的程序性事项作出裁决、双方达成合意的事项是否在庭审中具有约束力等问题认识不一，实践中有的庭前会议达成合意，庭审中又被推翻，反而降低了庭审效率。

（五）法律监督途径不够健全

监督刚性有待加强。由于检察机关对办案违法行为监督属于事后监督，对公安机关、人民法院及其工作人员违法行为的法律责任问题缺少硬性规定，是否纠正及纠正幅度仍由相关单位自行处理，可能导致监督效果不佳。

监督方式有待丰富。检察机关对外主要的监督手段是检察建议或纠正违法通知，对内监督则因无法发纠正违法通知而缺少相应手段，采用何种形式进行纠正需进一步研究。

监督措施有待细化。检察机关在律师接待工作中，发现律师违法违规执业的情形时有发生，但由于缺乏关于相应惩戒措施的规定，检察机关无法对其进行直接的惩戒监督，只能通过向司法局、律协等部门发出建议的方式进行监督，而这些部门的惩戒机制力度等也相对薄弱，造成律师违法违规执业成本较低，对检察机关依法保障当事人合法权益带来一定影响。

（六）衔接配合机制需要加强

内部衔接不够紧密。如对羁押必要性审查的界定和适用，修改后《刑事诉讼法》仅规定检察机关为开展羁押必要性审查的主体，但对于具体审查部门、审查期限、审查方式、羁押必要性的标准以及变更强制措施后的执行程序方面未作规定；在监督措施方面不够得力，变更羁押措施的决定定位于"建议权"，缺乏内部监督制约机制，也未涉及有关机关不采纳建议的后果；文书格式不统一，有"取保候审申请书"、"变更强制措施申请书"等多种，对羁押必要性审查的证据材料范围和要求还不够明确，缺乏统一的适用标准和尺度。加上沟通衔接不够及时，导致对于羁押必要性审查工作的具体开展在实践中各部门间认识不统一，进而产生不同做法。

外部协调途径不畅。如在指定居所监视居住适用方面，由于缺少公安机关、法院决定执行活动如何主动接受检察机关监督具体规定，导致检察机关知情途径不畅，无法及时准确掌握有关信息，致使监督工作滞后；在监督的具体审查方式以及监督效力等方面也需要进一步明确。又如在律师会见方面，由于缺少律师接受委托后通知检察机关的具体规定，2013年以来上海检察机关采取拘留、逮捕措施的普通职务犯罪案件中，近30%的案件律师接受委托后未告知检察机关，致使检察机关难以及时了解掌握律师会见等活动情况，无法履行相关告知义务和开展听取辩护人意见工作，也不能及时发现和纠正律师的违法行为。

四、贯彻落实好修改后刑事诉讼法的若干思考

一部法律能否实现其立法本意，关键在于"执行"，刑事诉讼法也不例外。新法能否真正落实，不仅关系着法律本身的严肃性，更关系着法治建设的长远发展。

（一）更新执法理念，规范执法行为

"法令行则国治，法令弛则国乱。"而法令之行，在于执法者，如果执法者的理念存在问题，就不可能有公正、廉洁、高效的执法行为，修改后刑事诉讼法的正确贯彻和实施，要求检察人员必须彻底更新执法理念，更好地推进诉讼民主、诉讼文明、诉讼公开和诉讼监督制约。要进一步强化法律监督理念，依法强化诉讼监督，不断拓宽监督途径，健全完善监督机制，保障法律正确统一实施；要进一步强化人权保障理念，要克服"重惩罚轻保障"的观念，做到打击犯罪与保障人权并重，切实维护诉讼参与人的合法权益；要进一步强化

依法行使权力理念，加强检察执法规范化建设；要进一步强化执法为民理念，在执法活动中要怀亲民之心，办便民之事，行利民之举，展示公正、文明的检察官形象，取信于民。推动诉讼公开、民主、文明，树立良好执法形象。

（二）转变执法方式，提升检察公信力

检察机关应当以"法律守护人"的角色，履行指控犯罪、监督诉讼的职责，不能单纯追求胜诉和有罪判决。要转变执法模式，提高执法水平，提高运用现代化侦查装备和信息技术的能力，重线索管理和初查，加快推进职务犯罪侦查工作由粗放式、强攻型办案向精细化、智取型办案转变；要拓展执法领域，延伸工作职能，加强对滥用强制措施、侵犯诉讼权利等执法行为的审查监督；加强刑事和解、检察救助、跟踪帮教等工作，充分运用释法说理、精神安抚、教育引导、物质帮助等手段，不断延伸工作职能，推进检力下沉，化解社会矛盾，实现执法效果的最大化；要提升执法层次，保证办案质量，将办案质量的要求落实到具体实践中，监督检察干警严格执行执法办案的制度规定，严谨细致地办理好每一件案件，动态监督和全程管理相结合，确保案件质量。

（三）明确相关规定，确保法律统一

明确职务犯罪侦查有关规定。进一步明确技术侦查措施的范畴和种类，明确技术侦查与侦查技术的区别，使办案人员在严格依法规范使用技侦措施的同时，提高办案能力和效率。进一步明确"以事立案"的地位和操作规范。使以事立案案件的合法性不受质疑。

明确非法证据排除规定。明确"应当予以补正或者作出合理解释"所要达到的有效条件，可以是积极条件或者消极条件，从而使得非法证据真正得以排除。明确规定合法搜查的手段，更加清楚地规定搜查方式是否合法，从而有效地弥补非法证据排除规则在具体界定非法证据时存在的过于抽象、原则和不具可操作性等功能性缺陷，进一步加强检察机关法律监督作用。建立和完善对非法取证行为的惩戒制度，对公安、司法人员以刑事诉讼禁止的取证方式收集证据的法律责任作出明确规定，包括刑事责任、行政责任和民事责任，对其他违反相关规定取证人员进行制裁。

明确强制医疗的相关规定。扩大强制医疗程序的适用对象范围，强制医疗程序的适用对象应该涵盖限制刑事责任能力的精神障碍者、无受审能力的精神障碍者以及服刑期间罹患精神障碍者。明确"不具有人身危险性"的标准，要明确强制医疗的期限及该期限与被强制医疗人员所实施行为社会危害性的关系，明确解除强制医疗后如家属未严加看管和医疗致其再次危害社会应承担的

责任，避免家属为免去医疗负担而更疏于监管和治疗。拓宽精神病鉴定启动权主体范围，将刑事强制医疗的鉴定启动主体范围拓展到检察院、被害人、犯罪嫌疑人、被告人及其法定代理人，明确保障被害人在诉讼环节的合法权益。

（四）完善工作细则，健全相关制度

细化指定居所监视居住实施规定。建立指定居所监视居住案件向检察机关备案及案件跟踪制度，决定机关在作出指定居所监视居住的决定之日起三日内向检察机关报送有关的法律文书，执行机关应定期告知检察机关相应的执行情况，在变更、解除、撤销该强制措施时之日起三日内向检察机关报送有关的法律文书。同时，检察机关应积极行使监督权，通过案件跟踪机制了解情况。

完善庭前会议制度。明确庭前会议的运行程序，具体包括提起主体、提起方式、会议召集人和主持人、被告人参加的原则、会议召开地点的确立、会议议程及庭前会议适用案件范围等。明确庭前会议的解决事项及法律效力，控辩双方在没有新情况或新证据的情况下，不能对庭前裁定事项和经庭前会议确认的无异议实质问题提出异议，以保证庭审持续进行。

规范刑事和解工作。明确案件范围，进一步明确"民间纠纷"的范围、过失犯罪适用刑事和解的政策要求和"五年内故意犯罪"的判断标准。明确案件移送，在侦查阶段达成刑事和解协议的案件，应依法移送检察机关并由其对和解的自愿性、合法性进行审查。明确案件效力，形成刑事和解与不起诉的衔接机制，达成刑事和解后依法需要不起诉的案件，应监督和解协议的履行，待赔偿后再宣布不起诉决定，防止因对和解赔偿的反悔造成被动。明确案件程序，在侦查或检察阶段自愿达成和解协议的，可根据案件情况起诉法院依法从轻判决；对法院阶段达成和解的，应当由法院依法从宽处理，检察机关不应因和解而撤回起诉。

（五）加强内外协作，合力应对挑战

加强检察机关内部各部门间的沟通衔接。各部门要紧密协作、信息互通、优势互补，形成整体合力，提高工作效率。要明确羁押必要性审查主体和归口办理，统一执法标准，确保审查客观公正。要对羁押必要性审查的内容、标准及具体程序予以统一，对犯罪嫌疑人羁押的批准及该状态的延续，都应当以保证刑事诉讼的顺利进行，防止发生新的社会危险性为标准，相关部门需对各诉讼阶段的羁押必要性进行定期复查。

加强与其他司法及行政部门的沟通配合。（1）建立检察机关与侦查机关、

审判机关情况通报和问题协商制度。健全完善对证人、鉴定人出庭的安全保护配套措施及经济保障，加强配合出庭作证补贴，提高其出庭积极性。建立侦查人员出庭机制，协助公安机关进一步做好侦查人员出庭培训。（2）建立律师接受委托后的登记、备案制度。明确律师在接受委托后需要向相应部门进行登记备案，便于及时开展权利义务告知及听取辩护人意见等工作。（3）建立健全轻微刑事案件快速办理机制。"侦、捕、诉、审"各环节要相互衔接，协调联动，通过召开联席会、座谈会、研讨会等形式，解决快速办理轻微刑事案件中涉及的法律问题、程序性操作问题以及其他问题，力求消除分歧，达成共识，开通办理轻微刑事案件的"绿色通道"。

加强与人民团体和社会组织的沟通协调。要进一步规范合适成年人到场工作，确保合适成年人到场的相关规定落到实处，制定符合实际工作需要的费用标准，逐步建立经费保障机制，实现本地区公安、检察、审判机关在费用标准和支付形式上的统一。要广泛开拓帮教资源，严格落实帮教措施，为落实涉罪未成年人社会观护争取更多的社会资源，为来沪"三无"涉罪未成年人提供观护帮教条件，为强制医疗人员治愈出院后的监护、生活、就业等问题提供社会支持和帮助。

（六）强化队伍建设，提升监督水平

强化组织领导。为确保学习贯彻修改后刑事诉讼法工作扎实有效推进，必须切实强化对贯彻实施修改后刑事诉讼法的组织领导，确保统筹安排到位，对思想认识、专项培训、机构完善、机制创新、人员调配、组织保障等方面工作作出统一专门部署。

强化业务指导。要有效发挥实际部门的业务指导作用，对修改后刑事诉讼法实施过程中出现的新情况、新问题及时组织开展调研，帮助解决突出问题；及时选编、发布典型案例，开展案件讲评、听庭评议，切实规范执法办案行为、强化业务工作指导。

强化队伍素能。要加强检察人员力量，充分挖掘队伍潜能，通过内部细化工作分工，建立合理的人员梯队培养计划，科学整合资源。要经常性开展相关业务培训，采用"请进来"和"走出去"相结合的培训方式，不断拓宽检察干警的监督视野和提高纠错敏感度。定期进行业务能力和法律文书质量的竞赛与评比，不断促进检察干警的学习积极性和主动性，提高办案人员的释法说理能力和文书制作水平，打造一支专业基础扎实、年龄结构合理、专业方向明确、能力素质全面的检察队伍。

强化制度管理。要进一步完善案件管理制度，加强案件管理信息化，做到案件受理、移送、审结信息统一录入，加强案件办理的程序监管、法律文书监管和涉案款物监管，加强执法重点环节的监督制约和质量监管，消除修改后刑事诉讼法实施的体制机制障碍。要完善执法办案考评体系，坚持以质量和效果为导向，科学统筹检察办案数量、质量与效果、公正与效率等关系，切实解决片面追求立案数、批捕率、起诉率等问题。健全错案追究制度，严格错案的责任追究，防止错案发生，促进办案人员严格、公正、廉洁、文明执法。

审查逮捕"三步综合分析法"探索[*]

赵 力 赵红星[**]

逮捕是最为严厉的一种强制措施。修改后刑事诉讼法和最高人民检察院《人民检察院刑事诉讼规则（试行）》（以下简称《刑事诉讼规则》）对于逮捕的条件进行了细化，对审查逮捕的程序、方式也进行了修改，但是，审查逮捕仍然是书面审查为主，讯问、听取意见为辅，审查逮捕程序作为检察机关单方职权行为，其行政化的审批程序的本质并没有根本转变。为切实贯彻尊重和保障人权的基本原则，审查逮捕应当纠正书面审查为主的方式，充分调动犯罪嫌疑人、辩护律师、被害人等各方参与审查逮捕程序的积极性，人民检察院只有在听取多方意见后，才能对逮捕的合法性作出准确判断和正确决定。基于上述思考，河北省石家庄市新华区人民检察院结合办案中遇到的实际问题和难点，通过认真梳理和归纳分析，总结出审查逮捕工作中"一确定、二分类、三分析"的"三步综合分析法"。该方法对逮捕案件进行甄别和衡量，明确了审查流程，统一了办案干警对社会危险性等逮捕标准的认识，提高了适用逮捕措施的准确性和可操作性，从而有效地保证了逮捕案件质量和办案效率。

一、确定案件的事实证据要件和刑罚要件，为正确适用逮捕措施奠定基础

逮捕是最严厉的一种强制措施，只有全面、准确地把握逮捕的法定条件，才能做到正确适用。修改后刑事诉讼法对逮捕条件进行了细化，增设了适用逮捕措施的五种社会危险性条件和三种应当直接逮捕的条件，专门明确了犯罪嫌疑人违反有关程序规定转捕的条件。这些细化主要针对的是适用逮捕措施的必要性要件，但对逮捕措施的事实要件没有变动，继续将其作为前提条件确定下来，凸显了该要件在逮捕三个条件中的重要作用和关键地位。对此，在办案过

---

[*] 原文发表在《人民检察》2014 年第 18 期。

[**] 作者单位：赵力，河北省石家庄市新华区人民检察院；赵红星，河北政法职业学院。

程中必须正确理解和把握。在这一环节，办案人员严格按照"有证据证明发生了犯罪事实"、"有证据证明该犯罪事实是犯罪嫌疑人实施的"、"证明犯罪嫌疑人犯罪行为的证据已经查证属实的"的标准，仔细阅卷审查，严格审查判断在案证据的合法性，依法排除非法证据，综合运用在案的证据，准确认定犯罪嫌疑人是否构成犯罪，以确保对犯罪嫌疑人采取逮捕措施的事实证据要件成立。同时，还需要根据案件性质、犯罪情节以及涉嫌罪名的法定刑和以往实践中量刑情况进行分析，综合研判是否能够同时满足采取逮捕措施的刑罚要件，为正确适用逮捕措施奠定基础，从面有效防止错捕问题的发生。

二、对社会危险性情形进行分类，突出案件审查的重点

修改后刑事诉讼法关于适用逮捕措施的条件，除将社会危险性作为一般逮捕的条件予以规定之外，还特别规定了"可能被判处十年以上刑罚……曾经故意犯罪或者身份不明"的径行逮捕的条件，以及违反取保候审、监视居住规定，情节严重的转捕条件。由于一般逮捕、径行逮捕和转捕三种逮捕情形所规定的具体条件不同，审查的重点也有所不同，这就要求在审查具体案件时，需要对适用哪种逮捕措施情形作出区分和归类，并对照相应的规定进行审查。为此，要根据修改后刑事诉讼法对逮捕情形的分类进行学习、研究，并在此基础上，结合以往的办案经验，明确将逮捕措施社会危险评估，作为办理逮捕案件的重点环节认真把握：首先对犯罪嫌疑人可能适用的逮捕情形进行具体区分和归类，然后再依据相关的证据和证明文件，审查认定是否符合相应社会危险性条件，提出捕或不捕的意见。通过采取这一措施，既突出了审查工作的重点，又可以有效增强逮捕措施适用的准确性，也提升了办案效率。

三、运用综合分析方法，强化对社会危险性的审查

修改后刑事诉讼法将原来逮捕必要性要件进一步细化为一般逮捕、径行逮捕和转捕三种形式，三种形式所要求的社会危险性情形又各不相同，如何全面理解和准确把握社会危险性标准，统一执法尺度，是正确适用逮捕措施的关键。为此，要运用综合分析的方法，切实加强对社会危险性要件的审查力度。在具体审查过程中，注意严格依据三种法定的社会危险性标准，针对不同的案件类型，确定重点审查的内容。对属于径行逮捕的，重点分析案件是否具有适用径行逮捕的三种情形；对于转捕的，重点为分析犯罪嫌疑人是否具有违反取保候审、监视居住规定的行为，并存在可能妨碍刑事诉讼顺利进行的现实危险性；对于不符合径行逮捕或转捕条件的案件，重点分析案件的社会危害、社会影响及犯罪嫌疑人的惯常表面、犯罪动机、犯罪手段、犯罪情节、悔罪态度等

情况，判断案件情节是否满足一般逮捕的五种社会危险性情形。通过以上严格审查和综合分析，审慎提出是否适用逮捕措施的意见。

（一）对于径行逮捕条件的把握

径行逮捕的标准有"因可能被判处十年有期徒刑以上刑罚的，曾经故意犯罪或者身份不明的"三种情形，对于具有上述三种情形之一的犯罪嫌疑人，由于其本身的社会危险性比较大，只需对有关的证据材料进行审查，分析判断是否能够满足相应的逮捕标准，并据此提出审查意见。

1. 对可能被判处十年以上有期徒刑的认定。在具体办案过程中，认真按照"宣告刑可能为十年有期徒刑以上刑罚"的尺度把握，并结合案件性质、情节、法定量刑标准，同时参考人民法院量刑指导意见及以往实践中量刑情况进行综合分析判断，对满足该项条件的，一般均作出批准逮捕的决定。

2. 对曾经故意犯罪的认定。在对犯罪嫌疑人曾有犯罪前科史的供述进行核实基础上，重点审查公安机关是否提供生效裁判文书、刑满释放证明文件或者户籍地派出所违法犯罪信息记录等证据材料，对满足该项条件的，一般均作出批准逮捕的决定。但对于虽曾经故意犯罪，经审查认为新罪比较轻微不具备可能判处徒刑以上刑罚条件的，尽可能不予批捕。

3. 对身份不明的认定。由于犯罪嫌疑人拒不交代其真实身份，企图逃跑的可能性极大，且一旦潜逃，难以抓获，因而具有妨碍诉讼的现实危险性。认定此类情形，应要求公安机关提供通过指纹比对、网上户籍查询等方式无法确定嫌疑人真实身份的证据材料，并分析判断是否真实客观，对满足该项条件的，一般均作出批准逮捕的决定。

（二）对于转捕条件的把握

转化逮捕适用的对象是违反取保候审、监视居住规定情节严重的犯罪嫌疑人，主要目的是保证刑事诉讼的顺利进行。审查这类案件时，注意在分析确认案件满足逮捕措施事实证据要件的基础上，重点围绕违反程序规定、情节严重的证明程度进行审查，依据《刑事诉讼规则》规定的"应当"转捕或"可以"转捕的情形，对相关的证据材料进行综合分析。对于能够证实犯罪嫌疑人取保候审、监视居住期间实施了新的犯罪、妨碍证人作证、毁灭证据、伪造证据、串供等行为的，以及恶意违反关于活动范围、传讯到案、通讯会见等规定情节严重的，一般均予以批准逮捕。经过审查，对于涉嫌犯罪情节轻微不可能判处徒刑以上刑罚的，一般不考虑转捕。

（三） 对一般逮捕条件的把握

修改后刑事诉讼法设定的五种社会危险性情形，是针对具有继续实施犯罪或者危害社会稳定和公共安全，以及具有妨碍诉讼顺利进行危险的犯罪嫌疑人而确定的一般逮捕标准。具体到每一起案件，对犯罪嫌疑人是否具有五种社会危险性情形的认定，需要依据案件的性质，嫌疑人涉案轻重程度，可能判处的刑期，是否属于初犯、从犯以及有无悔罪表现，并结合其自身的生活背景，生活环境等因素，通过对公安机关侦查取得的证据材料进行审查判断后，综合权衡和认定是否符合一般应逮捕的标准。准确认定五种社会危险性情形，是正确适用逮捕措施的关键。

1. 对于可能实施新的犯罪的情形。着重审查分析犯罪嫌疑人是否曾被行政处罚过，有无劣迹记录，是否属于多次作案、连续作案的惯犯，是否具有拒不如实供述犯罪事实或拒不交代同案犯罪嫌疑人等情况，对有证据证实上述情形的，均可认定其没有悔罪表现、具有实施新的犯罪的可能性，一般都应予以批捕。而对于具有犯罪中止、积极避免损害扩大、案发后真诚悔过并积极挽回损失等情节的，一般不认为嫌疑人具有实施新的犯罪的可能性。对于需要具备特定身份才能实施犯罪的身份犯，如果犯罪嫌疑人已经丧失该身份，失去再次犯罪条件的，一般也不认为其具有实施新的犯罪的可能性。如2013年河北省石家庄市新华区人民检察院办理的网吧收银员仵某涉嫌侵占网吧收银款一案，仵某在案发后已退赔了侵占款项并被辞退。鉴于其没有前科劣迹并具有退款悔罪的表现，综合分析后认为其不具有实施新的犯罪的可能性，社会危险性较小，遂对其作出不批准逮捕的决定。

2. 对于有危害国家安全、公共安全或者社会秩序的现实危险的情形。重点分析案件性质，嫌疑人惯常表现、主观恶性、犯罪手段、危害程度、社会影响等情形，对犯罪嫌疑人是否具有现实危险性进行综合分析判断。实践中，鉴于实施危害国家安全、公共安全的犯罪案件和实施集资诈骗、非法吸收公众存款等涉众型犯罪案件，以及涉毒、抢劫、绑架、强奸、故意伤害致人重伤死亡的严重暴力犯罪案件的犯罪嫌疑人，其本身的主观恶性、危害程度都比较大，情节通常比较恶劣，因而一般具有较大的现实危险，应当批准逮捕。而对于过失犯罪，由于犯罪嫌疑人通常不具备较大的主观恶性，一般不认为其具有上述现实危险性；对在特定情况下发生的偶发犯罪、激情犯罪以及被害人具有较大过错的犯罪，一般也不认为犯罪嫌疑人具有上述现实危险，须慎用逮捕措施。

3. 对于可能毁灭、依靠证据，干扰证人作证或者串供的情形。重点分析犯罪嫌疑人是否如实供述、悔罪态度、涉案人数和到案情况、案件的侦办情况等各种因素，对拒不如实供述、不主动交代同案犯、缉拿前具有伪造、毁灭证据或者干扰证人作证、串供情形的，结合对相关证据材料的审查，均应认为犯罪嫌疑人具有社会危险性，予以批捕。如2013的河北省石家庄市新华区人民检察院办理的崔某涉嫌强奸一案，崔某到案后拒不供述犯罪事实，同时，主要证人李某证实，崔某在被抓获前具有要求证人替其编制谎言、提供伪证的情形，办案人员经综合分析，认定崔某有继续干扰证人作证的危险性，遂对其提出了批准逮捕的意见。

4. 对于可能对被害人、举报人、控告人实施打击报复的情形。除了对案件一般情况进行分析外，还应重点调查犯罪嫌疑人与被害人、举报人、控告人之间的关系以及案件发生的原因。对积怨较深、一时难以消除双方对立情绪的，一般考虑先批捕，以防止打击报复被害人等危险性的发生，同时，在捕后做好犯罪嫌疑人悔罪工作，稳定双方的情绪，待打击报复的危险消除后，及时启动捕后羁押必要性审查机制，符合条件的建议公安机关变更强制措施。

5. 对于自杀或者逃跑的情形。一般将犯罪嫌疑人在讯问时的精神状态、抓获经过、惯常表现等因素，作为分析其是否具有自杀、逃跑可能性的依据。实践中，被采取取保候审的外地犯罪嫌疑人脱保的情况较严重，但也不宜一律采取批捕的做法。对此，河北省石家庄市新华区人民检察院要求公安机关在报捕时，需要提供外来人员有无固定住所、固定职业、来市居住时间、在单位日常表现等证据材料，同时利用讯问、会见辩护人等机会，尽可能多地掌握犯罪嫌疑人的基本情况，并结合其犯罪性质，分析其是否具有逃跑可能性，以便准确作出是否适用逮捕措施的决定。如2013年河北省石家庄市新华区人民检察院办理的李某等人盗窃案，未成年犯罪嫌疑人李某等人系外地来市务工人员，办案人员在通过其亲属临场参加讯问的过程中了解到，李某有一堂兄在本市居住工作，愿意作李某的保证人，具备较好的监督条件，且李某认罪悔过态度较好。经综合分析，办案人员认为其逃跑可能性较小，社会危险性不大，故对其作出了不批准逮捕决定，事实上其取保后没有影响诉讼程序的顺利进行。

省级检察院参与死刑复核监督程序研究[*]

高继明　　王春慧[**]

检察机关介入死刑复核程序开展法律监督，是保证死刑复核活动公正运行的最有效方式[①]，对于保障人权，维护司法公正，维护我国国际形象具有重要意义[②]。现行《刑事诉讼法》第 240 条明确规定，"在复核死刑案件过程中，最高人民检察院可以向最高人民法院提出意见。最高人民法院应当将死刑复核结果通报最高人民检察院"，首次在立法上确认了死刑复核检察监督原则。2012 年 11 月 22 日最高人民检察院公布的《人民检察院刑事诉讼规则（试行）》（以下简称《刑事诉讼规则》）对此进一步细化解释，其中将省级检察院纳入死刑复核检察监督程序[③]，既有利于最高人民检察院更好地发挥死刑复核检察监督职能，又在实践中引发了一些问题，有必要在对《刑事诉讼规则》中有关规定规范解读的基础上，对省级检察院参与死刑复核检察监督的程序认真思考，提出相应的完善措施，促进检察机关规范履行死刑复核监督职能，推动死刑复核检察监督制度充分发挥其功用价值。

一、《刑事诉讼规则》规定省级检察院参与死刑复核监督的条件

根据《刑事诉讼法》第 240 条的规定，省级检察院不是死刑复核检察监督的主体。根据《刑事诉讼规则》第 606 条、第 607 条、第 609 条、第 611 条

---

[*] 原文发表在《中国刑事法杂志》2014 年第 4 期。

[**] 作者单位：甘肃省人民检察院。

[①] 温健、任磊：《检察机关介入死刑复核程序的正当性》，载《南京工业大学学报（社会科学版）》2009 年第 4 期。

[②] 参见万春、高景峰、陈旭文：《改革与完善死刑复核及其法律监督制度初探》，载《人民检察》2006 年第 2 期；于天敏、李建超、杨宏广：《检察机关对死刑复核程序法律监督的实务设计》，载《西南政法大学学报》2009 年第 2 期；等等。

[③] 本文如无特别说明，省级检察院参与的死刑复核检察监督程序均是指死刑立即执行复核案件的检察监督程序。

的规定，目前，省级检察院在下列三种情况下参与到死刑复核监督程序中：

（一）省级检察院履行刑事检察职责中发现的人民法院严重违法行为在案件进入最高人民法院死刑复核程序后仍然未予纠正

《刑事诉讼规则》第606条以列举的形式规定省级检察院对于进入最高人民法院死刑复核程序的案件，在下列几种情形下，应当履行向最高人民检察院主动、及时报告的职责：一是案件事实不清、证据不足，依法应当发回重新审判，高级人民法院二审裁定维持死刑立即执行确有错误的；二是被告人具有从轻、减轻处罚情节，依法不应当判处死刑，高级人民法院二审裁定维持死刑立即执行确有错误的；三是严重违反法律规定的诉讼程序，可能影响公正审判的；四是最高人民法院受理案件后一年以内未能审结的；五是最高人民法院不核准死刑发回重审不当的，并以兜底条款的方式穷尽了其他需要监督的情形。

这里，前三种情形属于《刑事诉讼规则》第584条、第591条规定的人民检察院应当抗诉的情形，省级检察院向最高人民检察院提请监督的原因可能是案件已经省级检察院向高级人民法院提出抗诉而高级人民法院未采纳省级检察院的抗诉意见，也可能是省级检察院在法定期限内未向高级人民法院提出抗诉，但死刑案件进入最高人民法院核准程序后，又发现上述情形。无论如何，此时，案件存在的严重违法行为尚未得到纠正，而仍然进入最高人民法院死刑复核程序，为避免"错杀"、"误杀"，省级检察院应当向最高人民检察院提请监督。第四种情形是针对最高人民法院死刑复核程序中的常见错误规定的。实践中，最高人民法院受理死刑复核案件后久核不决的现象较为普遍，不利于及时打击犯罪，影响社会稳定，影响了司法公信力①。需要作为监督重点加以例举以示强调。第五种情形与前三种情形相似，必须以最高人民法院发回重审"不当"为条件，既可能是最高人民法院适用"发回重审"程序不当，也可能是最高人民法院发回重审事由不当，相比最高人民检察院，省级检察院对这类情况更有条件得知，是以规定对这类案件的"监视"职责由省级检察院承担。

（二）省级检察院在案件进入死刑复核监督程序后发现有新证据、新情况可能影响死刑适用

《刑事诉讼规则》第607条规定，省级检察院发现死刑复核案件中被告人自首、立功、达成赔偿协议取得被害方谅解等新的证据材料和有关情况，可能

---

① 李树德、韦洪乾：《死刑复核程序：本不该遥遥无期》，载《检察日报》2004年8月4日。

影响死刑适用的，应当及时向最高人民检察院报告。被告人自首、立功是影响死刑适用的法定情节，关于民事赔偿能否影响死刑适用，不仅最高人民法院《关于刑事附带民事诉讼范围问题的规定》第 4 条规定"被告人已经赔偿被害人物质损失的，人民法院可以作为量刑情节予以考虑"，理论界和实务界也普遍认为将民事赔偿作为死刑适用的酌定情节有利于限制死刑适用，抚慰、救济被害人，实现死刑案件社会效果和法律效果的统一①，因此，即使依据案件进入死刑复核程序前的证据材料，高级人民法院作出死刑裁定没有错误，案件已进入最高人民法院死刑复核程序，省级检察院发现这些证据和情况仍应向最高人民检察院报告。当然，这些新证据、新情况可能是案件进入死刑复核程序前已经存在而检察机关没有发现的，也可能是案件进入死刑复核程序后才发生的，无论如何，检察机关都应及时层级上报，以切实体现"慎杀"的刑事政策，最大限度保护死刑案件被告人的权益，维护死刑复核的公正。

（三）最高人民检察院履行死刑复核监督职责，要求省级检察院予以配合

根据《刑事诉讼规则》第 605 条、第 606 条、第 608 条的规定，最高人民检察院启动死刑复核监督职责，可以依据省级检察院的提请监督报告，也可以依据当事人及其近亲属或者委托的律师的申诉，还可以自行发现启动。在后两种情形下，省级检察院一开始并没有参与到死刑复核监督程序中，在最高人民检察院掌握书面材料不足以查明案件情况、作出监督决定、提出监督意见的情形下，最高人民检察院要求省级检察院移送相关材料，核实相关情况，听取其汇报和意见，以便解除对于书面材料反映情况的疑惑，了解书面材料未能反映的案件关键细节，提高监督意见的客观性、准确性、公正性。

二、《刑事诉讼规则》规定省级检察院在死刑复核监督中的地位和作用

《刑事诉讼规则》规定省级检察院在死刑案件进入最高人民法院核准程序后，承担为最高人民检察院提供案件来源和基础材料、初步意见的任务，对于最高人民检察院履行死刑复核法律监督职能起着重要的基础性作用，主要体现在：

---

① 方晓春、孙枯昌、詹荣宗：《死刑案件中的民事赔偿与量刑问题思考》，载《人民检察》2010 年第 7 期。

（一）为最高人民检察院履行死刑复核监督职责提供确有必要监督的优质案源

根据我国刑事诉讼法的规定，省级检察院对于绝大多数死刑案件都能够亲历审查、出庭，有的还跟踪、帮教，而最高人民检察院了解死刑案件的审理情况一般只能通过下级检察院报告、当事人控告、申诉、人大、党委等上级机关交办、转办以及其他自行发现途径。因此，《刑事诉讼规则》第 606 条、第 607 条规定省级检察院须在一定情形下主动提请最高人民检察院监督死刑复核案件或向最高人民检察院及时报告有关新证据、新情况，为最高人民检察院履行死刑复核监督职能疏通了获取信息的渠道。实践中，省级检察院提请最高人民检察院监督的死刑案件绝大多数都是省级、市级检察院履行监督职责无果仍然进入最高人民法院核准程序的死刑案件，这说明，相对于当事人申诉申请监督的感性化、非专业性而言，省级检察院向最高人民检察院提供死刑复核监督案源以"确有必要监督"为原则，更具有专业性、针对性和权威性。

（二）为最高人民检察院履行死刑复核监督职责"审查"和"收集"证据材料

《刑事诉讼规则》第 606 条规定，对于高级人民法院死刑裁定"确有错误"、"严重违法"以及最高人民法院受理案件超过一年以上、不核准死刑裁定发回重审不当等情形，省级检察院应当制作提请监督报告，及时向最高人民检察院报告，并且还须一并报送案件有关材料，这说明省级检察院向最高人民检察院提请死刑复核监督，必须以确有证据证明死刑案件审理、复核确有错误为前提；《刑事诉讼规则》第 607 条要求省级检察院及时向最高人民检察院报告死刑复核案件中被告人自首、立功、达成赔偿协议并取得被害方谅解等新的证据材料和有关情况，也隐含了要求省级检察院报告时提供充分证据的要求。同时，《刑事诉讼规则》第 609 条明确规定最高人民检察院监督死刑复核案件，以书面审查为主，可以要求省级检察院报送相关案件材料，听取省级检察院意见，并规定，在"必要时"才对主要证据进行复核，这意味着对于上述最高人民检察院履行死刑复核监督职能的情形，最高人民检察院一般仅以省级检察院审查的情况为依据，而省级检察院则承担了证据审查核实的主要任务。

（三）为最高人民检察院履行死刑复核监督职能积极提供意见

《刑事诉讼规则》明确规定省级检察院提请最高人民检察院进行死刑复核监督必须制作提请监督报告，最高人民检察院履行死刑复核监督职责时，可以听取省级检察院的意见，省级检察院也可以应最高人民检察院的要求，列席最高人民检察院有关死刑复核监督的检委会并发表意见，说明省级检察院在死刑复核监督中，承担着向最高人民检察院主动报告情况并提供意见的职责，是最高人民检察院作出监督决定、提出监督意见的基础性参考。

三、《刑事诉讼规则》规定省级检察院参与死刑复核监督的合理性

从刑事诉讼法赋予各级检察院的职责看，最高人民检察院作为法定死刑复核监督主体则一般不亲自参与死刑案件的审查和出庭。同时，根据刑事诉讼法规定，最高人民法院仅负有将死刑案件复核结果通报最高人民检察院的义务，意即最高人民检察院也缺乏通过被监督者及时知悉死刑案件复核情况的途径。在此情形下，《刑事诉讼规则》将省级检察院纳入死刑复核检察监督程序，有利于整合检察机关的整体力量，弥补最高人民检察院履行死刑复核检察监督职能在法定权能配置上的不足，保障死刑复核检察监督职能的效率效果，具有一定的合理性。

（一）防止死刑复核检察监督流于形式

监督的前提是知情，没有知情权，就难以进行监督。法律监督是对违反法律的情况所进行的监督，更需要了解法律实施的过程，以便从中发现违法事实，证明违法的存在。[1] "只有参与到法院的审判活动中，才能及时、直接地发现其审判活动是否存在违法行为，也才能进行有效的法律监督。"[2] 然而，现行法律规定下，最高人民检察院亲历死刑复核案件的方式只有最高人民法院将死刑复核结果通报最高人民检察院和最高人民检察院列席最高人民法院审判委员会两种，最高人民检察院往往在最高人民法院快要或已经作出复核决定时才知晓死刑案件复核情况；据此了解死刑复核案件情况缺乏直观性、全面性，有些不符合法院观点的信息可能已被过滤掉。最高人民检察院也可以依当事人和案外人控告、上级机关交办、转办或下级检察院请示、报告获取监督线索，但这种获取案源的途径具有极大的间接性、不确定性，由于这些人或机关的专业局限，由此获取的案源的成案率不高，既影响监督的质量又影响监督的公信力。《刑事诉讼规则》规定省级检察院对于符合最高人民检察院监督条件的案

---

① 张智辉主编：《检察权优化配置研究》，中国检察出版社 2014 年版，第 80 页。
② 邓思清：《完善我国死刑复核法律监督制度收回死刑复核权的后续配套改革》，载《西南政法大学学报》2008 年第 3 期。

件，必须由省级人民检察院主动向最高人民检察院报告，强化了省级检察院向最高人民检察院报告死刑复核违法行为的刚性，为最高人民检察院发现监督线索提供了稳定的案源，弥补了最高人民检察院不能亲历死刑案件审判活动的权能缺失，增强了最高人民检察院履职的主动性，由于此类案源由专门法律监督机关提供，成案率较高，最高人民检察院一般必须就此类案件对省级检察院答复，也防止最高人民检察院审查此类案件流于形式。

（二）有利于强化死刑复核检察监督的效果

《刑事诉讼法》第240条并未界定最高人民检察院提出死刑复核监督意见的案件范围和事由。实践中，由于死刑复核案件数量太大，最高人民检察院一般依线索查阅案卷，启动死刑复核检察监督程序，而由于死刑的严酷性，很多被告人或其近亲属都会抓住最后一线希望，向检察机关申诉，造成了申诉泛、申诉滥，加重了最高人民检察院审查死刑复核案件的负担。省级检察院专业的提请监督，强化了死刑复核监督的针对性，使得最高人民检察院审查当事人申诉有了重点和方向。《刑事诉讼规则》第605条规定，最高人民检察院对于最高人民法院通报的死刑复核案件，认为确有必要的，应当在最高人民法院裁判文书下发前提出意见。然而，实践中，人民法院决定案件处理结果时，已拟好了裁判文书，而最高人民法院作出死刑核准裁定并经院长签发后，下级法院就要在七日内执行死刑，最高人民检察院如果对案情不能提前了解，往往来不及监督，即使监督，也可能因时间紧迫和书面审查的局限性导致监督质量不高。"迟到的正义非正义"，"在司法公正的前提下实现诉讼效率，利于减少司法资源的投入，利于在最短的时间内产生公正的效果以实现诉讼程序的正当性，及时体现刑罚的惩罚与预防功能"。[①] 省级检察院介入死刑复核监督，提前将案件情况报告最高人民检察院，有利于最高人民检察院未雨绸缪，提前做好提出监督意见的准备工作；由于省级检察院亲历死刑案件审判活动、全面了解死刑案件情况，其提请监督的理由也较为客观、充分[②]，有利于最高人民检察院更准确地提出监督意见，实现死刑复核检察监督维护司法公平正义的效率价值。

---

① 白建军：《公正底线刑事司法公正性实证研究》，北京大学出版社2008年版，第201页。

② 黄彩云、高进：《试论死刑复核法律监督的路径》，载《法治研究》2008年第2期。

（三）有利于整合检察资源，提高死刑复核检察监督的质量和效率

波斯纳认为，诉讼制度的目的就是要使司法成本最小化[1]。在检察机关内部，上级检察机关的指令权和上、下级检察院之间权力的移转、承继的存在[2]决定了省级检察院参与死刑复核检察监督的正当性；最高人民检察院履行死刑复核检察监督职能的需要和权能配置的先天不足决定了省级检察院参与死刑复核检察监督的必要性，有利于弥补最高人民检察院履行监督职能知悉权和监督手段的不足，发挥省级检察院就地参与本地区死刑案件的地域优势和直接参与死刑案件审查和法院审理的职能优势，充分运用省级检察院在死刑案件进入最高人民法院死刑复核程序之前的刑事检察监督成果，减轻最高人民检察院履行死刑复核检察监督的工作量，简化最高人民检察院的履职程序，缩短死刑复核检察监督的流程，有利于提高死刑复核检察监督的质量和效率。

四、《刑事诉讼规则》规定省级检察院介入死刑复核监督程序存在的问题

权力主体之间在执行权力时的协调程度影响着权力执行的效果[3]。《刑事诉讼规则》中有关省级检察院介入死刑复核监督程序的规定，体现了死刑案件进入最高人民法院核准程序后，最高人民检察院与省级检察院履行死刑复核监督职能的权力关系。从《刑事诉讼规则》的规定看，目前，省级检察院介入死刑复核监督程序，与最高人民检察院履行死刑复核监督职能，在权力分配和执行上存在以下问题：

（一）最高人民检察院对于省级检察院的依赖性较强，影响最高人民检察院履职的客观性、全面性

根据《刑事诉讼规则》的规定，死刑复核监督中，省级检察院承担监督法院和法官在诉讼活动中的行为是否合法和提供、核实监督证据、及时向最高人民检察院提请监督、报告新证据、新情况等任务，而最高人民检察院则主要依据省级检察院报送的相关材料，参考省级检察院核实证据的有关情况和提出的相关意见，在死刑案件进入最高人民法院核准程序后，作出是否监督的决定

---

① ［美］波斯纳：《法律的经济分析》（下），蒋兆康译，中国大百科全书出版社1997年版，第717页。

② 吴建雄：《检察工作科学发展机理研究》，中国检察出版社2009年版，第118页。

③ 罗昌平：《检察工作规律与机制研究》，中国检察出版社2010年版，第156页。

和向最高人民法院提出监督意见。由此，最高人民检察院履行死刑复核监督职能，其案件来源、作出监督决定、提出监督意见的事实依据和监督决定、意见的方向、内容很大程度上取决于省级检察院履行职责的情况。当省级检察院对案件带有倾向性时，其向最高人民检察院提供的案件信息必然经过主观过滤，如果最高人民检察院没有发现此种情况，其作出监督决定和提出监督意见不可避免地会受到省级检察院的影响。同时，怠于或疏于履行职责在任何执法机关都是客观存在的，重要原因之一是现行法律法规对执法人员以"作为"的方式违法的行为规制较多，而对于司法人员"不作为"违法的规制较少，《刑事诉讼规则》也不例外；加之《刑事诉讼规则》第606条赋予省级检察院在死刑复核监督中的任务较重，省级检察院对于已经进入最高人民法院死刑复核监督程序的案件，要提请最高人民检察院监督，必须首先判断高级人民法院作出裁定所依据的事实是否清楚，证据是否充分，死刑案件被告人是否具有从轻、减轻情节以及高级人民法院是否具有违法行为，致使实践中有的省级检察院为了减轻工作量，怠于行使职责，可监督可不监督的不提请监督，有的省级检察院为避免监督风险，对一些证据、酌定从轻、减轻情节、法律适用、行为违法性程度等方面，检法有认识分歧、学理有认识争议、省级检察院内部有不同意见的案件放弃监督，使一些冤案、错案不能尽可能地进入最高人民检察院监督视野，这同样影响了死刑复核监督功能的实现。

（二）最高人民检察院与省级检察院的衔接程序不畅，影响最高人民检察院履职的效率

一是规定省级检察院向最高人民检察院提请监督或报告的情形较概括，影响程序的可操作性。如《刑事诉讼规则》第607条规定，省级检察院发现死刑复核案件被告人自首、立功等新的证据材料和有关情况，应当及时向最高人民检察院报告，这里的"及时"就较模糊，不利于最大限度地保障死刑案件被告人的合法权益。又如，《刑事诉讼规则》第609条规定，最高人民检察院在必要时可以审阅案卷、讯问被告人、复核主要证据，这里的"必要时"内涵也较宽泛，造成实践中办案人在个案中对"必要"的理解不一，实践中，在案件任务繁重的情况下，可能造成办案人对"有必要"审阅案卷、讯问被告人、复核主要证据的案件以"无必要"为由，怠于履行职责，造成严重后果。二是规定最高人民检察院发现死刑复核监督线索的保障程序缺失，使得最高人民检察院履行职能过于依赖外界提供的情况。现行《刑事诉讼规则》未规定最高人民检察院知悉死刑案件复核程序中违法情形的有效渠道，如果上级机关不交办、转办、案件当事人或案外人不申诉、不控告，最高人民检察院就

难以主动发现监督线索。三是对于省级检察院如何配合最高人民检察院履行监督职能的具体程序不明，如配合最高人民检察院核实证据、出庭等方面的具体程序。一方面，导致省级检察院和最高人民检察院配合中的权、责不明；另一方面，当死刑案件已进入最高人民法院核准程序，监督主体已转为最高人民检察院，如果省级检察院履行监督职责缺乏适法的身份，可能导致省级检察院履行配合职责时受到外界对于检察执法权威的质疑。

（三）最高人民检察院对于省级检察院的制约不足，影响最高人民检察院履职的效果

一是制约省级检察院的具体标准不明。实践中，省级检察院提请或不提请最高人民检察院监督、是否向最高人民检察院报告有关情况，有较大的自由裁量权。死刑复核程序的现实功能是保障死刑案件质量、减少死刑案件数量、防止死刑案件的错误裁判、统一适用法律、保障死刑案件的司法公正①，而死刑复核检察监督则是死刑复核程序这些功能得以实现的重要保障。因此，死刑案件中凡是存在任何程度可能的错误时，检察机关都应履行监督职能，予以审查、核实。但实践中，不少省级检察院往往将死刑复核监督的标准与审判监督的标准混同，往往追求死刑复核程序"确有错误"，对一些可能存在错误但难以确定是否"确有错误"的案件为避免案件质量风险不予上报，而最高人民检察院即使发现省级检察院这种做法，即使省级检察院该做法造成了严重后果，也无充分的理由对省级检察院追责。二是对于省级检察院怠于、疏于履行职责的后果不明。《刑事诉讼规则》未规定省级检察院怠于、疏于履行职责的追责程序和后果，使得省级检察院在决定是否提请监督或者是否上报有关情况时，随意性较大，在实践中也造成了最高人民检察院对一些冤假错案无以得知，更谈不上及时、有效监督。三是未规定最高人民检察院受理省级检察院提请监督报告后的处理程序、反馈程序，不利于上、下级检察院的信息沟通和工作衔接、上级检察院对下级检察院的业务指导，也不利于省级检察院配合最高人民检察院履行监督职责的积极性的培养。

五、完善省级检察院介入死刑复核监督程序的思考

综上，现行刑事诉讼法确定了死刑复核检察监督原则，无疑是我国刑事诉讼立法史上的一大进步，《刑事诉讼规则》对检察机关履行死刑复核检察监督

---

① 土敏远：《如何看待新刑事诉讼法完善死刑复核程序的规定》，载《检察日报》2012 年 4 月 12 日。

职责进一步作了细化规定，有利于规范检察执法，强化监督效果，但任何一项制度在产生之初，都不可避免地存在一些不完善之处，需要我们在实践中不断探索、论证，加以修正。就省级检察院参与死刑复核检察监督的程序来说，笔者认为，应从以下几方面予以完善：

（一）坚持职、权、责相称原则，强化死刑复核监督的客观性、全面性

从现行法律规定的最高人民检察院和省级检察院的职权内容看，当死刑案件进入最高人民法院核准阶段后，省级检察院并无对死刑复核案件启动监督程序的决定权和对最高人民法院提出监督意见的权力，只有与其监督地位相适应的建议权。因此，此时由省级检察院担负主要的监督线索发现任务，并进行主要的死刑复核监督的证明，与其职权内容并不相称，其是否全面、及时履行监督线索报告义务、搜集的证据是否客观、全面、充分、提请监督的意见是否客观、公正，只会导致最高人民检察院对于案件质量的不同评价，省级检察院并不会因此承担相应的法律后果。同时，由于此阶段省级检察院没有监督决定权，当省级检察院不同意一些当事人提请监督的申请时，也容易导致当事人对其不提请监督决定的合法性的质疑。鉴于此，建议《刑事诉讼规则》加强最高人民检察院在死刑复核监督中积极、主动发现线索的能力，规定凡是当事人申请省级检察院提请监督的死刑案件，凡是检、法有认识分歧、省级检察院内部有争议的案件，省级检察院都应将相应情况和材料报送最高人民检察院，以便最高人民检察院全面了解案件情况。同时，加强最高人民检察院在死刑复核监督中的证明责任，规定省级检察院在死刑复核监督中滥用职权、怠于行使职权的法律后果，如规定由于省级检察院在死刑复核监督案件中履行职责不当导致当事人到最高人民检察院上访的，由省级检察院答复处理，导致严重后果的，追究相应人员的责任等，保障最高人民检察院全面、客观知悉监督信息，防止监督缺失或履行客观义务不当，导致冤假错案。

（二）加强最高人民检察院与省级检察院的职能衔接，提高死刑复核监督的效率

"法律的正义必须以经济上的可行性、合理性为基础"，"正义的第二种意义，简单来说就是效率。"① 在诉讼活动中，除了公正以外，效率已成为衡量

---

① 付涘：《论刑事简易程序的公正与效率》，载《贵州学院学报》（哲学社会科学版）2002年第2期。

一个国家的诉讼制度是否科学和文明的另一重要尺度①。就死刑复核检察监督中最高人民检察院与省级检察院的关系现状而言，应加强二者在死刑复核检察监督中的衔接配合，实现省级检察院刑事检察权与最高人民检察院死刑复核检察权的功能互补、顺畅衔接，防止省级检察院与最高人民检察院在死刑复核监督中各行其是，职责不分，工作脱节。鉴于现行《刑事诉讼规则》的规定，检察机关履行死刑复核监督职责，由省级检察院主要承担事实、证据审查、核实任务，并提出审查意见，由最高人民检察院作出是否启动监督程序的决定，并决定提出监督意见的内容，建议建立由最高人民检察院与省级检察院办案人共同向最高人民检察院检委会汇报并出庭的机制和由最高人民检察院指派省级检察院办案人员出庭的机制，一者减轻最高人民检察院的工作量，二者防止在实践中造成监督证明过程与监督实施过程的脱节，影响监督效果。另外，还应明确规定最高人民检察院受理省级检察院报告的处理程序和反馈程序，顺畅省级检察院与最高人民检察院之间的工作流程，强化最高人民检察院对省级检察院的业务指导，激励省级检察院履行职责的积极性，提高省级检察院参与监督的质量。

（三）强化省级检察院与最高人民检察院的监督和制约

"如果法律要完成其目标，则必须以权力为支持，但是不受制约的权力则极易由于其反复无常而漠视正义与安全的要求，这种反复使得法律无法衡量不同人行为的法律后果。"② 在死刑复核检察监督中，要提高监督效率，除了强化最高人民检察院与省级检察院的功能配合、互补，实现"$1+1>2$"的增效作用外，还应加强双方之间的监督和制约，避免职权推诿和内耗。应对省级检察院向最高人民检察院报告相关情况的期限作出明确规定，以促使省级检察院积极、高效地履行职责；应对最高人民检察院"必要时"讯问被告人、复核证据的内容予以明确，形成省级检察院参照的明确规范，省级检察院可以据此对与此相关的证据材料的收集特别关注，防止最高人民检察院核实时，此类证据因时过境迁等原因流失。

---

① 林振明、赵元松：《司法制度创新与司法效率的衡平》，载景汉朝主编：《司法成本与司法效率实证研究》，中国政法大学出版社 2010 年版，第 109 页。

② ［英］约翰·洛克：《政府论（下篇）》，叶启芳等译，商务印书馆 1964 年版，第 59~60 页。

死刑复核法律监督问题探讨[*]

金 石^{**}

修改后《刑事诉讼法》第 240 条第 2 款规定了最高人民检察院对死刑复核程序的监督，即在复核死刑案件过程中，最高人民检察院可以向最高人民法院提出意见。最高人民法院应当将死刑复核结果通报最高人民检察院。该项规定，完善了死刑复核程序，体现了国家对适用死刑的慎重，为进一步保证死刑复核案件质量，加强对死刑复核程序的法律监督提供了保障。但该项规定由于立法规定的较为原则和缺乏刚性要求，使得检察机关的此项监督职能尚需进一步细化和明确，以使最高人民检察院可以有效表达监督意见、强化监督效果，更好地履行修改后刑事诉讼法所赋予的监督职责。

一、死刑复核法律监督的正当性基础

（一）死刑复核法律监督权的宪政基础

生命权存在的尊严和价值是维系宪法与其他法律共同价值的纽带，现代法治国家的法律体系是建立在以尊重生命权价值为核心的宪法基础之上的。在宪法基本原则下，任何社会公共政策的制定与实施都应当充分体现对公民生命权的关怀。不论死刑复核程序如何变化，但其权力运作的形态主要还是表现为最高人民法院内部裁判权的行使。要想正确认识死刑复核法律监督权的性质，必须从宪法的高度探求。宪法的实施对国家建立完善生命权保障的法律体系提出了从形式到实质上的全面要求，检察机关介入对死刑复核程序这一涉及公民最基本的宪法权利的过程是十分必要的。它的核心意义并非仅在于国家健全其权利保障体系的宣示性作用，更在于对每一个个体生命价值的切实尊重。

---

* 原文发表在《中国检察官》2014 年第 2 期。

** 作者单位：甘肃省人民检察院。

（二）死刑复核法律监督的法理基础

从死刑复核的权力属性来看，死刑复核权作为审判权的有机组成部分，关涉到人的生命权，而生命权是人的其他权利的基础，因此，必须对死刑复核权进行严格监控，以防法官恣意和擅断；从死刑复核的诉讼属性来看，不论死刑复核程序的性质如何，只要它属于刑事诉讼的一个组成部分，那么检察院对死刑复核的监督就具有了法理依据。

（三）死刑复核法律监督的法律依据

根据刑事诉讼法的规定，死刑复核程序规定于第 3 编 "审判" 中，其属于法院刑事审判活动的重要组成部分。既然死刑复核程序属于审判活动，那么根据人民检察院组织法的规定，检察机关理所应当的对死刑复核程序进行法律监督。由此推彼，对于法院审判活动的自然延续判决执行活动，检察机关亦应进行及时、全面、有效的法律监督。

二、检察机关对死刑复核程序进行法律监督的意义

（一）保障人权的需要

生命权是公民最核心的权利，生命权一旦被剥夺，具有不可逆转性。剥夺生命权的刑罚应当是极其慎重的，司法程序中应该有极为严密的防范措施，有比实施财产刑罚和自由刑罚更为严格缜密的防范程序和监督机制。检察机关对死刑复核程序进行法律监督，就是在监控国家司法权力对生命权剥夺与否的最后一道关口，体现着宪法对生命权的终极关怀。检察机关履行死刑复核程序的法律监督职责，其切入点是保障人权，其核心价值也是促成对以生命权为主要内容的基本人权的维护。检察机关介入死刑复核程序能够保证死刑复核权能的公开、公正行使，并使死刑复核的合法性得到保证，使保障人权这个法的最高理念得到贯彻。因此，从人权保障的普适性角度出发，设置死刑复核监督程序在逻辑上是顺畅的，在理论上是必然的。

（二）保障司法公正的需要

死刑复核监督是检察机关对人民法院死刑复核活动的合法性以及裁判结果的正确性进行的法律监督。死刑复核程序作为关系被告人生死存亡的最重要的程序，要确保万无一失，除了法官的严谨细致外，让检察官介入，无疑可以多一道把关，少一点错漏。从监督职责来说，死刑复核监督本身就应当是人民检

察院刑事诉讼监督的重要组成部分。为保证审判机关严格执行死刑复核的法律规定，保证我国死刑政策的准确实行，是需要外部的监督与制约的。正如人民法院的其他审判活动需要接受法律监督和当事人权利的制约一样，死刑复核程序同样需要有效的法律监督。检察机关正是通过行使死刑复核权，才能够及时纠正死刑复核程序中的违法行为，从而有效解决审判机关在死刑复核程序中存在的问题，实现和维护司法公正。

（三）促进社会正义的需要

对死刑这一严酷刑罚的存废之争由来已久，其理论焦点即在于该刑罚的执行能否促进社会正义，无论法律是否有既定规定，剥夺公民生命权是否具有合法性，从来没有达成理论上的统一。但是从目前我国社会发展现状及社会特制上来说，取消死刑无疑具有极大的消极意义，因此，保留死刑的呼声及立场在理论界和实务领域占了上风。但是死刑的适用毕竟是将公民精神肉体消灭的刑罚，其法理根据应该是该生命体的反社会行为导致了更多生命体的消失，或者其存在已严重危及社会普遍生命体的延续，因此将其终止以换取社会的正义。离开社会的正义价值，任何人、任何组织，甚至国家对公民生命权的剥夺均是非法的。死刑复核程序的设立宗旨及立法价值是在允许死刑的前提下，极大可能的使死刑的适用符合社会正义的目标。对死刑复核程序进行监督，是以更严肃的心态及更理性的思维对待公民的生命权，这一更为审慎的过程促使社会进一步关注生命权，进一步在审视生命权的价值理念的同时促进社会正义的实现。"正义根植于信赖"，实现社会正义不仅外化于社会对生命权的珍惜，更突出的表现于社会对死刑判决执行程序的认可和信任，对死刑复核程序的严格监督使社会公众对死刑判决及其执行消除了疑虑，提高了对程序的认可度。

（四）维护我国国际形象的需要

死刑是剥夺犯罪人生命的刑罚，死刑案件程序的重要性不言而喻。正因为如此，世界各国在作出死刑判决时慎之又慎，我国亦不例外。早在奴隶制的商周时期我国就出现了死刑复核、复奏制度的萌芽。发展到明清时期，出现了成熟的朝审、秋审制度。这些制度较大程度地防止了死刑错案的出现。而且，我国已经签署了联合国《公民权利与政治权利国际公约》，在死刑方面采取的任何举措，都将受到国际社会的监督与评判。当前，在国际人权对话和斗争中，死刑问题往往成为一些国家和人权组织攻击我国的借口。检察机关对死刑复核程序进行法律监督，有利于保证死刑适用过程和结果的公正、合法，更好地保障诉讼当事人的基本人权①。这样，既可以向国际社会昭示我国司法机关对死刑适用所持的极其慎重的态度和立场，也可以向世人表明我国的死刑制度设计已经充分考虑到有效保障人权的各种救济渠道，这必将有利于我国的对外交往，有利于维护国家的法治形象②。

三、如何强化检察机关对死刑复核程序的监督

（一）增强监督意识

检察官要以强化公民生命权的保障为核心，着重树立以下三种意识：一是增强积极行使法律监督权的能动意识。监督死刑核准是关系到公民生命权保障的大事，检察机关要积极探索、尝试对死刑复核程序监督的相应措施和有效途径，解决克服重配合、轻监督制约的错误思想以及死刑复核程序本身是法院内部的监督，检察机关没必要太多介入的想法。二是增强权利平等意识，即以平等的观念看待所有被判处死刑的被告人。不仅在对适用死刑客观标准的监督上要平等，在对适用死刑的对象、所触及罪名的监督上也要平等，不因被告人的民族、性别、职业、地域、财产状况等不同而区别对待。三是增强权利保障意识。要从切实保障公民生命权、维护宪法和法律权威的高度事业心和责任感出发实施监督，严谨细致地把好公民生命权救济的最后一道关口③。

（二）完善监督机制

一是结合法律监督职能，充分发挥量刑建议的作用。检察机关充分行使量刑建议权，有利于发挥检察机关的法律监督职能，促进法院准确适用死刑。要坚持客观、公正立场，充分考虑化解矛盾、维护稳定、促进和谐以及公众利益的实际需要和社会公众的接受程度，综合考察犯罪性质、犯罪情节、犯罪后果和被告人的主观恶性等因素，依法提出量刑建议以及决定是否抗诉。对那些严重危害国家安全和公共安全、严重危害社会秩序等罪行极其严重的被告人，坚决依法提出适用死刑的量刑建议，人民法院没有判处死刑的，应当依法提出抗诉。二是结合对刑事审判活动的监督，完善出庭作证制度。由于死刑案件的特

---

① 于天敏、李建超、杨洪广：《检察机关对死刑复核程序法律监督的实务设计》，载《西南政法大学学报》2009年第2期。

② 万春、高景峰、陈旭文：《改革与完善死刑复核及其法律监督制度初探》，载《人民检察》2006年第2期。

③ 韩大元、王晓滨：《强化检察机关监督死刑复核程序的宪法学思考》，载《人民检察》2006年第11期。

殊性，对死刑案件的证据和证明要求应当更加严格，从强化死刑案件质量的角度，必须加强和完善被害人、证人、鉴定人出庭作证制度。对于不出庭作证的被害人、证人、鉴定人的书面陈述、书面证言以及鉴定意见经质证无法确认的，不能作为定案的依据。三是加强对死刑案件量刑畸重畸轻的刑事抗诉。在死刑案件的审判监督中，加强对刑事裁判文书的审查监督，对发现审判活动中出现的定性及法律适用错误，及时提出监督意见，跟踪监督结果。在审查时，对照起诉意见书、起诉书、判决书中关于犯罪事实、证据和定性表述的细微差别，追根溯源，及时发现问题。对应当判处死刑而未判处死刑或者不应当判处死刑而判处死刑的错误判决、裁定，要依法提出抗诉或者监督意见。在审查死刑案件时，要坚持全案审查原则，既要审查上诉人的上诉理由及事实、证据，也要审查案件的其他事实、证据；既要关注证明被告人罪行的证据，也要关注有利于被告人的证据；既要分析在原审判决中有争议的证据，也要分析二审出现的新情况、新证据。

（三）健全监督方式

在没有法律详细程序规定的情况下，全程对死刑复核程序进行监督有一定的难度。根据目前法律规定可以实现的监督方式主要有：一是检察长列席最高人民法院关于死刑案件审委会会议的讨论。这种做法有充分的法律依据。《人民法院组织法》第 11 条规定了检察院检察长有权列席本级法院召开的审判委员会会议，并可以在会上发表意见。因此，在死刑这种事关公民生命权的重大案件讨论中，最高人民检察院有必要充分行使这一权力，以确保监督到位①。二是死刑复核监督人员可以列席法官关于死刑复核合议和讨论过程。在死刑复核案件不开庭审理的规定下，这是目前解决死刑复核监督问题最有效的途径。三是对于发现的问题通过检察意见等形式提出，要求法院予以改正，如果法院拒绝改正，或问题严重影响到案件的公正处理，检察机关应当通过审判监督程序行使抗诉权。通过抗诉，要求法院对案件开庭审理，从而达到对死刑复核监督的目的。

（四）完善监督手段

一是查阅案卷。检察机关应主动查阅案件有关材料，向审判机关调阅案卷，研究死刑判决的法律依据和事实根据。二是自行提讯被告人。检察机关应当会见被告人，看其这段时间思想动态、供述状态、控告检举情况，对提讯被

---

① 田开封：《死刑复核检察监督构想》，载《检察日报》2006 年 12 月 15 日。

告人的程序是否合法、正当进行监督，并听取辩护人意见及必要时向被告人的近亲属了解情况。三是出具监督意见书。一方面，经前述工作后，检察机关应出具《死刑复核监督意见书》，内容主要包括对死刑判决书中认定的事实、适用的法律依据、控辩双方争议的焦点发表自己的意见；办案人员在死刑复核过程中是否有违反法律规定的行为等。另一方面，无论是书面审理还是开庭审理，最高人民法院都必须给最高人民检察院一个书面告知。对于最高人民法院决定采用书面审理方式的，最高人民检察院应当作出书面意见回复，表示同意或者不同意。若不同意采用书面方式审理的，最高人民检察院在不同意的同时，可以建议开庭审理，并书面回复最高人民法院，由最高人民法院作同意或者不同意的最终决定。同时，若不同意开庭审理的，最高人民法院应当给最高人民检察院一个陈述意见的机会，允许其向合议庭口头陈述意见，并由合议庭记录在案。

（五）强化监督措施

一是对于有关办案人员在死刑复核活动中有贪赃枉法、徇私舞弊、玩忽职守等违法行为，及时将线索移送有侦查权的机关，如构成犯罪的，应依法立案侦查，追究有关当事人的刑事责任。二是切实履行好执行监督权，实现对死刑复核裁定各个环节的"全程监督"。在人民法院对死刑复核的裁决作出之前、之中和之后检察机关都应当及时介入，实施有效的监督，发挥应有的作用。在询问被告人遗言、验明正身、监督刑场执行等环节中如发现任何疑点，都要果断记录，要通过最高人民检察院向最高人民法院提出，需要抗诉的要及时提出抗诉。同时，地方各级人民检察院对于判决死刑缓期执行的被告人，在羁押期间要及时受理他们的申诉，发现问题要及时纠正，这也可以说是死刑复核监督权的延伸。

同时，由于修改后刑事诉讼法对死刑复核法律监督的规定较为简单、概括，导致实践中出现一些问题无法处理，因此必须进一步强化规范的制定力度，将死刑复核程序中法律监督的一些重要问题，如检察机关对死刑复核程序进行法律监督的具体时间、权限、范围、方式方法、采取的措施以及最高人民法院的告知、协助义务等均以司法解释、实施细则和会签文件等形式固定下来，以制度化、规范化来保证检察机关死刑复核法律监督权的有效落实。

未成年人刑事特别程序探微[*]

杨寅海　鲍俊红[**]

对违法犯罪的未成年人，实行"教育、感化、挽救"的方针和"教育为主，惩罚为辅"的原则，充分体现了法律对未成年人特殊司法保护的精神。在司法实践中，如何体现这种立法精神，把六字方针、八字原则转化为具有可操作性的条文细则、规章制度，进而使法律规定渗透到办案的具体活动中，值得每个办理未成年人刑事案件的司法工作人员深思。

一、关于合适成年人到场制度的落实

所谓"合适成年人到场制度"，是指讯问和审判未成年犯罪嫌疑人、被告人时，通知其法定代理人或者其他合适成年人到场，帮助未成年犯罪嫌疑人、被告人行使诉讼权利并监督讯问和审判活动的制度。确立合适成年人到场制度，不仅可以帮助未成年人与讯问人员的沟通，而且可以对讯问过程是否合法、合适进行监督[①]。

在司法实践中如何落实合适成年人到场制度，不仅存在不同的认识，而且存在不同的做法。其中有些做法存在重形式轻实质的问题，有的承办人为了提高办案效率，往往是先行讯问后通知合适成年人到场，尤其是在首次讯问，合适成年人到场时，讯问已经开始或者结束，合适成年人只是履行了签字义务；有的办案单位嫌麻烦图省事，只通知一次合适成年人，将之前所有讯问笔录进行补签，以证明讯问时合适成年人到场。签字齐全的讯问笔录虽然从形式上看是符合法律规定的，但实际上并不符合合适成年人到场制度的规定，甚至有悖于刑事诉讼法对未成年人特殊司法保护的立法精神。然而检察机关在审查逮

　＊　原文发表在《人民检察》2014 年第 7 期。

　＊＊　作者单位：河北省邯郸市临漳县人民检察院。

　①　参见宋英辉：《特别程序彰显对未成年人特殊保护》，载《刑事诉讼法权威解读》，中国检察出版社 2012 年版，第 59 页。

捕、审查起诉时判断讯问未成年犯罪嫌疑人时是否有合适成年人到场主要审查检验讯问笔录上是否有合适成年人的签字和捺手印。这种审查很难监督合适成年人到场制度的落实情况，无法杜绝有形无实的走过场。可以说一份有成年人签名和捺手印的形式上合法的讯问笔录，并不能完全证明合适成年人讯问时始终在场。

那么，如何才能避免这种行为发生，防止合适成年人到场制度被架空呢？笔者认为，除了在讯问未成年犯罪嫌疑人时实行同步录音录像之外，应当为未成年人设立"合适成年人双次谈话制度"，即在讯问未成年犯罪嫌疑人之前、之后分别对到场的合适成年人进行谈话，并记录在案，由成年人核对后签字确认。开始讯问未成年犯罪嫌疑人之前先询问合适成年人的内容包括：告知其相关权利义务、收到通知书的时间、到达讯问现场的时间、与未成年犯罪嫌疑人的关系、对未成年犯罪嫌疑人的了解程度、该未成年人的平时表现、性格特点等。在结束讯问未成年犯罪嫌疑人之后再次询问合适成年人，询问内容包括：是否全程参与讯问、是否帮助未成年犯罪嫌疑人校对核实讯问笔录、对讯问过程的监督情况、对办案单位的意见、对未成年犯罪嫌疑人或案件的想法等。合适成年人"双次谈话"制度不仅可以约束承办单位遵循讯问未成年人时必须有合适成年人到场的要求，而且可以通过该交谈记录反映合适成年人在场制度达到的效果，也促使合适成年人充分发挥安抚、沟通、协调、监督的作用。

"合适成年人双次谈话"制度的优点为：一是可以保障合适成年人到场制度的有效实施，从根本上解决合适成年人到场形式化的问题。这样做，既有利于监督侦查机关执行合适成年人到场制度的落实情况和讯问过程是否合法，也有利于约束到场合适成年人的行为举止。二是可以充分反映合适成年人对到场义务履行的情况，对案件办理的配合程度，判断其是否为该未成年人的到场合适成年人的最佳人选。

二、关于非证据材料的入卷问题

未成年人特别程序凸显了对未成年人的特殊保护，更注重从未成年人的身心特点出发、从未成年人所处环境考虑，为未成年人的前途着想。与普通刑事案件相比，未成年人特别程序中的基本原则除修改后刑事诉讼法明文规定的"教育为主，惩罚为辅"和"保障未成年人行使其诉讼权利"外，还有全面调查原则、分案处理原则、迅速简易原则①，只有严格遵守这些原则，才能切实保障未成年人诉讼权利的全面实现。

从理论上讲，未成年人心理分析学材料随案移送更有利于特别程序立法目的的实现。但是在实际操作层面应当如何移送，无论是在刑事诉讼法本身还是在有关刑事诉讼法适用的规则中都没有明确的规定。笔者认为这些材料应当随案移送，但是既不能放在证据卷中移送，也不能放在诉讼卷中移送。第一，这些材料都不是本案的证据材料。目前学术界对社会调查报告这类材料是否属于证据尚存在争议。有观点认为，未成年人刑事案件社会调查报告具备了证据的客观性、关联性和合法性，应当被视为证据。② 也有观点认为，未成年人刑事案件社会调查报告不是证据，而是在处理未成年人刑事案件诉讼中形成的一种参考材料或者资料，既不是司法证明，也不是司法文书。③ 笔者认为，这类材料不能作为证据材料并放在证据卷中。因为这些材料不是证明犯罪构成任何一个要件的事实材料，不能作为证据作为犯罪事实成立的证据使用；这些材料也不能反映犯罪行为的危害程度和犯罪人的主观恶性，不能作为证明量刑情节轻重的证据使用。所以将这些材料放在证据卷中是不合适的。这些案件材料，无论是社会调查报告还是有关未成年犯罪嫌疑人如何走上犯罪道路心理记录等方面的材料，都属于说明未成年人的心理特点、思想意识、个人品格、受教育帮助等情况的事实材料，而非定罪量刑的证据。第二，这些材料不应放在侦查卷中。在我国目前司法实践中，承办人通常根据个人意愿，将自行收集的材料或多或少附在侦查卷后或随意夹在卷宗里。笔者认为将这些非证据材料混杂在侦查卷中存在一定的问题：一是不利于证据体系的排列，破坏证据卷的严肃性。一般刑事侦查卷分为证据卷和诉讼卷，证据卷中罗列的证据按照一定的规律排列，这些材料显然并非证明犯罪事实的材料，不属于七种证据种类之一，装在卷中任何一部位都显得牵强。二是无法凸显这些非证据材料的地位，其重要性容易被忽视。承办人办理未成年人案件要下很大功夫做好未成年人本身的调查、了解、分析工作，"教育、感化、挽救"未成年人的可能性很大程度上取决于这些工作的开展，由于这些材料的收集和移送尚未被有效规范，存在任意

---

① 参见宋英辉、甄贞主编：《未成年人犯罪诉讼程序研究》，北京师范大学出版社2011年版，第46页。

② 参见张静、景孝杰：《未成年人社会调查报告的定位与审查》，载《华东政法大学学报》2011年第5期。

③ 参见赵桂民：《论未成年人社会调查报告的法律性质及其思考》，http：//lawinnovation. com/html/wcnr－jkccfzbz/lgxd/9719. html。最后访问日期：2013 年 12 月 12 日。

性、可有可无、可多可少的现象，削弱了非证据性材料在未成年人特别程序中的地位。

作者建议将这一类非证据材料单独入卷，形成"案外卷"。就是指虽不能作为定案的证据使用，与犯罪事实不具有直接联系，不能够影响对未成年人的定罪量刑，但可作为重要参考资料或有必要记录在案的情况。应当注意，证明量刑的证据均应当装入"案内卷"中，比如未成年人到案后的认罪态度，悔罪表现虽然也是关于其自身的描述，但应当作为证据材料使用，只有不属于证据的才装入"案外卷"中。"案外卷"一般应包括四部分："个人记录"、"亲情会见"、"合适成年人双谈话"、"社会调查报告"。

"个人记录"是指在办理未成年人案件中尤其是在讯问时出现或发现有必要记录在案的相关情况。"亲情会见记录"是指对于符合亲情会见的未成年人，承办单位安排亲情会见的原因、效果等情况。"合适成年人双次谈话"是指在讯问未成年犯罪嫌疑人开始之前、结束之后，讯问人员分别与到场的合适成年人进行交谈及其情况记录。"社会调查报告"是指对未成年犯罪嫌疑人进行社会调查所形成的报告。社会调查报告应当注明调查主体、时间、地点、对象、事项等内容。

"案外卷"的单独分离且随"案内卷"移送，不仅客观记录了未成年人在诉讼程序中的行为表现、心理变化、受助过程，为全面了解未成年人奠定基础，通过"案外卷"可以一目了然地看到未成年犯罪嫌疑人身心变化及受助经历，所受到的特殊法律保护，让特别程序中的特别工作不再是"付出多少无法衡量，效果好坏无法体现"。

三、关于未成年人诉讼权利的保障

《刑事诉讼法》第 266 条规定，人民法院、人民检察院和公安机关办理未成年人刑事案件，应当保障未成年人行使其诉讼权利，保障未成年人得到法律帮助。

（一）主动告知全部诉讼权利

告知诉讼权利义务是刑事诉讼中的首要环节。一次权利义务的告知实质上就是一次对法律的宣讲。按照"火炉效应"[①]，告知未成年犯罪嫌疑人权利义

[①] "火炉效应是指火炉以热和光可以给人带来温暖，人们因而亲近它，但是，无论什么人，要触到它，则无一例外被烫手，使人们对它又充满敬畏，不敢轻易触犯。"参见张蓉：《未成年人犯罪刑事政策研究》，中国人民公安大学出版社 2011 年版，第 155 页。

务时，要让其感受到法律既令未成年人亲近，又不可侵犯，既有人性化的宽，又有法律尺度的严。除了告知法律明文规定应告知的回避和强制辩护的诉讼权利之外，法律明文规定的"不得强迫自证其罪"、"尊重和保障人权"等，从保护未成年人的角度也应当主动向其告知。另外，应告知未成年人检察机关负有的法律监督职责。检察机关也应特别核实在侦查活动中是否受到任何方式的身体胁迫和精神威胁，有无刑讯逼供或采用威胁、欺骗或引诱等其他非法手段获取证据的情况，在侦查阶段公安机关对合适成年人制度的落实情况。提示未成年犯罪嫌疑人"控告权"的存在，增强自我保护意识，从根本上保障未成年犯罪嫌疑人行使其诉讼权利的实现。

（二）积极讲解法律规定的含义

由于未成年人自身发育不成熟，其不具备法律决策能力，与成年人相比更容易受到刑事诉讼程序，尤其是讯问策略和讯问压力的影响，表现出更多的易受暗示性倾向。[①] 要让进入诉讼程序的未成年犯罪嫌疑人、被告人受到法律的充分保护，必须帮助他们树立权利意识，增强其法律自我保护能力。虽然未成年人特别程序为保护未成年人作出诸多规定，但进入诉讼程序的未成年人往往自己并不熟悉这些"照顾"自己的规定，很容易因为进入司法程序而陷入迷茫、无望之中，感到身陷囹圄、追悔莫及。所以详细向涉罪未成年人讲解这些法律规定显得尤为必要。首先要主动讲解法律不公开审理制度的绝对性和犯罪记录封存制度，说明国家和法律保护他们的隐私，为他们重新回归社会创造条件，打消未成年犯罪嫌疑人、被告人的心理顾虑，重拾对生活的信心；其次对于可能符合法律规定的未成年犯罪嫌疑人，要主动告知附条件不起诉制度和刑事和解制度的特点，力促案件顺利开展，实现法律效果和社会效果的统一。

（三）细化法律援助制度

《刑事诉讼法》第267条规定了强制辩护制度，未成年犯罪嫌疑人、被告人没有委托辩护人的，人民法院、人民检察院、公安机关应当通知法律援助机构指派律师为其提供辩护。虽然据该条规定应当无条件的为没有委托辩护人的未成年犯罪嫌疑人、被告人提供法律援助，但司法实践中并未发挥其效能，主

[①] 青少年并不具备法律决策能力：第一，不能真正理解审讯结果对自己而言究竟意味着什么。第二，不能正确看待自己法律权利，当自己权利受到侵犯时，不会认识到自己利益的损失。第三，与其他人沟通能力欠佳。参见许永勤：《未成年人供述行为的心理研究》，中国人民公安大学出版社2011年版，第86页。

要存在如下问题：一是律师介入较晚。虽然自侦查机关第一次被讯问之日起未成年犯罪嫌疑人就有权委托律师，但司法实践中指定辩护律师直到开庭前才着手介入案件的情况十分普遍，其中既有公、检、法三机关推诿责任，将义务转嫁下一诉讼环节的情况，也有法律援助机构在接到指派通知后怠于履行职责的情况。其结果必然会导致律师的阅卷和会见工作受限。二是援助服务质量不高。除了受介入时间较晚影响外，与被指定辩护律师的责任意识和执业理念有关，因为法律援助案件费用非常有限，有些律师不愿付出更多精力，往往在未充分了解未成年犯罪嫌疑人和案件的情况下匆匆办理，不能全面、客观、认真、细致地提出高质量的辩护意见，致使法律援助流于形式。

对未成年犯罪嫌疑人、被告人实施法律援助的效果如何反映出法律对未成年人保护的力度大小，未成年犯罪嫌疑人、被告人能否充分受到法律保护也在某种程度上取决于法律援助制度的落实情况。为了落实刑事诉讼法关于强制辩护的规定，切实保护未成年犯罪嫌疑人、被告人的诉讼权利和合法权益，针对司法实践中法律援助现状存在的问题，应从以下几个方面对未成年犯罪嫌疑人、被告人的法律援助进行细化：

第一，明确几个时间限制。未成年犯罪嫌疑人自被立案侦查后第一次讯问时，侦查人员向其告知未成年犯罪嫌疑人享有《刑事诉讼法》第33条第2款规定的诉讼权利的同时，应当告知其可以委托辩护律师，如不自行委托的，侦查人员至迟应当在第一次讯问后的二日内向司法局申请指定法律援助，发出《提供法律援助通知书》。人民检察院办理审查逮捕案件自收到案件之日起二日内，审查起诉案件自收到案件之日起三日内，在告知未成年犯罪嫌疑人诉讼权利的同时，应当告知其可以委托辩护律师，如不自行委托或申请法律援助未果的情况下，应向司法局申请指定法律援助，发出《提供法律援助通知书》。人民法院自收到案件之日起三日内，在送达起诉书、告知未成年被告人诉讼权利的同时，应当告知其可以委托辩护律师，如不自行委托或申请法律援助未果的情况下，应向司法局申请指定法律援助，发出《提供法律援助通知书》。司法局应当在接到以上通知后的二日内指定辩护律师，被指定的律师应当在二日内会见未成年人犯罪嫌疑人、被告人。

第二，明确未成年人享有的权利。讯问未成年犯罪嫌疑人、被告人时应当向其了解法律援助的实施情况。未成年犯罪嫌疑人、被告人拒绝法律援助机构指派的律师作为辩护人的，承办单位应当查明拒绝的原因，有正当理由的，予以准许。未成年犯罪嫌疑人、被告人可以另行委托辩护人；未另行委托辩护人的，应当书面通知法律援助机构另行指派律师为其提供辩护，并将该情况记录在案。

公检法三部门在办理未成年人刑事案件时发现以下情况的应保证未成年犯罪嫌疑人、被告人享有更换辩护律师的权利①，司法局应当予以积极配合，并在收到更换通知二日内重新指定辩护律师：（1）辩护律师未在规定的时间内向办案单位提交材料并及时会见未成年犯罪嫌疑人、被告人的；（2）未成年犯罪嫌疑人、被告人提出为其指定的辩护律师不履行法律职责或对其不信任而要求更换的；（3）未成年犯罪嫌疑人、被告人的监护人要求更换辩护律师，并提出合理理由的。辩护律师的更换以二次为限。

---

① 参见鲍俊红：《论未成年人诉讼权利的特殊保护》，载黄太云、李仕春主编：《司法权的监督制约机制》，中国长安出版社 2013 年版，第 587 页。

行政证据作为刑事证据使用规则刍议[*]

瞿　伟　范青青[**]

为解决司法实践中行政证据作为刑事证据的使用问题，修改后《刑事诉讼法》第 52 条第 2 款规定："行政机关在行政执法和查办案件过程中收集的物证、书证、视听资料、电子数据等证据材料，在刑事诉讼中可以作为证据使用。"开启了行政证据进入刑事诉讼的大门。随后，最高人民法院《关于适用〈中华人民共和国刑事诉讼法〉的解释》（简称《最高法刑事诉讼法解释》）、最高人民检察院《人民检察院刑事诉讼规则（试行）》（简称《刑事诉讼法司法解释》）、公安部《公安机关办理刑事案件程序规定》（简称《公安部程序规定》）相继出台，对此条理解适用也做出解释。由于三个解释性规定不统一，实践中可能造成无所适从、各行其是的局面，损害法律执行的统一性和有效性。为此，本文拟对行政机关收集的证据材料作为刑事诉讼证据使用的规则进行探讨，以期统一执法标准。

一、行政证据作为刑事诉讼证据使用的重要性和必要性

（一）有利于节省司法成本

随着我国改革开放的深入发展，尤其是我国加入世贸组织（WTO）之后，不断加大对侵犯知识产权等各类经济型犯罪的打击力度，有关侵犯知识产权、生产销售假冒伪劣产品、偷逃税款等行政执法机关初步查处的犯罪案件逐年增多。"2008 年至 2012 年，全国检察机关批准逮捕侵犯知识产权犯罪案件 11723 件 19786 人，提起公诉 17062 件 29481 人；依法决定逮捕放纵制售伪劣商品的犯罪嫌疑人 33 人，提起公诉 91 人。"[①] 2013 年上半年，"共批捕涉嫌侵犯知

---

[*]　收入时，标题有所改动。

[**]　作者单位：云南省易门县人民检察院。

[①]　徐日丹：《全国检察机关加大侵犯知识产权犯罪打击力度》，载《检察日报》2013 年 4 月 26 日。

识产权犯罪案件 1428 件 2176 人，起诉 2253 件 3805 人。"① 我国知识产权执法实践中，实行行政执法和刑事司法并行的体系。在公安机关办案实践中，经常会遇到对行政执法部门移送的案件，包括行政执法部门移交的证据，在刑事诉讼中如何使用、如何对待的问题。2011 年 1 月 21 日"两高一部"《关于办理侵犯知识产权刑事案件适用法律若干问题意见》（以下简称《意见》）第 2 条规定："行政执法部门依法收集、调取、制作的物证、书证、视听资料、检验报告、鉴定结论、勘验笔录、现场笔录，经公安机关、人民检察院审查，人民法院庭审质证确认，可以作为刑事证据使用。"《意见》关于行政执法部门收集证据的规定，是充分考虑了侦查办案的效率和按照现行的法律框架内来设计的一种理念。办理这类案件需要专业性知识，行政执法机关在办理案件中收集的物证、书证、视听资料等证据材料具有稳定性、客观性，行政执法机关将这些证据移送公安司法机关作为刑事诉讼证据使用，可以避免重复取证，大大节省司法成本，有效提高办案质量和办案效率。

（二）有利于有效破解侦查取证难的困境

为解决实践中办理危害食品安全犯罪案件突出的反映出侦查取证难、司法鉴定难、刑事定罪难以及移送司法机关案件数量偏少的困境，有效满足司法机关执法办案的需要。2013 年 5 月 4 日"两高"出台了《关于办理危害食品安全刑事案件适用法律若干问题的解释》（以下简称《办理危害食品安全案件问题解释》）。例如，为便于司法实践操作，将法律、法规禁止在食品生产经营活动中添加、使用的物质；国务院有关部门公布的《食品中可能违法添加的非食用物质名单》、《保健食品中可能非法添加的物质名单》上的物质；国务院有关部门公告禁止使用的农药、兽药以及其他有毒、有害物质，以及其他危害人体健康的物质，直接认定为"有毒、有害的非食品原料"。再如，《办理危害食品安全案件问题解释》还规定"足以造成严重食物中毒事故或者其他严重食源性疾病"，"有毒、有害非食品原料"难以确定的，司法机关可以根据检验报告并结合专家意见等相关材料进行认定。必要时，法院可以依法通知有关专家出庭作出说明。② 显然，该司法解释有关检验报告作为刑事证据使用的规定，是对《刑事诉讼法》第 52 条规定的进一步明确化、具体化，是司法实践中办理食品安全犯罪案件的现实需要。

---

① 徐日丹：《对侵犯知识产权犯罪一盯到底》，载《检察日报》2013 年 4 月 26 日。
② 韩耀元：《办理食品安全案件司法解释起草的背景及原则》，载《检察日报》2013 年 7 月 3 日。

（三）有利于准确认定案件犯罪事实

办理环境污染刑事案件，常常涉及污染物认定、损失评估等专门性问题，需要由司法鉴定机构出具鉴定意见。但是，当前具有环境污染鉴定资质的机构较少、费用昂贵，难以满足办案实践需求，影响了对案件事实的认定，进而影响了对环境污染犯罪的打击实效。鉴于此，2013 年 6 月 18 日，"两高"联合发布的《关于办理环境污染刑事案件适用法律若干问题的解释》（以下简称《办理环境污染案件问题解释》）第 11 条第 1 款规定："对案件所涉的环境污染专门性问题难以确定的，由司法鉴定机构出具鉴定意见，或者由国务院环境保护部门指定的机构出具检验报告。"环保部门的监测数据是认定违规排放行为的第一手证据。如对《办理环境污染案件问题解释》第 1 条第 3 项规定的"非法排放含重金属、持久性有机污染物等严重危害环境、损害人体健康的污染物超过国家污染物排放标准或者省、自治区、直辖市人民政府根据法律授权制定的污染物排放标准三倍以上"，可直接根据环保部门的检测数据作出认定，无须再作司法鉴定。但考虑各级环保部门的监测条件、水平不同，为确保相关数据的客观、准确，确保相关案件公正处理，《办理环境污染案件问题解释》第 11 条第 2 款规定："县级以上环保部门及其所属监测机构出具的监测数据，经省级以上环境保护部门认可的，可以作为证据使用。"对环保行政执法部门出具的检验报告、监测数据作为刑事诉讼证据使用作了规定，对准确认定环境污染犯罪案件事实具有重要的作用。

（四）有利于克服证据转化难的难题

实践中，我国证券市场行政执法与刑事司法的衔接并不顺畅，"以罚代刑"的现象较为突出。"从一组数据可以大略反应现状：美国从 2009 年到 2011 年，新增金融刑事案件的调查每年达到 900 余起，金融危机之后结案的高峰年 2011 年的结案数达到 1846 件。我国所有金融案件加起来，每年新增案件在 200 件左右，其中行政处罚 50 件左右，刑事案件平均 20 多件。"[①] 造成这种现象的原因有三：其一，证明标准差异问题。证监会行政处罚委员会从 2007 年开始就明确适用"清楚而有说服力"的证明标准，并在诉讼中可适用部分举证责任倒置原则。但在刑事诉讼中，证明标准是"排除合理怀疑"，检察机关承担全部的举证责任，使得一些情况下，即使有些证券类违法案件可以由监管机构进行行政处罚，但由于证据不足、事实不清，不符合刑事证明标

---

① 关仕新：《金融检察构筑资本市场法治盾牌》，载《检察日报》2013 年 9 月 12 日。

准，无法追究刑事责任。其二，证据转化问题。证券犯罪本身取证十分困难，证据留存不易。行政机关在行政执法和查办案件过程中收集的物证、书证等可以在刑事诉讼中直接作为证据适用，但证人证言、当事人陈述、鉴定结论、勘验笔录、现场笔录等证据能否转化没有明确的法律依据。其三，专业隔阻问题。隔行如隔山，由于行政执法人员与公安人员对金融专业知识的不同认知，一定程度上影响了案件的移转。无疑，《刑事诉讼法》第52条的规定，在一定程度上有效破解了行政执法证据转化难的难题。

（五）有利于提高查办案件实效

在行政执法和查办案件过程中先行收集相关证据材料，待需要时或案件进入刑事司法程序后，再通过转化规则将这些证据材料转化为刑事证据。这点在腐败犯罪案件中表现的尤为明显。2007年11月至2012年6月，全国纪检监察机关共给予党纪政纪处分668429人，涉嫌犯罪被移送司法机关处理24584人。① 这些腐败犯罪案件，绝大部分案件都是先由纪检监察部门负责调查和收集证据。待纪检监察部门基本查清案件事实并收集到相关证据后，才将这类案件移交给司法部门处理。修改后的《刑事诉讼法》第52条规定，其中一个重要内容就是将纪检监察案件中的证据赋予刑事证据资格。我国监察部门对于国家工作人员违法违纪案件也有权进行调查，但此种查处行为并非"行政执法"。立法部门后来在草案中加入的"查办案件"的情形，主要是针对这种情形。②

二、行政执法证据作为刑事诉讼证据使用存在的问题

（一）行政证据移送主体规定不统一

修改后的刑事诉讼法对行政机关没有作出明确规定。《刑事诉讼规则》第64条第4款规定："根据法律、法规赋予的职责查处行政违法、违纪案件的组织属于本条规定的行政机关。"明确将有查出违纪案件的组织列入行政机关，显然有将各级纪律检查委员会包含在内，视为刑事诉讼法规定的行政机关，作了扩张解释，扩大了行政机关的范围。《最高法刑事诉讼法解释》第65条第2款规定："根据法律、行政法规规定行使国家行政管理职权的组织，在行政执

---

① 参见《中共中央纪律检查委员会向党的第十八次全国代表大会的工作报告》。

② 谢文英：《行政执法与刑事司法"证据"实现对接》，载《检察日报》2012年5月4日。

法和查办案件过程中收集的证据材料,视为行政机关收集的证据材料。"则限定在行使国家行政管理职权的组织,将没有行政管理职权的各级纪委排除在外。两者对依法或者受委托行使国家行政管理职权的公司、企业、事业单位是否包括在行使国家行政管理职权的组织没有明确,对法律、法规授权的行使某些行政职权的组织在行政执法中收集的实物证据能否在刑事诉讼中使用的没有进一步明确,导致对行政执法证据移送主体规定不统一,极易形成各行其是的局面。

(二) 证据种类范围规定不一致

对修改后的《刑事诉讼法》第 52 条第 2 款规定的可以在刑事诉讼中使用的行政证据的种类,新刑事诉讼法列举了物证、书证、视听资料、电子数据四类证据"在刑事诉讼中可以作为证据使用",但是该条款在证据种类列举完后,加了"等"字,导致对"等"字的理解存在不同认识。一种观点认为,该条规定的是物证、书证、视听资料、电子数据,虽然有"等证据材料"的表述,但"等"应当是指其他实物证据,不能包括言词证据以及笔录类证据。另一种观点认为,法律并未禁止言词类行政证据的直接使用。还有观点认为,原则上行政证据在刑事诉讼中使用应当限于实物证据,但鉴定意见具有不可替代、不可重复的情形时,应当允许行政机关制作的鉴定意见在刑事诉讼中使用。①

《最高法刑事诉讼法解释》严格按照刑事诉讼法的界定,未增加证据种类,同时保留了"等"字。《刑事诉讼规则》在法定的四类法定证据之外,增加了鉴定意见和勘验、检查笔录两类证据。《公安部程序规定》则增加了检验报告、鉴定意见和勘验笔录、检查笔录三类证据。② 更值得注意的是,《刑事诉讼规则》还明确规定,检察机关直接受理侦查的案件,在符合规定条件的

---

① 宴向华:《刑事诉讼法实施在理论与实践间磨合》,载《检察日报》2013 年 10 月 29 日。

② 《最高法刑诉法解释》第 65 条第 1 款规定:"行政机关在行政执法和查办案件过程中收集的物证、书证、视听资料、电子数据等证据材料,在刑事诉讼中可以作为证据使用。"《刑事诉讼规则》第 64 条第 2 款规定:"行政机关在行政执法和查办案件过程中收集的鉴定意见、勘验、检查笔录,经人民检察院审查符合法定要求的,可以作为证据使用。"《公安部程序规定》第 60 条规定:"公安机关接受或者依法调取的行政机关在行政执法和查办案件过程中收集的物证、书证、视听资料、电子数据、检验报告、鉴定意见、勘验笔录、检查笔录等证据材料,可以作为证据使用。"

情况下，行政执法和查办案件过程中收集的人证也可以作为刑事诉讼证据。①三机关关于可作为刑事诉讼证据的行政执法证据种类的规定不一致，导致刑事诉讼法实施实践中执法不统一。如果公安机关将行政检验报告作为刑事诉讼证据移送检察机关，检察机关要确认这类证据没有法律和司法解释作为依据；如果检察机关支持指控的证据中包含行政执法的鉴定意见和勘验、检查笔录乃至行政执法中获取的当事人陈述和证人证言，法院要采纳为定案依据，也缺乏法律和司法解释为依据，使这些证据的实际使用发生困难。

（三）行政执法中的推定事实能否作为刑事证据使用无规定

在各类行政法规、规章中，设置了一些行政责任的推定规则，也即从基础事实得出推定事实，并据此划分行政责任的规则，如中国证券会发布的《信息披露违法行为行政责任认定规则》第 15 条规定，发生信息披露违法行为的，依照法律、行政法规、规章规定，对负有保证信息披露真实、准确、完整、及时和公平义务的董事、监事、高级管理人员，应当视情形认定其为直接负责的主管人员或者其他直接责任人员承担行政责任，但其能够证明已尽忠实、勤勉义务，没有过错的除外。这条规定也是从基础事实"发生信息披露违法行为"得出推定事实"对负有保证信息披露真实、准确、完整、及时和公平义务的董事、监事、高级管理人员承担行政责任"。那么，依行政法规、规章中设置的推定规则所得出的推定事实，是否能在刑事诉讼中作为证据使用没有明确规定。

三、行政证据在刑事诉讼中使用的规则

（一）行政证据移送的主体要适格

行政证据移送的主体行政机关必须适格。我国行政执法实践中除行政机关外，还存在法律法规授权组织。因此，合理界定"行政机关"的范围是正确适用《刑事诉讼法》第 52 条第 2 款的前提。2001 年颁行的国务院《行政执法机关移送涉嫌犯罪案件的规定》将行政机关限定为有行政处罚权的行政执法

---

① 《刑事诉讼规则》第 64 条第 3 款规定："人民检察院办理直接受理立案侦查的案件，对于有关机关在行政执法和查办案件过程中收集的涉案人员供述或者相关人员的证言、陈述，应当重新收集；确有证据证实涉案人员或者相关人员因路途遥远、死亡、失踪或者丧失作证能力，无法重新收集，但供述、证言或者陈述的来源、收集程序合法，并有其他证据相印证，经人民检察院审查符合法定要求的，可以作为证据使用。"

机关①，故"行政机关"是指具有行政执法和行政处罚权的行政机关，以及法律、法规授权的具有管理公共事务职能、在法定授权范围内实施行政处罚的机关和组织。具体包括税务、审计、工商、土地、环保、卫生、质监、人民银行等行政机关，以及证监会、保监会、银监会等法律、法规授权管理公共事务的组织。也包括法律、法规授权的行使某些行政职权的其他组织，如专利复审委员会、国家自然科学、社会科学基金委员会等。这些机关和组织收集的实物证据可以作为刑事证据使用。

我国监察部门对于国家工作人员违法违纪案件也有权进行调查，但此种查处行为并非"行政执法"。立法部门后来在草案中加入的"查办案件"的情形，主要是针对这种情形。② 鉴于实践中各级纪律检查委员会和监察部门常常是合署办公，因此纪委在查处具体案件时，从行政权行使的角度，可以视为是监察部门的行政机关在行使职权，其收集的实物证据可以作为刑事证据使用。

（二）行政机关移送的鉴定意见和勘验、检查笔录作为刑事证据使用应适当限制

对于行政机关在行政执法和查办案件过程中收集的物证、书证、视听资料、电子数据等证据，本身具有较强的客观性和稳定性，具有不可替代性，也具有较强的证明力，只要相关的扣押、调取手续合法，可以直接作为刑事证据使用，有利于对案件事实的查明，提高诉讼效率，也不会影响到对当事人权利的保障。但是，有些重大案件如重大火灾、铁路事故、海难、矿难事故等，实践中一般都是行政机关先介入调查，对事故原因作出鉴定，而后司法再介入的。如果再由司法机关重新鉴定，不仅成本太大，而且很多案件中重新鉴定的条件已经不复存在。因此，行政执法与办理案件中的勘验、检查笔录和鉴定意见，在时过境迁，不具备重复勘验、检查或鉴定的条件下③，在符合相关种类证据收集基本法理的情况下，这些行政执法证据应当可以作为刑事诉讼证据使用。实践中，行政机关作出的检验报告、监测数据都可以作刑事诉讼证据使

---

① 该《行政执法机关移送涉嫌犯罪案件的规定》第 2 条规定："本规定所称行政执法机关，是指依照法律、法规或者规章的规定，对破坏社会主义市场经济秩序、妨害社会管理秩序以及其他违法行为具有行政处罚权的行政机关，以及法律、法规授权的具有管理公共事务职能、在法定授权范围内实施行政处罚的组织。"

② 谢文英：《行政执法与刑事司法"证据"实现对接》，载《检察日报》2012 年 5 月 4 日。

③ 如交通肇事或危险驾驶案件中的现场勘验与血液酒精浓度鉴定，如重新进行司法鉴定，往往已经不具备条件。

用，但是考虑到刑事诉讼的职权原则，为保证案件质量，有条件的情况下，应当重新进行勘验、检查或鉴定。所以，不做限制地允许使用这些类别证据，似于保证案件质量不利。

（三）行政机关收集的言词证据排除刑事诉讼程序

行政机关在执法和查办案件中收集的口供等言词证据，则显然不应当作为刑事诉讼证据使用。言词证据具有较强的主观性，容易发生变化，且行政机关收集言词证据的程序明显不如公安司法机关收集言词证据严格，因此，如果直接允许行政机关收集的言词证据可以在刑事诉讼中使用，难以保障言词证据的真实性，不利于对当事人权利的保障。"如果允许行政机关收集的言词证据进入刑事诉讼，言词证据产生主体与提供主体的分离，可能会使证人、被害人以及犯罪嫌疑人、被告人处于被非法取证的巨大风险之中。因此，我们就不能冒巨大风险对行政机关收集言词证据的过程做合法性推定。同时，为了规避这种风险，最简单的方式就是将其排除出刑事诉讼程序。"[1] 而且，与实物证据在行政执法和查办案件过程中不及时收集容易发生灭失不同，由公安司法机关重新收集言词证据，在司法实践中并不困难。《刑事诉讼规则》第 64 条第 3 款的规定："确有证据证实涉案人员或者相关人员因路途遥远、死亡、失踪或者丧失作证能力，无法重新收集，但供述、证言或者陈述的来源、收集程序合法，并有其他证据相印证，经人民检察院审查符合法定要求的，可以作为证据使用。"在某种程度上可能违背了刑事诉讼法关于行政执法证据限制使用的立法精神，而且可能背离了刑事诉讼法修改进一步贯彻直接、言词证据规则的精神。刑事诉讼应当贯彻直接、言词证据原则和排除传闻证据规则，要求证人出庭，以言词方式作证，原则上禁止使用书面证言，因为书面证言的来源不可靠，而且剥夺了当事人的对质权。但长期以来，我国刑事诉讼还是有一种底线支持即只能使用司法人员依职权收集的嫌疑人、被告人讯问笔录及证言笔录，不能使用行政执法、执纪人员制作的当事人和证人陈述笔录。[2]

（四）行政执法中的推定事实排除刑事诉讼程序

有论者认为"针对证明标准问题，可以降低证券类刑事犯罪的举证和证明要求。借鉴发达国家的经验，在特殊的金融犯罪案件中，以推定方式转移检

---

① 高通：《行政执法与刑事司法衔接中的证据转化——对〈刑事诉讼法〉第 52 条第 2 款的分析》，载《证据科学》2012 年第 6 期。

② 龙宗智：《新刑事诉讼法实施：半年初判》，载《清华法学》2013 年第 5 期，第 138 页。

察机关指控特殊证券犯罪的部分责任。"[1] 笔者认为，行政执法中的推定事实不能在刑事诉讼中作为证据使用。理由为：

首先，推定是一种降低证明要求的证明方式，推定也建立在经验与逻辑基础上，但是同时还考虑政策、公平、便利等因素，在证据数量、证明内容、证明标准上均低于普通证明过程。刑事诉讼中的推定，因涉及公民生命自由等基本权利，故只应由刑事立法设置，且需在立法中严格限制推定适用的条件，防止滥用推定。[2] 而行政法规因不涉及公民的生命自由等重大法益，在证明标准、证明要求上低于刑事诉讼，因此在推定设置上，也较刑事诉讼中的推定宽松，如上述《道路交通安全法实施条例》中的推定，只要交通事故后逃逸，就承担全部责任，这主要是为了加重对交通事故后逃逸的当事人的惩罚，并对普通公民发挥威慑作用，抑制事故后的逃逸现象。而在刑事诉讼中，不能仅出于这种行政的功利考虑随意划分法律责任，而必须在查明案件事实的基础上，确定是否存在刑事责任。即便设定推定，也需在极为慎重的法益衡量后，才能作为例外设立。如《刑法》第395条的巨额来源不明罪，就是因这种犯罪对公务廉洁具有极大危害，且控方通常难以对财产来源的非法性进行证明，而被告人具有证明财产来源的合法性的便利条件，因此才设置这一推定。可见，行政法规中的推定与刑法中的推定在设定标准上宽严差距太大，为避免出入人罪，行政执法中的推定事实不应在刑事诉讼中作为证据使用。

其次，推定作为一种特殊证明机制，其特点是转移证明责任。它成立并得以维系的条件是不利后果的承受方未能提供必要的反证，只要无法提供反证，则当事人就要承担推定事实带来的不利后果。推定规则将"证明推定事实存在"的证明责任转化为由当事人承担"证明推定事实不存在"的证明责任。如依证监会《信息披露违法行为行政责任认定规则》中第15条的规定，董事、监事、高级管理人员必须证明自己对信息披露违法没有过错，否则就承担行政责任。而在刑事诉讼中，证明被告人有罪的证明责任由控方承担，这一证明责任是不可转移的。因此，不应将行政法规中的推定作为证据使用。

（五）规范行政机关收集证据的程序

行政机关及时准确地收集相关的关键违法证据，是确保行政证据作为刑事诉讼证据使用的前提。由于行政证据作为刑事诉讼证据使用的是实物类证据，这些物证要成为合法、有效、有证明力的证据，取决于两个关键性的程序环

---

① 关仕新：《金融检察构筑资本市场法治盾牌》，载《检察日报》2013年9月12日。

② 褚福民：《刑事诉讼中的推定论要》，载《刑事法评论》2008年第1期。

节：一是物证是否被正确地提取、固定、保管和送检。物证在提取、固定、保管、送检环节出现问题，往往导致物证来源不明或者被"污染"。无论是来源不明的物证，还是"被污染"的物证，本质上都是"失真"的证据，不再具有客观性和真实性，最终将丧失证据能力或证明力。二是物证中所蕴含的案件信息能否被正确的"解读"，即物证的鉴定方法和鉴定程序是否科学、合法。不科学的鉴定方法或不合法的鉴定程序，都将极大地折损物证的证明价值。①因此，对于取证环节而言，不仅应当重视对实物和痕迹的收集、提取，更应当注意对物证提取、固定、保管和送检环节的记录，准确、及时、合法地制作勘验笔录、检查笔录、提取笔录、搜查笔录、扣押清单等。同样，这一收集证据的标准，应当成为规范行政机关收集行政证据的基本标准。

---

① 万毅：《"大物证"概念的建构及其司法意义》，载《检察日报》2013 年 6 月 24 日。

其他

论最高人民检察院
司法解释的实质合理性[*]

黄　硕^{**}

正值《中华人民共和国人民检察院组织法》（以下简称人民检察院组织法）修改讨论之期，对于此次修改内容的重点讨论纷纷。笔者认为，当务之急需要修改的内容之一是最高检①司法解释权应当在人民检察院组织法中明确。无论是从国家权力制衡，还是我国法律或法律性文件中都已明确规定最高检享有司法解释权，但是经过多次修改的人民检察院组织法仍未将其纳入其中。组织法是专门规定某类国家机关的组成和活动原则的法律，因此，最高检司法解释权纳入人民检察院组织法是当务之急。

关于合理性，韦伯的论述较为详细。韦伯将基于形式化法律的理性化称之为"合理性"，即"法律判断以统合的方式构成逻辑清晰的、内在一贯、至少在理论上是非常严密的法规体系"②。韦伯进而将合理性划分为实质合理性和形式合理性两种。形式合理性具有事实的属性，是用于表达不同事实之间的因果关系的概念，进而把形式合理性主要界定为手段和程序的可计算性，归结为一种客观的合理性。实质合理性具有价值的属性，在某种目的上具有意义合理性、价值、信仰等③。关于合理性的标准问题，学界普遍认同的是合理性应当具有七种品质标准，即概念的合理性、逻辑的合理性、方法论的合理性、认识

＊　原文发表在《政法论丛》2014 年 6 月，收入时有摘删。

＊＊　作者单位：贵州省人民检察院。

①　为了文字的简练和人们社会生活中的语言习惯，笔者在文中讨论最高检司法解释的实质合理性中将"最高人民检察院"简称为"最高检"，将最高人民法院简称为"最高法"。

②　［德］马克斯·韦伯：《经济与社会（下）》，林荣远译，商务印书馆 1997 年版。

③　Henry Udueni. Power Dimensions in the Board and Outside Director Independence：Evidence from large industrial UK firms. Corporate Cov－ernance：An International Review 1999，1.

论的合理性、本体论的合理性、价值观的合理性、实践的合理性①。这种高度概括的合理性标准，为我们探讨合理性提供了一个全面的范本。对于最高检司法解释的实质合理性进行研究，也"借用"这一标准进行论证。但是最高检司法解释有其自身的特殊性。统观最高检司法解释的特殊性，以价值合理性、目的合理性和实践合理性三方面论证最高检司法解释的实质合理性较为适当。

一、检察价值合理性：保障法律的统一、正确适用，发挥法律监督职能

（一）司法解释在诉讼监督中的监督功能

在法治国家，国家的法律必须统一、正确适用于案件，才能体现法律面前人人平等，体现司法公正。审判机关在案件判决中有可能对现有法律作出错误的理解，导致当事人的权益难以得到司法的保障，出现司法不公的情况。作为审判机关，如果缺乏监督或监督不到位可能出现滥用权力，导致司法判决不当或错误。在我国"一府两院"的制度下，各级人民代表大会对"两院"的监督是事后监督，缺失及时性，对于需要及时实现正义的司法活动来说，人大对"两院"的监督总是滞后的。而人民检察院对人民法院的法律监督是伴随人民法院司法活动进行的，具有适时性，也极具可行性。1980年1月1日实施的刑事诉讼法中没有明确的条文规定检察机关对刑事诉讼实行法律监督，这是因为检察机关的"法律监督"职能一词是在1982年宪法中才出现。1996年和2012年修正的《刑事诉讼法》的第8条均规定人民检察院依法对刑事诉讼实行法律监督。1999年1月8日起实施的《人民检察院刑事诉讼规则》（高检发释字〔1999〕1号）（已废止）和2013年1月1日起施行《人民检察院刑事诉讼规则（试行）》（高检发释字〔2012〕2号）中的第8条均规定："人民检察院在刑事诉讼中的任务，是侦查直接受理的案件、批准或者决定逮捕、提起公诉、对刑事诉讼实行法律监督，保证准确、及时地查明犯罪事实，正确应用法律，惩罚犯罪分子，保障无罪的人不受刑事追究，保障国家刑事法律的统一正确实施，以维护社会主义法制，保护公民的人身权利、财产权利、民主权利和其他权利，保障社会主义建设事业的顺利进行。"可见监督人民法院的刑事诉讼活动是人民检察院的职能之一。

---

① M. Bunge, Seven Desiderata for Rationality in Rationality: the Critical vie, in J. Agassi&C. Jarvie（edlⅢ）. Martinus Nijhoff Puhishers Dordrecht 1987.

在民事诉讼制度方面，1991 年 4 月 9 日第七届全国人民代表大会第四次会议通过的民事诉讼法，经过 2007 年和 2012 年两次修改后，这三次法律文本中的第 14 条均一致规定人民检察院有权对民事诉讼实行法律监督。在行政诉讼制度中，我国《行政诉讼法》第 10 条也规定人民检察院有权对行政诉讼实行法律监督。

因此，我国三大诉讼法均规定了人民检察院对诉讼活动的监督。在诉讼活动中，司法机关面对案件事实，需要适用相关法律对案件事实进行处理，即适用法律解释法律，解释法律"在法律适用中它起着沟通法律与事实之间的联系，对原始的事实进行分析整理、对法律进行理解解释，并对案件作出最后裁决的作用"①。立法先于司法，制定法本身不可能涵盖将发生的一切案件事实，这使得司法解释成为必要，而事实上，"有许多情况是制定法的立法原意和法条的字里行间无法包容的。"② 审判机关在适用法律处理案件中，可能会偏离立法机关制定法律的宗旨进行裁断案件。为了保障法律统一、正确适用于案件，不偏离立法本旨，就需要对审判活动进行监督，防止法律被误用或乱用。

事实上，最高检对最高法司法解释的监督也是实际存在的，如最高检对最高法制定的《关于审理黑社会性质组织犯罪的案件具体应用法律若干问题的解释》（法释〔2000〕42 号）的司法解释监督。这一监督最终促使全国人大常委会启动立法监督来否定最高法制定的该司法解释。可见，最高检对最高法司法解释的监督非常重要，这对保障法律统一、正确实施起到巨大作用。审判机关在诉讼活动中，要将案件置于法律的大前提下，可是法律和案件也不可能是天然无隙地契合，还需要对法律进行解释以适用于案件事实，进而作出判决结论，这个过程发生在诉讼活动中。法律规定人民检察院对三大诉讼活动实行监督主要是对审判机关司法活动进行监督，这个监督当然包括对审判机关制定司法解释的诉讼活动的监督。对于享有法律监督权的最高检只有享有司法解释权才能对审判活动进行监督。

（二）司法解释在维护法制的统一、正确实施中的监督功能

最高检一贯注重维护法制的统一、正确实施，并采用多种加强司法解释监督的措施。这在历届检察长的工作报告中已经体现出来，如：1996 年 3 月 12 日，时任最高检检察长的张思卿检察长在《最高检工作报告》中指出："加强

---

① 董皡：《司法解释论》，中国政法大学出版社 2007 年版，第 237 页。

② 陈金钊：《司法解释的对象辨析》，载《法商研究》1994 年第 4 期。

执法监督，维护社会主义法制的统一和尊严。"1997年3月11日，张思卿检察长在《最高检工作报告》中在"加大执法监督力度，维护司法公正和法制尊严"部分指出："……加强执法监督，维护法律的统一和正确实施。"还指出："坚决反对执法中的地方和部门保护主义，对因此导致的执法犯法的问题，严肃监督和纠正，构成犯罪的依法查办，维护法律的统一正确实施。"2004年3月10日，时任最高检检察长的贾春旺检察长在《最高检工作报告》中指出："依法履行诉讼监督职责，维护司法公正和法制统一。"2006年3月11日，贾春旺检察长在《最高检工作报告》指出："采取以案释法、举办惩治和预防职务犯罪展览等形式，开展法制宣传和警示教育。"2009年3月10日，曹建明检察长在《最高检工作报告》中指出，"强化对诉讼活动的法律监督，维护司法公正和法制统一"和"完善新闻发布制度，及时公布司法解释、通报重大案件办理情况"。2012年3月11日，曹建明检察长在《最高检工作报告》中的第六部分"加强对自身执法活动的监督制约，维护司法公信力"中指出："完善新闻发布制度，及时公布司法解释、通报重大案件办理情况……细化执法标准，单独或与最高法等部门联合制定司法解释性质的文件12件。"[①] 司法应当根据法律的本旨去处理案件，适用法律。在法律条文不能完全与案件事实契合时，便需作出司法解释来处理案件，而只有符合立法本旨的司法解释，才能保证法制的统一、正确实施。最高检在履行法律监督工作中一直以来都注重对诉讼活动中的司法解释进行监督，先后多次启动监督司法解释程序，多次否定最高法制定的不适当的司法解释，这为实现法律的统一、正确实施尽到应有的职责。可见，最高检采用法律监督手段监督最高法司法解释具有合理性。

另外，从我国权力制衡制度来讲，检察机关对审判机关的法律监督就是为了制衡司法权力。检察机关的法律监督的方式有多种，对司法解释的监督是其一种。权力的运行需要监督，否则极有可能导致权力膨胀甚至滥用。最高检对最高法的司法解释进行监督能够保证法律的统一、正确实施，以平衡和限制最高法的司法权，防止司法判决错误发生，维护国家利益和民众权益，保障民生，促进民众对司法的信仰。

笔者认为，理解法律的真实含义不能仅仅限于法律文本字面含义，司法应当创造性地构思出普遍蕴含于法律之中的公平正义原则，从而维护整个法律的

---

① 曹建明：《最高检工作报告》，发表在2012年3月11日在第十一届全国人民代表大会第五次会议上。http：//www.spp.gov.cn/site2006/2012-03-20/0001838388.html，查询日期：2012年10月10日。

统一性，将法律的本旨统一于司法实践中。因此，最高检对最高法的司法解释的监督保障了法律的统一、正确实施，具有合理性。

价值是主体对客体的需要或者说客体对主体的有用性。在我国国家权力制衡体系中，设置检察机关并赋予其法定的法律监督职能，其功能之一就是为了监督、制衡审判机关的司法行为，维护权益者的合法权益，保障司法公正。这一制度设计体现了我国司法制度的特殊性，有效地保障了司法权力的有效运行。和谐有序的社会需要一种制度去维系和保障，检察机关对司法解释的监督有力地保障了审判机关的司法运行中对法律的正确适用，体现了设置该制度的价值合理性。

在认识论上，民众也倾向于从法律监督的视角去认识检察机关，认为法律运行中极易出现问题，需要对其进行监督。由谁来监督呢？根据我们的制度和现实需要普遍认为，应当由法律监督机关，即人民检察院监督法律的运行和遵守。在司法运行中对法律进行解释以此处理案件这当属于法律的运行范畴。司法解释对于处理案件是至关重要的，在司法实践中，法律的实施都需要解释，司法解释是否与法律的本旨含义保持高度统一呢？这就需要一个监督机关对此进行监督，以使司法机关的司法解释与法律本旨含义保持高度统一，从而确保民意的立法得以正确实现，以达到社会治理之效果。检察机关在宪法中定位为法律监督机关，三大诉讼法也明确规定检察机关对诉讼活动进行监督的职能。这正是符合我国体制和民众对制度的期待，也是保障监督法律运行和实现司法公正的基本要求。由最高检制定司法解释并对最高法的司法解释进行监督，这在民众的认识和情感上具有合理性，符合民众期待。

二、检察目的合理性：填补法律条文漏洞之功能

所谓"目的"，主要指行为主体根据自身的需要，借助意识、观念的中介作用，预先设想、期待的行为目标和结果。作为人类的观念形态"目的"反映了人类的意识与客观事物之间的实践关系。人是智慧的动物，具有实践能力，其实践活动以目的为根本导向，其目的贯穿人类实践过程的始终。司法解释的目的在于填补法律条文的漏洞，使解释主体依据法律的规定采用各种解释方法和各种价值评判对不完善的法律作出合理的可接受的司法解释，以此处理案件解决纠纷，维护社会秩序。最高检制定司法解释的目的当然也是为了填补法律条文的漏洞，规范司法。

检察机关根据法律规定对职务犯罪案件、渎职犯罪案件、侵犯公民民主权利以及认为需要自己依法直接受理的其他刑事案件行使侦查权。侦查是司法机关依法进行的专门调查工作和采用有关强制性措施的活动。在法的运行中侦查

活动是先于审判活动的，是诉讼活动的起点。在侦查中，侦查机关会面临许多需要适时对相关制度作出调整的问题，或是当前法律规定不完善、不明确等原因，但是这些问题也是法治国家所必须面对的问题。这类问题也不能交予其他机关去处理，司法解释是处理该类型问题的最佳方式。这最为明显的实例就是检察机关侦查活动中的涉及犯罪的有关随社会经济变化的财物的立案标准问题。立案标准是判断案件是否成立的初始标准，它是启动案件的第一步，是决定是否惩治犯罪、保护正当权益、实现社会正义的关键。例如，对行贿罪的立案标准若不作出适时的调整，仍按照 20 世纪 80 年代初的立案标准立案并予以追究，那么将会出现监狱爆满，等等。在我看来，法治也是与时俱进的，在不同的生活和社会环境下，追究犯罪的标准也不尽相同，才能体现法律的公正价值。这类调整如由代表民意的权力机关制定法律来适时调整，是不现实的，也是对法律稳定性的损害。司法解释能克服法律的滞后性和增强法治的专业性。最为适当的是由民选的法律监督机关制定司法解释来适时调整立案标准。当然，这也需要相应的制度来规范法律监督机关制定司法解释。可见，作为法律监督机关在法律规定范围内制定司法解释惩治犯罪，维护社会正义具有合理性。

职务犯罪的立案标准是追诉犯罪的起点尺度，是诉讼活动的开始。检察机关作为案件的侦查机关，对案件是否追诉享有决定权是理所当然的。试想，如果按照一个标准去追诉，启动立案侦查权，经过侦查活动搜集相关证据认定涉嫌犯罪，然后在审判中被审判机关因为案件的立案标准不同而被否定。这必然导致很多问题，譬如犯罪嫌疑人的权益"受侵"、司法机关司法活动成本增加、社会对司法的信任减损等。这由谁来承担？作为法律监督机关的侦查机关，应当对案件是否立案享有决定权这是合理的，从理论和实践，从观念和态度上等都是民众所能接受的。为什么享有一般犯罪侦查权的公安机关不享有司法解释权？在我国的体制下，公安机关是属于政府职能部门，而不是司法机关。公安机关在案件的侦查中，只能按照相关法律规定履行职责、行使权力，而不享有司法解释权。审判机关是根据案件材料做出裁决的司法机关，对于案件是否应当立案，理应不享有决定权，更无司法解释权。笔者认为，对该类问题需要制定司法解释处理的案件的权能应当属于享有法律监督权的检察机关，以解决法律对此不能作出固定性的一成不变的规范的困境。

三、检察实践合理性：解决司法（检察）中新情况、新问题

法律的实施会带来什么样的效果？这是代表民意的立法机关制定法律后，司法机关必须关注的问题。法律规范总滞后于社会，这是不争的事实，那么在

立法原意或法律原则之下面对司法实践的新问题、新情况，司法机关应当如何处理？① 面对法律滞后和社会急待治理的矛盾，立法机关也不能立即制定法律予以规范，并且这也不是具有稳定性的法律能解决的问题，这些问题是可以通过制定司法解释规范来解决的。在经济发展和社会转型期出现的社会矛盾具有一定的政治性、即时性，不加以治理将会对国家、人民、社会、民族带来危害。现实呈现的各种社会纷争，导致较多的社会矛盾，影响社会的稳定和发展，在这样的背景下及时制定司法解释处理这些社会纷争，促进社会和谐发展更具有实践合理性。一些学者受西方法律思想所影响以西方制度来评判我国司法机关，认为最高检不应当享有司法解释权，最高法的司法解释也是备受批评的，最高法的司法解释赤裸裸的立法形式引起了许多学者的批评，同时也引起立法机关的担忧。② 与此同时，也有学者认为最高法的司法解释并没有产生什么负面的作用，相反在变革时期的法治需要立法原则性和司法灵活性相结合才能达到法治效果。法院解释和人大解释无非是一个分工而已③。在我国的国家权力制衡和法律制度中，设置检察机关就是为了监督法律的遵守与义务的履行，检察机关的司法解释更具有现实的合理性，对改革开放中出现的新问题、新情况更具有治理之效果。

（一）司法解释对解决法律问题中新情况、新问题的解释功能

检察机关历来对社会出现的新问题、新情况非常重视，这一点在最高检每年的年度报告中得到体现。2010 年 3 月 11 日，最高检检察长曹建明在《最高检工作报告》中强调："……会同有关部门及时研究完善相关司法解释，坚决依法打击人民群众反映强烈的利用手机网站传播淫秽电子信息、手机短信诈骗等犯罪……"2010 年前后不法分子利用手机进行各种犯罪活动，这对于当时来说是一个社会新问题，之前的法律未有相关具体的规定，这类犯罪对民众危害很大，必须加以治理，才能保障民众合法权益。因此，人民检察院是国家的法律监督机关，行使国家的检察权。人民检察院是由同级人民代表大会选举产生，对选举产生它的人民代表大会负责，并负责向其报告工作。因此，在每一年的 3 月份召开的全国人民代表大会上最高检均向大会作工作报告。其报告的内容主要包括近一年以来检察工作情况和下一段时间的工作部署，报告中可能

---

① 这里所讲的新情况、新问题是司法实践中的新情况、新问题，即在检察司法实践中出现的，不是涉及立法问题的问题，是一个纯检察司法实践问题。

② 乔晓阳：《立法法讲话》，中国民主法制出版社 2000 年版。

③ 孙笑侠：《法的现象与观念》，山东人民出版社 2001 年版，第 236 页。

涉及司法解释工作。因此，从上面的工作报告中我们可以看出最高检对司法解释的高度重视程度。

（二）司法解释对社会事件的回应

社会事件也是最高检制定司法解释的"诱因"。在社会突遇重大事件时，为惩治犯罪，维护社会公平正义，保证社会稳定和促进社会和谐，检察机关也是首当其冲及时制定相关司法解释及其文件，履行法律监督职能。2003年我国发生严重的"非典"疫情。在那个时候，很多人不知道不了解"非典"是何物，导致人心惶惶，处于恐慌之中，由此而产生了各种犯罪，此时出现的犯罪相对平常时期的犯罪更具有社会危害性，如不及时惩治将会影响社会发展与稳定。最高检在此时均能及时回应社会、惩治犯罪，保障社会有序。2003年5月13日，"两高"专门针对"非典"时期可能出现的具有较强的社会反响的各种犯罪联合制定司法解释《关于办理妨害预防、控制突发传染病疫情等灾害的刑事案件具体应用法律若干问题的解释》以下简称《办案预防控制疫情的解释》（法释〔2003〕8号）。该《办理预防控制疫情的解释》是为了依法惩治、预防、控制突发传染病疫情等灾害的犯罪活动，保障了预防、控制突发传染病疫情等灾害工作的顺利进行，切实维护人民群众的身体健康和生命安全而制定司法解释。该《办理预防控制疫情的解释》还对"突发传染病疫情等灾害"进行定义，这使相关机关和普通市民对"突发传染病疫情等灾害"有清楚的认识。2003年5月20日，为了贯彻这一司法解释，最高检专门针对本系统又制定了《关于充分发挥职能作用，积极查办在防治"非典"斗争中发生的渎职犯罪案件的通知》，在检察系统进行了全国性的统一专项部署。时任最高检检察长的贾春旺检察长指出："要通知各地对既破坏市场经济秩序，又破坏'非典'防治的职务犯罪应依法严加惩治，要抓早，抓住典型。"该通知在全国检察系统迅速得到贯彻执行，为打击和预防"非典"时期渎职犯罪起到巨大作用，保证了国家在这一特殊时期凝聚民众力量，充分发挥机构职能，保障民生，维护社会稳定起到巨大作用。

在2008年5月12日汶川地震灾害发生后，地震导致灾区检察机关的财产（主要是办案处所的环境）受到损失，办案人员受到自然伤害，导致案件在法律规定的期间无法完成或不能进行。在这一形势下，最高检及时快速地制定司法解释性文件指导灾区检察工作的开展，为保护灾区民众财产，保障灾区社会秩序的稳定，加快灾区法治建设的恢复起到了巨大指导作用。最高检及时发布了《关于汶川地震灾区检察机关办理审查起诉案件有关问题的通知》（高检发研字〔2008〕4号）。尽管该司法解释性文件是以通知方式颁布的，但是，对于上下级之间是领导关系、检察一体化的检察系统来说具有重要的指导意义，可以作为执行依据。可见，该司法解释性文件是根据《刑事诉讼法》及其相关法律制定的，对灾区检察工作中具体应用法律问题有很强的指导意义，有效地保证民生，促进和谐。因此，具有合理性。

（三）司法解释在社会个案中的功能

2006年发生在广州的许霆案引起了全国性的讨论①。该案件中关于许霆行为定性出现不同的声音，"有罪说"和"无罪说"两种观点之争此起彼伏。在认为许霆无罪的观点中，有"不当得利说"、"银行过错说"、"无效交易说"、"无实施合法行为的可能性说"、"刑法谦抑说"、"刑罚目的说"、"罪刑法定说"等多种观点②。在认为许霆有罪的观点中，又有"盗窃罪说"、"侵占罪说"、"诈骗罪说"、"信用卡诈骗罪说"等几种不同观点。综合这些观点中，最为主流的是"盗窃说"和"信用卡诈骗罪说"。中国人民大学刑事法律科学研究中心刘明祥教授认为，许霆的行为符合信用卡诈骗罪的构成条件，构成信用卡诈骗罪③。清华大学张明楷教授认为，许霆的行为符合盗窃罪的构成条件，应当认定为盗窃罪④。在这场讨论中，各派学者运用了各种有力的论据，显示其合理的论证方法。得出合理的结论。该案最终也是以盗窃罪定罪处罚。

这场讨论之声还未灭之时，浙江省人民检察院在办理一起"拾得他人信用卡并在自动柜员机（ATM）上使用的行为"的案件。在处理该案件中浙江省人民检察院向最高检请示其定性指导。最高检针对该案件与许霆案件有本质的区别以批复形式制定司法解释回复浙江省人民检察院。最高检在《关于拾得他人信用卡并在自动柜员机（ATM）上使用的行为如何定性问题的批复》（高检发释字〔2008〕1号）中明确规定："拾得他人信用卡并在自动柜员机（ATM）上使用的行为，属于刑法第一百九十六条第一款第（三）项规定的

---

① 许霆案案情简述：2006年4月21日晚21时许，许霆在广州市天河区黄埔大道西平云路163号的广州市商业银行自动柜员机（ATM）取款。许霆持自己不具备透支功能、余额为176.97元的银行卡准备取款100元。当许霆在自动柜员机上无意中输入取款1000元的指令，ATM随即出钞1000元。许霆经查询，发现其银行卡中仍有170余元，意识到银行自动柜员机出现异常，能够超出所持卡账款余额取款且不被如实扣账。于是许霆当天多次在该取款机上取款174000元后携款逃匿，随后案发。

② 赵秉志：《许霆案尘埃落定后的法理思考》，载《法制日报》2008年6月1日。

③ 刘明祥：《许霆案的定性：盗窃还是信用卡诈骗》，载《中外法学》2009年1月。

④ 张明楷：《许霆案的刑法学分析》，载《中外法学》2009年1月。

'冒用他人信用卡'的情形，构成犯罪的，以信用卡诈骗罪追究刑事责任。"该批复及时将"拾得他人信用卡并在自动柜员机（ATM）上使用的行为"与许霆案进行性质上的区别，为检察机关处理这两类案件提供指引。这为法制统一、正确实施起到很好的社会效果，充分显示其合理性。

目前我国正处于社会转型期，人民对法治具有很高的期待，但是鉴于我国当前法治的具体环境，一些具有代表性新类型案件时有发生，这些案件往往引起民众对个案的讨论并直接引起对法治的大讨论，这充分显示在当前法治环境下民众对法治的强烈诉求。作为法律监督机关的最高检适时针对社会热点问题、反响强烈的案件制定司法解释指导司法实践的定罪量刑，这对于检察机关处理案件和指引民众统一、正确认识法律具有重大意义，进一步彰显其合理性。

四、结语

最高检司法解释立足于我国的政治体制和法律制度，具有其合理性，而不能以他国的政治制度作参照物来衡量我国检察机关的司法解释权。检察机关在其履行宪法赋予的法律监督权中需要对法律进行解释，以使法律适用于具体案件以维护社会正义。

人民检察院作为宪法规定的法律监督机关，履行法律监督职能，维护国家法律的尊严和权威，保障法律的统一、正确实施。国家法律的统一、正确实施必须要有法律监督部门的监督，没有专门机关对法律运行进行监督，法律的统一、正确实施便无从谈起。在缺乏法律监督的机制中，审判机关对法律的统一、正确适用就很难得到保障。如果没有国家法律的统一、正确适用，公正的司法判决就难以保证。监督法律的统一、正确实施是检察机关履行法律监督职能的重要组成部分，而法律监督权则包括司法解释权，它是保障国家法律的统一、正确实施的应然手段。法律解释能让检察系统在某项具体法律适用时上下一致，真正保护法律的稳定性，维护司法的尊严和权威。司法判决的正义来源于司法机关对法律的统一、正确适用。无论从我的国家机构权力制衡还是从现实需要最高检的司法解释权都具有合法性、合理性。当然，最高检在制定司法解释过程中也应当具有自己的司法解释领域而不能越权。在涉及检察机关行使侦查权领域则应当独立制定司法解释，但应事先与审判机关进行交流和商讨，并征求相关部门的意见，以此保证其司法解释的价值合理性和在司法实务中的统一适用性。在"两高"互涉领域"两高"应当加强对所涉内容深入研讨，并建立"两高"间有关司法解释的磋商与合作机制，以保证"两高"互涉领域司法解释的统一与协调。为了保证法制的统一、正确实施，最高检在履行法律监督职能中有权监督最高法的司法解释工作，以此考量其是否符合法律规定的精神和价值。在社会主义法治现代化建设的今天，对最高检司法解释的认识不能偏离我国的语境，应当立足于我国具体的政治制度和法制环境。

检察机关岗位素能基本标准行文体例初探

——以案件管理岗位为例*

广西检察机关案件管理岗位
素能基本标准研制课题组

检察队伍专业化、职业化建设是国家法治建设深入发展的内在要求，是检察队伍建设的发展方向。这就要求各类检察人员具备与其岗位相适应的专业知识、业务技能和职业素养，确保检察队伍能够承担起宪法法律赋予的法律监督职责。研究制定检察机关岗位素能基本标准，是贯彻党的十八届三中全会做出全面深化司法体制改革的重大部署，是建设过硬检察队伍的基本依据和检验标尺①，是运用现代人力资源管理理论和方法，对检察机关各类业务岗位所应具备的素质能力需求进行概括、归纳和确定的基础性工作。

体例一般泛指著作的编写格式或文章的组织形式、模式，具体到检察机关岗位素能基本标准的行文体例，则涉及标准的范围、内容、结构、主次及其运行机制概貌，进而会影响标准在实践中的执行力和自洽力。故而明确科学、规范、统一又具有可操作性和针对性的行文体例对推进检察机关岗位素能基本标准的研制、实施、完善具有关键性和方向性的重大意义。本文试图以案件管理岗位为例，对检察机关岗位素能基本标准的行文体例进行初步探索。

一、部分检察机关岗位素能基本标准行文体例简析

全国各地检察机关根据各地经济社会发展及检察实践情况，对检察机关岗

---

* 本课题为最高人民检察院于 2014 年 3 月分配给广西区检察院承担的研制任务。广西检察机关案件管理岗位素能基本标准研制课题组成员及各自单位：刘元见，广西自治区检察院；姚忠仁，广西检察官学院；蒙丹琳，广西南宁市西乡塘区检察院；石艳春，广西桂林市灵川县检察院；莫佳宁，广西柳州市鹿寨县检察院。执笔者为刘元见、莫佳宁。

① 胡泽君：《在检察机关岗位素能基本标准研制领导小组第一次全体会议上的讲话》2014 年 5 月 5 日。

位素能基本标准进行了积极的探索并初步开展研制工作，其中，重庆市检察院和北京市海淀区检察院的研制成果尤为突出。

（一）重庆市检察院的行文体例

2011 年，重庆市检察院率先对检察机关岗位素能基本标准进行探索，并形成了省级检察机关规范性文件的形式下发各市分院、区县（自治县）院实施（下文简称为重庆模式）。重庆模式从行文体例上看，共分成三级标准：一级标准为综合素能，适用于全体检察人员，罗列了两项素养及八项能力；二级标准为业务岗位通用素能，罗列了六项能力，适用于侦监、公诉、自侦、监所、民行、控申、预防部门检察人员；三级标准为业务岗位专业素能，对侦监、公诉、自侦、监所、民行、控申、预防岗位作了具体的能力要求。

（二）北京市海淀区检察院的行文体例

2012 年以来，北京市海淀区检察院运用系统规范的科学方法，历时一年半时间，研制开发出一套基层检察机关岗位素能标准。该素能标准由通用素能标准和岗位素能标准两大部分组成，覆盖海淀区检察院 15 个业务部门和综合部门的 38 个岗位，包含 286 项能力要求、896 项行为描述（下文简称为海淀模式）。海淀模式从检察机关所有业务、综合岗位出发，在行文体例上分为二级标准：一级标准适用于全体检察人员；二级标准分别适用于检察机关业务部门及综合部门，并以行政级别为划分标准，细分为承办人岗位和负责人岗位。

（三）两种模式行文体例的缺陷

重庆模式及海淀模式充分考虑检察机关各部门职能，以总分的形式进行行文架构，值得研究借鉴，但均存在明显缺陷：

1. 标准要素过于简单，可操作性和针对性不强。两种模式尽可能着眼于检察机关所有部门，但因研制时间、人力、精力所限，各级标准具体要素（知识、技能、素养）不管是层级、内容、结构或是关键的具体行为描述都过于简单。其中，重庆模式只涉及素养及技能的要求，对知识要素并未作出具体规定，各检察岗位专业素能具体要素和内容过少；海淀模式具体要素和项目规定过少，语言过于简单，不利于今后的岗位培训教育、考核评价要求，缺乏可操作性和针对性。

2. 未能充分列举岗位特有职责要求，区分度和辨识度不高。两种模式均未能全面充分科学地按照法律、法规、部门规章对各检察岗位职责提出具体要求。重庆模式的各检察岗位中，未区分具体岗位而是"一锅端"式地规定了该岗位的素能要求，如公诉岗位仅列出介入侦查引导取证能力、证据把握能力、调查取证能力、案件处理能力、出庭公诉能力、诉讼监督能力六项能力要求，未能详尽其中的能力内容和相关要求，同时也没有对承办人、内勤、负责人等岗位的细致区分；海淀模式的业务岗位中，无论何种岗位都是承办人、负责人岗位的规定，没有针对具体岗位区别对待，有些部门素能要素仅修改个别措辞，区分度不够高。

二、以案件管理岗位为例探索检察机关岗位基本标准行文体例的具体设计

（一）案件管理岗位素能标准基本模式

根据"一岗一标准"的要求①，严格以我国《宪法》、《刑法》、《刑事诉讼法》、《人民检察院刑事诉讼规则（试行）》、《检察机关执法工作基本规范》等法律、法规、部门规章对各检察岗位职能的具体要求为指导，按照案件管理职能履行的层级关系和案件管理业务的流程实际，在充分借鉴重庆模式、海淀模式先进做法的基础上，以总分的原则明确案件管理通用素能基本标准（一级指标，适用于案件管理全体检察人员，在进行行为事件访谈、问卷调查并结合案件管理职责履行分析的基础上经讨论研究后确定 12 项基本素能要求——按照重要程度、由表入里、心理习惯等逻辑方式分知识、技能、素养三类素能要素确定层级递进排列：案件管理相关法律规定、案件管理业务知识、办公自动化能力、沟通协调能力、执行力、请示汇报能力、学习能力、心理调适能力、监督意识、清正廉洁、遵章守纪、保密意识）和案件管理具体岗位素能基本标准（二级指标，适用于相应案件管理各类岗位检察人员，主要根据案件管理岗位现有的法律、法规、部门规章对案件管理岗位的职能作出的明确规定，按照工作流程和履职条块为划分定岗，包括案件进出口管理、案件流程监管、案件质量管理、检察统计管理、业务信息化管理、涉案财物监管、接待管理、案件综合、案件管理负责人等 9 个具体岗位 35 项素能要求，同时注意案件管理作为一个新兴检察部门在今后检察实践中业务履行的拓展性和兼容性，在出现新职能开展新业务时，不明确或其内容不便划归已有具体岗位时，均可纳入案件管理综合岗位中）两大类以及附则（三级指标，对一、二级指标的重要内容进行注释或说明）。

---

① 最高人民检察院：《检察机关岗位素能基本标准研制方案》（高检发政字〔2014〕23 号），2014 年 3 月 28 日。

以上三个层级是按照素能要求由大到小、从一般到特殊、以抽象到具体的内在逻辑关系而设计确定的。对于在业务开展中规定比较模糊、内容不够清晰、归纳不太明确的岗位，尽量在"典型行为描述"中翔实而具体地限定或说明。

（二）案件管理岗位素能基本标准行文体例的一般结构

1. 素能项目名称。指具有普遍性、科学性、规范性的案件管理工作人员履行岗位职责所必须具备素质能力要求的项目词汇或短语。一般是在行为事件访谈、问卷调查、工作任务分析、查阅相关资料的基础上经研究论证确定的履行职责所要求具备素质能力的简称，通常由相关知识、技能和职业素养三方面组成，是素能内容的高度提炼，是素能要求的外在标题，是构成素能标准的最重要特征。如案件管理相关法律规定、沟通协调能力、办公自动化能力等。

2. 素能标准定义。指案件管理岗位素能项目的基本含义、中心内容、大致范围，是素能项目的高度概括和规范表述，如"案件管理相关法律规定"的定义可概括为：理解并熟练掌握与案件管理工作相关的各项法律、法规、司法解释、政策。

3. 素能基本内容。指案件管理岗位素能项目所包含的具体内容和基本要求，是素能标准的核心表述和具体范围所在。如"案件管理相关法律规定"的"基本内容"可表述为：

（1）基本熟悉宪法、刑法、刑事诉讼法、民法、民事诉讼法、行政法、行政诉讼法等与检察工作相关的法律；

（2）全面熟悉《人民检察院刑事诉讼规则（试行）》、《人民检察院民事诉讼监督规则（试行）》、《检察机关执法工作基本规范（2013年版）》、《关于对司法工作人员在诉讼活动中的渎职行为加强法律监督的若干规定（试行）》、《关于对民事审判活动和行政诉讼实行法律监督的若干意见（试行）》等检察机关执法规范规则。

4. 素能典型行为描述。指案件管理素能的外在主要表现形式或载体，主要表现于案件管理职责履行、具体岗位一般行为或主要工作任务完成的具体描述，是"看得见摸得着"的具体职责和衡量依据，描述得越详细越能衡量和掌握素能反映的行为特征和普遍要求。各项素能项目之间要具有清晰明确的区分度和科学合理的逻辑关系，确保行为描述的穷尽化和规范化。在语言上尽量使用动词，减少"较好的、充分地、优秀的"之类的形容词。如"案件管理相关法律规定"的"素能典型行为描述"可表述为：

（1）将掌握的相关法律业务规定准确全面应用于案件管理日常办公和处理具体业务上；

（2）在工作中不出现引用法律法规错误造成严重后果的情形。

5. 评价检测方式。指评价案件管理岗位素质能力高低、大小、强弱的具体方式和衡量标准，是素能标准体系不可或缺的重要组成部分，是最终评判检察人员素质和能力的重要工具和有效途径，是岗位素能标准执行和落实工作的关键环节和直接体现，为整个素能基本标准机制正常运行提供最后和最强的保证。一般包括工作观察法、专家面试法、题库测试法、360度测试法、年度工作考核法、评先表彰法、专门机构评价法、一票否决法等（评价检测方法详细的解释说明内容一般归入附则即三级指标中）。当然，也可综合利用两种以上方法对检察人员进行评价。详解如表1：

（1）360度测试法，也称360度反馈评价、全方位反馈评价或多源反馈评价，指与被测评对象在工作中有较多工作接触、对其工作表现比较了解的不同方面的人员，从不同的角度对其进行评价，以具体测试数值确定最终等次或分值。样表如下表1：

表1　×××（素能项目）测评表

单位：　　　　　　　　　　　　　　时间：

姓名	×××（素能项目）	素能指数				
		1	2	3	4	5
		1	2	3	4	5

注：素能指数是素能高低的标志，数字越大表明素能越高。请您选择最符合您意愿的一个选项在框内打"√"。

（2）题库测试法，是指由中间方随机从考试题库中抽取一定量的专业或岗位所必需的考题进行开卷或闭卷测试，并将成绩记录在个人工作档案，包括上机操作考核。样表如表2：

表2　×××（科目）成绩表

单位：　　　　　　　　　　　　　　时间：

姓名	×××（科目）	成绩档次			
		不及格	及格	良好	优秀

注：成绩档次的"不及格"指60分以下，"及格"指60~74分，"良好"指75~84分，"优秀"指85~100分，也可以直接以实际分数加入个人素能评价权重之中。

（3）工作观察法，是指在工作现场观察测评对象的工作过程、行为、内容、工具等进行记录分析与归纳总结。样表如表3：

表3　×××（项目）测评表

单位：　　　　　　　　　　　　　　时间：

姓名	×××（项目）	评价档次			
		较差	一般	良好	优秀

注："较差"指不胜任该项工作，"一般"指基本胜任该项工作，"良好"指较好完成该项工作，"优秀"指不仅完成该项工作且有优异突出表现。

（4）年度工作考核法，是指以参照公务员年度考核结果——优秀、称职、基本称职、不称职等为依据进行评价的方法。样表如表4：

表4　×××年度工作考核表

单位：　　　　　　　　　　　　　　时间：

姓名	×××（年度）	考核档次			
		不称职	基本称职	称职	优秀

（5）评先表彰法，是指在工作中获得各类荣誉称号或表彰奖励。样表如表5：

表5　×××（项目）表彰统计表

单位：　　　　　　　　　　　　　　时间：

姓名	×××（表彰项目）	荣誉档次			
		市级 （1分）	省部级 （3分）	中央级 （5分）	英模称号 （10分）

注：①以地级市党委、人大、政府名义表彰的先进和以地级市组织人事（劳动）部门名义表彰的优秀公务员（集体）、优秀党员（集体）和优秀工作者（集体）、优秀劳动者（集体）、优秀生产者（集体），政法委表彰的优秀政法干警（集体）、综治工作先进个人（集体），总工会表彰的优秀劳动者（集体），团委表彰的优秀青年（集体），妇联表彰的

优秀女性（集体），以及由地级市检察院以外的机关批准的三等功为市级先进；上述地级市政法委、组织人事部门、总工会、团委、妇联的其他表彰和处级以上其他市直部门、单位、专项任务机构所表彰的先进一律为县级先进。②以自治区党委、人大、政府名义表彰的先进和以自治区组织人事（劳动）部门表彰的优秀公务员（集体）、优秀党员（集体）和优秀工作者（集体）、优秀劳动者（集体）、优秀生产者（集体），政法委名义表彰的优秀政法干警（集体）、综治工作先进个人（集体），总工会的优秀劳动者（集体），团委的优秀青年（集体），妇联的优秀女性（集体），自治区检察院以院名义表彰的先进，以及二等功获得者为自治区级先进；上述自治区政法委、组织人事部门、总工会、团委、妇联的其他表彰和厅级以上其他区直部门、单位、专项任务机构及自治区检察院各职能部门以院政治部名义所表彰的先进一律为市级先进。③以党中央、全国人大、国务院名义表彰的先进和以国家组织人事（劳动）部门名义表彰的优秀公务员（集体）、优秀党员（集体）和优秀工作者（集体）、优秀劳动者（集体）、优秀生产者（集体），中政委表彰的优秀政法干警（集体）、综治工作先进个人（集体），全国总工会表彰的优秀劳动者（集体），团中央表彰的优秀青年（集体），全国妇联表彰的优秀女性（集体），最高人民检察院以院名义表彰的先进，以及一等功以上奖励获得者为国家级先进；上述中政委、国家组织人事部门、全国总工会、团中央、全国妇联的其他表彰和部级以上其他中直部门、单位、专项任务机构和最高人民检察院各职能部门所表彰的先进一律为自治区级先进。④英模称号是指获最高人民检察院或以上党政机关发文正式号召学习的先进典型人物或授予个人荣誉称号的表彰方式。

如表彰层次不明确，由检测评价单位书面认可为准。各表彰层级赋予数值（分数）可随具体表彰内容而细化或变更。

（6）专门机构评价法，是指由检测某项素能关系最紧密的机构对被测评人相关素能的综合评价或档次评定以及其他重要问题的说明。样表如表6：

表6　清正廉洁评价表

单位：　　　　　　　　　　　　时间：

姓名	清正廉洁	指数				
		1	2	3	4	5
		1	2	3	4	5

注：指数是素能高低的标志，数字越大表明清正廉洁素能越高，"1"指有违法违纪记录或已被党政机关、检察机关处分，"2"指因违法违纪已被有关组织或部门立案调查但尚未有处理结果，"3"指尚未有立案的情形但有举报控告的现象，"4"指没有举报控告的现象，"5"指不仅没有举报控告的现象，且在廉洁方面表现优秀，具有模范表率作用。如有其他特殊情形，亦可附文进行特别说明或证明。

（7）专家面试法，即组织相关专家按一定规则对测评对象进行专业水平或实务操作能力面对面的检测评价。样表如表7：

表7 ×××（项目）测评表

单位： 时间：

姓名	×××（项目）	评价档次			
		较差	一般	良好	优秀

注：以上四个档次亦可赋予不同数值（分数）。

（8）一票否决法。对检察人员出现重大问题的情形，对其素能评价可采取全部否定的方式进行，如犯罪被追究刑事责任、违法违纪受处分、重大交通责任事故、刑讯逼供和以威胁、诱供、欺骗以及其他非法方法取证造成冤假错案或其他严重后果等情形。

以上5个具体素能项目体例设计遵循由简单而详细、由概括到分解、由形式到实质的不同角度不断递进的逻辑关系。其中各个素能项目的"素能典型行为描述"不必要也不可能精确地进行分级罗列（如有人提出每种行为均应评价为"基本"、"较好"、"优秀"等档次，在行为描述上用语言非常难以厘清，在实践过程中也非常难以判定衡量），可通过评价检测方式（主要以数值形态出现）区别即可，即具有可操作性和区分度，也简便易行和公开透明，使岗位素能的执行力和公信力具备强大的逻辑自信并具有明确保障。

（三）案件管理岗位一级指标的行文体例说明

案件管理岗位一级指标适用于案件管理全体检察人员。因此，只要按照案件管理岗位素能基本标准行文体例的一般结构中素能项目名称、素能标准定义、素能基本内容、素能典型行为描述、评价检测方式5种具体素能项目的行文体例即可。如案件管理岗位通用素能基本标准中的"沟通协调能力"的行文为：

1. 素能项目名称：沟通协调能力。

2. 素能标准定义：主动与他人进行案件管理工作信息交流，妥善处理与上级、平级、下级之间的关系，促成相互理解，获得支持与配合的能力。

3. 素能具体内容：（1）语言表达条理清晰、用语流畅、语义明确、重点突出，善于倾听，理解他人的观点，并能向他人清楚表达自己的观点；（2）能够建立和运用案件管理工作联系网络，有效与相关业务部门沟通，寻求工作上的支持与配合；（3）能够合理有效利用案件管理工作资源，组织一定规模和形式的业务活动；（4）具有通过协作达成共识或工作目标实现的精神，善于发挥集体力量。

4. 素能典型行为描述：（1）与公安机关、法院和其他检察院进行业务联系，不发生影响本单位形象的情形；（2）与相关业务部门进行业务联系，不出现严重的沟通障碍和不良影响的情形；（3）与本部门工作人员业务沟通顺畅，不存在因沟通不畅影响工作任务完成的情形；（4）在工作中出现沟通协调障碍的情形时，能及时进行有效处置。

5. 评价检测方式：360 度测试法。

（四）案件管理岗位二级指标的行文体例说明

案件管理岗位二级指标适用于相应案件管理各岗位检察人员，因其需要按照案件管理部门相关法律、法规、部门规章的要求进行规定，且每一岗位的素能要求实际上均应包含一级指标（通用素能标准），故若按照一级指标的行文体例，可能造成素能项目描述上的重复，增加研制工作和具体执行的负担。因此，在二级指标中，素能项目名称只需罗列该具体岗位的个性素能要求（不再重复通用素能标准项目）并对其名称进行定义。同时，素能具体内容和素能典型行为描述需针对该具体岗位作全面集中的描述，不应仅是某一具体素能的具体内容和典型行为描述，既避免了语言的重复，又精练易懂。同样地，评价检测方式也应是对该具体岗位而设置的综合评价。如案件管理具体岗位基本标准中的"案件进出口管理岗位"的行文为：

1. 素能项目名称：（1）统一业务系统操作能力；（2）严谨细心；（3）服务意识；（4）效率意识。

2. 素能项目定义：（1）统一业务系统操作能力：全面掌握《全国检察机关统一业务应用系统使用指引手册——案件管理业务》，并在日常工作中熟练运用的能力；（2）严谨细心：在案件进出口管理工作中全面、规范、细致地掌握工作内容和具体事务，以严谨踏实、注重细节的态度最大限度减少误差和疏漏的能力；（3）服务意识：在进出口管理工作中，按照工作职责要求为其他相关业务部门日常办案工作和辩护人、诉讼代理人前来联系业务提供帮助；（4）效率意识：在处理案件管理日常事务中注重工作质量的同时，以最低的成本和最短的时限达成目标的意识。

3. 素能具体内容：（1）熟悉统一业务应用系统基本架构，熟悉系统功能作用、设计思路和后台配置，并能熟练操作系统各项功能；（2）案件录入规范及时完整，案卡基本信息填录准确无误；（3）结案审核完整细致，审核批准手续规范，卷宗材料齐全；（4）在案件受理、分流、结案等事务中，符合相应程序时限要求。

4. 素能典型行为描述：（1）统一受理侦查机关等本院各业务部门、下级人民检察院和其他政法部门移送的审查逮捕、审查起诉、延长侦查羁押期限、申请强制医疗、申请没收违法所得、提出或者提请抗诉、报请指定管辖等案件。（2）接收案件后立即审查下列内容：依据移送的法律文书载明的内容和类别确定案件是否属于本院管辖；案卷材料是否齐备、规范，符合有关规定的要求；移送的款项或者物品与移送清单是否相符；犯罪嫌疑人是否在案以及采取强制措施的情况。（3）审查案卷后，认为具备受理条件的，应当及时进行登记、录入、文书扫描并形成电子卷宗，立即将案卷材料和案件受理登记表移送相关办案部门办理；认为案卷材料不齐备的，应当及时要求移送案件的单位补送相关材料；对于案卷装订不符合要求的，应当要求移送案件的单位重新装订后移送。（4）对各业务部门负责办理的已审结的案件卷宗及随案法律文书进行审核及书面登记，并按送案件管理理相关规定负责协调送达。

5. 评价检测方式：（1）360度测试法；（2）题库测试法。

（五）案件管理岗位三级指标的行文体例说明

三级指标特指标准的附则部分，是对一、二级指标重要内容进行注释、说明或补充，主要是法律法规制度的条款引用、具体内容说明或者专用名词名称的具体解释和适用条件，是评价检测方法的具体设计和引申，对标准的具体执行和落实有特别重要的意义，是检察人员按照标准进行培训、管理、考核、评价的直接来源和原始依据。

如掌握宪法特指掌握宪法第一章第1~5条、第三章第七节的条款内容。

又如"四风"是指形式主义、官僚主义、享乐主义和奢靡之风，由习近平在2013年6月18日在北京召开的中国共产党的群众路线教育实践活动工作会议上提出。四风问题是违背中国共产党的性质和宗旨的，是当前群众深恶痛绝、反映最强烈的问题，也是损害党群干群关系的重要根源。

三、检察机关岗位素能标准体例建构尚需注意的几个问题

（一）把握素能标准的行文体例设置原则

一是科学合理。要明确素能要求项目的合理性和适当性，既要把握各个项目内在逻辑的自洽性，也要注意项目之间的区分度和层次感，增强标准的权威性和严肃性。二是简便易行。素能标准要适应当前工作总体要求和各地检察工作的具体情况，内容要做到繁简得当，程序要做到简便易行。三是兼顾拓展。既要考虑岗位素能标准体例在一定时期内的稳定性，又要与检察工作实际变化

和发展趋势相适应相兼容，形成动态发展的开放体系。

（二）素能标准引入量化管理问题

标准应当以定量为主定性为辅原则。量是事物存在和发展的规模、程度、速度、水平，以及事物构成成分在空间上的排列顺序等可以用数量表示的规定性。有比较就需要有量化，也是推动事物进步发展的必然选择。[①] 精确管理理论认为定量分析比定性分析更准确、更具说服力。在岗位素能标准中的"评价检测方式"是素能标准体系不可或缺的重要组成部分，是最终评判个人素质和能力的重要工具和有效途径（360度测试法等大部分检测方法均是以数值或可以转化为数值的检测方式）。但素能标准体系现在全国尚未推行，即使实施一段时间也必然存在诸多不科学、不成熟、不适应的地方，故在素能标准整体上或是各个素能项目上暂不宜量化权重，不必对检察人员进行综合"打分"，待标准体系运行正常后再研究论证确定。

（三）进一步提升检察机关素能标准信息化建设

要运用信息化手段提高检察人员素能建设的准确性、效率性和公信力，就要加强和规范素能数据的积累，实现对素能建设全过程的动态监管，及时向各级领导反馈互动，从而提高检察人员素能建设的透明度、公平性、指导性和有效性。同时，要积极探索建立检察人员素能信息库，扩大网络舆情分析范围，加快信息传递，广泛收集民意，以此全面掌握检察机关岗位素能建设工作的落实执行情况，为标准体例内容的修订完善提供有利而客观的依据。

[①] 林鼎立、潘军、刘元见：《以科学发展观为指导健全完善检察机关量化考评机制》，载《法律与社会》2009年第4期，第43页。

试论民事诉讼监督中"调查核实权"的依法科学规范适用*

锦州市人民检察院重点课题调研组**

一、民事检察监督中调查核实权的法定依据

修改后的民事诉讼法首次把检察机关的调查核实权予以明确规定，给检察机关对民事诉讼活动的法律监督带来了新的发展契机，具有重大意义。民事检察监督中的调查核实权，并非国家立法机关在修改民事诉讼法时突发奇想而设立，其实有一个较长时间的理论准备和实践探索过程。首先赋予检察机关民事检察监督调查核实权有正当的法律渊源，我国《宪法》第 129 条明确规定，"人民检察院是国家法律监督机关"，第 131 条规定，"人民检察院依照法律规定独立行使检察权，不受行政机关、社会团体和个人的干涉"。这从根本上赋予了检察机关的法律监督权，是检察机关适用调查核实权的宪法定位。修改后的《民事诉讼法》第 14 条规定："人民检察院有权对民事诉讼实行法律监督。"人民检察院作为法律监督者，其地位决定了应当有制约被监督者的相应权利，民事诉讼法规定了检察机关有提出检察建议权和抗诉权，而每一项国家权力的正常运作和实现，需要必要的手段和措施保障。修改后的《民事诉讼法》第 210 条规定："人民检察院因履行法律监督职责提出检察建议或者抗诉的需要，可以向当事人或者案外人调查核实有关情况。"调查核实权正是作为一种有效的措施而得以确立。依据修改后的民事诉讼法的规定，2013 年 9 月 23 日，最高人民检察院公布实施的《人民检察院民事诉讼监督规则（试行）》（以下简称《民事诉讼监督规则》）第 65 条规定："人民检察院因履行法律监督职责提出检察建议或者抗诉的需要，有下列情形之一的，可以向当事人或者

---

* 原文发表在《人民检察》2014 年 6 月，标题有所改动。

** 锦州市人民检察院重点课题调研组成员及所在单位：组长：宋剑峰，锦州市人民检察院；组员：翟铁琦、葛建平、刘立公、安颖，锦州市人民检察院；尚勇，黑山县人民检察院。

案外人调查核实有关情况：（一）民事判决、裁定、调解书可能存在法律规定需要监督的情形，仅通过阅卷及审查现有材料难以认定的；（二）民事审判程序中审判人员可能存在违法行为的；（三）民事执行活动中可能存在违法情形的；（四）其他需要调查核实的情形。"上列规定，通过立法决定形式确立了检察监督中的调查核实权。

二、民事检察监督中调查核实权的内容

修改后《民事诉讼法》第 210 条规定的"人民检察院因履行法律监督职责提出检察建议或者抗诉的需要，可以向当事人或者案外人调查核实有关情况"，是对检察机关调查核实权原则性的规定，并未对检察机关调查核实权适用的案件范围、行使方式、证据效力、权力规制等一系列具体问题予以明确。《民事诉讼监督规则》中对民事检察监督中调查核实权的内容作出了明确具体的规定，包括查询、调取、复制相关证据材料；询问当事人或者案外人；咨询专业人员、相关部门或者行业协会等对专门问题的意见；委托鉴定、评估、审计；勘验物证、现场；查明案件事实所需要采取的其他措施。

三、关于民事调查核实权与刑事调查侦查权的差异

首先，我国刑事诉讼法明确赋予了检察机关对于一般性刑事案件的调查权和必要的补充侦查权；而《民事诉讼法》只在第 210 条中赋予检察机关因履行法律监督职责提出检察建议或者抗诉的需要，可以向当事人或者案外人调查核实有关情况权。显然，这只是最高人民检察院明确规定的"调查核实权"六项内容之一，因此，要有效地适用调查核实权就应进一步地得到审判机关的认同甚至立法机关的认可。

其次，刑事案件的调查核实权带有明显明确的公权力色彩，而且它要求检察机关在依法行使这种诉讼权利时应当采取谦抑的公允态度和不偏不倚、不枉不纵的公平公正原则；而民事案件的调查核实权亦是一种公权力，暂且不说公权力中的调查权对于民事案件的深度适用是否适宜，即使我们在行使调查权时依法坚持客观公正的原则，但有时调查的结果会有利于或者倾斜于一方当事人，客观上的有些案件难以充分体现公允。

最后，刑事案件的调查权的法律和强制措施保障是带有刚性的，这种调查权的行使有明确的强制措施保障；而民事案件调查核实权的行使只带有一般性的诉讼程序保证，《民事诉讼监督规则》第 73 条规定：人民检察院调查核实，有关单位和个人应当配合。拒绝或者妨碍人民检察院调查核实的，人民检察院可以向有关单位或者其上级主管部门提出检察建议，责令纠正；涉嫌犯罪的，

依照规定移送有关机关处理。《民事诉讼监督规则》第66条中又规定，人民检察院调查核实，不得采取限制人身自由和查封、扣押、冻结财产等强制措施。

四、关于民事案件几项调查核实权内容效力具体剖析

一是关于查询调取复制相关证据材料。所谓"相关"就是检察机关经审查认为有争议、有矛盾、有异议的证据材料，其对象在一般情况下不是指所有的证据材料，而是主要应指部分言词证据和书证。查询调取复制应当按照法定程序和内部规定进行。

二是查询当事人或者相关案外人。询问的对象应当慎重确定，一般情况下应当征求有案件管辖办理权的审判机关意见，必要时还应事先告知询问对象、当事人及其诉讼代理人，并且询问的内容主要是检察机关审查发现的案件事实、证据和程序等问题而进行有针对性的询问，不应是力图推翻哪一方的所持事实和证据。

三是关于咨询专业人员和相关部门或者行业协会等对专门问题的意见。通过咨询所获取的信息、情况和答复只能作为提出检察建议或者抗诉的参考，不能成为认定民事案件事实的直接根据，更不能作为案件的直接证据使用。

四是委托鉴定、评估、审计和勘验物证、现场所获得的结论或结果材料在一般情况下均可以作为证据适用；但获取和适用的条件应当是依法严格规范的。前提应是检察机关提出检察建议或者抗诉所必需和必要，实施这一诉讼权限时应征求法院意见甚至要告知当事人及其诉讼代理人，建议法院优先使用此权利而后检察机关再慎重适用此措施。

五、关于民事诉讼监督调查核实权的依法科学规范适用

（一）调查核实权的依法适用

依法适用的含义就在于它的法定性。《民事诉讼法》第210条明确了检察机关询问当事人或者案外人的权利，这同最高人民检察院《民事诉讼监督规则》第66条第2项规定的询问当事人或者案外人的内容相对应，说明采取询问措施具有充分的法律依据；同时《民事诉讼监督规则》第66条中规定的其他调查核实措施同样具有相应的司法解释根据，但二者在法定性上存在差异。笔者建议对于询问以外的其他调查核实措施可以通过检法两家会签文件或者联合司法解释或者立法解释予以认可和确认。在启动民事调查机制时，坚持依法原则，慎重启用调查核实权，防止权利的滥用。

一是中立性原则。即明确检察机关代表国家对审判行为和审判结果进行居中监督，不代表任何一方当事人。检察机关是国家的法律监督机关的属性，决定了其参与民事诉讼负担客观义务，行使调查核实权是代表国家履行法律监督职责，决定了其具有超然性、居中性，既不能干扰法院的审判独立，又要维护好双方当事人之间的诉讼平衡。在审判权与当事人的处分之间，检察机关的调查核实权应保持居中性，检察机关因履行法律监督职责的需要而调查核实是对审判权进行依法监督，其目的是维护法律的正确实施，维护司法公正和司法权威，而非为了当事人的利益。在履行法律职责的同时，尊重审判权的独立行使，尊重当事人处分权的正确行使。在双方当事人之间，民事检察监督中的调查核实权具有居中性，其应保持客观、中立、公正立场，不代表任何一方当事人立场，尊重当事人的平等原则。

二是必要性原则。即调查核实权的行使必须因履行民事法律监督职责提出检察建议或者抗诉的需要，开展调查以核实相关事实的需要为前提，非必需不得进行调查。调查核实权的启动是对当事人举证能力的一种补充。检察机关处理申请监督案件中，在当事人因客观原因举证能力不足或者在通过阅卷、听取双方当事人意见后仍不足作出判断时启动调查核实权。

三是有限性原则。即调查对象只限于案件当事人、当事人提供的证人及其他与案件相关的人员。调查取证的范围不应超出为了对生效判决、裁定、调解书提出检察建议或者抗诉而需要了解情况的具体范围。调查核实的目的是了解与生效裁判、调解书和审判、执行活动有关的信息，以决定是否提出抗诉或者检察建议，不能超出需要了解情况的必要范围。调查从监督的角度开展，不同于法院调查取得证据以查清民事案件争议事实、调处当事人纠纷，也不能代替当事人的举证责任。调查核实权的有限性原则在手段上体现为调查手段的非强制性。人民检察院在民事诉讼中因履行法律监督职责提出检察建议或者抗诉的需要行使调查核实权区别于刑事诉讼中的调查权，具有非强制性的特点，即人民检察院采取调查核实措施时，第一不得对调查对象进行人身强制，不得采取限制人身自由的强制措施，第二不得对调查对象进行财产强制，不得对财产采取查封扣押、冻结财产等强制措施。此外，调查核实权的非强制性并不能削弱作为调查对象的有关单位和个人接受和配合人民检察院调查核实的义务。对于有关单位和个人妨碍或拒绝人民检察院调查的，人民检察院可以向该单位或者其上级主管部门提出检察建议，责令纠正、对相关责任人员予以处分；涉嫌违法犯罪的，依照规定移送有关部门处理。

四是遵循举证规则原则。对当事人在原审中怠于履行举证责任，因自身原因造成举证不能、举证不足、举证不及时等从而导致败诉，在申请抗诉过程中要求检察机关调取新证据的不予支持，不再使用调查核实权，以防止对原审中当事人举证制度的损害。

（二）调查核实权的科学适用

所谓科学适用就是如何掌握好适用的范围、对象、时机、环节程序等，保证检察机关依法适用此项诉讼权利的有效性、检察建议和抗诉的有效性以利于民事诉讼监督的有效性。因此，科学适用的关键是依法慎重稳妥。这些调查核实措施的采取应当主要适用于提出检察建议，办理抗诉案件时慎用；应当主要建议法院先行采取这些措施，而检察机关在必要时才能依法采取；应当主要采取查询调取复制、咨询等措施，慎重采取询问、委托鉴定评估审计和勘验物证现场等措施。采取这些调查核实措施的最佳时机一般应选择在终审判决裁定后，而利于支持检察建议的针对性和有效性则可以选择在一审判决裁定后，选择的程序和诉讼环节主要应当遵循的原则就是不要影响审判机关的主审活动。

（三）调查核实权的规范适用

关于采用调查核实措施准备阶段的规范关键程序就是在准备采取措施前在一般情况下应当征求审判机关的意见，必要时还应及时告知当事人及其诉讼代理人；采取调查核实措施时应当严格遵守内部审查审核审批制度，严格履行由承办人提出，部门负责人或者检察长批准和重大事项应当经本院检察委员会讨论决定等流程手续和程序；具体采取查询调取复制、查询、咨询、委托鉴定评估审计和勘验物证及现场等措施时应当依法科学规范严格的遵守一般性和特殊性实体程序法定要求、标准和条件。

此外，民事检察监督部门一旦发现民事审判程序中审判人员可能存在违法行为或者民事执行活动可能存在违法情形的，就可以依法有效地行使调查核实权，必要时可以将案件线索依法及时移送移交给有关部门或者机关。

再有，应当严格程序要求，规范使用调查核实权。为保证公平公正地履行民事检察监督职责，严格规范使用民事检察调查核实权，在行使调查核实权过程中应当严格把关、规范程序，避免发生不当行使调查核实权及滥用调查核实权的情况。一是规范调查核实的启动。明确调查核实权因当事人申请和依职权启动两种情形。检察机关在履行民事检察监督职责的同时要尊重民事诉讼双方当事人平等的诉讼权利，维护好私权间的诉讼平衡。当事人原则上对自己提出的诉讼请求所依据的事实或者反驳对方诉讼请求所依据的事实有责任提供证据加以证明，没有证据或者不足以证明当事人的事实主张的，由负有举证责任的当事人承担不利后果。当事人只有在由于客观原因导致举证能力不足的例外情况下才能申请检察机关将启动调查程序。依照民事诉讼法的规定，检察机关原则上只要因为履行法律监督职责提出检察建议或者抗诉的需要，均可以行使调查核实权。但检察机关在依职权启动核实权时要遵循中立性、有限性、规范行使调查核实权。二是规范调查核实权的实施。坚持阅卷与调查核实相结合，在阅卷的基础上决定是否需要调查及调查的措施、方法。办案人员首先必须认真审阅原审卷宗，审视案件和检察建议情况听取双方当事人陈述。如认为需要开展调查核实的，逐级报请部门负责人及分管检察长或检察长批准。

同时，还应当因案而异，灵活运用调查核实权。在启动调查核实程序后，围绕查明案件事实以及审判活动、审判人员是否违法为重点，针对案件情况采取灵活多样的调查方法，切实提高调查效率，提升工作效果。一是开展外围式调查。在直接接触案件当事人之前，针对需要查证的事实，提前做好周密细致的准备工作，确保询问时有的放矢。二是开展联合式调查。对于案件可能涉及追究相关当事人刑事责任和审判人员可能的职务犯罪情形的，依法积极开展联合式调查。对内，民事行政检察部门加强与自侦部门、刑检部门的沟通；对外，密切与法院、公安等机关部门的协作配合，共同形成调查合力，确保调查成功。

检务公开的法理基础
实践探索与实现路径[*]

王成波^{**}

党的十八届三中全会对深化司法体制改革作了全面部署，提出要健全司法权力运行机制，推进检务公开。如何顺应社会主义民主法治建设的趋势，回应人民群众期盼，深化执法司法公开，构建开放、动态、透明、便民的阳光执法司法新机制，提高执法司法透明度，努力实现公开与公正的高度契合，已成为摆在各级检察机关和全体检察人员面前的一项政治任务，也是必须认真研究和落实到检察工作中的一项重大课题。

一、深化检务公开的价值意义

（一）深化检务公开，是推进国家治理体系和治理能力现代化的必然要求

党的十八届三中全会提出"国家治理体系"和"治理能力"的概念。从"管理"到"治理"，体现的不仅是一字之差，更是党和政府从"管理"到"治理"思维上的跨越。相对于管理，现代治理更多强调民主性，通过多元利益主体的参与，使其享有利益表达与实现的渠道，并实现治理机制之间的良性互动，从而实现国家治理体系的制度化、科学化、规范化、程序化。检察权作为国家政治权力的重要组成部分，也理应将司法民主和检察民主作为执法司法活动的指导思想与工作要求。深化检务公开，改变了以往执法办案的"神秘主义"、"封闭主义"，检察机关主动向社会敞开大门，增强了检察工作的透明度、能见度以及当事人、社会公众的参与度，畅通了社会各界特别是诉讼参与人的诉求表达渠道，使执法办案过程由检察机关的"自说自话"变成了检察

---

* 原文发表在《人民检察》2014 年第 20 期，标题有所改动。

** 作者单位：山东省人民检察院。

机关与社会各界共同参与、多方互动的"大合唱"，这也是国家治理现代化在检察环节的体现。

（二）深化检务公开，是尊重和保障人民权利的现实需要

检察权来源于人民，人民性是检察权的根本属性，执法为民是检察工作的根本出发点和落脚点。检察权属于人民的应有之义是将检察工作运行的过程告知人民，接受人民的监督。当前，人民群众的民主法治意识不断提高，利益表达、政治参与和民主监督的愿望越来越强烈，对检察机关执法办案的要求也越来越高。全面推行检务公开，畅通了人民群众和社会各界了解、参与、监督检察工作的渠道，有利于营造公民政治参与的氛围，拓宽公民政治参与的途径，保障人民群众更直观地了解检察权的运行、更充分地表达诉求、更广泛地参与案件过程、更直接地监督检察行为，能够切实保障人民群众当家做主的实现。

（三）深化检务公开，是保障检察权依法公正行使的有效途径

推进权力运行的公开化、规范化，让人民监督权力，让权力在阳光下运行，是民众之所愿，法治之必然。检务公开将检察权运行的方式与过程公开化、透明化，有利于促进检察机关文明、规范执法。

通过检务公开，检察机关自觉接受社会各界对检察工作各个方面、各个环节的监督，让检察权最大限度地在阳光下运行，减少和避免检察权"寻租"的机会，从源头上预防和遏制司法腐败。通过公检法各机关和执法办案各环节之间执法信息的共享公开，还有助于更好地实现"分工负责、互相配合、互相制约"的原则，保证宪法和法律的统一正确实施。

（四）深化检务公开，是提升检察机关执法公信力的必由之路

检察机关执法公信力的最终评判权在人民群众，而评判权的基础是知情权。检务不见阳光，或有选择地见阳光，执法公信力就无法树立。包括检务公开在内的司法公开是司法公正的基础，也是提高司法公信力的基石。让人民群众、诉讼参与人和社会各界对检察工作特别是执法办案过程和结果不仅看得见，而且看得懂，不仅"知其然"，而且"知其所以然"，这样既有助于更好地查明案件事实真相，又能使社会公众"零距离"了解、参与和监督检察权运行的全过程，消除检察机关与社会公众之间的隔阂，强化检民互动互信，增强社会公众对检察机关执法办案程序和结果的认同。

（五）深化检务公开，是检察工作科学发展的重要保证

深化检务公开的过程，本身也是检察机关"开门纳谏"、汲取群众智慧的过程。检务公开畅通了群众司法诉求表达渠道，人民群众对检察工作的民需、民声、民意成为检察工作决策的重要依据，进而转化为加强和改进检察工作的重要措施。深化检务公开对检察权的合理配置和科学运行会起到助推作用，也必然对深化检察改革起到推动作用，检务公开的不断深化必将督促和推动检察人员不断改进执法办案的方式方法，更加全面地掌握案情，更加准确地适用法律，更加令人信服地释法说理、更加顺畅地与诉讼参与人、社会各界及新闻媒体良性互动，更加自重自律地对待检察事业，促进检察人员综合素能的提升。

二、深化检务公开的实践探索

近年来，山东各级检察机关在总结以往工作经验的基础上，进一步强化理性思考和实践创新，积极打造起点更高、领域更广的"阳光检察"新品牌，检察机关的执法公信力、亲和力和人民群众对检察工作的满意度均得到了有效提升。

（一）坚持全面性，着力拓展检务公开的范围

根据公开内容的不同，将公开信息划分为综合性信息、重要案件信息、案件程序性信息和法律文书等；根据公开对象的不同，将公开信息划分为向社会公开和向特定群体公开两类，同时合理划分依申请公开和主动公开的范围。除法律规定的情形外，凡是能公开的一律公开，既广泛宣传检察机关的工作性质、职能定位、机构设置，又全面公示内部的部门职责、执法标准、办案流程；既积极发布与检察工作有关的法律法规、规范性文件，又及时通报重要工作部署、办理的重大典型案件；既主动向当事人告知有关案件信息，也依法向社会公开办案进程和处理结果。积极将检务公开向执法办案过程延伸，健全诉讼权利义务告知制度，对于举报、侦查、逮捕、起诉、抗诉、申诉等各个诉讼环节犯罪嫌疑人、被告人、证人、被害人等诉讼参与人的权利义务，严格依法在法定期限内充分告知；全面推行执法办案公开审查听证机制，对羁押必要性审查，刑事案件不立案、不逮捕、不起诉、不抗诉以及复杂民行申诉和涉检信访等容易引发误解的案件，及时引入第三方参与和社会评价，将程序、过程、结论、依据，全部向社会和当事人公开，当面示证质证，现场析法辩理、定分止争；健全律师阅卷、查询制度。山东省检察院出台专门管理办法，研发推行律师预约系统，为案件辩护人、代理人提供从预约查询、阅卷到事项办理、资

料获取的"一条龙"服务，在严格遵守法律规定和保密纪律的前提下，当天即可回复，做到了有约必应、有应必果。努力将检务公开向执法办案结果延伸，在全省全面推行检察宣告制度，对存在较大争议的不支持监督申请的决定、刑事申诉复查结论、刑事赔偿处理决定等类检察决定，邀请案件代理人、辩护人、人大代表、政协委员和群众代表参加，集中进行宣告，详细阐明案件事实及法律依据，使当事人更容易接受处理决定；健全法律文书说理制度，加强不立案、不逮捕、不起诉、不予提起抗诉决定书等法律文书的释法说理，通过事理分析，阐释作出决定的事实证据、法律依据和决定理由，明辨是非曲直，分清合法违法，明确各方责任，做到以法服人、以理诲人。

（二）突出多元性，着力丰富检务公开的平台

综合运用以往行之有效的公开方式和信息化的新平台，畅通检务公开的渠道，全方位、立体化地开展检务公开工作。一是积极搭建"面对面"公开平台。加强公开场所建设，积极推进案管大厅、控申接访大厅等"面对面"公开平台建设，逐步把业务咨询、控告举报、申诉受理、律师接待、视频接访、行贿犯罪档案查询、案件信息查询等整合在相对集中的检务公开场所，实现了检务公开的便民利民。健全检察信息发布制度，完善新闻发布和新闻发言人制度，加大新闻发布频率，及时向社会发布重大检察决策部署、重大案件进展等情况。深化"检察开放日"制度，各级院每年确定不同的开放主题，邀请社会各界走进检察机关实地查看监督，听取意见建议。二是积极搭建"键对键"公开平台。针对信息化飞速发展和新媒体勃兴带来的机遇和挑战，加强信息化检务公开平台的研发与应用。2014 年 8 月，最高人民检察院统一研发的人民检察院案件信息公开系统在山东省率先全面测试运行，将所办案件的案由、办案进程、处理结果等案件程序性信息，起诉书、抗诉书、不起诉决定书等法律文书，以及有较大社会影响的职务犯罪案件、诉讼监督案件等重要案件信息"晒"到互联网上，接受公众查阅。加强新媒体公开平台建设，适应信息技术发展、媒体传播格局和社会舆论生态的深刻变化，积极搭建检察门户网站、微博、微信、QQ、手机短信互联，省市院、基层院、派驻检察室互通的网络公开平台，把零碎的基层信息集中起来，把分散的网络资源聚合起来。三是积极搭建社会化宣传服务平台。与媒体合作开设《走进直播间》、《检察官访谈》等特色电视、报纸专栏，依托职务犯罪预防"走出去"社会化宣传，开辟机场、车站、商场、车载等 LED 显示屏，设置临街宣传灯箱，使群众在耳濡目染中熟悉检察、关注检察。四是积极搭建检力下沉平台。把检务公开的重心进一步向基层倾斜，研究推出了一系列直接面向基层群众、切实方便基层群众的

工作举措，努力打通公开的"最后一公里"。依托全省556个派驻基层检察室，通过受理举报申诉、开通视频接访系统、流动宣传车定期巡回宣传等方式，把检务公开触角延伸到乡镇街道、社区农村和辖区企业，把法律服务送到"村头、地头、街头"。持续推进"进乡村、进农户、进社区、进企业、进学校，服务民生、服务经济"大走访活动常态化、长效化、制度化，建立了以社情民意收集、执法办案回应群众关切、民生诉求办理反馈、群众工作能力养成、群众工作考核评价为主要内容的联系走访群众长效机制，真正使走访的过程成为深化检务公开、促进严格公正执法的过程。

（三）增强实效性，畅通向特定群体的检务公开方式

围绕深化人民监督员制度改革，以强化对自侦案件的监督为基础，以扩大监督范围为重点，以更好地保障人民监督员发挥作用为关键，严格接受人民监督员的监督。山东作为人民监督员制度改革试点省份，积极稳妥地做好试点准备工作。山东省人民检察院先后数次与省司法厅沟通，探索改革人民监督员选任和管理方式，健全人民监督员监督事项告知、参与案件跟踪回访和执法检查等制度，适当扩大监督案件范围，将一些涉及实质性检察权力行使的事项纳入范围，切实保障了人民监督员的监督权。加强人大代表、政协委员联络工作，坚持落实院领导和各部门负责人分片、包干联系人大代表、政协委员的联络制度，加强日常联络和协调工作，采取邀请人大代表、政协委员视察和旁听重大案件庭审等多种方式，让代表委员走近检察机关和执法办案现场，近距离了解、监督检察工作。继续坚持和完善每年检察长定期向省人大常委会专题汇报专项检察工作情况，主动听取工作评议。认真做好代表委员建议、提案、批评、意见及转交案件、事项的办理、答复工作，自觉接受人大监督和政协民主监督。加强与新闻媒体的沟通联系，积极邀请新闻媒体参与检察机关重大活动，为新闻报道和舆论监督创造良好的条件，主动与媒体实现良险互动。

三、深化检务公开的对策措施

（一）以加强组织领导为保障，真正实现由"软指标"到"硬任务"的转变

经过近年来持续不断地开展检务公开工作，广大检察人员对于检务公开重要性的认识不断深化，但少数地方仍存在落实不到位，该公开不公开，以及公开不公开一个样等问题。检察机关应从执法为民、保障社会公平正义的高度，深刻认识检务公开工作的重要性，树立自觉接受监督、主动改进工作的指导思

想，切实加强领导，把检务公开纳入全局统筹，与其他各项工作同部署、同检查、同考核。应制定检务公开工作实施方案，细化检务公开项目，逐一明确责任领导、责任部门和责任人，提出完成的进度、时限、标准等具体要求，工作到岗、责任到人。上级人民检察院对下级人民检察院特别是基层人民检察院实行检务公开的情况，应加强工作指导，强化督促落实，及时了解掌握检务公开工作进展情况，及时研究和解决深化检务公开工作中的重大问题。充分发挥工作考评机制的导向作用，加大深化检务公开工作的考核权重，确保检务公开真正落到实处、见到实效。

（二）以拓展公开范围为重点，真正实现从"部分公开"到"全面公开"的转变

尽管近年来检务公开的内容日益丰富、领域日益扩大，但与人民群众日益增长的司法需求相比还存在一定的差距，主要体现在检察职能等事务性信息公开多，案件信息公开少；普通案件信息公开多，社会关注度高的重大疑难复杂案件信息公开少；事后性的信息公开多，即时性、同步性的信息公开少。检察机关应认真梳理分析和准确把握人民群众对检务公开的需求，本着"全面公开、依法公开"的指导思想，着力拓展公开的领域和范围。应突出执法办案信息公开这一核心内容，将检察环节执法办案全过程即时、同步地向当事人及社会各界公开，自觉接受社会和人民群众的监督。

应进一步明确和规范依申请公开和依职权主动公开的内容，合理划分向社会公开和向当事人、诉讼参与人等特定群体公开的事项、案件范围，准确把握公开与保密、案件信息公开与保护当事人隐私权的关系，切实使群众更好地知情、参与和监督检察工作。

（三）以完善制度机制为根本，真正实现由"零散"到"一揽子一站式"的转变

当前，检务公开的制度化、规范化、常态化程度有待进一步提升，对已有的一些公开制度尚待进一步落实，比如新闻发布制度，新闻发布的频率、时机、方式和内容都有待进一步完善；检务公开的方式还不够丰富，特别是对信息化手段和新媒体的使用还不够充分。应在试点和探索的基础上，认真总结近年来检务公开的实践经验，及时进行归纳梳理和规范提升，健全完善有关检务公开主体、程序、方式、时间节点等制度，完善检务公开的相关权利救济制度和责任追究制度，推动零散的做法系统化、成熟的经验制度化，形成"一揽子"完备的制度规则体系，从制度上保障人民群众和社会各界的知情权和监

督权。应增强检务公开制度的执行力，确保检务公开的制度要求落实到每一项检察工作、每一个具体案件、每一个执法办案具体环节之中。加强检务公开场所和平台建设，完善"一站式"的检务公开服务平台，特别是应加强信息化检务公开平台和制度建设，充分运用现代科技手段和信息化途径，让数据多跑路、让群众少跑腿、让执法更规范、让办案更透明。

（四）以提高素质能力为支撑，真正实现从"被动公开"到"主动公开"的转变

实行检务公开，对检察人员的执法思想和执法水平是一种检验，一种挑战。随着新兴传播媒介快速发展，信息传播格局、社会舆论生态、公众参与方式发生重大变化，舆论环境空前开放、高度透明，检察机关各项工作尤其执法办案时刻处于公众和媒体监督之下，部分检察人员的能力与检务公开的要求相比还存在一定差距，部分检察人员不善于与媒体打交道，在镜头下和透明环境下的执法办案能力也有待进一步增强，有的对自身的执法能力和水平缺乏自信，有的不善于用群众听得懂的语言释法说理、定分止争，有理说不清，有法讲不明，影响了检务公开的实际效果。深入推进检务公开，应按照习近平总书记"五个过硬"的要求，进一步提高检察机关和检察人员的综合素质，通过提高在透明环境和社会监督下执法办案的水平，以及做好群众工作的能力，以开放、积极的心态，保持充分的执法理性，对待诉讼参与人和社会各界在执法办案过程中的诉求，及时把执法办案程序和结果公之于众，把法理情理讲透讲实。同时，积极适应媒体传播格局和社会舆论生态的深刻变化，以尊重、坦诚的态度主动地与媒体实现良性互动，第一时间传递检察权依法公正行使的"正能量"。

试析指导性案例的"指导性"

——以杨某玩忽职守、徇私枉法、受贿案为例[*]

蒋涤非[**]

2010 年 7 月 30 日，最高人民检察院印发了《关于案例指导工作的规定》。同年 12 月 31 日，最高人民检察院先于最高人民法院公布了第一批指导性案例。截至 2014 年 9 月 15 日，最高人民检察院共计公布了五批 19 个案例。随着案例的陆续公布，如何评价、理解和适用上述案例，成为一个亟待解决的问题。本文拟以检例第 8 号"杨某玩忽职守、徇私枉法、受贿案"为例，就指导性案例对司法实践所具有的"指导性"提出一些浅见，以期为读者提供一些思考素材。

一、指导性案例的定位

欲评价指导性案件，首先应明确指导性案例的定位。说白了就是为什么公布指导性案例。只有明确"为什么"，我们才能知道指导性案例是在什么样的立场下被公布，所谓"评价、理解、适用"指导性案例才具有目的性、针对性。

经查，目前尚无专门文献针对最高人民检察院发布的指导性案例进行评论，现能查询到的文献多专注于最高法发布的指导性案例。其中，在刑法领域内，最高人民法院公布的第 4 号案例"王志才故意杀人案"引发的死刑截量权讨论较有影响。[①] 就案例指导制度本身，最高人民法院理论研究室主任胡云腾在答记者问时说："实行案例指导制度的机关不仅是人民法院，而且还有人民检察院和公安机关，也就是说，今后的案例指导制度有三个系列，公安指导

---

[*] 原文发表在《中国检察官》2014 年第 10 期，标题所有改动。

[**] 作者单位：云南省人民检察院。

① 参见陈兴良：《死刑适用的司法控制——以首批刑事指导案例为视角》，载 http://blog.sina.com.cn/s/blog_ 48d55c830101jdaj.html，2014 年 9 月 14 日访问。

案例系列，检察指导案例系列和审判指导案例系列，分别指导公检法三机关的司法工作，这与其他国家的案例或判例一般仅指法院的判例有很大区别。"①从该讲话中可以看出，案例指导制度并不是公检法三机关中哪一部门的单独创举，而是整个司法改革中的一项顶层制度设计。因此，在前期专题文献不充足的情况下，我们不妨参照学者对最高人民法院指导案例的评论来理解最高人民检察院印发的指导性案例。

目前，学界对于为什么公布指导性案例各有不同见解。2012 年 4 月 27 日，多名学者会聚中国人民大学，举办了题为"聚焦最高人民法院第一批指导性案例"的沙龙，学者们就该问题做了不同的发言。有学者认为这是有中国特色判例制度建立的开始；认为这是法律解释的必然；认为是实现同案同判，司法统一的需要；还有人认为这是在立法框架内完成对法律的续造，等等。② 本文认为，上述认识都言之有理，但从最高人民法院及最高人民检察院公布的全部指导性案例来看，上述认识可能并未切中指导性案例之所以公布的关键。从"两高"公布的全部 50 个案例③来看，其中涉及刑事犯罪的案例在犯罪定性上都没有争议（量刑上可能存在不同认识，如前述"王志才故意杀人案"）。近年来引起社会广泛反响的"许霆案"、"梁丽案"、"孙伟铭案"、"时建锋诈骗案"等疑难案件均不在其中，更不存在如德、日刑法中"窃电算不算偷"这种经典争议案件。案件定性上的稀松平常、缺乏智识挑战导致部分学者认为现在公布的案例"四平八稳"、"缺乏创新、突破"。有人甚至提出："选择指导案例是偏重稳妥还是注重创新？社会公众都认同、学界都肯定的那种裁判要点里反映的立场，我们把它确认为指导性案例，基本上比较安全稳妥，但如果基于安全和稳妥，有的时候已经成为社会的共识、学界的共识和

---

① 《最高人民法院研究室主任胡云腾谈人民法院案例指导制度的构建》，载 http：//www. cnlawnn. com/jdal/html/？285. html（东方法律在线），2014 年 9 月 14 日访问。

② 参见《聚焦最高人民法院第一批指导性案例（上）》，载 http：//www. civillaw. com. cn/article/default. asp？id = 55459（中国民商法律网）；《聚焦最高人民法院第一批指导性案例（下）》，载 http：//www. civillaw. com. cn/article/default. asp？id = 55460（中国民商法律网）；2014 年 9 月 14 日访问。

③ 截至 2014 年 9 月 15 日，最高人民法院共计公布七批 31 个指导性案例，最高人民检察院共计公布五批 19 个指导性案例，公安部至今没有公布指导性案例。

法院内部司法裁判的基本立场，还有必要通过案例指导制度加以确立吗？"①

学者本身就是以挑战权威、创新知识为己任的群体，站在他们的立场上理解上述认识，这些观点并无不妥。但站在指导性案例的角度上看，我们不禁要问：难道指导性案例仅仅是为了满足智识挑战而存在？指导性案例的受众仅仅是学者？

本文认为，之所以"两高"要公布指导性案例，其关键原因可能在于：法律、司法解释条文的文理解释需要。注意，这里明确了是出于文理解释的需要，而不是其他法律解释的需要。通俗地说，就是要让指导性案例变身为《新华字典》中字、词解释下的"例"，通过"例"的方式使受众更清楚、直观地理解法律、司法解释条文到底在"说"什么。理由如下：

第一，指导性案例的受众并非局限于专家学者、司法工作人员，而是社会全体成员。社会全体成员才是法律的最终受众。因此指导性案例的公布除了"实现司法统一"的宏大愿景外，更为现实的功用在于对社会全体成员进行法律知识的普及。法律知识的普及，首要的前提不在于立法条文目的探寻（目的解释），法律条文历史意蕴的讨论（历史解释），法律条文前后左右的关系分析（体系解释）、法律规定背后价值判断立场的反省（论理解释），而在于法律条文字面意义的理解（字义解释）。法律条文的抽象规定，如果能通过典型案例的形式直接呈现出来，给受众最为直观的感受，相信这种条文解释效果远较于口号式的宣传、法教义学式的论理解读要好的多，也更能为社会公众所接受。形象地说，指导性案例主要解决的问题是行为构成什么罪（如什么是"抢夺"，什么是"抢劫"），应该量什么刑；检察院在案件处理中可以做什么事；检法之间如果认识不同，会启动什么样的程序，有什么样的程序后果；等等。这也才能解释胡云腾主任所说"公检法三机关共同发布指导性案例"的制度设计初衷。如检例第 1 号"施某某等 17 人聚众斗殴案"说明在群体性事件引发的犯罪案件办理过程中，检察机关可以从促进社会矛盾化解的角度积极参与矛盾纠纷调处。检例第 2 号案例则重点说明检察机关如何启动抗诉程序，以及死刑抗诉的证据要求。这两个案例都以真实的事实说明了行为人的行为构成什么罪，检察机关在案件处理中可以做什么事、相应诉讼程序的启动方式以及诉讼进程中存在的障碍，是对刑事诉讼法以及《人民检察院刑事诉讼规则

---

① 参见《聚焦最高人民法院第一批指导性案例（上）》，载 http：//www. civillaw. com. cn/article/default. asp？id＝55459（中国民商法律网）；《聚焦最高人民法院第一批指导性案例（下）》，载 http：//www. civillaw. com. cn/article/default. asp？id＝55460（中国民商法律网）；2014 年 9 月 14 日访问。

（试行）》相关条款的直接说明。很直观、很具体，老百姓一看就懂。从这个层面上说，之所以公布指导性案例，就是意图通过案例的形式将法律条文中的"法言法语"具体化，实现法律知识普及，推动全民法治素养提高，加快法治国建设进程。相反，将指导性案例定位于高端智识挑战素材，案例内容越复杂专业越好，争议越广泛越好，会使得法律知识越来越脱离社会公众，成为精英知识，这无疑是变相回到了"刑不可知，则威不可测"的封建时代。① 上升一个层面上说，我们甚至可以认为通过指导性案例的形式说明法律和司法解释的规定，这是司法工作改变工作作风，走出庙堂，贴近民生，回应社会广大民众要求司法公开呼吁的重要举措。从另一个角度上讲，我们还可以认为，公布指导性案例也是司法实践呼唤法学理论研究走出"高大上"的象牙塔，将注意力放到中国司法实践中寻求符合中国司法实际的课题，助力中国法治进程的重要标志。

第二，与东洋和西洋诸国不同，我国的指导性案例编纂工作并非判例法制度下的"造法"活动，而是法律创制完成之后（或司法解释生效之后）的"说明"活动。对此，胡云腾在答记者问时明确说："人民法院的指导性案例……实际上起到了解释、明确、细化相关法律的作用。在此需要明确的是，指导性案例所具有的明确、具体和弥补法律条文原则、模糊乃至疏漏方面的作用，不是造法而是释法的作用。"② 换言之，我国指导性案例的现实基础是：先有条文，后有案例。这里所指的条文，不仅指刑事法律，还包括司法解释。如检例第 8 号就对应了"两高"《关于办理渎职刑事案件适用法律若干问题的解释（一）》第 3 条的规定。这种以"案例"来对应"条文"的工作方式决定了指导性案例本身只能是最具有典型性、代表性的案例，而非最有争议性的案例。因为只有最典型、最有代表性、最常识化（或者说最没有智识挑战性）的案例才能最贴切地解释、说明法律条文的基本含义，才能实现"案例"与"条文"的对应。如检例第 9 号"李泽强编造、故意传播虚假恐怖信息案"与检例第 11 号"袁才彦编造虚假恐怖信息案"，两个案例相对比，老百姓一眼就能看出什么是"编造、故意传播虚假恐怖信息罪"，什么是"编造虚假恐怖信息罪"，两者之间有什么样的不同，量刑上有多大的差距。这就是通过指导

---

① 毕竟，学者和司法工作者与普通老百姓相比，有自己的资源优势，他们若想研究案例，挑战自己的智商，根本不需要借助指导性案例这一手段，完全可以根据自己的兴趣在各种各类司法案例库中进行筛选。

② 《最高人民法院研究室主任胡云腾谈人民法院案例指导制度的构建》，载 http：//www. cnlawnn. com/jdal/html/？285. html（东方法律在线），2014 年 9 月 14 日访问。

性案例解释法律条文字面意义的价值所在。正是由于指导性案例以"案例"对应"条文"的特点，造成了案例选择上的困难。因为，案例选编者既要考虑案例本身的通俗易懂、"四平八稳"，还要力图确保所选编的案例能尽可能多地对应多个法条规定，实现"一"对"多"的效果。这一特点在最高人民检察院公布的 19 个案例里表现得非常明显，几乎每一个案例都涉及多个法条或司法解释规定。而有部分学者在没有理解我国指导性案例编纂模式天然局限性的基础上，以西方诸国的判例制度来批评我国的指导性案例制度，认为正是因为我国现有司法解释太多、太滥，从而造成在指导性案例的选择、发挥作用上缺乏空间。如有学者说："德国、日本基本上法院不会像我们这样发布抽象性司法解释，我们现在铺天盖地的规范性司法解释文件，事实上把很多问题已经搞掂了。在这种情况下，指导性案例发挥的实际空间相对较小。"① 这种观点潜意识里还是认为中国的指导性案例应该向西洋国家的判例一样具有"造法"的功能，但该观点可能与指导性案例对法律条文、司法解释的"字面解释"功能并不符合。

综上，"两高"之所以公布指导性案例，其关键原因就在于对现有法律条文、司法解释进行具体化说明和解释。这些案例最大的功用就在于使社会公众、司法人员或者专家学者在最基础、最字面的意义上理解法律（包括司法解释）的条文意义，除此之外，可能别无更多的功用。正是在这种意义上，我们才能明白为什么现有的指导性案例都"四平八稳"，因为这是目的与形式相统一的必然要求！也正是在这种意义上，我们才能真正理解"两高"所发布的 50 个指导性案例，为什么是争议最少的案例，因为争议最少就意味着共识最多；共识越多，也才越容易统一思想（包括司法工作人员、学者、社会普通公众的共识）；越容易统一思想，也才越容易实现国家统一司法的目标。

二、案例解读

指导性案例是对法律条文、司法解释的具体化说明，是用来"对应"现有法律条文规定的。从这个基本认识出发，我们会发现检例第 8 号"杨某玩忽职守、徇私枉法、受贿案"是非常典型的渎职案件。该例要旨部分讲明两点内容：一是渎职犯罪因果关系的认定。二是渎职犯罪同时受贿的处罚原则。

---

① 参见《聚焦最高人民法院第一批指导性案例（上）》，载 http：//www. civillaw. com. cn/article/default. asp? id＝55459（中国民商法律网）；《聚焦最高人民法院第一批指导性案例（下）》，载 http：//www. civillaw. com. cn/article/default. asp? id＝55460（中国民商法律网）；2014 年 9 月 14 日访问。

后一方面的内容主要对应"两高"《关于办理渎职刑事案件适用法律若干问题的解释（一）》第 3 条的规定，本文对此不做分析。下文将重点解读前一方面的内容，即检例第 8 号是如何具体说明渎职罪因果关系的认定。

在刑法学的研究历史上，渎职罪因果关系的认定一直是一个历久而弥新的话题。就因果关系的认定，大陆法系刑法理论陆续开发出了条件说、原因说、相当因果关系说、客观归责论等学说；我国刑法学理论则存在必然因果关系说与偶然因果关系说。① 上述学说，特点鲜明、各有千秋，以至于到目前为止，很难说上述某一学说已经成为实务界和理论界不可逾越和动摇的"通说"。

《圣经》里说"让凯撒的归凯撒，让上帝的归上帝"。借此说法，我们不妨说，让理论的归理论，让事实的归事实。从指导性案例仅是对法律条文的具体化说明这个角度来看，用复杂的理论来解读这个案例显然是不合适的。从"要旨"部分看，很显然最高人民检察院意图通过公布这个案例也仅仅是想告诉受众，什么是现实案例中典型的对危害结果具有"原因力"的渎职行为；而不是希望告诉受众，这个案例选用了何种理论作为定案依据。换言之，在看待这个案例时，解读者首先应暂时忘却因果关系学说，把自己放到一个普通人的认识水平上，仅专注于案例中反映出来的渎职行为与危害结果之间的客观事实，并且应当将杨某的渎职行为视为是"标准的渎职行为模型"。即这就是刑法分则第九章所打击的"标准渎职行为"。

（一）类型化思维与标准渎职行为的事实要素

刑法是最精确的法学。② 这种精确化表现为分析过程中的层级化、分析工具的构成要件要素化。对检例第 8 号的解读，同样少不了一种精确化的事实重构。其间类型化思维必不可少。类型化思维是为了应对纷繁复杂的案件事实，高度抽象概括案件事实的思维方法。如经类型化思维处理，"故意杀人"行为不论手段、动机、目的有何不同，其行为模型都将归结为一类，即主观上具有非法剥夺他人生命的故意，客观上实施了可以致他人死亡的攻击行为。可以说，类型化思维方式的实质就是以简驭繁、化繁为简。在刑法理论中，构成要件、构成要件要素就是典型的类型化思维产物。每一个构成要件都可以被细化为若干类型化的构成要件要素。如主观构成要件包括故意和过失两种构成要件要素，故意又由认识因素和意志因素组成，意志因素又可细分为积极追求和放

---

① 参见张明楷：《刑法学（第四版）》，法律出版社 2011 年版，第 175～181 页。

② ［德］克劳斯·罗克辛：《德国刑法学总论（第 1 卷）：犯罪原理的基础构造》，王世洲译，法律出版社 2005 年版，译者序。

任；等等。可以说，在这种精细化的构成要件体系里，每一个构成要件要素都可以被看作是一个类型化的事实要素。使用类型化思维来解读检例第 8 号，抛开杨某的主观心态不论，不难发现检例第 8 号描述的"标准的对危害结果具有原因力的渎职行为"，其客观方面也可被分解为多个类型化的事实要素。

第一，时间要素。渎职行为中的时间要素主要指在渎职行为开始至危害结果发生期间，行为人的渎职行为一直持续，过程中没有时间中断。检例第 8 号中，被告人杨某自王某 2007 年 9 月 8 日无证经营舞王俱乐部开始，至 2008 年 9 月 20 日舞王俱乐部发生特大火灾致人死伤时止，其一直担任同乐派出所的所长，对王某违法经营舞王俱乐部一直没有进行查处，中间没有时间中断，时间要素齐备。

第二，职权要素。渎职行为中的职权要素主要是指行为人具有能够对违法或不法行为进行直接处置的职权。这里强调"直接处置"，是指能够决定对违法或不法行为进行处置，致违法或不法行为中止或结束。检例第 8 号中，杨某身为派出所所长，对王某无证经营舞王俱乐部，且消防设施不达标等违法行为具有直接处置权，包括要求王某停业整顿，对王某进行行政处罚。直接处置权是杨某构成渎职犯罪的基础条件。

第三，结果要素。渎职行为中的结果要素主要是指危害结果必须是渎职犯罪行为人直接职权范围内的不法行为所致。检例第 8 号中，王某无证经营舞王俱乐部，且在经营过程中消防不达标存在消防隐患，王某的行为是典型的违法经营行为，之后又由于王某的违法经营行为造成了重大人员伤亡事故，虽然事故的主因源于王某的违法经营，但王某的违法经营行为属于杨某职权范围内的直接管辖事项，杨某当管不管，结果要素齐备，因此杨某应对王某违法经营行为所引发的伤亡事故承担渎职责任。

第四，行为人的履职要素。渎职犯罪中的行为人履职要素是指渎职行为人不按要求履行职权，即不按规定正确履行职务，表现为要么不作为，要么超越职权乱作为。检例第 8 号中，杨某在获知王某违法经营舞王俱乐部后，不仅没有对王某进行行政干预，反而以不作为的方式放纵王某的违法经营行为，如没有督促责任区民警依法及时取缔舞王俱乐部，没有督促责任区民警跟踪落实舞王俱乐部的整改措施落实情况等，致舞王俱乐部的安全隐患没有得到及时排除。杨某履职不到位，履职要素齐备。

上述四个要素同时齐备，聚沙成塔，基本能够反映出一个典型的对危害结果具有"原因力"渎职行为的客观外貌。套用构成要件齐备（或构成要件该当性）的说法，我们不妨认为，四要素齐备，行为也就从客观上完备了具有"原因力"渎职行为的客观条件。这就是检例第 8 号"标准的渎职行为模型"

带给正面信息。从中也可以看出，上述解读无关理论学说的选择，完全依据普通人的正常认识得出，这也是"四平八稳"案例的优势所在。

（二）要素不齐备的貌似行为

如果说指导性案例的作用仅止于"标准行为模型"的要素分析，那也许我们就低估了指导性案例的实际价值。

一花一世界，一叶一菩提。从哲学上说，事物是矛盾的统一体，既有正面价值，也有反面意义。那么，标准之中必然孕育着不标准。既然，指导性案例的目的在于说明、解释法律条文的基本含义，那么在这种说明、解释的过程中必然还伴附着不恰当含义的甄别、排除。因此，从检例第8号的解读中，必然还能帮助我们得出对貌似渎职行为的理解。

第一，时间上出现断裂的貌似行为。这表现为，行为人的渎职行为在时间上不连续，中间存在时间中断的情况，最典型的是"前后任"。"前后任"情况下，由于前任与后任之间存在任职时间上的断裂，因此各"任"之间的职权行为与危害结果之间的"原因力"已经混同，从常识上来看已无法区分。如最高人民法院之前公布的《中国刑事审判指导案例》第294号案例"龚晓玩忽职守案"就证明了时间因素在渎职犯罪认定中的重要性。该案的裁判法官认为："由于被告人龚晓为蒋明凡出具的虚假体检结论的效力只有1年，如果蒋明凡驾驶的汽车在其换证的当年度由于其本人的原因而发生了交通事故，毫无疑问，该损害结果与被告人龚晓的玩忽职守行为之间存在刑法上的因果关系，其应对损害结果负责。在龚晓出具虚假体检结论之后的年度审验中，蒋明凡能够通过审验，完全是由于他人体检失职行为所致，而非龚晓的失职行为所致，因为龚晓的体检行为在1年之后已经归于无效。在其后的年度审验中，相关人员如果认真履行了职责，则蒋明凡不可能通过审验，其当然也就不可能合法地从事驾驶工作，'8·20'特大交通事故也可能就不会发生。……故此，龚晓的失职行为与交通事故之间不存在刑法上的因果关系。"[①] 上述认识说明，时间是否连续是判断渎职犯罪是否成立的一个前提条件。因此，时间上存在断裂的渎职行为，不是真正的渎职行为。

第二，不具有直接处置权的貌似行为。众所周知，在行政官僚体系中，权力向上集中，而非向下分散。因此，在整个官僚体系中，下级向上级报告，上级决策下级执行是最为常见的工作模式。这种体系性的制度安排以及工作方式

---

① 最高人民法院刑事审判第一、二、三、四、五庭：《中国刑事审判指导案例（6）·贪污贿赂罪·渎职罪·军人违反职责罪》，法律出版社2012年版，第579页。

决定了，并不是每一个行政工作人员都能够对职权范围内的职务事项作出最终决定。换言之，以标准的渎职行为模型来看，那些不能对职权范围内职务事项作出最终处置决定的人员，或者说对自己职权范围内的职务事项只具有报告、执行领导决策义务的人员，由于"先天不足"，天然不能构成渎职犯罪。这种情况在现实中广泛存在。检例第 8 号中的"三和责任区民警"就是这样一个角色。在"三和责任区民警"与杨某的关系中，前者只有报告、执行领导决定的义务，后者才具有决定处置权。因此，在检例第 8 号中，"三和责任区民警"并不构成渎职犯罪。

第三，危害结果并非行为人职权管辖范围内的不法行为造成，或者说造成危害结果的行为是"处于他人责任范围之内"① 的貌似行为。如交通警察的职权是疏导交通，如果交通警察不疏导交通致大规模堵车、交通事故，造成人员伤亡，则交通警察的行为构成渎职；但是如果有人驾驶车辆故意在公共道路上冲撞他人造成财产损失、人员伤亡，即便交通警察怠于执行交通疏导义务，也不能认定交通警察构成渎职，因为他人的故意杀人行为并不属于交通警察职权管辖范围内的事项。再如有人故意炸毁矿山，造成人员伤亡，此情况下即便矿业管理部门人员存在监管不周的情况，也不能追究矿业管理部相关人员的渎职责任，因为这已经超出了矿业管理部门人员的职责范围。对于这种因超出职责范围，行为人无须对损害结果承担刑事责任的认识，在刑法客观归责理论里有一个确切的名称，"第三人责任范围"规则。该规则认为，造成损害结果的构成要件行为是第三人所实施，而那个被讨论的风险制造行为（如怠于交通疏导、监管不周）只是一个帮助行为。帮助行为之所以被排除归责，因为它是一个过失或无过失的帮助行为。②

第四，行为人认真履职，仍不能阻止危害结果发生的貌似行为。如行政官员已经按要求对不法行为进行了查处，但行为人仍背地里继续不法行为（如警察不论如何尽业查缉本地的毒品犯罪，但地下毒品犯罪活动仍然猖獗），或由于不可预见的因素导致危害结果发生，这种情况下，危害结果的发生原因在于不法行为人的行为，或者意志之外的偶然事件，故职务行为与危害结果之间不具有"原因力"，因果关系被切断。检例第 8 号中，如果杨某已经对王某的违法经营行为进行了行政处罚，但王某仍乘人不备，私下继续经营舞王俱乐部并导致火灾发生，则火灾发生的后果与杨某之间就不存在因果联系。根据前述

① ［德］克劳斯·罗克辛：《德国刑法学总论（第 1 卷）：犯罪原理的基础构造》，王世洲译，法律出版社 2005 年版，第 271 页。

② 参见许玉秀：《当代刑法思潮》，中国民主出版社 2005 年版，第 432 ~ 433 页。

原理，这仍可归因为"第三人责任范围"规则范畴，否定杨某的责任。

三、结语

从 2010 年指导性案例制度建立以来，"两高"陆续公布 50 个典型案例，诚意十足，可以说指导性案例制度确实是实现国家统一司法目标的重要步骤之一。因此，对指导性案例的研究，应该重点着眼于通过可行、可懂的解读，扩大社会公众以及司法机关、学界的统一认识，而非用深奥的理论加大、加剧三个群体之间认识分歧。常识告诉我们，要想在文字表述方面建立一个最广泛的统一认识战线，不能不求诸社会大众基于生活常识所建立的基本文字意义，这种基于生活常识所建立的基本文字意义实际上就是文字的字面含义。如普遍人看到"人"这个字所想到的绝对不是"外星人"。以此类似，本文对指导性案例的解读则源于"指导性案例必然是最贴切、最符合法律规定内容的标准案例"这一认识。如果这一认识成立，则完全可以说指导性案例所具有的"指导性"就来源于每一个"标准案例"对法律条文、司法解释的标准解释、说明；来源于对每一个"标准案例"进行反面解释后所得出的对"非标准案例"的认识。

最高人民检察院关于奖励
2014 年度全国检察机关检察应用理论
研究优秀成果和组织工作先进单位的通报

高检发研字〔2015〕8 号

各省、自治区、直辖市人民检察院,军事检察院,新疆生产建设兵团人民检察院:

　　2014 年,全国各级检察机关深入学习党的十八大、十八届三中、四中全会精神,认真学习和领会习近平总书记系列重要讲话精神,努力践行"三严三实"要求,围绕检察机关业务建设、队伍建设、检察改革等重点、难点问题,深入开展检察应用理论研究,取得了可喜成绩。为鼓励先进,促进各级检察机关大力开展检察应用理论研究,经最高人民检察院领导批准,对《中国未成年人刑事检察政策》等 60 篇检察应用理论研究优秀成果和北京市人民检察院法律政策研究室等 7 个组织工作先进单位进行通报表彰。

　　检察工作要紧跟伟大时代的步伐,服务好党和国家的工作大局,就必须高度重视和不断加强检察应用理论研究,使检察工作能够更好地把握规律性,做到科学决策,理性司法。检察理论来源于实践,服务于实践。各级检察机关要准确把握检察工作和司法办案的实际需求,紧贴检察工作中的重大问题开展研究,加强对法律监督的宏观指导;紧贴检察实践中的突出问题开展研究,更有针对性地指导司法办案活动;紧贴司法改革和检察改革中的关键问题开展研究,保障依法推进改革;紧贴检察理论建设的重点难点问题开展研究,推动检察理论体系构建和繁荣创新。

　　各级人民检察院法律政策研究室作为检察应用理论研究的牵头部门,一方面要不断提高自身的研究能力,坚持不懈地深入司法办案一线进行经验总结,开展调查研究,作出理论阐释,提出对策建议,为检察决策和业务工作提供有科学依据和可行性的分析论证和智力支持;另一方面,要切实发挥好组织协调作用,着力构建检察长带头、研究室组织联络、各级院各部门通力合作、检察机关内外联动开展检察应用理论研究的良好局面，为进一步完善中国特色社会主义检察理论体系、做好各项检察工作、促进社会主义法治国家建设作出应有的贡献。

附件：2014 年度全国检察机关检察应用理论研究优秀成果奖及组织奖名单

最高人民检察院

2015 年 10 月 12 日

附件

2014 年度全国检察机关检察应用理论研究优秀成果奖及组织奖名单

一等奖

1. 中国未成年人刑事检察政策

苗生明　程晓璐　北京市人民检察院

2. 技术侦查的法律规制

王　东　天津市人民检察院第二分院

3. 检察机关指定居所监视居住实证考察及完善建议

周茂玉　山西省太原市人民检察院

吴杨泽　山西省人民检察院

4. 检察引导侦查机制的反思与重构

于　昆　任文松　辽宁省人民检察院

5. 刑事错案的成因与预防

江苏省人民检察院课题组

负责人：王冠军

6. 如何进一步完善检务公开制度——以浙江检察实践为样本

张雪樵　李忠强　浙江省人民检察院

7. 合适成年人参与诉讼制度探析

福建省人民检察院课题组

负责人：李明蓉

8. 检务公开的法律基础、实践探索与实现路径

王成波　山东省人民检察院

9. 关于"利益输送"型职务犯罪的调研报告

王　磊　肖　准　湖北省人民检察院

10 省级检察院参与死刑复核监督程序研究

高继明　王春慧　甘肃省人民检察院

二等奖

1. 被追诉人阅卷权法理探析

北京市人民检察院课题组

负责人：闫俊瑛

2. 刑事诉讼翻译活动的现实与规制

天津市人民检察院课题组

负责人：韩庆祥

3. 审查逮捕"三步综合分析法"探索

赵　力　赵红星　河北省石家庄市新华区人民检察院

4. 检察官办案责任制改革的路径选择

李　雁　内蒙古自治区人民检察院

5. 职务犯罪轻刑化对反腐败工作的影响

崔胜实　吉林省通化市人民检察院

6. 上海检察机关实施修改后刑事诉讼法情况的专题研究

上海市人民检察院课题组

负责人：陈辐宽

7. 司法责任制视域下的基层检察办案组织改革

张　晨　韩建霞　上海市闵行区人民检察院

8. 国家粮食收购环节"三大漏洞"致使资金被侵吞挪用危及国家粮食安全

江苏省徐州市人民检察院课题组

负责人：吕　青

9. 当前浙江省污染环境犯罪调查分析

乐绍光　陈　艳　周彬彬　浙江省人民检察院

10. 检委会改革的路径选择

李领臣　安徽省人民检察院

11. 边界与结构：检察院组织法修改方向之探讨

罗　军　江西省人民检察院

刘　毅　江西省吉安市永新县人民检察院

12. 河南省检察机关刑法、刑事诉讼法执行情况调研报告

河南省人民检察院课题组

负责人：贺恒扬

13. 人权保障视野下的羁押期限与办案期限探析

李　新　彭辉　最高人民检察院

王　莉　河南省荥阳市人民检察院

14. 关于公错私罪问题的调研报告

阮志勇　沈红波　陈乔　湖北省人民检察院

15. 检察长列席审委会制度运行的实证考察

刘婵秀　广东省东莞市人民检察院

16. 广西检察机关推进东兴国家重点开发开放试验区建设的调研报告

刘继胜　苏金基　邱秀德　韦盛隆　广西壮族自治区人民检察院

17. 毒品犯罪案件中"主观明知"认定的实证解析

杜　颖　重庆市人民检察院第一分院

18. 上级院不批捕决定对下级院应具有整体约束力

吕天奇　四川省人民检察院

19. 试析指导性案例的"指导性"

蒋涤非　云南省人民检察院

20. 死刑复核法律监督问题探讨

金　石　甘肃省人民检察院

三等奖

1. 流动人口取保候审问题研究

林　静　饶明党　北京市海淀区人民检察院

2. 逮捕条件中社会危险性评估模式之构建

杨秀莉　关振海　北京市石景山区人民检察院

3. 我市检察机关贯彻执行修改后刑事诉讼法的情况及问题分析

韩庆祥　天津市人民检察院

4. 未成年人刑事特别程序探微

杨寅海　鲍俊红　河北省邯郸市临漳县人民检察院

5. 非法拘禁罪法律适用问题浅析

侯　毅　内蒙古自治区太仆寺旗人民检察院

6. 民事诉讼监督调查核实权的适用应予规范

宋剑峰　辽宁省锦州市人民检察院

7. 查办职务犯罪应实现四个思维转变

喻春江　吉林省白山市人民检察院

8. 探索符合中国国情的检察官办案组织

刘慧婷　黑龙江省伊春市红星区人民检察院

9. 探索建立与自贸区建设相匹配的检察工作模式

朱毅敏　吴加明　上海市浦东新区人民检察院

10. 情报信息主导职务犯罪侦查模式探讨

游巳春　江苏省人民检察院

王亚明　江苏省常州市人民检察院

11. 当前知识产权犯罪的调查分析——以义乌小商品市场为样本

浙江省人民检察院法律政策研究室

浙江省义乌市人民检察院

12. 检察机关上下领导关系的规范化

谢小剑　江西财经大学

张玉华　江西省人民检察院

13. 未决羁押者劳动权保护的实证调查与理论阐释

周长军　山东大学

刘　伟　山东省济南市天桥区人民检察院

14. 论羁押必要性审查工作机制的完善

常凤琳　河南省安阳市人民检察院

15. 公诉案件无罪生效裁判的分析思考

卢乐云　湖南省人民检察院

16. 关于湖南省检察机关检察委员会工作情况的调研报告

湖南省人民检察院法律政策研究室

17. 检察机关内设机构改革若干问题探究

张和林　严　然　广东省人民检察院

18. 检察机关岗位素能基本标准行文体例初探——以案件管理岗位为例

刘元见　莫佳宁　广西壮族自治区人民检察院

19. 危害生态环境渎职犯罪现状及预防对策分析

张雯雯　海南省三亚市人民检察院

20. 职务犯罪初查中的司法查询实证分析

司智虎　师　索　重庆市南岸区人民检察院

21. 醉酒型危险驾驶罪量刑特征及量刑模型构建实证研究

章　桦　四川省泸州医学院

李晓霞　四川省人民检察院

22. 论最高人民检察院司法解释的实质合理性

黄　硕　贵州省人民检察院

23. 行政证据作为刑事证据使用规定刍议

瞿　伟　范青青　云南省易门县人民检察院

24. 职务犯罪判处缓免刑问题研究——以云南省司法经验为样本

云南省人民检察院课题组

负责人：李若昆

25. 关于阿里地区民事习惯的调研报告

西藏自治区人民检察院阿里检察分院

26. 对瑕疵证据的理解与审查

孟　群　马朝阳　陕西省人民检察院

27. 破解渎职侵权犯罪案件侦查困境对策

马　辉　刘晓祥　何小平　宁夏回族自治区固原市人民检察院

28. 浅论毒品犯罪诱惑侦查滥用之规制

张喜鸽　关　鹏　新疆维吾尔族自治区伊宁县人民检察院

29. "毁林开荒"案件若干问题探析

曹晓芳　新疆生产建设兵团六师人民检察院

30. 非法宗教和极端宗教活动屡禁不止的原因及对策

张清华　新疆生产建设兵团沙井子垦区人民检察院

周瑞敏　新疆生产建设兵团一师人民检察院

组织奖

1. 北京市人民检察院法律政策研究室

2. 河北省人民检察院法律政策研究室

3. 江苏省人民检察院法律政策研究室

4. 江西省人民检察院法律政策研究室

5. 山东省人民检察院法律政策研究室

6. 湖北省人民检察院法律政策研究室

7. 甘肃省人民检察院法律政策研究室